新火

长阳九中纪事

张泽勇 主编

经济日报出版社

图书在版编目（CIP）数据

薪火：长阳九中纪事 / 张泽勇主编. -- 北京：经济日报出版社，2022.7
ISBN 978-7-5196-1125-5

Ⅰ.①薪… Ⅱ.①张… Ⅲ.①湖北长阳第九中学-校史-史料 Ⅳ.①G639.286.34

中国版本图书馆 CIP 数据核字(2022)第 106892 号

薪火：长阳九中纪事

主　　编	张泽勇
责任编辑	王　含
责任校对	蒋　佳
出版发行	经济日报出版社
地　　址	北京市西城区白纸坊东街 2 号（邮政编码:100054)
电　　话	010-63567684（总编室）
	010-63584556　63567691（财经编辑部）
	010-63567687（企业与企业家史编辑部）
	010-63567683（经济与管理学术编辑部）
	010-63538621　63567692（发行部）
网　　址	www.edpbook.com.cn
E－mail	edpbook@126.com
经　　销	全国新华书店
印　　刷	成都兴怡包装装潢有限公司
开　　本	710mm×1000mm　1/16
印　　张	28.00
字　　数	370 千字
版　　次	2022 年 7 月第 1 版
印　　次	2022 年 7 月第 1 次印刷
书　　号	ISBN 978-7-5196-1125-5
定　　价	88.00 元

《薪火——长阳九中纪事》
编 委 会

主　任：袁勤灿

副主任：覃孔安　　覃建国　　张泽凤　　吴克金

　　　　毛兴凯　　曹红顺

委　员：李发舜　　李长钧　　覃远秀　　覃培清

　　　　余祥菊　　张泽勇　　黄长科　　覃孟林

主　编：张泽勇

副主编：李发舜　　黄长科　　李长钧　　覃培清

编　委：覃远秀　　余祥菊　　覃孟林　　覃立勇

序

张泽勇

20世纪80年代,《长阳县地名志》是这样描述渔峡口的:渔峡口是长阳西南边缘一自然镇。它东沿资(丘)渔(峡口)公路至县城龙舟坪121千米,西溯清江至巴东县界15千米,北为缓坡农田,南面隔江是千米壁岩,岩顶属五峰傅家堰公社。清江过此,恰值两岸山岩紧逼,滩汹水急,形成一峡口,镇处峡口北岸,地形似渔网,渔峡口因而得名。

沿镇北岸上行1千米,穿过茂密松林,便是巴人先祖廪君殁葬之地白虎垄。《后汉书·南蛮西南夷列传》记载:"廪君死,魂魄世为白虎。巴氏以虎饮人血,遂以人祠焉。"馒头状白虎垄经过修缮之后,呈现出帝王陵寝气象。紧挨陵寝后方,有一平阳之地,数栋屋宇分成三列,一列办公,一列教室,一列宿舍,中间形成偌大场院,大有皇家别院气派。场院里,纷披草树,散乱烟霞;春去秋来,书声琅琅,这就是当年著名的长阳九中。

此校于1958年创办,2003年迁徙,历经45年风雨。如今与它曾经同呼吸共命运的人们,踏遍青山人未老,忍不住,回望时代风云,书写九中诞生以来波澜壮阔的历史:有的是回忆艰苦创业的奋斗历程,有的是纪实教学改革的基本经验,有的是笔录花样年华的成长经历,有的是记载教书育人的历史贡献。尽管写作风格不同,但都是以良知和事实说话,深刻地再现了"自强不息，厚德育人"的九中精神。在我眼里，它是冬日的薪火，是智慧的唤醒，是生命的闪电，是展示一所学校奋斗崛起的英雄史诗，是土家儿女摆脱愚昧的心灵丰碑。

唐太宗李世民说："夫以铜为镜，可以正衣冠；以史为镜，可以知兴替；以人为镜，可以明得失。"我想，《薪火——长阳九中纪事》能够成为镜鉴，让我们与后来者及子孙读之、思之、鉴之，那就是最快慰的事了。

2021 年 4 月 8 日于宜昌

（作者系中国作协会员，宜昌市作协名誉主席）

目 录
CONTENTS

上卷 我与九中

我与九中

长阳第九中学建校历史和办学经验

袁勤灿

作者简介

袁勤灿，祖籍汉阳，1936 年出生于渔峡口；1957 年秋至 1962 年夏在湖北大学数学系学习。1962 年秋参加工作，曾先后在长阳九中、县教育局教育革命工作组、长阳一中、长阳师范工作，其中 1984 年至 1990 年任长阳九中校长；1991 年至 1996 年调至长阳教师进修学校工作并退休。现居津洋口（县职教中心）。

1962 年秋，我从湖北大学毕业来到九中，1991 年离开九中（其间有过 3 年调离的经历），一共生活了 24 年。我亲身经历了九中波澜壮阔的历史。

历史沿革

1949 年 8 月，长阳县解放。9 月 22 日，新县政府民教科长安若石主持接收国民政府留下的全县唯一的一所初级中学——长阳县初级中学。10 月开学，有学生 169 人。

1952 年，土地改革结束，翻身农民子弟要求上学的热情愈加强烈。设在龙舟坪镇孔庙（今九峰园小区）的县一中，发展到 10 个教学班，在校学生 550 人。

1956 年，全县农业合作化完成，农民子弟求学的需求更为强烈，龙舟坪长阳县第一中学已没有再行扩招的教学条件。于是，县政府决定在西湾新建长阳县第二初级中学,在贺家坪新建长阳县第三初级中学,以解决农民子弟求学之需。这两所中学建成后,各增加3个教学班,招生规模150人。

至此,长阳的中学增至3所,在校生达到988人,比1952年增长96%。

1958年,举国大跃进,教育要先行。县政府按国民政府1946年颁行的行政区划,在原来3所中学的基础上,猛增到16所,实现每一个行政区都有一所初级中学。它们是:龙舟坪一中、西湾二中、贺家坪三中、磨市四中、津洋口五中、沿头溪六中、城子里七中、晓溪八中、厚浪沱九中、小坳子十中、龙潭坪十一中、白沙坪十二中、秀峰桥十三中、榔坪十四中、渔峡口十五中、枝柘坪十六中。

原龙舟坪县一中自此开办高中班,实行初中、高中并行招生。

可是,好景不长。由于全县新增中学过猛,师资力量和教学条件奇缺,使初中教育难以展开。于是,1959年1月,将沿头溪六中和津洋口五中合并,称长阳县第五中学;城子里七中与贺家坪三中合并,称长阳县第三中学;大堰小坳子十中改称长阳县第六中学;晓溪八中与厚浪沱九中合并,改称长阳县第七中学;龙潭坪十一中改称长阳县第八中学;渔峡口十五中与枝柘坪十六中合并,改称长阳县第九中学;秀峰桥十三中与榔坪十四中合并,改称长阳县第十中学。

自此,冠以县名,用数字表示县内各中学称谓,学校由16所降至10所。

渔峡口十五中与枝柘坪十六中合并后,以原渔峡口十五中校址——白虎垄覃氏宗祠为依托,组建长阳县第九中学,校长由原枝柘坪十六中校长刘佐卿出任,教导主任则由原渔峡口十五中教导主任李发鹏出任。原渔峡口十五中校长李延贵,系高家堰人氏。这次合校,离开了渔峡口教育系列。

"长阳县第九中学"的称谓自此得名,并在当地约定俗成。尽管后来校名几度更新,但烙印在人们心中的"九中"称谓,始终难以磨灭。本文以下对这所中学的称谓,仍旧沿习,以图简洁。

1962年,贯彻国家"调整、巩固、充实、提高"的八字方针,县教育局又撤销了磨市四中,并根据省教育厅《各地中学均以学校所在地地名命名的通知》要求,我县各地中学毫不例外,按中学所在地命名工作很快完成。原长阳县第九中学第一次更名为"湖北省长阳县渔峡口中学"。

这时,长阳有1所高中,有7个教学班,在校生305人;8所初中,有58个教学班,在校生2243人。与1956年比,学校数量上升3倍,在校生增加2.4倍。

九中第二次校名更新，已是"文革"时期。1966年，由于"文化大革命"，各行业基本处于瘫痪状态，学校停课闹革命，例行的招生和教学活动全部停止。

1968年复课闹革命。学校接县教育局通知，贯彻省教育厅指示精神，全县实行九年制义务教育，即小学5年、初中和高中各2年的教学体制。九中在原1966级返校生和1967级、1968级小学毕业生中，分别招收3个初中班，并按1966级、1967级、1968级编班，进行复课教学活动。

1970年，全县推行大队办小学、小公社办初中、区办高中的体制改革。各地初中又是一哄而上，全县初中达到64所。九中自然顺应潮流，戴上了"长阳县渔峡口高级中学"的帽子，这是九中第二次更名。学校实行高中与初中并行招生，招1个高中班，保留每年2个初中班的招生规模。

1972年，九中首届高中毕业生37名。到1973年，始招的初中班全部毕业后，停止招收初中新生。学校教学重点向高中班转移，九中则成为了二年制的高级中学。

1975年，面对初中教育普遍质量下降现实，学校高中班达到4个，有学生197人。同时恢复了每年招收2个重点初中班的计划，有初中生109人。学校实行初、高中复式教学。

1976年，学校贯彻"农村中学为农服务"要求，开办了3个高中班，在在读学生159人的基础上，另外开办了2个支农班，即"赤脚医生班"和"畜牧兽医班"，为当地农村输送了94名初级专业人才。

1977年，九中又开始扩大高中生招生规模，使在校高中教学班达到8个，学生达到400余人，与学校另外2个初中班同步教学。这种情况一直延续到1980年。

小公社办初中，根据当时全县的师资力量和办学条件，不顾实力地大干快上，其必然结果就是教育质量降低，升学率低。据统计，1978年全县共招收初中生7853人，毕业2546人，巩固率32.4%。同年参加中考，6科总分300分以上只有170人，及格率6.7%。

1979年教育改革、拨乱反正起步，开始恢复小学6年、初中和高中各3年的教学体制。从1981年秋季开学起，九中又大规模压缩高中招生，扩大初中招生，使办学重点落实到重点初中教育的轨道。到1982年，学校的高中班仅保留2个，在校生87名。三年制的初中班则发展到5个，在校生241人。

这一年，九中更名为"长阳渔峡口农业高级中学"，当时学校有 2 个高中班：高一为农高班，高二为普高班。这是九中第三次更名。

时间来到 1985 年。秋季开学典礼上宣布，长阳渔峡口农业高级中学更名为"长阳渔峡口职业高级中学"，以果树和烟叶栽培为职业教育重点。这是九中第四次更名。

1996 年秋，根据县政府"举全县之力，集中力量办职业教育"的意见，逐渐将全县分布在 4 个乡镇的职业高中集中到津洋口原红光中学校址，集中办职业高中。因此，各乡镇职高停止招生，集中力量办初中。

这时，九中第五次更名为"渔峡口第二初级中学"。

2000 年秋，渔峡口第一和第二初级中学合并，九中第六次更名，回归到"长阳渔峡口初级中学"的正式称谓。

这次更名，回到原点，以为实至名归。不料 2003 年，原九中（北区）校址上的学生迁往南区，正式合并教学，也是九中原址正式结束它承载中学教育的历史使命时，学校更名为"渔峡口中心学校"。这是她的第七次更名。

往事如烟，潮起潮落，历史就是这样奔流不息。

基本面貌

1959 年，长阳县第九中学在渔峡口镇北岸上行 1 公里处，以白虎垄覃氏宗祠为依托，开始筹建学校。当时这里仅有一栋三开间两层楼的砖木结构房子，是覃氏宗祠的正房。正房东面有一偏房，是教工食堂。正房左前方有两间教室。教师居住和备课均在正房，用今天的话说，这里叫行政楼。全校仅两个班。学校根本没有运动场地。正房正面有一口天然堰塘，面积不足一间教室大小。池塘附近居住的农户还未搬迁，占地面积不足 5 亩的学校，都被农作物包围着。

经过 45 年建校历程，除了大礼堂、两栋二层的学生寝室、一栋教工宿舍、两栋教室、一栋学生食堂和其他辅助设施请土木工匠施工外，平整操场，在锁凤湾、庄坪、东村搬运燃煤，在庙坪为学校建房背运瓦匹，在傅家堰、小龙坪搬运课桌凳、床铺等，都是全校师生用肩膀扛过来的。有的同学反映，3 年初中背坏了几个背篓，这是对九中建校史的真实写照。

渔峡口初级中学搬离九中白虎垄原址时，学校已经具备占地面积 3 万余平方米（50 亩）的规模。其中校园、校田 2 万平方米（30 亩），学校拥有 14

栋 68 间教学设施，建筑面积 3000 多平方米，还有近 7000 平方米的操场、环形跑道和各种球类场地，可同时容纳 12 个班上课。虽然不能同现在城镇的初中相比较，但在偏远的崇山峻岭地区，有这样一个规模的初级中学，应该说难能可贵。这是自 1959 年至 2003 年全校历届师生历经 45 年奋斗、付出心血和汗水的结晶。

历史贡献和办学经验

1. 历史贡献

说到长阳县第九中学，我们应该介绍一下她的地理坐标。

这座位于长阳县西南边陲渔峡口镇的初级中学，地处清江北岸，江南海拔千米高山那边是五峰县，西边是巴东县，学校北面翻过土地岭是榔坪乐园乡，东面是资丘镇。

若以九中所在地为圆心，以学校到五峰傅家堰区的距离为半径在地图上画圆，圆内所属地区则代表学校招生的全部范围。

这些地区当时下辖的管理区（后来称小乡），如五峰县的鸭儿坪、傅家堰、采花、湾潭、大龙坪、九里坪，巴东的下治坪、本县榔坪镇的乐园，资丘镇的柿贝、桃园、水连和渔峡口所辖的双龙、茅坪、施坪、龙王、枝柘坪、小龙坪共 17 个管理区，覆盖近 10 万人。

这些地区在 60 年前交通极为闭塞。距本县或周边县城都有 100 千米距离。山大人稀，公路不通。清江滩险，难以行舟。简单的生活物资全靠人力背脚打杵运输。运送报刊的邮递员用扁担挑运邮件，县城发一封信到乡镇，顺利的话也要一周才能收到。在十万大山中生活的土家族先民，过的是广种薄收的日子。一个 6 口之家，勤扒苦挣，年终能出售一头 200 多斤的大肥猪，收入百十元现金（当时猪肉售价只有 0.5~0.6 元/斤），则算得上一个大户人家。过年时，每个人可以换一件新衣服。最困难的家庭，春节杀年猪，小到 26 斤重，不如现在别人的一只猪腿。受购半留半政策限制，食品营业所还要收走带尾巴的一半。由此可见生活的艰难。

九中建校前，这里方圆百里地界，仅有两所完全小学，直到 1958 年全国大跃进时才出现中学。临时突击建立的中学，也是原来两所小学的升级版，校舍、师资均以原小学为基础。

1959 年，全县调整教育布局，克服师资短缺、无法开课的难题，把枝柘坪十六中与渔峡口十五中合并，成立长阳县第九中学，充实两校师资力量，正式开创了渔峡口地区的初中教育。

九中成立后，在环境极度艰难的条件下，迎来了第一届初中生 4 个班 200 人的毕业考试，其中 150 人顺利毕业并参加当年中考，有 15 人考取高中或师范。这在当时高中招生指标严格控制的条件下，是轰动全县的成绩，与长阳一中可一较高下。这是长阳第九中学成立后的开门红。

据不完全统计，从 1958 年起，到 2003 年止，经过全校师生 45 年艰苦奋斗，除 1967 年、1973 年、1974 年、2002 年、2003 年停招外，共培养 40 届 124 个班 5738 名初中生，年均 3 班 136 人；共培养 26 届 43 个班 2019 名高中生，其中职高生 535 人，年均 2 班 79 人。

若按社会发展阶段统计：

一是 1958~1966 年，学校共培养初中生 9 届 21 个班 1061 人，年均培养 2 班 118 人。

二是 1967~1978 年，是"文化大革命"中的 11 年，实施九年制义务教育。这 11 年，除 1967 年、1973 年、1974 年停招初中生外，其余 8 年，学校共培养 8 届 28 个班 965 名初中生，年均培养 3 班 110 人。值得补充说明的是，1966 年下半年，学生进校仅几个月，"文革"开始，当年进校的学生回到原小学参加"文革"，以至于 1967 年停止招生，直至 1968 年 9 月重新招生。这一年，出现了 3 届（1966 级、1967 级、1968 级）小学毕业生同时进校的奇观。除 1966 级考试入学外，1967 级、1968 级采取公社推荐方式入学。

从 1970 年起，学校开始培养高中生。至 1978 年，9 年共培养高中生 9 届 16 个班 786 人，年均 2 班 87 人。

三是 1979~2003 年，学校共培养初中生 21 届 75 个班 3712 人，年均 4 班 180 人。除去 1996 年至 2003 年 8 年停招高中生外，其余 17 年，学校培养高中生 17 届 27 班 1233 人，其中职高生 535 人，年均培养 2 班 72 人。

在九中历届毕业生中，50% 的人通过升学、提干、参军、招工等不同途径，实现了人生理想再跨越。回到农村的，具备初中、高中毕业条件，基本包揽了乡村干部主体席位，成为千万农民致富引路人。

半个世纪以来，在九中的毕业生中，涌现了一大批事业有建树、学术有专攻的栋梁之材，他们在祖国建设各条战线闪光、发热。如 1963 届初中毕业生中，有历任五峰县县长、县委书记、宜昌市政协副主席文万照为代表的厅级领导干部；1966 届初中毕业，深造于武汉水利电力学院，供职于宜昌市水利局、住建委主任，享受国务院特殊津贴的高级工程师秦诗华为代表的县处级领导干部数十人；还有历任渔峡口公社革委会副主任，枝柘坪乡党委书记，县计生委党组书记、主任，县人大专委会主任朱昌容为代表的一大批科局级干部，这里不一一赘述。

在高等教育行业，有 1972 级高中毕业，深造于河南焦作矿业学院、供职于河南理工大学电气工程与自动化学院院长的余发山；有深造于华中师范大学、后任文学院教授、《语文教学与研究》杂志社社长、主编的李发舜；有毕业于宜昌医专、历任三峡大学组织部、宣传部、统战部部长、政法学院党委书记的覃好君等为代表的教授、副教授若干人。

在基层教育战线，有从化验室实习员到长阳一中特级教师覃孔彪为代表的教师队伍近百人。在渔峡口地区中、小学教师队伍中，95% 的人具有九中毕业背景，他们接过前任老师手中的教鞭，驰骋于三尺讲台，为党的教育事业奉献青春和热血。

医疗战线，有以深造于同济医科大学（现华中理工大学）、供职于宜昌市中心医院心胸外科、时刻不忘接济乡邻的主任医师胡旭为代表的医护人员若干。

还有宜昌市劳动局原纪委书记赵林成、五峰县原公安局长覃世武、宜昌市公安局预审科长李永读、五峰县检察院检察长许宁等人，战斗在纪检、政法战线，保一方平安的纪检、公安干警若干人。

学校培养和教育学生的目标，是培养有社会主义觉悟、有文化的劳动者。我以为，九中在这方面为社会做出了较大贡献，对于促进和推动社会事业全面发展尽了绵薄之力。

为肯定长阳九中这所山区中学办学成就，国家和省、市、县四级党委和政府，分别于 1985 年、1986 年、1987 年和 1990 年，授予学校"先进党支部""文明单位""勤工俭学先进单位""先进单位"和"全国民族团结进步先进单位"等光荣称号和金字奖牌，对全体九中教职员工给予鼓励和表彰。

2. 九中办学的主要经验

从九中 45 年建校历程来看，可以把办学经验归纳为学校管理"四到位"、教学活动"五结合"两大部分来总结。

学校管理"四到位"：

一是各项规章制度到位。一所常年在校师生600余人的山区中学，要维护教学秩序不受干扰，保证各项教学活动正常展开，实现年度教学目标，没有一套严格的学校管理制度是难以奏效的。学校在几十年的教学管理实践中，摸索和建立了一套行之有效的综合管理制度，如建立《教工工作条例》《学生日常行为规则》《班委会工作条例》《教育和奖惩细则》《教师教学目标和责任管理》，以及学校领导《民主议事制度》等内部管理办法。学校管理制度到位，做到师生教学行为有规范、制度有约束。

二是教学工作目标到位。为此，学校把工作目标具体量化，做到"六有"：一有学期计划；二有大型活动安排；三有阶段总结；四有工作日程表；五有工作部署检查；六有期中、期末总结。通过"六有"工作目标细化，做到学校各项教学活动进展有序、差异有别、优胜有奖、落后有帮。

三是教研总结到位。学校抓教学研究工作总结，既是对前段教学工作的检查，也是对教学过程和效果理性认识的升华。在各年级、各科任老师总结基础上，学校定时举行教学经验交流活动。每学期被评为"优秀"的工作总结，学校会及时推荐到全县教育系统，进行经验交流。仅1982年，学校就有4位老师发表的6篇教学经验总结在全县推广。教研总结的深入开展，促进了学校各项教学活动扎实、有序推进，其效果就是学生的升学率在全县每年上升一个台阶。

四是学校领导的表率和监督执行机制到位。毛主席曾说，政治路线确定之后，干部就是决定因素。火车跑得快，全靠车头带。学校领导除了在办学目标、方法和措施上把关外，更重要的是带头把这些措施落实到各项教学实践中去，产生实在的教学效果。在这方面，历任校长如覃尚高、覃好耕、张盛柏等，他们所表现出来的高尚情操、务实作风和敬业精神，永远是我们学习的榜样、敬仰的楷模。

为了保证学校制定的各项规章制度执行到位，学校十分重视开展党、团和学生会的各项组织活动，建立学校党支部领导、教师和学生会三级轮流值日制度，既发挥各组织的正能量引领作用，又把行使课堂教学、就餐、就寝以及课外岗位监督职能结合起来，保证学校管理层面不留死角，制度执行不失监察。

针对学校三级管理机制反馈的全校学习生活状况，对校风、校纪具有正能量引领作用的模范班级和个人，则通过党、团和学生会组织，定时开展评选先进班级和先进个人的活动。优胜者，集体授予"优秀班级""红旗班级"称号，个人授予"优秀党员""优秀团员"和"三好学生"称号，给予勉励。

总之，学校尽一切努力，利用各种激励机制，把正能量的引领作用发挥到极致，以正压邪，促进校风、校纪沿着正确方向不断前进。

对带有全局性、倾向性的问题，学校及时抓"苗头"，通过开展党、团和班委会等组织活动，把问题解决在萌芽阶段，减少负面影响。学校还及时组织师生大会，通报全校教学活动情况，对好人好事给予通报表彰，对存在的问题也随时批评指正，给予警示教育。

学校的课堂教学与课外教学"五结合"是：

一是政治课教学与理想前途教育结合，让学生在思想上逐渐树立信仰，学习上明确方向。初中学习阶段，主要是基础教育。十三四岁孩子进入初中教育阶段，对"三观"（世界观、人生观、价值观）的认识，还是一个全新的课题。在他们尚还稚嫩的心灵上，怎样建立对国家、社会、家庭和个人前途的正确认识，是政治课教学的重要内容。

九中在政治课教学实践中，始终坚持把"培养有社会主义觉悟、有文化的劳动者"，作为学生"三观"教育、确立正确家国情怀的指路明灯。

九中的政治课教学，除课堂上对课本内容力求讲深、讲透外，我们还把政治理论教学与"请进来、走出去"结合起来，使理想前途教育生动活泼，学习、感悟形式多样。学校首先是经常把当地党政领导干部或劳动创业模范请到学校，为全校师生做政治形势报告，让大家了解国家和社会的政治形势，了解社会对学校教育和对学生的要求是什么，不断为学校政治教学提神、鼓劲。再就是我们随时组织师生到当地努力改变贫困面貌的先进单位进行实地观摩教学，以振奋信心，鼓舞斗志。如我们组织师生到红耀大队（现岩松坪村）参观该村兴修水利，听全国劳动模范、村党支部原书记李发钦介绍带领全村人民战天斗地、英勇大战梯子岩的故事。岩松坪村战天斗地、改变贫穷面貌的壮举，感动了时任县长的高尚志。他带领相关部门负责人，脚穿草鞋，从龙舟坪步行 120 千米，亲临视察，被这里的先进事迹感动，现场赋诗一首给予鼓励："英雄大战梯子岩，悬崖峭壁把沟开。灌溉良田八百亩，造福子孙万万年。"参观学习了岩松坪村的先进事迹，听到了老县长语重心长的勉励，同学们回校后把这个故事写成剧本，搬上舞台。在全区汇演后，引起了强烈社会反响，得到一致赞扬。

因此，同学们政治课学习热情空前高涨，对拥护党的领导、热爱社会主义祖国的认识日渐深化，对努力学习建设祖国真本领的信心逐渐增强，使他们明白了为谁学、怎样学的奋斗方向。

二是课堂教学与课外教学结合。讲到九中的课堂和课外教学，我不得不向大家介绍，九中教学一直在长阳中学教育中小有名气，是因为这里凝聚了一批具有真才实学、师德高尚、爱岗敬业的好老师。县教育局有人曾说"九中藏龙卧虎"。我盘点后发现，学校 20 多位老师中，"文革"前的大学本科毕业生有 12 位，专科毕业生 8 位，还有两位是民国时期高中毕业、新中国成立后任渔峡口和枝柘坪两所中心学校校长的都是实力派人物，如语文老师方宗震、几何老师胡世德，还有从武汉、湖南等地来到九中从教的数学老师杨志明、化学老师邓执旺、历史老师张松高、物理老师杨燮文，以及本县的数学老师张必珍、政治老师曾庆祥、物理老师覃先弟、外语老师周乃康等。这些人学识渊博、资历深厚，对初中基础教育厚积薄发、举重若轻。用现在的话说，他们不愧"名师"称号。在这样一支教师队伍掌控下的九中基础教学，可以说是得心应手，信手拈来。如语文教学，老师除讲授范文外，还结合政治形势，积极组织自由命题，抒发己见，广泛在同学中开展自我讲评，促进大家提高写作技巧，增长文法才干。同时，语文教学还把举办党、团生活和各种节庆墙报活动作为课外辅助教学的重要阵地，锻炼和提高同学们的编辑、投稿、审稿、书法和美术等方面的实际动手能力。数学教学，师生合作，把几何学水平线、等高线的原理直接搬到校园坡田改梯田的实践中，使抽象的数学概念变成改造自然的具体实践，浅显易懂，学以致用。

1978 年，九中参加全国高考，在各科老师日夜兼程，准确把握知识考点、有的放矢的辅导之下，考生在全县一举拿下高考录取率第一的成绩，极大鼓舞和调动了全校师生的热情。这不正是对九中教师素质的全面检验和丰富多彩的教学实践的具体结果吗！

三是课堂教学与文艺、体育结合。地处长阳西部边陲的九中，曾经一不通路、二不通电、三不通水，走路靠步行，运输靠人力，照明靠油灯，学校一切教学活动基本处在一个封闭的环境。迟到一周甚至十天半月的报纸，是获取时事新闻的唯一途径。一学期能看一场电影，已是不可多得的艺术享受。

为了活跃学校教学氛围，丰富校园文化生活，学校把组织各个节庆假日的文艺汇演和开展体育运动会与基础课教学结合，作为课堂教学内容的延伸和互为补充，收效显著。如杨志明老师辅导成立的校园文艺团队，利用自习和周末时间，排练演出的地方剧、山歌、南曲、湖北大鼓和现代京剧《红灯记》等剧目，汇报演出后不仅烘托山乡节日氛围，更把具有正能量的时代气息通过舞台表演形式，传播给基层群众。杨志明老师亲自导演的革命现代京剧《红灯记》演出后，更是在渔峡口地区产生划时代的影响。学生李建华、王新兰等人扮演的主角惟妙惟肖，影响深远；覃事迅、田太习、许红等人的女高音山歌、南曲联唱和主持表演艺术，不仅受到全校师生高度赞扬，更是唱出渔峡口，唱到长阳龙舟坪，许红、覃事迅还成了县歌舞团专业演员，改变了一生的命运。

为了使受教育者德、智、体全面发展，学校定期举办体育运动会，不仅检验了学生体能锻炼成果，更促进了各项体育教学活动顺利开展。

由于各地小学教学条件有限，什么球类活动、单双杠和田径等基础体育项目都没有开展过。初进九中的同学，单杠上的引体向上，一个也拉不上去的大有人在。经过在九中一两个学期全面锻炼，乒乓球项目打到县里、市里、省里，还能取得优胜名次，勇夺宜昌地区冠军。个别同学因单项体育的突出表现，甚至还把体育事业作为自己的终身职业。通过学校体育运动会的全面检验，绝大多数同学田径、单双杠和各种球类项目上的比赛成绩，都能达到教纲要求。

四是校内教育与校外教育结合。多年来，九中克服各种困难，始终坚持"请进来、走出去"的教学理念，先后在施坪村、岩松坪村建立校外教学联系点，把课堂搬到广阔天地，与当地干部群众结合，使教学形式多样化，教育内容丰富多彩。让同学们在劳动中学习，在学习中提高，使受教育者学得开心，接受的知识面广，受到的影响深刻。如化学实验课，邓执旺老师和同学们在施坪村教学点，把"五四〇六"菌肥的培养和实验推广到生产实践中去，通过总结该村贯彻"土、肥、水、种、密、保、工、管"农业八字宪法，科学种田经验，为国家多卖公粮、余粮，支援国家建设，比邻近一个乡还多的经验，使大家明白苦干还需巧干，种地也要科学的道理。个人认识上的这种进步，将影响他们成长进步一辈子。前面讲到把政治课、语文课搬到岩松坪村，把先进事迹和典型故事上升到政治高度，写成剧本，搬上舞台，形成推动社会进步、鼓舞干群斗志的精神动力，这不正是开门办学的闪光点和试金石吗！

五是学校教育与改造校园面貌相结合。九中是一所新建的初级中学，不管是教学设施、运动场地，还是校园开辟，都是在一张白纸上，由历届师生历尽艰辛、奋发图强描绘而成的。学校除课堂上抓基础课教学外，更是把劳动课时间集中到周末，主要用来改造学校面貌、改善教学环境上，使学校面貌焕然一新。

改造学校面貌基本是四步走：一是全校师生在渔峡口清江边背沙，在白岩背石灰，在后山捡石头、背黄土，自制"三合泥"，把大礼堂、各教室的地面和通往食堂、寝室的道路硬化，结束了扫地一身灰、走路一脚泥的现象；二是搬走了学校西北侧一座近 2000 立方米的土包，把西高东低的校园平整为宽阔的操场和球场，建成了 200 多米的环形跑道，为学校举行大型体育运动会和开展广播体操、集体跑步提供了场地；三是围绕学校西南侧那座只见火巴石和矮小灌木的"天鹅抱蛋"山包，开展坡改梯校园建设，使学校有了柑橘园、苹果园；四是以校园绿化和花坛建设为主题内容的环境美化劳动锻炼。

九中搬迁前，这里已经形成教学设施齐备、教学场地宽敞、校田瓜果飘香、校园绿树成荫、各色鲜花盛开的世外桃源。

这一切，都是教育与生产劳动相结合结出的丰硕果实。事实证明，劳动改造世界，劳动改善环境，劳动改造人生。劳动对于正在茁壮成长的青少年的体能锻炼和健康成材，是不可或缺的教育内容。

3. 存在的差距或不足

以白虎垄覃氏宗祠为依托建设一所初级中学，历经 45 年艰苦奋斗，取得一定办学成绩固然可喜，但和城镇中学相比，环境条件还存在很多差距，主要表现在：

一是学校有相当一段时间受"文革"时期的"知识无用""臭老九""白卷英雄"等错误论调影响，合理的管理制度受到冲击，教学质量一度下降。后来经过很长一段时间拨乱反正，才使学校的教学工作恢复元气。

二是常年五六百人的中学，用水的问题没有解决好。每逢干旱季节，师生的生活用水十分紧张，要花很多时间到数里外的地方取水，而且水质差，给师生洗漱带来极大困难。这应该说是学校建设中存在的主要不足。

三是由于缺水，学校公厕仍然停留在原始状态，没有条件改造成冲水式的现代化设施，使学校环境卫生受到一定影响。

有人问我，从教一辈子，人生有哪些感悟？我的回答是：教师是高尚的职业，同其他劳动者一样，也能创造历史。看到九中走出来的一批批人才，他们为国家富强和人民富裕做出贡献，我就感到这就是一位老师最幸福的时刻。

2019 年 12 月 8 日于长阳津洋口

一封信

宋兴宏

作者简介

　　宋兴宏，1938 年 12 月出生于秭归县九里村。中共党员，中学特级教师。长阳一中原书记。1961 年 8 月毕业于华中师大中文系，在原宜昌师专等地直教育单位及长阳一中从教近 40 年。撰有论文 40 余篇。退休后参与修志编书多年，并习作格律诗词以自娱，出版诗集《信笔诗稿》。

　　正如一首诗中所云："珍藏短信五十春，令耄欣然泪满襟。莫道曲声音已渺，纸中却蕴好人心。"信纸短短一张，说来却是话长。

　　2018 年 10 月 23 日上午 8 点半钟左右，长阳九中（1972~1976）校友联谊会即将开始之前，1972 届同学向宏应来到我与老伴覃先瑛就座的"老师座席"桌前（本人不是九中老师，沾老伴之光参会），寒暄之后，他递给我一个淡黄色信封，说："这是您很久前写给我老爸向正年的一封信。1995 年 4 月初，他去世前把这封信交我保存，并嘱我以后找机会给您看看。今天，他那最朴实也最真诚的凤愿终于实现了。我特别高兴，老爸在天之灵也一定深感欣慰。"这是一封普普通通的平信，他们父子却保存了 50 年。50 年，虽是历史长河中一瞬，却是人生中最漫长也是最精彩的岁月。我与老伴迫不及待地看了那封饱经风霜的信函（落款时间为 1969 年 5 月 12 日），并与宏应等同学热议一番。此后，那飘散在清江河畔、香炉石旁的远去了的记忆，又慢慢潜回我枕边，并在我手机"备忘录"中形成了如下文字。

那是 1969 年 5 月与长阳九中"藕断丝连"的往事。那时，我在宜昌地区教师进修学校工作，奉命与另一老师到渔峡口区办事。在九中停留期间，学校领导和老师提供了很多方便，教工食堂掌勺的向师傅更是热情有加。在当时物资匮乏条件下，他却能素菜妙炒、粗食精作，别有山乡风味。于饥饿寻食之间，他言语格外亲切，茶水尤其飘香，我等确有宾至如归之感。那时，吃饭仅有钱票不行，还得有粮票。我们出差时不慎丢了几斤票证。他得知此消息之后，便当场慷慨解囊，借票 10 斤。这在那个凭票吃饭年代，可是雪中送炭、酷暑送水啊！当时，还有几位老师介绍的向师傅照料生病老师及其年幼子女事迹，我们深受感动。回单位后，我立马写信向他致谢，奉还了粮票，并表示要认真学习、宣传他那认真工作、助人为乐的精神，托他感谢秦尚高、周乃康、曾庆祥、杨志明等多位老师对我们的热心帮助。这就是这封信的全部内容。

好人些小事，滴恩当长报。这封珍藏了 50 年的平信的故事虽已结束，但它的人文内涵和纯真情感一直潜藏在我灵魂深处。于是，我拟《江南好》小词，以缅怀默默奉献的人们：

珍藏久，一纸仍新鲜。黉苑美德峡口蠹，好人尽在信中潜。能不忆当年？

附：

读《长阳九中纪事》有感

忆人忆事忆当年，
苦辣酸甜成美篇。
读此华章犹聚首，
顷回峡口九中园。

2019 年 2 月 18 日于长阳

任职渔中

张盛柏

作者简介

张盛柏，1927年5月出生于渔峡口区高峰村，1950年2月参加工作，曾任小学教师、教导主任、校长，区文教组长，县文教局普教股长，县教研室主任，九中副校长、校长，《长阳县志》副主编等职。中共党员，多次获县先进工作者称号，参与编写的《长阳县志》获湖北省志书一等奖。2010年6月因病去世，享年83岁。

在渔峡口区内，有一处为巴楚文化史家所熟知的地方，它就是白虎垄。巴氏族"廪君死，魂魄世为白虎"，白虎垄因此得名。

1958年，长阳县人民政府决定在白虎垄创建中学，定名为渔峡品第十五中学。1959年，中学经过调整，将原建于枝柘坪的枝柘坪第十六中学，与该校合并，更名为长阳县第九中学。后经过多次调整，1971年全县各学校均改为以学校所在地地名命校名，故九中更名为"长阳县渔峡口高级中学"。"文革"期间，我曾先后于1969年4月至8月、1970年9月至1971年4月两次调该校任语文教员。1974年9月，县革委会文教科鉴于我身患疾病需调到离家较近的学校工作，便于亲属对我的照顾，故调我到渔峡口中学任革委会副主任。

到校之初，校党支部书记兼校革委会主任覃好耕同志与我分工，他主管学校全面工作，我负责思想政治教育和教学两项工作。

1977 年春，我们在肃清四人帮流毒和影响的同时，恢复和建立正常教学秩序，建立健全学校规章制度，理直气壮地抓教学质量，收到了显著效果。同年 6 月，县革委会专管文教工作的副主任杨献怀同志来到我校，亲自主持召开全县各区中学文教组负责人现场会，总结推广我校抓文化课的教学经验，全校师生受到极大鼓舞。

1978 年春，我们认真总结了 1977 年 12 月高考的经验教训，重新调整了为迎接新一年高考的教学计划。一方面查漏补缺，不放弃每个考生，鼓励他们勇敢面对高考；另一方面给部分学习基础好的同学补习，使他们更好地发挥自己优势。经过半年多的紧张学习，高考取得了较好成绩。有史永红、张少青、覃守员、覃先魁、覃世柱等 5 位同学中榜录取，升入大学就学。这一年，学校被评为全县中小学的"红旗单位"，我个人被评为全县"宣教战线先进工作者"。同年 11 月，县革委召开全县宣教战线先进单位、先进工作者代表大会，学校一把手覃好耕同志作为"红旗单位"代表，高中学生朱万双作为"三好学生"代表，我作为"先进工作者"，三人一同出席了这次会议，受到了中共长阳县委、县革委会的表彰，并受县广播站邀请发表了广播讲话，向全县人民表示了为教育事业奋斗终身的决心。

我于 20 世纪 60 年代曾任县文教局中层干部，后又担任县教研室主任一职，曾多年从事全县普教工作和教学研究工作。自调到渔峡口中学任职以后，能够主动出主意，想办法，身体力行。作为一把手的覃好耕同志，志向高远，心胸豁达，全力支持我的工作。在尔后的几年中，我们切实坚持贯彻以教学为主、努力提高教学质量的指导思想，极大地调动了教师的教学和学生学习的积极性，取得了学生家长的信任，受到了社会好评。在努力提高教学质量的同时，还对学校布局、结构调整进行了开拓性的工作，促进了学校规模的变化。1976 年，为使教育为农业服务，我校于秋季停开初中班，在开办普通高中 3 个班学生 159 人的同时，还增开了 2 个一年制高中短期教育班，即畜牧兽医班、赤脚医生班，共招学生 94 人，从而为农村培养和输送了急需的人才。1977 年秋季，开始扩大高中招生名额。在尔后的 3 年间，学校办成了具有 8 个高中班的规模。至 1979 年，学生最多达到 406 人。与此同时，为满足部分学生复读升学要求，每年还吸收 20 至 40 名补习生参加复读，复读学生没有加收分文费用。这一段时期，可以说是渔峡口中学开办以来兴旺发达的时期之一。

1981 年秋季起，学校服从全县和区镇教育结构调整的全局，高中停止大规模招生，学校承办渔峡口重点初中的任务，因而高中班逐年减少，初中班逐年增加，到 1982 年，高中部仅保留两个班，在籍学生仅 87 人，初中则发展到 5 个班（三年制），在籍学生达 241 人。在这一时期，学校把工作重点转移到办好重点初中班方面，教育教学质量显著提高，学生升学率在 40% 左右。在这一时期，为适应县办重点高中的需要，学校大批骨干教师陆续调出，如教师中具有大专以上文凭的人员，1975 年秋季有 9 人，占 23 名在籍人员的 40%；到 1979 年秋季，大专以上文化程度的教师减少到 3 人，只占 29 名教职工的 10%。教师质量已相对削弱了。

从 1975 年起，学校加大开门办学的分量，大力开展勤工俭学活动。除在施坪三队落实校队挂钩建立校外开门办学基地以外，把主要力量放在学校农田基本建设方面。原来学校旁边有一座名唤"天鹅抱蛋"的莽莽荒岗，一半属学校基地范围，一半属渔坪一队所有。经过协商，渔坪一队同意把全部山包归学校所有。于是，我们就动员全校师生向乱石包宣战，改荒岗为勤工俭学基地，利用劳动课时和一部分假期，苦战 2 年，搬运岩石砌田坎，搬运沃土造田，终于将荒岗改造成了九道环山梯田。到 1977 年，学校占有的梯田由 1974 年的 6 亩扩大到 28 亩，其中 20 亩种农作物，8 亩改造成茶园。至此，学校勤工俭学达到新水平。

从 1980 年秋季起，县领导调整了我的工作职务，由副校长升为校长。在 1981 年至 1983 年的几个年头，我始终坚持以下几个方面：

1. 工作中继续发扬乐于吃苦、勇挑重担、积极工作的作风，历年学校工作计划、总结、经验材料以及阶段性工作的布置、总结检查，都是亲自动手。

2. 坚持工作岗位。1981 年至 1983 年的 3 年中，只请过半天事假，还利用节假日坚持做学校工作。

3. 各项工作做到长计划、短安排。每个学期做到了"六有"：有学期计划，有大事安排，有工作阶段总结，有每周工作日程表，有单项工作的布置、检查、总结，有期中期末全面工作总结，使学校各项工作有序进行。

4. 为建立和巩固正常的教学秩序，逐步摸索建立了一套学校行政、管理制度，如《教职工工作条例》（4 节 20 条）、《学生日常规划》（10 节 44 条），都是多次修改而成，切实可行。除此之外，还建立了教师业务档案和教职工岗位责任制，加强了考核制度等措施，对培养良好的校风、教风、学风都起到了积极作用。

5. 坚持教学为主，把抓教学工作作为行政工作的中心任务。首先是加强对教学研究组的组建和领导，每学期坚持参加一个教研组，重点深入一个教学班，以点带面把领导精力贯注到全校教学工作中去。与此同时。坚持每周听课 2 次，做好记录和评议，提出改进意见；定期检查教师备课笔记，做好评比、总结、排队工作，促进教师备课质量的提高；帮助教师总结经验。仅 1982 年，就有 4 位老师的 6 篇教学经验材料在县教研刊物上发表，得到推广。唯其如此，教学质量逐年提高。1982 年至 1983 年，重点初中毕业生升学率在全县分别为第九名、第八名，每年上了一个新台阶。

6. 做好学校行政工作的同时，努力教好政治课。1974 年秋季调进该校以后，我坚持担任 4 个高中班的政治课。1981 年以后，高中班减少，我则把主要精力放在教学重点初中班政治课方面。为教好学生，我坚持自学哲学、政治经济学、社会发展史、科学社会主义，做学习笔记，解答问答题示范 245 道。在此基础上，坚持认真备课，1981 年至 1983 年春 4 个学期，共任课 408 课时，写教学笔记 10 万字以上。1983 年 7 月 18 日，县区组织统考，我所担任的初中一年级两个班，政治课参加考试学生 93 名，总平均分数比区内其他中学高 27 分。

7. 1981 年至 1983 年间，不仅工作任务繁重，而且由于自然灾害频繁，给学校校舍造成严重威胁，学校原有的两栋房子需维修。为此，党支部书记覃孔安同志专抓学校基建，我则与老师们动员学生投入艰苦建校活动，挖土石方，搬运石料砖瓦，为学校节省修建费近万元。通过 2 年努力，新建教室 2 栋 6 间，翻修师生宿舍 1 栋 6 间，维修师生宿舍 1 栋 3 间，使学校用房的紧张状况得到缓解。

8. 在勤工俭学方面，长期坚持种好校田，培植茶枝柑以外，又转办学校小商店，学校收入逐年增加。1981 年 6 月，在全县教育工作会议上，我校专门做了经验介绍。1982 年，学校被评为宜昌地区中小学开展勤工俭学活动先进单位，受到表彰奖励。1983 年，经过继续努力，学校全年获得纯收入 3195 元，按学生 344 人计算，人均收入为 9.28 元。

2007 年 3 月 15 日于渔峡口

（此文摘自作者回忆录《漫漫人生路》，有删节）

三进九中

覃建国

作者简介

　　覃建国，1959年11月出生于渔峡口镇布政村，土家族。大专文化，中共党员。1978年8月参加工作。1990年7月至1991年11月任渔峡口职业高级中学校长。后在县教委、县人民政府办公室、县人口与计划生育局、县行政服务中心管理委员会办公室、县人大工作。2018年晋升为四级调研员。

　　一提到九中，我的心情就不能平静。因为，我有三进九中的经历。

　　第一次进九中，是1974年9月至1976年7月，我在九中读高中。当时九中名师云集，我记得教过我们的语文老师方宗震、田开平，数学老师袁勤灿、杨志明、胡世德，物理老师秦先弟，化学老师邓执旺，俄语老师周乃康。有幸能当他们的学生，聆听他们的教诲，真是三生有幸。

　　那时读书，劳动是必修课。开学不久，我们便去茅坪背煤，经东村到滑儿坡，过跃进桥，一路东进到达茅坪街上储煤场，此时已是人困马乏，稍事休息便返校。我个子小，左挑右选相中了一块自己感觉合适的煤，哪知返程中感觉越背越重，快过跃进桥时，已是力不能支了。正在这时，忽然闻得山顶有汽车鸣笛之声，不知谁叫了一声"快走，赶车去"，这一叫引来了"望梅止渴"效应，大家都来了劲，拼命往公路方向冲去，待我们爬上公路之时，果然有一辆长阳化肥厂的"140"货车正停在公路上等着我们。我们欣喜若狂地将所背煤块全部装上车。这辆车走走停停，将沿途背煤的学生都收上了车，直接开到九中东门院中。学生们那时的兴奋真是无以言表，感觉自己是世界上最幸福的人。后来才知道，那个开货车的司机正是校长覃好耕的弟弟，他到白岩煤矿给县化肥厂拉煤，借机去九中看望哥哥，我们便巧合地搭上了这趟顺风车，这也算是弟弟送给哥哥的最好礼物了。上晚自习时，班上公布每个人所背煤的重量，我背了42斤。

除背煤之外，我们劳动课的内容真是丰富。如到施坪村帮助割麦，到小龙坪村三背河测量水渠。为了建设九中屋后的梯田，我们经常到周边山林里背石头。现在看来，劳动确实占用了我们很多的学习时间，但客观上磨炼了我们的意志。

两年高中的学习时间，一晃就过去了。毕业后，我成了回乡青年，回到了老家布政村。

1983年8月，我从宜都师范毕业，县教委将我分配到渔峡口中学任教。这是我二进九中。那时的校长是张盛柏老师，在我印象中，他是一位学术型领导，戴着深度眼镜，文质彬彬，说话轻声细语，举手投足给人以亲切感。学校给我安排的寝室就在他隔壁，我有幸和这位老校长做了几个月的邻居，老县长刘光容就把他接到县志办公室，编撰《长阳县志》去了。那时九中，已经挂上了"长阳渔峡口农业高级中学"的牌子，仍然有初中部、高中部。学校安排我教高中部的植物课，同时兼任初二（2）班的班主任和生物课教学。那时的我，可以说是满腔热血，希望自己能干出好的业绩来。我带的初二（2）班是个情况很复杂的班，从初一开始，几乎每学期都换班主任和任课教师，学生成绩普遍比初二（1）班差，学生感到失望，学习氛围不浓，班风班纪较差。我任班主任后，对他们倾注了全部的心血。逐个找学生谈心，消除他们心中的疑虑，因人而异帮助制订学习计划，想方设法激发他们的上进心和求知欲。我任教的生物课有意给初二（2）班出简单些的考试题，阅卷后成绩高出平行班，让他们感觉"我能行"；课外活动进行排球比赛，我事前认真动员，精心组织，私下里动员拉拉队，果然比赛中打出了好成绩，战胜了初二（1）班。在此基础上，我乘势召开班会，由排球比赛引申到学习竞赛，给他们呐喊鼓劲。事实证明，我的教育方法是成功的。后来中考，该班成绩有了很大提升。1984年4月，我在学期中途被调到渔峡口区文教组工作。二进九中我只干了8个月，时间虽短，但给我留下了难以忘怀的印象。当我接到调令后，我又去班上上课，我忍不住对学生们说："老师今天给你们上最后一节课，明天我就要到区文教组去上班了。"班上顿时炸开了锅，同学们询问、哭泣，哭泣、询问，结果我始终没有上成课，还连累隔壁的教室也无法上课。

第二天，同学们自发地帮我搬家，送我到区文教组。30 多年过去了，同学们的这种依依难舍之情历历在目。我感觉这是学生对我的最高奖赏，这是教书育人者特有的幸福。

我在区文教组当了一年的会计辅导员，第二年开始任教学辅导员，这一干就是 6 年。6 年中，我起草《渔峡口区教育教学工作管理细则》，整合资源撤并学校，狠抓办学质量，沉浸在改革的快乐之中。正干得热火朝天之时，1990 年 7 月，县教委发文任命我为渔峡口职业高级中学校长。这是我第三次进九中。那时九中的领导班子人很少，我的老师——袁勤灿任书记，葛兴坤任教导主任，覃孟倞任工会主席。学校仍然是 9 个教学班，初中 3 个年级各 2 个班，高中 3 个年级各 1 个班。高中面向全县招生，初中则是渔峡口镇中学录取后剩余的学生。高中教师属县管，县教委发工资，初中老师属镇管，渔峡口镇教育组发工资。高中追求的是办学特色，初中追求的是升学率。这种特殊情形，让我这个新手校长如坐针毡，深感力不从心。好在老校长及班子成员和教职工全力支持我，九中的辉煌才得以传承。我是 7 月学校刚放假时任命的新校长，首要的是解决如何开学的问题。记得是上任的第二天，邓老师（物理教师）的夫人便找上门来，说邓老师在县医院住院，没有钱了，医院要停药，要我解决药费。当时的情形是学校的账上资金所剩无几。第二天，我便带她去县教委借钱，我把困难向分管财务的王主任作了汇报，得到了支持，借给我 2 万元保开学。在计财科办理时，我再三陈述困难又争取到计财科另给县医院划药费。这样，我带着 2 万元回校，对厨房等设施进行了维修，还将初中 3 间教室的地面硬化了一下，结束了教室扫地灰蒙蒙、学生上课时不时要砖头垫桌子的历史。2 万元对于一所中学是杯水车薪，还有很多该办的事办不了。比如初中课桌急需更换，没有经费，加之初一 2 个班要 100 多套，找木匠做也来不及。于是，我借鉴其他乡镇的做法（现在看是违规的），在发入学通知书时，郑重致家长一封信，请求家长支持，并附有课桌凳图纸，请家长找木匠按图制作，写上学生的名字，提前一周送到学校。学校请木工把桌凳高矮搞一致，并统一油漆。学生到校后用自带的桌凳，学生毕业则将桌凳带回。这样，最终解决了开学问题。

九中是个缺水的地方，我任校长那一年的 7 月，恰逢久旱无雨。供我们吃水的老水井，白天村民要抽水抗旱，我们只能晚上夜间取水。于是，我从镇政府争取了抗旱的水管，从老水井一直连接到学校水池，几千米长的水管，中间接头很多，靠几个工人应付不过来，无奈我们只能分班守护：上半夜守水的班级与下半夜守水的班级，在零点交接班。学校给每个学生准备了两个包子，上半夜守水的吃了睡觉，下半夜守水的吃了上岗。现在想来还令人唏嘘，不知我们是怎么走过来的：漆黑的夜，在农田里，在沟渠中，在树林间，到处都是师生的身影。守水的日子不算短，但学校里没有一个人有怨言，没有发生一次安全事故。大概是逆境更锻炼人的缘故吧。这场旱灾，我们得到了县税务局的支援。他们派出拉水的罐车，帮我们渡过难关。我的好友覃远荣在渔峡口开拖拉机，也时常用拖拉机拉上一罐水送到学校。那时，教师宿舍又多了一件物品——水缸，因为干旱，农家的水缸成了九中教师宿舍的标配。

保运转是艰难的，作为长阳职教的一面旗帜，探索特色之路更是艰辛的。从 1982 年九中挂上"长阳渔峡口农业高级中学"的校牌开始，学校就确定了要为当地培养适用型技术人才的目标，并把"育成才，扶上马，送一程"的措施，落实到教书育人的全过程。功夫不负有心人。1990 年 10 月，学校被国家民委表彰为"全国民族团结进步先进集体"，我有幸代表九中赴武汉领奖。表彰会是在东湖宾馆召开的，我记得给我颁奖的领导是时任省人大常委会副主任石川同志。颁奖仪式结束后，我即刻到县教委把获奖情况向钟裕容主任等教委领导作了汇报。然后，买了次日回渔峡口的班车票，当时只想早点赶回去，让全校师生分享这份喜悦。

1991 年 11 月，我再次离开了魂牵梦绕的九中，县教委调我到教委人事监察科工作。屈指算来，离开九中已有 30 年了。偶尔回渔峡口，我总要去白虎垄瞻仰。与其说是寻找那激情燃烧的岁月，不如说是追寻九中那自强不息、厚德育人的精神。

2020 年 9 月于长阳龙舟坪

九中，九中

张泽凤

作者简介

　　张泽凤，土家族，1963 年 4 月出生于渔峡口镇双古墓村。大学文化，中教一级，中共党员。1982年 7 月参加工作，先后在渔峡口镇东村小学、西坪小学、重点初中工作，曾任长阳渔峡口职业高中校长。1998 年获县骨干教师称号，2016 年获国家二级心理咨询师资质。现在渔峡口初级中学教书。

上

　　1976 年春季学期结束，我从双龙中学初中毕业，但由于家庭成分问题，我不能被推荐上高中，只好回乡务农。1977 年恢复高考，我参加中考，语文连作文都没有写完，自然是名落孙山。1978 年我没有参加高考，但发现一些校友考取了学校，于是全家人一商议，让我到西坪初中去复读，好考个中专，跳出农门。结果运气差，因为 1979 年国家规定大中专合卷，要考高中内容，而复读生又不能考高中，我只好参加高考，结果距中专录取分数线还差 50分。因担心不让社会青年参加高考了，全家人又商议，要我到九中去插班读高中，决定不读高一，跳级直接读高二。

　　果然不出所料，九中老师对我插班读书引发了争议。有老师认为，招一名插班生，还不如招一名复读生。尽管当时已招了不少复读生。面对舆论压力，1979 年秋开学第一周我没有上学。好在当时学校党支部书记覃孔安、校长张盛柏对我网开一面，我最终还是进了高二文科班体验高中生活。

当时，全校共 8 个班，高一 4 个班，高二 4 个班；高二已分科，其中 3 个理科班，一个文科班。而且高二的应届尖子生被送往县一中读书，这大大减轻了我的学习压力。

我们文科班的班主任是杨祖辉老师，他教全校的体育课；政治课老师是张盛柏老师；语文课老师是方宗震老师；数学课是杨志明老师；历史课是张泽滋老师；地理课是张仕诚老师。

我开始插班就读时，没有底气，担心跟不上班，老师们也不看好我，只感觉我很沉默，但上课很用心。不久，我就成了关注对象。因为方老师要求我们写一篇作文，赞扬我们渔峡口中学，题目是《渔中风光》，我很用心地写了一篇，也倾注了我的感情，因为九中是我那时经历的最好的学校。至今，我还忘不了那宽阔雄伟的大门，那波光粼粼的大堰塘，那青瓦白墙的校舍，那 200 米的跑道，还有很大的绿茵草坪，覃氏祠堂前的吊柏和花园，操场边的垂柳和刺柏，那女贞树修剪的绿化带，那高高的苹果树和初具规模的橘园，那对称又曲折幽深的校园布局，颇有苏州园林的风格。作文上交后，方老师很是欣赏，教高二的其他语文老师读了我的文章后，要求各班的语文科代表把我的作文当范文抄在黑板上。这意想不到的情况，让我精神为之一振，从此，我的学习更带劲了。

期中考试时，我的总成绩是班上第二名，邹应枚同学是第一名。很多老师和学生觉得我的成绩是否有猫腻，但我心中坦荡，更加勤奋地学习，期末考试时，我的总成绩跃居班上第一名，连续两次考试成功，才让别人觉得我的成绩真实可靠。其实，我的成长，离不开老师们教诲。那时，教师们上的每一堂课，我都能复述。虽然已过去了将近 40 年，但老师们的音容笑貌却还在眼前。

班主任杨祖辉老师很严厉，班级管理从不放松，他上体育课时，能身体力行，我们一点儿也不敢松懈。

张盛柏老师教我们政治，和颜悦色，解说仔细，他教的是马克思主义哲学和政治经济学资本主义部分，他善于板书，学生好认。

方宗震老师那时已快退休，身体虚弱，早餐一个包子都吃不完。他还教过我的父亲。教语文很有经验。记得有一次指导我们写读后感，还亲自写了一篇范文。大意是读了有关陶侃的故事而写的感想。还介绍了写读后感一般方法，这对我帮助很大。

数学老师杨志明是个全才，我还没到九中读书就知道他书法厉害，镇上供销社第一门市部新建时挂的"发展经济，保障供给"8个黑体大字很有气魄，据说是杨老师手笔。杨老师是华中师大数学系本科生，教书很有一套，又会说普通话，课上得好。杨老师会拉二胡、京胡，会打乒乓球，会唱歌。有一次还利用数学课教我们唱正流行的《祝酒歌》，他唱歌可谓字正腔圆，很有气势。杨老师知道我数学成绩差，希望我多花点时间学数学，我和他交流了自己想法，我说，我要补习的功课太多，数学补习难度大，费时多，至于数学，我只能利用好课堂和自习来学。还大胆地袒露心扉，说伤其十指，不如断其一指。杨老师很同情我只能读一年书的处境，并没有责备我，也没有放弃我，记得有一次上数学公开课，还点名让我回答了几次问题，而我课堂上的表现也令他满意。后来，我考上师范，他也调到师范教书，仍对我关照有加。

张泽滋老师教我们历史时，非常细心，他的粉笔字写得好，也善于板书，对重要历史事件把握很准。当时他还要教别班的语文，也并没有以此为借口而忽视对我们的历史教学。

张仕诚老师教地理有特色，进教室总手拿地图，他讲得少，主要是让我们自己看书、自己悟。他要求我们脑海里要有地图。他说，脑海里有各种地图，那学地理就有希望了。我那时学地理很有悟性，这与他强调识图记图有关。

在九中读书的那段时间里，我的很多同学都给了我间接或直接帮助，以高个子美女班长许辉为代表的班委会经常在为我们服务。我的邻座刘贞满、李永佐同学经常给我介绍他们高一时的经历。秦德梅同学还给我借过一套1979年的高考备用卷，这在那个资料匮乏年代，对我帮助很大。覃仕俊、覃庆华同学和我一道探讨学习。还有很多同学都在学业和生活上给过我很多帮助。

我们那时候读书还要搞大量体力劳动。我们在松树林里背石头、在河边背沙建厕所；我们种校田，还到距学校很远的岩下湾背油菜苗，我还在那里见到过一座保存完好的李姓大墓碑。

在九中读书的这一年，我也有过挫折。1979年秋，我得了痢疾，还住了院，耽误了一段学习时间，身体素质受到影响。但我也很幸运，因为没在大寝室睡觉，没有感染当年流行的疥疮。

时间转瞬间进入了1980年，我也快满17岁，这一年，高考制度又改革，高考要先统一预考再正式参加高考。预考未上线的，不能参加本年度的正式高考。我当时着实紧张了一番。好在上天眷顾，预考结束后，我和邹应枚同学以文科班并列第一的成绩留在学校继续学习，取得了高考资格。大部分同学没有我们幸运，预考后就毕业回家了。

预考过后，我们3个理科班和1个文科班只有50人左右留了下来。学校决定理科班合成一个班，由覃孟会老师任班主任；文科班还是杨祖辉老师任班主任。语文文理合班上，由方宗震老师教文言文阅读和作文；数学文理合班上，由杨志明老师教解析几何、立体几何、复数，胡世德老师教平面几何、代数。其他学科仍由原来的老师上。

紧张地复习了一段时间，7月份，我们包了一辆大卡车前往资丘中学考试。我们学校、桃山高中、资丘高中、西湾高中的考生都集中到老资丘镇的资丘中学考试。我们学校的带队老师是教导主任杨林老师、总务主任覃孟保老师，还有杨祖辉老师和覃孟会老师两位班主任。我们学生住在资丘中学的学生寝室里，条件差，但我们还是要感谢那里的学生，我们睡的是他们的被子。我们一日三顿都在街上的餐馆自行购买。为支持我考试，家里给足了钱，那时还是计划经济时代，政府在物资供应方面给予了保障。那几天，我的生活充满了阳光，可以顿顿吃肉，我很喜欢吃洋葱炒肉片。在紧张复习之余，老师们还组织我们瞻仰了77烈士纪念碑并集体合影留念，我们非常佩服像李勋军长那样的革命先烈。我们的考点设在当年还没有被淹没的资丘古镇，有"小汉口"之称，传说上桥高八丈八，下桥高九丈九。这两座古石桥见证了当年劳动人民的勤劳和智慧。就是资丘中学本身，也有悠久历史，那长长的条石阶梯，那带有西式风格的建筑，可见当年是多么具有前瞻性。但为了应考，我没有花很多时间去欣赏，现在看来，还是一种遗憾，因为资丘古镇后来已被淹没在清江河中。

高考首先考语文，我很紧张，考前上了3次厕所。考试开始时，我写字的手有些轻微的颤抖，手上的汗把我的手绢都浸湿了。看到作文题目时，我心里有了底气，因为是写读后感，给我们讲的故事是达·芬奇画蛋。我想到方老师告诉我们的写读后感的方法，可谓胸有成竹，慢慢地，我的紧张感消失，可以全神贯注地答卷了。

高考时，我只有数学没考及格，仅有 39 分，但作为没有读高一的我，却自认为是发挥得最好的，最令我满意的。这要归功于我的两位数学老师，胡世德老师在引导我们复习平面几何时，强调了圆的重要性，并告诉了一些小窍门，如作辅助线的思路，两圆相切，要考虑作公切线；两圆相交，要考虑作公共玄。考试时，平面几何就是考圆，我把这 10 分全挣到了。杨老师在引导我们复习立体几何时强调了三垂线定理的重要性，我在考试时，利用三垂线定理的逆定理把唯一的一道立体几何题证明出来了，得了满分。杨老师强调复数的重要性，我记在心间，唯一的一道复数题我也得了满分。鉴于老师的重要性，后来我自己当老师，也注重引导学生总结方法。因为常言说得好，千般艺好学，一窍难得。

暑假期间，我们的高考成绩出来了。我有幸考上了长阳县中等师范。这在当时，无异于放了一颗卫星。我高兴，我家人高兴，我老师高兴，我亲朋好友都高兴。那年，文科班另外 3 名同学：邹应枚、胡耘赤、杨必久也考进了长阳师范。理科班覃孟珍同学考上了宜昌卫校。为感谢九中老师们的培育之恩，我进师范后，还给母校老师写了一封感谢信，老师们很高兴。据低一届校友讲，秦先觉老师还把我写的信作为范文介绍给学生。受到如此重视，我还暗暗后悔，觉得应该把信写得更好些。

我在九中虽然只读了一年书，但感到很温馨，有收获，可以说，是我人生的转折点，真有胜读数年书的感觉。

我要永远感谢九中，没想到我后来回到九中教书，还成了九中校址搬迁前的最后一任校长。

下

1992 年春，我在渔峡口初级中学教书。暑期教师培训会结束后，九中的覃守富校长到学校找到了我，在左建洲老师的寝室里对我说："九中高中部缺一名语文老师，你今年汉语言文学专业本科已毕业，在高中教书学历达标，今年又宣誓入党，希望你到九中来教书，助我一臂之力。"因事情有些突然，加之当时九中的生活条件还没有我工作的重点初中好，我有些犹豫。但守富老师曾是我的老师，为报知遇之恩，我同意了。调任手续很快就办好了，因为当时县教委主管职业教育的副主任杨发珍老师正带队在渔峡口镇搞社教，办事非常快捷。杨主任还和我一道到九中参加了秋季开学前的第一次学校领导班子会议，并宣读了任命书，任命我为渔峡口职业高中教导主任。事情已不能再推脱，我只好服从安排，火速走马上任。

需要说明的是，九中这时的校名是渔峡口职业高级中学。学校不大，却比较复杂，分高中部和初中部。高中部的教师、职工由县教育委员会直接管辖，面向全县招生，当时高中是 3 个班，一个年级一个。初中部的教师、职工由渔峡口镇文化教育辅导组管辖，面向全镇招生（重点初中招生后剩余的学生），初中是 5 个班，有 3 个年级。学校主要是办职业教育，初中是代管。

我进职高时，覃守富老师任学校党支部书记、校长并代管总务；我任教导处主任；黄长汉老师任副主任；王启寿老师任工会主席；覃建华老师任团总支书记。我教高一班的语文，覃建华老师教高二班的语文，赵万元老师教高三班的语文；柳洪兰老师教高一班的数学，卢进喜老师教高二、高三的数学；物理老师有王启寿、秦先双两位老师；化学有李卫东、李金花两位老师；教土壤肥料、植保、栽培这些专业课的老师有柳开龙、王义群、黄长汉 3 位老师；政治老师是曾庆祥老师；体育老师是段绪华老师；会计是柳洪英老师；出纳是覃孔安老师；保管员是史思新老师；炊事员是侯春亭师傅。

初中部的教导主任是杨廷美老师，教务员是黎学金老师。初中部的老师很多，只记得个大概：语文老师有黎学金、赵廷菊、覃春蓉、李勇 4 位老师；数学老师有龙俊周、覃玉玲、田兴翠 3 位老师；英语有田玉晶、赵丽群、覃奇志 3 位老师；物理老师是覃玉红老师；化学老师是李广汉老师；体育老师是李斌老师；炊事员是李佑斌师傅。

1992 年票证取消后，为方便师生进餐，我们学校还请刘维凤师傅、覃仕福师傅开办了经济食堂。为方便师生购物，学校开设并保留了商店。

1992 年的秋季学期，我是非常忙碌的，我一边要研究高中语文教学，一边要学习管理，特别是要研究职业技术教育，还要熟悉学生。到学期结束时，工作总算圆满结束。

1993 年春，我被派到宜昌教育学院参加中学的校长培训，在学校的工作由其他老师代替。我们长阳县有 5 位学员，除我以外，还有大堰职高的翟荣远老师、津洋口职高的姜尚金老师、贺家坪高中的杨琴老师、都正湾初中的刘兴易老师。学院还组织我们到南京考察了南京师大附中，到上海考察了铁岭中学，收获颇丰。

由于外出培训，我没有参加 1993 届的高中毕业合影，因此，学生记得的不多。印象比较深的有一名男生叫余斌，他个子高，会打篮球。还有一名女生叫苏小枚，个子高，长得漂亮。还有一名干部同学叫曹伍林。

1994 届的学生我还记得不少，如会打篮球的黄俊华、覃业茂、李施荣同学，身高超过一米七且跳高成绩好的陈芳容同学，普通话说得好的邓宏颖同学，还有张俊平、袁丹平、李翠莲等同学，这一届的方正寿和田玉桂同学还对口考上了大专。

1995 届学生我更熟悉，因为我一直是他们的语文老师。到今天为止，覃青兰、覃俊华、沈建平、覃卜旭、李勇、覃鹏程、田开忠、王玉琴、李俊芳、李银花、秦德凤、覃远兰、覃立勇、徐友、曹桂生等同学的音容笑貌还很清晰。李勇同学对口考上了大专。

1996 届的欧阳尚勇、徐红梅、李翠萍；1997 届的文勇、冯奎、李长胜、张全、鲁良早、裴新蓉、姜勇，1998 届的李思丽、鲁良军、皮金桥等同学，我至今还有印象。还有很多的学生，他们来自全县各地，在学校面临撤出的情况下，还能安心学习，真的不简单。

1994 年秋开学不久，我被任命为职高副校长，覃守富老师和我商量，要我继续行使教导主任的职权，来年开会宣布行使副校长职权。我同意了这一决定。就在这年秋天，我被评定为中学一级教师职称。

1994 年至 1995 年夏，我正式履行副校长之职，黄长汉老师被任命为教导主任。

1995 年秋季开学，我被县教育局任命为校长，覃守富老师为学校党支部书记，工会主席、教导主任、团总支书记人选不变，任命王义群老师为政教主任。我们这一班人在长阳西部地区认真工作。但全县职高的布局调整，给我们的工作增添了新的难度。之前，榔坪职高已撤，从 1996 年秋开始，渔峡口职高、大堰职高停止招生，全县在津洋口办职业教育中心。但 1994 年、1995 年招录的学生，仍由原学校送毕业。

我从 1992 年秋到渔峡口职高工作，到 1996 年夏职高撤出，我见证了我们的老师在这里忘我地工作，学生在这里努力地学习。我们始终坚持党的教育方针和五个一的办学理念，九中这所高中培育了大量的人才。很多人不仅学业有成，而且事业有成，成了名人。我们长阳的许多柑橘种植能手、烟叶种植能手，都毕业于我们学校，因为我们引导学生重点学习了果林栽培和烟叶栽培技术。岩松坪早期的椪柑苗就是在我们职高苗圃的砧木上嫁接的。我们除了要感谢我们学校的专技老师，还要感谢县烟草局的彭仕旺同志、当时渔峡口烟草站的负责人郑少云同志，他们不计报酬地为我们的学生授课，让学生们终身难忘。

在此期间，县教育局胡芳建局长、主管职教的杨发珍副局长、主管职高的沈洪波科长、张达政科长、管教育的刘永常科长、管建修的胡世红科长以及王长江同志曾亲自到学校指导工作。

从 1992 年秋到 1996 年夏，渔峡口职高高中部的教工有变化。史思新、曾庆祥、赵万元 3 位老师相继退休，李金花老师调到县一中工作，柳洪兰老师调到民高工作，李卫东老师调到渔峡口镇初级中学教书；覃卫军、袁凤清两位老师从榔坪职高调来，覃东代、覃章成、邓兴福 3 位从学校分配到我校工作。很感谢老师们的付出，1995 年我当校长后，我们决定重阳节时由工会主席王启寿老师带队，带部分退休人员到盐池河泡温泉、到巴东野三关去游玩，让退休人员好好享受晚年生活。

从 1992 年秋到 1996 年夏，初中部的人员变化更大，光教导主任就换了好几位，开始是杨廷美老师，接着是龙俊洲老师，再就是张祖军老师。

1996 年春季学期结束时，县分管教育的聂德媛副县长到我们学校开会正式传达了全县职高布局调整的相关精神。渔峡口职高撤出，校名将更改。学校的产权本属县政府，现借给渔峡口镇办初中，完成普九验收。学校原来是高中代管初中，今后初中要代管高中，因为县职教中心还在建设中，从 1996 年开始招新生，1994 级、1995 级的职高生要在原校送毕业。

随后，县教育局副局长杨发珍老师讲了交接原则，原职高的少数老师调到职教中心，大部分人要留在渔峡口镇就地普九。少数财产移到县职教中心。退休人员的工资关系愿意转到职教中心的可转到职教中心。我和渔峡口镇当时的文教组长田和平同志都作了简短发言，拥护县政府和教育局的决定。事后证明，渔峡口职高只有卢进喜、邓兴福、覃东代（1996 年秋调走）、王义群、覃卫军、袁凤清（1998 年秋调走）这 6 位老师调到了县职教中心，其余人员全部转到渔峡口镇投身普九工作。原职高退休人员都愿意把工资关系转到县职教中心。县教育局计财股两位老领导覃念敬、张盛新到学校来审计经费。县职教中心的田书群校长带队来校拉了一大卡车东西到县职教中心。至此，培养了无数英才的九中，作为高中的使命已经完成。但作为学校，它还在承载教育的使命。

1996年秋，九中正式命名为渔峡口镇第二初级中学，我任校长和党支部书记，覃孟平老师任副校长，黄长汉老师任教导主任，向玉华老师任政教主任，张泽浒老师任总务主任，李广汉老师任工会主席，覃全阶老师任团总支书记。其实，从1995年起，我们和镇中就在平行招生，每年招两个班，1995级的班主任是覃仕芬老师和覃照琴老师。从1998年起，渔二中招8个班的新生，八年级、九年级学生全部转到渔一中学习。原来代管的职高生已全部毕业。1999年春，两所中学的庆五四文艺晚会在我校举行，团镇委书记覃银兰、镇文教组长毛兴凯、镇一中校长秦培柳到会担任评委并发表了讲话，我作为东道主发表了致辞。晚会非常成功。1996年6月普九省级验收合格。我们二中的教工在勤奋工作之余，也因地制宜进行文体活动，我们的教工拔河队，我们组织的文艺节目，在全镇教育系统比赛中荣获第一名。当然，我们要感谢关心我们的镇委书记田太双、镇长许汝山、镇委书记李萌、覃远茂、镇长周近群、副镇长胡红、秦德梅；感谢支持我们工作的镇城建办公室邹德华同志，还有电管站、水管站的工作人员。

2000年秋，全镇对初中再一次调整，取消一中、二中的称谓，两校合并，校名是渔峡口镇初级中学。由我任校长和党支部书记，覃玉奉老师任副校长负责南区（原一中）的工作，覃孟平老师任副校长负责北区（原二中）的工作。全校上下共21个教学班。原一中的校长秦培柳老师调到文教组任副组长。这一年，镇党委书记向祖文、镇长孟远胜对学校工作很重视。

2001年秋，我借调到镇政府党校工作，任党校的教导主任，在镇"三教"办公室协助组织委员工作。得到了毛兴华书记、关成喜镇长、杨德权副书记的关照。中学由吴克金老师任校长，学校北区的负责人是李鹏老师（他在北区一直负责坚持到学校完全撤出）。

2002年秋，我回到渔峡口镇初级中学教书，不再担任领导职务。

2003年春，镇文教组撤除，把办公地点移到中学南区，学校更名为渔峡口镇中心学校，由毛兴凯同志任校长。同年秋，学校北区的师生移到南区。九中由学校变成了镇办养老院。

至此，九中这所培育了几代人的园林式学校完成了教书育人的历史使命。但这块宝地，又肩负起了传承土家文化、敬老尽孝的重任。

2018年11月25日于渔峡口初级中学

那是一个春天

毛兴凯

作者简介

毛兴凯，1961年10月生于渔峡口镇板凳坳村。1979年7月九中高中毕业，后于长阳师范、宜昌教育学院、华中师范大学学习，大学文化，高级教师。历任中小学科任教师，中学教导主任、教育组长，教育党总支书记，乡镇中心学校校长，电大长阳分校校长，长阳教育研究与教师培训中心主任、党支部副书记，《长阳教育》杂志主编等职。多篇教研教管文章在《新教育时代》《湖北教育》《三峡文学》等国家、省级刊物发表。曾承担国培项目，创新校本研修升级版，2017年单位获得教育部、省教育厅表彰奖励。个人受邀到湖北武汉、广西桂林、山西太原等地介绍长阳教师培训、校本研修经验。

每当听到"一九七九年，那是一个春天……"的优美旋律，我内心便涌动着一种特别的情愫，因为我也有个"春天的故事"，故事发生在1979年的九中。

1977年秋，我升入枝柘坪高中读高一。在学校和老师们的鼓动下，一群懵懂少年憧憬着美好未来，梦想着通过努力学习，能考取中专或者大学。我也全身心投入到学习中，相信知识能改变我的命运。1978年上学期，县一中突然从我校遴选了3名优秀学生去就读，而学习成绩尚可的我，却不在其列，我心里很是失落。我的幺爹、枝柘坪中学教导主任毛传海看出了我的心思，便说，一中去不了就去九中读书吧，九中师资实力强。我当时高兴得跳起来。

于是，1978年暑假之后，我就转学到了九中读高二。

到了九中，我才知道，我们1977级共有4个教学班，我被安插在一班，据说是理科快班。班主任杨志明老师多才多艺，加之他是华中师范大学毕业的高材生，深受学生敬重仰慕。第一周学校组织摸底考试，我的成绩排在末位，老底一下子袒露无遗。本来性格内向的我更显得自卑沉默，羞与同学交流，有问题也不敢请教老师。正当我情绪低落之时，杨老师把我叫到他寝室里，询问我学习中有什么困难，鼓励我要克服自卑心理，增强信心，一定会有好收获。这看似平常的关怀，却给了我无穷的力量。教学中他语言简洁，声音洪亮，抑扬顿挫，诙谐幽默，一手字写得特别漂亮。那一学期，他教我们解析几何，课讲得清楚明白，我的学科成绩直线上升，期中考试时，我的学科综合成绩居然排到了前列。由此，我自信心大增，胆子也大了许多。一次考试后，学习委员田和平约我和几位同学去找杨老师问成绩，先生笑呵呵地带着武汉话尾音说：是那个事，还不错。

语文老师张泽滋是一位非常严格的老师，他的女儿张玉娇也在我们这个班，有时上课同学们有些小调皮或是回答问题跑了题，张老师会把"火气"撒在他女儿头上，同学们很有些为她鸣不平。直到后来自己当了老师，才明白当时作为父亲作为老师"爱生""爱女儿"的真情。张老师教我们作文很讲究方法，他一般是"三部曲"：一是学习精美的范文，二是要我们挑选自己熟悉的素材，三是强调文章要有真情实感。有一次，我们到清江河对岸的庄坪去背生活用煤，回学校后，张老师便要我们以这次劳动为素材，写一篇记叙文。我当时就以《运煤》为题，写了运煤过程中的所见、所闻、所感。习作约1500字。不曾想，老师竟把我的这篇作文给予了重点讲评，并在全班予以朗读分享。我听堂弟说，我的这篇作文，学校还油印成资料，供后几届同学参考。得到老师鼓励，我惊喜万分，以至于我做了好几年的文学梦。遗憾的是，后来除了因工作需要发表一些教育随笔和教研文章外，至今我也没有写出点像样的文学作品，愧对恩师。

政治课张盛柏老师戴着一副高度近视眼镜，脸上总是露着慈祥和蔼的笑容。记得那一年的春季开学不久，我得了"暴耳风"，医学上称为腮腺炎，是一种病毒性感染疾病，有传染性。学校让我回家治疗，好在家里有前辈传下来的犀牛角，磨成浆了涂在患处，又开了中药内服，前后用了近一个月时间才康复。回到学校，正赶上第二天的政治学科考试，当天晚自习时，张老师把一沓印有 100 道题的复习资料递给我，并细声细语地嘱咐我，只要将这套资料的内容掌握了，就能考出好成绩。那一刻，我感到无比温暖，内心充满了感激，并暗下决心，一定不辜负老师的期望。通过一个晚自习和一个早自习的强记强背，考试下来我竟然得了 80 分，为我后来参加高考奠定了良好的心理基础。

在九中学习过程中，还有化学老师邓执旺、许启祥，物理老师胡世德、王启寿，体育老师杨祖辉等，都给我留下了深刻印象。因为有了他们，九中在继 1978 年全县高考夺得第一名成绩的形势下，再创佳绩。1979 年高考，九中共有 13 名同学考取了中专，他们是：张玉清、赵俊时、陈开喜、田和平、毛兴凯、覃全、杨儒兵、李杰云、向安龙、秦仕君、赵林泉、覃守平、覃孔舜，其中有 12 名同学录取到了师范学校。后来，还有胡敏、张玉娇、赵英俊、李泽望、左邦全、覃勇、覃月英、彭勇、杨大平、覃远胜、覃守群、田玉平、覃俊娥、周俊、许辉、覃德科、覃孟珍、秦诗芳等 18 位同学，经过不懈努力考取了公职或专科学校，各自在不同的战线上为国尽力。

现在回想，我有一件非常遗憾的事情愧对九中。那是 2000 年初，我曾在渔峡口镇任教育组长，时逢学校布局调整，我构想将中学调整到原九中，以守住那一方风水宝地，传承九中文脉。当时请县设计院对校园重新规划布局，除保留部分有文物价值的老建筑外，将校园东头的堰塘处设计成足球运动场，预算总造价接近 700 万元。可惜，我的这一方案被县教育局和计委予以否决，美好的愿望未能实现。

2020 年 10 月于长阳龙舟坪

最初四年

余发胜

作者简介

　　余发胜，1935 年 4 月出生，中共党员，教书 40 年。1958 年至 1962 年 11 月在长阳十六中、长阳九中工作，1963 年至 1983 年任小学、初中、高中校长 20 年，1995 年退休。

　　长阳九中创办初期，我曾在那里工作了 3 年零 11 个月。那是一段特殊岁月，我永远也不会忘记。

　　1958 年各行业"大跃进"，全县初级中学从 3 所发展到 16 所，我在十六中任教，该校设在枝柘坪，十五中在渔峡口。1959 年春开始调整精简，十六中合并到十五中，更名为长阳县第九初级中学，简称九中。我和胡世德等 4 人随刘佐卿到九中工作，首任校长刘佐卿，主任李发鹏，总务柳步云，我是校领导成员，协助校长负责校内应急工作，完成党委和政府交办的社会工作任务。到 1962 年，学校共有教职员工 30 人，其中任课教师 23 人：刘佐卿、刘小光、刘道兴、刘必俊、李发鹏、李绍玉、李长金、李怀元、余发胜、余家驹、方宗震、方秉玉、胡世德、胡文科、覃晶（女）、覃孟玉、曾庆祥、曾凡芝（女）、张必珍、周乃康、史思新、邓承业（女）、陈廷法。学生（1961年）450 多人，初一 3 个班，初二、初三各 4 个班。招生范围包括：五峰县大龙坪、傅家堰、九里坪、采花、牛庄等公社，巴东与长阳相近的公社，长阳渔峡口、资丘、乐园等公社。很多学生离校远，走一天甚至摸黑才能到家。

参加九中初创 4 年时间，印象最深的是苦。我用一首诗概括：

> 两校合并名九中，
> 校址落户白虎垄。
> 初建本就困难多，
> 自然灾害紧接踵。
> 碗中蚕豆清可数，
> 盆里合渣也不浓。
> 师生齐心度难关，
> 同舟共济圆校梦。

生活苦。1958 年大办钢铁，办共产主义食堂，经济遭受重创，存粮基本吃光，地里的粮食很多没收，接着三年自然灾害袭来，人们没有任何准备，饥荒不期而至，全校师生生活非常艰苦。客观说，国家对教育十分重视，中学生享受供给制。但标准不高，无蔬菜和肉、油，粮食以苞谷面和蚕豆为主，质和量有时难以保证，师生根本就吃不饱。学生们正在长身体，成天饿肚子实在太难熬。常有学生因饥饿辍学，老师们只能不断家访动员。这些，学生纪事文章会回忆，我不赘述。老师们的生活比学生也好不了多少，我以专职体育教师的名义，每月能得 27 斤粮食，比其他老师多 3 斤。口粮发饭票，不够了就吃跨月粮，即月尾吃下月口粮，一月一月往后挤，有时放假后吃家里的，有时发工资后悄悄买"黑市粮"，买一切能充饥的东西，有时家里送代食品掺着口粮吃，想尽办法少饿肚子。有件让我刻骨铭心的事，至今一想起就忍不住要流泪：1961 年暑假教师会后，我忙于工作，有很长时间没有回家。饥荒使鱼米之乡枝柘坪也饿死人了，很多农民得了肿病。已在枝柘坪肿病院住院的父亲，担心挂念儿子，拄着木棍，拖着虚弱病体，带着一口袋处理得细细的黄豆叶糠，到学校来看我。看着父亲疲惫不堪、消瘦又浮肿的身体，接过他手里的袋子，我如鲠在喉，一声"爹"差点儿没喊出来，已经潸然泪下。这种痛楚感受，没有经过饥饿的人是无法体会的。家里粮食没有了，这一小袋黄豆叶糠是家人从牙缝里挤出来的"口粮"。

建校苦。十六中从枝柘坪搬到渔峡口，学校全部财产、私人用品，全部由师生用背篓背到九中，学校没花一分钱的搬运费。有一副小石磨，校长刘佐卿要搬走，枝柘坪小学校长想留下，两人发生了争议。都是为工作，我从中调和，两位校长礼让起来，小石磨留给了枝柘坪小学。十五中建校初，时逢"大跃进""一平二调"，找来一些能工巧匠，就地取材，土木结构的校舍建得质量好，速度快。两校合并时，两栋二层楼的学生宿舍，两栋平房教室，一栋平房教师寝室，学生食堂及炊事员、总务人员住房，厕所都已建成，原有的覃氏宗祠楼下作办公室，楼上是教师寝室，祠堂东边偏房作教工食堂。合并后学校建设全靠师生勤工俭学、自力更生完成，如大礼堂学校请木工和打墙的师傅，挖土、背土、运砖瓦等由老师带学生分班轮流完成。整理学校环境中，要将草坪中间大死水坑改造成约长 30 米、宽 20 米的堰塘，数千方污泥是第一届毕业生用撮箕和背篓运走的，偌大的校园操场全是荒地，师生自己动手铲包填坑，挖树蔸除杂草，花了几年才整理好。我调走时，环形跑道还没完成。由于煤、粮食、砖瓦、沙、土等全靠师生用背篓背，有学生一年要背坏一个背篓。第一、二届毕业生在建校中付出的时间和体力劳动，是后来人无法想象的。除校舍外，学校其他设备基本是一穷二白，我负责全校体育，除从十六中带来木手榴弹和跳绳外，再无体育设施，师生自己动手，花了很长时间才开辟了一个篮球场。师生齐心协力，勤工俭学，自制教具，一些必需的教学设施才逐步备齐。

工作苦。按常规，教师主要任务是教好课，工作不苦。然而，当时老师除了要完成教学工作外，校内外劳动、社会工作过多，时常不堪重负。我任初一班主任，教二年级几何、植物和全校体育，此外，还承担很重的社会工作。经常带学生支农，参加农业劳动，在赵家湾栽秧，一干就是半个月；在牛头背背苞谷，一天往返几十里。担任民兵副营长（营长由校长兼任）保管50 多支步枪和子弹，按要求组织训练。学生毕竟少不更事，顽皮好动，校内外活动我都精心组织，没有出现疏漏，保证了安全。我几次代表九中参加农村工作队，记得有一回派我到资丘任贯彻中央文件工作组组长，在凉水寺与农户同吃同住同劳动，挑一担水来回走了两个多小时。我还代管过一年总务，其实就是管水，九中用水一直困难，常半夜三更去维护水笕。那时学生因生活艰苦、饥饿难耐等原因，常有人弃学逃学回家。小学升初中升学率本来就很低，考上中学非常困难，失学太可惜，老师家访动员是职责。远处学生的家访常派我去，五峰、巴东、资丘等地我都去过数次。有一次去五峰张安平同学家，过清江，经庙坪，爬小湾岩，上灯盏窝，走了半天，回头一望，悬崖绝壁下万丈深渊，清江就在脚下，学校好像近在咫尺，心惊胆战的还得向前走。云雾笼罩下，过长冲，穿大龙坪，再翻过田家山，东问西找，跌跌撞撞，天快黑了才走到张家池西边学生家里。火炕籽苞谷饭我吃得下，但跟着一个整夜咳嗽的老人睡一床，真的一夜未眠。老师们苦心坚持，细致说服，不放弃任何一名学生，绝大部分弃学学生被接回学校继续读书，也改变了他们的命运。少数人考取了高中还读了大学，不少人毕业后回乡成了当地的文化人，如巴东学生邓贵炳、魏先成，五峰学生王兴珅、张安平等，有的成了基层干部，有的参加了工作，苦尽甘来，各有成就。有学生表示感谢时，内心感到极大宽慰，我感到当年艰辛付出的一切都值得。

心志苦。那时"左倾"思想开始泛滥，人们似乎越左越好，有时也扭曲了人与人的关系。经过整风反右运动，有的老师戴"帽"（右派分子）工作。大家尽管停辛伫苦，仍要严于律己，如履薄冰地工作，一旦失误，就会被上纲上线，戴帽子，打棍子，心志之苦有时难以承受。说两件现在人们也许无法思议的事：胡世德老师值日，学校开大会，他负责通知，边响校铃走边大声喊："上厕所，搬凳子，听报告。"然后打集合铃。后来有人揭发他政治立场有问题，用叫学生"上厕所，听报告"来发泄不满，胡老师因此受了批判。有个年轻老师参加桃山农村工作队，几个月没有回家，因事向公社分管领导请假。他住在清江南岸很远的山里，洪水阻隔逾假后，公社领导胆小不敢担责任，竟将那老师开除了。家庭出身不好的老师更是谨小慎微，尤其是政治学习，因事迟到早退、开会打瞌睡等都可能被打小报告，被无限上纲。好在学校主要领导思想明晰，在当时的政治环境下，用"雷声大雨点小"的办法保护了老师。

中国有句古话"艰难困苦，玉汝于成"诠释了一个道理：只有经受住各种艰苦磨炼，才会取得进步。我以为不怕苦、能吃苦是一种九中精神。师生面对艰难困苦，不气馁，不抱怨，乐观坚强，励精图治，4年时间完善了学校建设，环境焕然一新，学校设施设备基本齐备，围绕教书育人主题，各项活动有声有色。文体活动在各中学崭露头角，受过上级表彰。校文艺宣传队由老师组成乐队，组织文艺特长生编排节目，节假日在学校大礼堂举行文艺晚会，附近农民也会前来观看。我们还常到附近农村演出，深受欢迎。1962年五一文艺晚会节目剧照，我至今还保存着。教学始终是学校的中心，因为学校初办，大家铆足劲，想在学校首届毕业生升学考试中取得好成绩。1961 第一届毕业生升学 13 人，其中枝柘坪覃培嫦（女）、五峰张宏勇等 4 人考入当时闻名全省的宜昌二高，上级虽然没有发文进行比较，但当年考取宜昌二高的全县不到 20 人，九中就有 4 人，由此可见九中教学质量在县属中学位居前列。

作为九中创建参与者，我一直对它充满感情，这里留下了我青春的足迹和汗水。60 年过去了，我也成了耄耋老人，九中虽然没有了，愿九中艰苦奋斗的精神不老。

2018 年 12 月 8 日于长阳渔峡口镇枝柘坪村

我在九中 15 年

杨志明

作者简介

  杨志明，中学高级教师。生于 1938 年 11 月，祖籍江苏仪征十二圩。1964 年 8 月毕业于华中师范大学数学系。1964 年 9 月至 1965 年 9 月在枝江县参加四清运动，1965 年 10 月至 1980 年 7 月长阳九中任教师。1980 年 8 月至 1998 年 9 月在长阳师范、长阳第一高级中学任教师。其间任长阳一中工会主席 10 年，被评为省工会先进工作者，长阳土家族自治县第四届人代会代表、人大常委会委员。1998 年 9 月退休。

  我这辈子有两个故乡：一个是武汉，一个是长阳。我爱大武汉，更爱工作和生活了 50 多年的长阳。而渔峡口九中，就像我出生成长的武汉市江汉区楚宝前街的老房子一样，虽然渐行渐远再也回不去了，但却深深刻进了我生命里，成了一种永远不能忘却的记忆。

服从分配　奔赴山区

  我是武汉市汉口区人，父亲是自由职业者，虽然家境窘困，但父母仍竭尽全力供子女读书，我因此受到了良好教育。从初中开始，我就享受国家助学金，并且加入了共青团，一直担任学生干部。从小学直至大学，学习成绩优异，德智体都得到了全面发展。

  1964 年 9 月，我于华中师范大学数学系毕业。恰好这一年，国务院规定从 1964 年应届大学毕业生起，必须到基层劳动锻炼一年后分配工作。于是，我被分配到长阳，并被安排到津洋口区灯塔大队一农户家与他们同吃同住同劳动。一个月后上级紧急通知，本届大学毕业生都要以"见习生"身份参加"社教运动"（又叫小四清运动），我又被安排到枝江县问安公社，一面参加劳动，一面接受教育。1965 年 10 月正式分配到渔峡口九中工作，历时整整 15 年。

毕业分配来长阳前，我曾有过激烈的思想斗争，反复权衡去与留的利害关系。始终不愿放弃深藏已久的初心：在城市找一份稳定工作，过一种与世无争的平淡生活，如去航运、铁路、邮政部门工作，为年事渐高的父母和大家庭分担困难，尽到我应负的责任。万万没有想到命运之舟载我去了离家千里之遥的长阳山区——渔峡口。

面对国家大政方针和母亲的地主家庭出身及复杂的社会关系，父母无正当职业、家庭困难等压力，我没有任何其他想法，摆在我面前唯一的人生路就是顺应时代潮流，服从分配，前往山区，接受未知生活的磨炼。

离开武汉时，母亲送给我一只真皮皮箱。这件珍贵礼物是母亲出嫁时的嫁奁，我至今保存着。里面有父母给准备的衣物和一把我心爱的二胡，铺盖捆绑着，一些日常用品装在网兜里，全部行李转运时称重为 75 斤。我带着它们从武汉坐船溯长江而上，在红花套转乘解放牌货车（代客车），一路颠簸、满身灰尘地到达长阳县城。在县文教局报到时，迎面碰到一个趿拉着木拖鞋、身穿一条半旧短裤、上身赤膊、肩搭粗布汗巾的人，他态度并不热情地接待了我，听完我简短的自我介绍，只说了一句："嗯！晓得，先去津洋口劳动。"在人事股，我说想找局长，有人告诉我他就是李局长，我不禁愕然。一个县局局长的不雅形象，成了我来长阳抹不去的第一印象。

一年劳动锻炼期满，已是 1965 年的初冬。我拿着去九中工作的介绍信，看着 75 斤重的行李，一筹莫展不知如何前往。一位好心人帮我找来正在县城出差的九中会计王元春，他热情地帮我在县城、都正湾、资丘办理行李转运手续，并带我徒步前往九中。从龙舟坪到渔峡口，我俩整整跋涉了 3 天。我的脚起疱手划伤，衣服干了湿，湿了干，跌跌撞撞，困顿疲惫、狼狈不堪的情形至今难忘。在九中工作 15 年，渔峡口到武汉这条熟悉的道路，我走过无数趟，有一次带着年幼的儿子，几经辗转 7 天才到家。为了节省脚力，还曾冒险在招徕河、峡西沱搭乘木排。木排在汛期清江的滚滚洪流中迅疾穿行，经过连心滩、猫子滩等险段，驾长会严厉地叫我们抱紧拴行李的木桩。看着驾长沉着又粗暴地指挥，放排人在惊涛骇浪中奋力搬梢，听着他们节奏整齐、铿锵豪壮的号子，心灵会有强烈震撼，对山区农民在自然伟力面前镇定坚强、不屈奋进的精神，敬意油然而生。

学校临时将女生寝室楼下的教室用木板隔成了两间房，我住进了其中一间，两条板凳搁上铺板垫了稻草，当知道我的行李还在途中，总务主任拿来铺盖，我就在这间三面透风、楼板不停嘎吱嘎吱作响的寝室里开始了九中新生活。

初来乍到，一切都是陌生的。渔峡口和武汉天壤之别的生活环境，考验着我的意志和生存能力。失去父母呵护亲人关心之后，我重新制定生活工作目标，融入新的人际关系，准备吃大苦耐大劳。

九中，成为我大学毕业之后人生重新起步的地方。

这种起步，对我是一种艰难漫长、脱胎换骨的改变。

大山深处　艰难扎根

我从小在大城市长大，父母偏爱中过惯了比较闲适的生活，突然来到贫穷山区，别人习以为常的衣食住行，对我来说却困难重重，一时很难入乡随俗，把自己融合于师生和群众之中。少不了闹笑话，出洋相，留下笑谈。比如：吃不下苞谷面饭，别人风卷残云津津有味，我却索然无味难以下咽；走不稳山路，别人健步若飞如履平地，我却步伐艰难缓慢蹒行；山里人从小就学会了背背子，打打杵，来长阳前我从未用过。学校劳动多，我最怕背煤，山路崎岖陡峭难行，长期当班主任，每次背煤都担惊受怕，怕学生出安全事故，怕我背少了不能带头，完不成任务，背太多不会用打杵不能歇息又着实受不了，吃了很多苦头还被笑话。尤其去双龙背煤，上下手板岩都胆战心惊，悬岩上勉强开凿出的羊肠小路，台阶高低悬殊，一脚踏空就会非死即残。

针对学校办学经费困难，基础设施差的实际情况，学校进行自力更生、艰苦建校的传统教育。九中师生必备"背篓、饭钵（盒）、煤油灯"三件宝，师生建校劳动、下乡支农任务繁重。我半路出家什么也不会，一切都要从头学习，常弄得伤痕累累，尴尬难堪。

从大城市来到贫穷落后、偏僻闭塞、文化体育生活极度贫乏的边远山区，无电无自来水无任何交通工具，缺煤缺物资，举目无亲，听不懂方言，我失落沮丧忧虑过。九中艰苦生活是师生的共同经历，举两个例子：用水困难始终没有得到解决，蓄水池的水，跟头虫等微生物肆意生长，散发出浓重的腥味，不经任何处理就直接使用。师生住房一直没有改善，我和胡世德老师一直比邻而居，开始住分隔的一间教室，后搬到土砌瓦盖的教师寝室，低矮潮湿，常有蛇、青蛙等动物光临。他住 5 平方的单间直到退休，学校照顾我住 10 平方套间直到调离。寝室只能容一床一桌一办公椅，放上这些家具就只剩走道了。

与此相比，更难的是不为人知的思念之苦、情感之困所带来的心理煎熬。九中两周放假一次，师生回家团聚其乐融融，只有我和李静澜老师长年住校，假期空旷的校园悄然静寂，夜幕漆黑幽深，阴森可怖。偶尔传来狗吠鹰（猫头鹰）啼风啸，都令初来乍到的我发怵胆怯而忐忑不安。看着母亲送给我的皮箱，拿着父亲替我收装的二胡，想起他们依依惜别时的殷殷嘱咐，思念的泪水潸然而下。这种情境中我经常拿起二胡，来到大礼堂坐在木条凳上，一遍遍演奏《二泉映月》《良宵》《雨打芭蕉》等，如泣如诉的琴声在礼堂回响，我用它排遣孤寂，传递乡愁，寄托思念……

我到九中时间不长就暴发了"文化大革命"，学校处于停课状态。这期间，九中时而热火朝天，革命口号声一片，时而冷冷清清，空空荡荡。它使我原本不安定的心更加浮躁困惑、彷徨惘然。一件痛彻心扉的事险些将我推向对抗"革委会领导"万劫不复的深渊。1968 年底，家中连发两封加急电报，告知我 60 岁的父亲罹患胃癌，病情危重，要我速回家见面。我持两次电报向相关领导请假，被一口拒绝。过了几天，弟弟来电报说，为了让我见父亲最后一面，父亲的灵柩在家停放了两天才下葬。我痛心不已，无奈无助，独自跑到放牛场的树林里，向武汉方向长跪不起，号啕大哭，把深藏心底对父亲的愧疚宣泄出来，以释怀心中隐痛。此事过去了几十年，我很少向他人说及，也无意去搞清楚不批假的缘由。

在九中工作，我经济上默默承受着很大压力，一直鲜为人知。那时大学本科生参加工作定级工资每月 43.5 元，我拿了 15 年定级工资没有提升，当时老师只有基本工资，没有加班费、津贴、奖金。除负担四口之家基本生活开支外，每月必须给父母寄 15~20 元生活费，15 年如一日雷打不动。父母没有正式职业，家庭困难，弟弟当年为了解除家庭危困，让我安心读完大学，他心甘情愿放弃已读到大学三年级的学业，毅然退学回家和父亲在街上揽临活、拉板车，维持家庭生计。"文革"前大学是象牙塔，考上大学者屈指可数，不到万不得已谁都不会辍学回家。弟弟牺牲前途的悲壮之举成全了我，愧疚和责任感一直促使我坚持寄钱回家，儿子住院手术，负债200多元也不间断。因经济所困我迟迟不愿结婚，后又担心成不了家，但仍坚持女友是国家正式职工为首要条件，不要陪嫁。上苍护佑，我仅花了7块5角钱如愿结婚成家，并且决定将家扎根长阳。

那年月，渔峡口文教卫生、粮食供销、食品水文等单位分来很多上海、武汉、湖南、宜昌的知识分子，他们走前人没有走过的路，把人生最美好的时光献给了渔峡口。于我而言，他们是榜样，像亲人，许虎臣、赵慧芳夫妇像对待亲弟弟一样关心照顾我，他们那里成了我在渔峡口的家。祝三杰、许文珍、朱应彪、郭桂兰、覃厚华、赵万泰等医生给了我亲人般的温暖，人们说卫生院是我在渔峡口的第二个家。他们在我遇到挫折、情绪低落、思家心切时安慰帮助我，用他们亲身经历教我学会适应环境，搞好本职工作，帮我渡过了许多难关。1973年2月26日，我刚满5个月的儿子因病被误诊而生命垂危，还在下放劳动的刘医生组织会诊诊断为肠套结，需急转资丘卫生院手术，大家紧急帮助联系车辆，筹集经费，准备物品。在资丘卫生院幸运地遇到下放该院的宜昌著名外科专家彭启宣大夫，他也是武汉人，亲自去水电站找站长说明情况，破例发电供电6个多小时，准备下乡的医护人员取消行程，各方配合，经过5个多小时手术，才挽救了儿子幼小的生命。

学校领导和许多区直机关的人对我政治上爱护，生活上帮助，工作上信任，为我尽快适应山区生活和工作提供方便和条件。许多人成了我的朋友，如刘祖成、屈定禄、马华生、向自尧等。当时渔峡口物资供应特别困难，供销社、粮管所、食品所为我买细粮肉油和其他紧缺物资提供了极大的方便，帮我解决了许多困难。

正是他们的影响、帮助和关心，使我努力锻炼改变自己，扎下根来，安心工作，克服困难为九中和渔峡口人民做了一些有益的工作。我发挥自己文艺、体育、书法等特长，热情为区直机关服务。会场布置、文艺编排都由我负责，电话通知必到，并精心做好。帮各单位写外墙巨幅标语，画毛主席画像，写语录牌，很多都是学校放假利用休息时间完成的。学校停课闹革命，本地老师回家，不能回家的就睡懒觉，打花牌消磨时光。我却受到"重用"，寒冷的冬天到土地岭林场，写了一个星期的标语和毛主席语录。这段时间渔峡口各地外墙上留下了许多我写的大字和画的宣传画，有的存在了二三十年仍然清晰。我还受邀到县委会、农业局写毛主席语录。闲暇时有人做花牌请我写字我也乐此不疲。

1967 年秋，长阳、五峰两县结合部的偏僻农村破获了反革命组织"马合龙"。为了肃清该反革命组织流毒，按县公安局部署，区革委会和学校组织师生成立了宣传队，用办展览等文艺形式，到各地开展宣传教育活动。我精心组织，制作展览牌，编排小节目，历时一个多月，走遍了渔峡口所有的生产大队，组织发动宣传群众，做到不少一户、不掉一人。我负责讲解，唱样板戏和革命歌曲，以吸引群众参加。这次活动中我学会了走山路，调查社会，接触群众，他们生活贫穷艰辛却质朴热情好客，加深了我对山区人民的感情和了解。

在九中，山区教师坚韧乐观、敬业奉献的精神潜移默化地影响了我。他们一头挑着落后的过去，一头担起学生的未来和家长的希望，艰苦清贫中将一批批学生送出大山，成了比他们更优秀的人。这种责任和担当激励着我，渔峡口人对我的礼遇，朋友们的鼓励关心帮助，让我渐渐安心下来，放下知识分子的架子，与当地各级干部群众广交朋友，发挥自己所长，为山区学生和群众服务，得到他们的肯定和赞誉。自己的人生价值能得到社会认可，我觉得一辈子扎根长阳十分值得。

恪尽职守 传播文明

我在九中工作 15 年，学校从初中发展成了一所全日制中学。教师队伍在更迭中扩大，最多时有 40 多人。教育成功的关键在老师，九中集聚了一批忠诚党的教育事业、有丰富教学经验、术业有专攻、敬业爱岗、奉献吃苦的老师，如胡世德、方宗震、邓执旺、覃先弟、袁勤灿、张盛柏……他们踏踏实实为人做事，勤勤恳恳积累学问，认认真真教书育人，是我的良师益友和榜样，我一直敬重、感激、钦佩他们，我们相互帮助，切磋教学方法，结下了很深的友谊。

九中工作的 15 年，我觉得自己有进步和提高，历练成了一个有良知有责任有目标的人。学校停课闹革命期间，绝大多数师生外出或回家了，学校始终有 100 多学生住在学校不愿离开，宝贵的青春年华在无所事事中悄然逝去，看着实在于心不忍。学校领导靠边站了，覃孔安老师家在离学校很近的东村，是党员。我和他商量，由他出面组织学生，负责上政治课，打铃。我负责当"班主任"，上文艺体育和文化课，分年级编 3 个班。虽然无法从严管理，常有学生缺课。但将学生组织起来，防止了各类不应有的事故，还传授了些知识，多年后学生回忆这段经历，仍感动于我在那个特殊年代的勇气和责任。

教师素质、能力、知识决定教学质量高低，不断学习提高更新知识是每个教师的永远责任。由于学校经费极度短缺，基本的教学设施几乎没有，上级很少下达培训任务。寒暑假教师集训主要是听报告、念报纸、搞政治学习。教师业务能力提高主要靠自己责任心、紧迫感和自觉性。我根据自身工作需要，为帮助学生放眼外面的世界，扩大知识面，应对以后的高考、中考。克服经济困难，利用回武汉探亲的时间，购买了各种教材和辅导书籍。我购买的这些书籍为大家提供了很多信息和方法，扩宽了视野和知识面。为我后来给高中毕业班编辑复习备考资料提供了大量素材，也为1978年九中在全国高考中爆冷，上线和录取率居全县之首助了一臂之力。

九中于1970年春季开设高中班，我长期任教高中课程并担任班主任。"文化大革命"中，"读书无用论"的思想泛滥，知识分子成了"臭老九"，但九中始终坚持教学改革，做过很多有益探索，落实教学计划的工作抓得很紧。首先是确保学生有常态的学习时间，坚持白天7节课，晚上2节自习不动摇。根据山区学生实际困难实行半月一放假。晚自习同学们用自制的煤油灯，科任老师必须跟班辅导。学校细化规章制度，严格管理措施，充分发挥教研组作用，经常组织公开课、示范课，开展评比活动。师生通力合作，不懈努力。九中校风校纪，教学质量有很大提高，社会影响知名度日益增大，因此出现了武汉市胡平、胡蓉兄妹慕名到九中借读的"稀罕事"。两人很快适应了山区中学教学节奏，融入学生刻苦学习氛围，取得了好成绩，他们对九中也充满感激和热爱。

我在九中是教学改革的积极探索者之一，多年坚持不断融合于自己的教育对象，创新教学方法。我真心实意向胡世德、袁勤灿老师求教，在教态、教法、语言、效果上下功夫，致力把课堂教学演绎成一门综合艺术。

教学态度上我用良心责任心对待学生。老师是教书育人的特殊职业，我认为良心（包括与之相关的觉悟、自律、原则性、正义感等）不泯至关重要，源于良心的责任心才会强烈持久。我平时兢兢业业备课写教案，自觉做到没有教案不上讲堂，精心准备的课堂教学收到了事半功倍之效。我坚持亲自批改作业，便于发现学生存在的问题能够及时纠正。反对教学上的形式主义，认为这类完成任务似的教学态度贻误学生。

教学方法我坚持努力做到严谨科学，灵活多样，使课堂氛围活跃有序。

我常用自制的教具演示让抽象的数学知识形象化，从抽象到具体，形成理性思维，变得容易掌握。如高中数学立体几何知识，很多学生空间想象力差，空间概念一时建立不起来，导致理解能力差，以致产生畏难情绪。我就自制模型，边演示边讲述，指导学生观察生活中普遍存在的立体几何现象，使抽象的数学概念变得通俗易懂，让学生抓住重点，突破了难点，恰到好处地完成了学习任务。

课堂上我板书一定做到重点难点突出，工整美观，图文并茂，从而吸引学生注意力，便于记笔记和课后复习。向45分钟要质量是我不懈的追求，课内损失课外补不是好方法。那时学生除课本外没有辅导资料，课外也无法弥补知识缺项。我努力提高课堂教学效果，让45分钟授课时间作用得到最大程度的发挥，最大限度减轻学生课外学习负担，让他们有培养兴趣爱好和特长的时间与空间，这也是我做学生时就有的深切体会。

教学语言我努力做到简明扼要，生动有趣，努力激发学生学习兴趣，使其在数学学习中不断品尝成功的喜悦而爱好数学。数学为其他科学提供语言、思想和方法，是一切科学技术发展的基础。我认为，中学数学教学不仅要传授数学知识，更应使学生增强对数学的认识，学会数学思维和表达，培养实事求是、锲而不舍的精神。课堂教学秩序管理中我坚持"管而不死，活而不乱"的原则，不搞"一言堂"，给学生更多的话语权，使学生学得愉快、主动、积极。授课语言力求简洁生动有趣，穿插讲一些经典小故事，活跃课堂气氛。我还结合教学实践，将数学知识总结成琅琅上口的"口头禅"，如数学中不变的定理知识容易理解掌握，而需导入求证的知识学生学习困难，对动态知识我总结出诸如"点动成线，线动成面，面动成体"的直观数学语言，加深了学生理解和记忆。

不懈怠的教学探索，使我在九中15年的数学、语文、音乐、体育教学卓有成效，受到了学生好评。当时强调开门办学，我和胡世德老师等带领学生到小龙坪、施坪与当地干部群众一起，完成了红耀水渠、施坪百亩平原等工程的测量、设计、绘图。学生对这样的教学活动兴趣浓厚，收获了知识，锻炼了能力，为他们在社会中发展奠定了一定基础。

我从孩提时代到念完大学，一直酷爱京戏和京胡，经常戏不离口。省京剧院离我家近在咫尺，这种得天独厚的条件，对我起到耳濡目染和言传身教作用，使我具有了较扎实的京剧功底。"文化大革命"中样板戏风靡全国，学校要求结合文艺课教学，教唱京剧样板戏和红色革命歌曲。当时是政治任务，我责无旁贷地接受了这个任务，为山区学校学生普及国粹京剧做了一些启蒙工作。

对连简谱都不会、从来没听说过京剧的学生，教他们学唱京剧难度很大。为防止学生把京剧唱成了长阳京歌，我自费购齐了京剧样板戏的演出本（包括服饰道具制作标准），为唱好样板戏做了必要物质准备。我遵循剧本一字一句无伴奏教唱，及时纠正易错的咬字、怪腔、走调。有些学生学唱京戏有畏难情绪，我不停地向他们灌输"人有三曲戏，到老不怄气"的生活信条。我在校文艺宣传队挑选了一些学有心得、悟性强、有京剧天赋的队员做示范，当小先生（如王新兰、许红、金和玲、覃事迅、王建伟、李建华、钟爱萍、覃诗章）。学校宣传队长覃事迅工作任劳任怨，有亲和力，是我工作中不可或缺的好帮手。她嗓子好，在县里文艺汇演中，一曲《山丹丹开花红艳艳》震撼了长阳县城。大家共同努力，九中校园掀起了学唱京戏、排练样板戏的热潮。

学校以班级为单位唱红歌和样板戏，说评书，办宣传栏，举办文艺晚会，参加区和县的文艺汇报演出，多次获得好名次，受到表彰。我还带领校文艺宣传队到龙王、施坪、茅坪等公社演出，丰富当地文化生活，受到干部群众热烈欢迎。九中精心排练京剧样板戏，创作编排《大战梯子岩》等文艺节目，在农村和县大礼堂精彩演出，令观众刮目相看。培养锻炼出许红、覃事习、覃孟福等文艺人才。许红、覃事习被挑选进县文工团，很快脱颖而出，成了该团骨干演员，许红曾获全国文艺比赛二等奖、全国金融系统和湖北省文艺比赛一等奖等荣誉。覃事习、覃孟福也历练成了县乡文化战线骨干。

我对二胡、京胡、笛子等民族乐器痴迷热爱，课余时间或独奏或给练唱的同学伴奏。受我演奏感染影响，不少同学喜欢上了民族乐器。我热心指导帮助他们，每天起床后和晚自习前的课外活动，他们以"乱打三年出教师"的精神勤学苦练，覃事雄、张泽勇等拉二胡，黄友光、鲁德双、覃诗章、陈绍南等吹笛子，还有学生学打击乐，校园时常响起悠扬动听的民族器乐演奏声。我以这些同学为班底成立了九中民族器乐队，在排练演出中伴奏，逐步提高了演奏技巧。

书法是中华传统文化的瑰宝。我从小练习书法，受过严格训练。九中学生酷爱书法者众多，学习积极性很高。课内我除主讲楷书、宋体及其变形字，实用美术图案画外，还因材施教，指导部分学生学行书、草书、魏碑。教学中坚持学用结合，配合政治宣传，带领学生走出校门，到农村、区直机关写毛主席语录、巨幅标语，画毛主席像。校内定期办墙报专刊、黑板报，手抄报。通过上述实践活动，不少同学书法进步很大，字写得有模有样。覃孟福、李顺忠等后来在书法艺术领域闯出了自己的一片天地，成了书法造诣很深的人。

九中体育活动进行得有声有色，曾有过骄人的成绩。乒乓球和篮球运动的普及与提高我一直积极参与，努力推动。1966年学校组成乒乓球、篮球、象棋代表队，以拉练的形式，徒步90多里到西湾二中进行了两天友谊对抗赛。通过比赛找差距、练队伍、增友谊，促进了体育运动全面发展。随着学校规模不断扩大，喜欢乒乓球、篮球的师生越来越多。县相关部门组织专项比赛也日益增加。学校组建了男女乒乓球、篮球代表队，制订训练计划，严格按规定进行训练。利用双周放假时间，组织部分家住区直机关、喜欢打球、有一定发展潜质的同学进行针对性训练。通过打对抗赛、持久战，增强体质，提高战术水平。

以赛代练是锻炼提高球队战斗力的有效方法。我们经常开展班级、校际、师生之间的比赛。只要天晴，每天组织一场球赛。通过比赛起到了检验训练成果、提高球技的作用。

渔峡口区每年在九中举办一次乒乓球运动会，当时坚持用这种方法普及提高乒乓球运动的学校极少。有耕耘就会有收获，经过精心组织和训练，九中乒乓球、篮球代表队在县级历次竞赛中名列前茅。秦建波、陈勇、覃守红、钟立群、李宪民、许刚是其中的骨干队员。秦建波、陈勇曾代表宜昌地区赴省参加乒乓球集训和比赛，表现不俗。秦建波于武汉体育学院毕业后，分配到宜昌市体委工作，为宜昌乒乓球运动普及、提高、发展做出了贡献。

我在九中工作期间，学校建设、政治思想教育、教学改革、文艺体育等事业蓬勃发展。1974年田振鹏、李德宽同学光荣加入中国共产党。当年夏天，县政府在九中召开政治思想宣传工作现场会，全县教育系统主要领导、先进模范代表、渔峡口区党政领导莅临会场。与会人员参观、总结、推广九中工作经验，推动了全县学校政治思想、教学改革等工作。

杏坛情深　师生难忘

回忆九中工作15年，我最感谢历届学生。我一直把他们当作朋友、战友、老乡。没有他们，我就没有价值，他们朴实无华的言行潜移默化地影响着我。特别是他们对艰苦生活的乐观精神，渴求知识、珍惜时光的学习态度，激发了我的工作热情和责任感，拉进了师生情感距离。

我性格外向，不自以为是，从小就喜欢结交朋友。当老师后注意包容学生的缺点，不上纲上线，批评教育掌控尺度。加上长年住在学校并担任班主任，与学生接触多，尽力给他们提供帮助，文体书法特长对学生有影响，经常组织各种活动。我是满含深情和爱心对待教育教学工作的，因此，我的学生朋友多，感情深厚。

我在九中前几年担负了很多社会工作，足迹遍及渔峡口各生产队，对群众的劳动生活、自然环境、思想观念有过深入调查。据我的了解，山区教育落后不仅仅在学校师资和设施，家庭困难和观念陈旧是阻碍学生受教育的重要因素。即使考上中学也有学生因经济困难或父母认为没必要读那么多而弃学或辍学，家访成了老师的经常性工作。读书是贫困山区孩子逆袭的唯一方式，对因家庭困难和家长观念问题导致的弃学或辍学的学生，我一直坚持走访家长，通过调查及时掌握情况，协助解决问题，成功帮助很多学生重返校园完成了学业。在枝柘坪家访中，覃德庆、张礼甫、邓明彩 3 位学生的情况印象深刻，特别难忘。覃德庆家住东红大队，其父担任乡干部多年，"四清运动"中被处理，家里清算退赔后一贫如洗，他被迫辍学回家。我到时只见德庆一人在家看门，毫无思想准备的他瞪大眼睛看着我，回过神来他扑向我怀里号啕大哭，情景让人心酸。家长不在，我直接问德庆想上学吗？他脱口而出："我想回九中继续读书。"还说："老师，爹妈也希望我读书，就是交不起学费，连口粮也没有。"我安慰他说，学校老师会设法帮助解决的。带着对孩子的同情和牵挂，回校把我见到的情况向学校领导作了如实报告。经多方努力，为德庆同学争取到了助学金，帮助他回到了心仪已久的学校。返校后，领导、老师、班干部帮助他放下思想包袱，安心刻苦读书，得到了师生的理解和信任。后来，德庆在宜昌市气象局工作，成为气象工作领域里的行家里手。而邓明彩和张礼甫却是因为家长落后的思想观念和短视的眼光不想让子女上中学。邓明彩住在李天尧与巴东县接壤的溪水边，家长务农兼采煤，是当时山区少见的殷实人家。受"女子无才便是德"的陈腐观念影响，家长曾一度不想让女儿继续读书，打算她初中毕业后回家，尽早招婿入赘继承家业。我的到来家长颇感意外，在他们盛情款待的氛围中，我坦诚与家长沟通交流，讲文化与致富的道理，列举女子读书成才的事例，最后她父亲总算有了明确态度，支持孩子按时上学，我也算是不虚此行。对张礼甫的家庭走访学校给予了特别重视，派我和胡世德老师同行。他家住红旗大队一个叫冷竹口的地方，是一个山高林密、地广人稀、缺吃少穿、晚上靠"油亮子"（松节）照明的苦地方，如果不是与胡老师为伴，我真不知道能否找到他的家。张礼甫的母亲是老资格的大队妇女主任，老党员，为了工作很少顾家，是山区农村少有的妇女当家做主的家庭。对儿子上中学她有固执的偏见，认为男孩子长大了，已经读完小学，是个劳动力，应该参加农业劳动，家里需要帮手挣工分。她还举出渔峡口著名的土改根子方诚仕、朱昌明、汤婆婆等人的例子，说他们一字不识，在基层工作仍然干得有声有色。我和胡老师敞开心扉，与她说心里话，特别说及自己远离武汉到渔峡口工作的切身体会和见闻，告诉她改变贫穷落后要靠教育，孩子的前途要靠读书。可能是两位老师的真诚情感对老主任有触动，总算松口答应让孩子按时上学。

这些历经挫折在老师家访帮助下重返课堂的学生，用刻苦耐劳、积极进取的行动感恩老师的教育，许多后来升入大中专学校深造，成了各方面卓有成就的人才。李发舜、覃德庆、蔺新华等同学几十年后与我相见，仍深情回忆感动当年我对他们的关心爱护。自从设立教师节，每年我都会收到学生们各种形式的祝福，内心深处一直深感欣慰。

因材施教、扬长避短是我始终遵循的教育方法。有的学生在某个方面具备天赋，由于兴趣爱好的原因会产生偏科现象。1973届一班的覃孟福爱好语文、书法、乐器演奏，非常崇拜方宗震老师。我是数学老师，数学不是他的强项，我一面鼓励他学好语文，热情辅导他写字、学音乐和乐器，一面努力培养他的数学兴趣，使他能打好基础，全面发展。他数学作业做得很好，但有时数学知识掌握不牢固。我理解而不苛责他，使其学有专长，增进了师生感情。他毕业后在文化战线有建树，书法上有成就。一直感谢我对他的尊重和爱护，每次到县城都来看望我。

学生需要严格要求，应从细节入手使他们养成好习惯。有时我也会抓小事，重锤擂响鼓。我任1974届二班班主任时，注意到覃孔彪、覃孟成、覃诗章、宋发智等10余名学生极具发展潜质和学习热情，曾主动要求我讲授高等数学中微积分、解析几何的内容。一段时间我都盯着他们，努力将他们引入正轨。覃诗章兄弟姊妹8人，是困难面前意志坚强的学生，自己背脚挣学费，读书学习刻苦努力，爱好广泛，唱歌演戏、球类竞技、写字书画都学有所成。为防范他浅尝辄止而贻误人生，我对他要求很严，有时甚至"小题大做"、严厉批评。有个晚上熄灯后，我去查寝，他与另一同学谈兴正浓，完全没有注意到我已来寝室，我只是小声说了句"不要讲话，快睡觉"，便离开了。过了约 30 分钟后又返回再查，他们还在讲话，我便严肃批评了他们。第二天又把他叫去认真谈话，明确告诉他"一个不懂规矩，连纪律都不遵守的人干不了什么大事"。严格管理发挥的作用不可低估，好习惯能促使他们在社会上经受住各种考验，成就成功的人生。覃孔彪参加工作后在县一中和我是同事，锻炼成了学科带头人，中学正高级教师，湖北省特级教师。他们夫妻一直对我礼遇有加，令我非常感动。覃诗章在部队熔炉经历炼化，转业到武汉孤身从头奋斗，一步步向自己人生巅峰攀登，在大型国企高管位置上功成身退。他偶然得知我想换把京胡，便请武汉文艺界专家朋友选购了一把高档京胡，专程送到我长阳家中。

　　苦读书是山区学生通往成功唯一的路，虽然读完高中要回农村劳动，仍有不少学生刻苦读书，改变了命运。谷忠菊、李顺智的文章回忆了 1973 届 2 班黄友光、覃德田、黄长科、张泽勇等同学你追我赶、不甘落后的学习情形。我辅导他们学数学、书法、乐器，见证了他们的成长进步，互相结下了深厚的师生情。张泽勇思想活跃，酷爱读书，各科成绩平衡优秀。九中没有图书室，他在校外东借一部西淘一本，几年之内先后读完 20 多部中外名著。高中毕业后他义无反顾地回家务农，后来在施坪公社当话务员，他利用工作之余大量读书，苦练书法和二胡，为领导写讲话稿、总结报告，为公社文艺宣传队创作节目。共同的爱好使我们师生成了知音，施坪三队是九中开门办学基地，我一去那里就和他交心谈心，切磋书法和二胡技艺。他于华中师范大学毕业后，分到宜昌市一中教书，我听说后去看他。记得当时他们 3 个年轻老师住一间寝室，他住下铺，床上堆满书籍。他跟我聊工作谈理想。一年后，他用学生成绩让家长和学校同仁折服，直接从教初中毕业班调去教高中毕业班。又一年后，再次用工作和学生高考成绩证明自己，成了市直机关争夺的人才。几十年不懈努力，他实现了自己的理想，成了《三峡晚报》社长、《湖北日报》首席编辑、作家、教授。退休了仍身兼多职，繁忙中坚持为九中校友服务。对老师情深意重，关怀备至，与校友策划为我举办 80 寿庆，多次邀我参加同学聚会。

　　这样师生情深意长的例子很多。时间流逝了几十年，我经常陶醉在与学生们历久弥深的感情里。当年与学生朝夕相处的一系列故事至今刻在我灵魂深处难以忘怀。那些历届毕业学生的姓名、模样、特点仍记忆犹新。20 世纪的 60～70 年代，虽然生活条件艰苦，但在九中校园里师生之间情感却是纯朴的。我珍惜与学生们持久纯洁真挚的感情。

我一直关注关心学生毕业后的情况，和许多学生保持联系。为他们进步成功高兴，为他们困难挫折担忧，为他们一往情深感动。

渔峡口区直机关干部职工子女九中毕业后，根据政策应上山下乡接受贫下中农再教育，他们被安排在"施坪知青点"，边参加生产劳动边学习，接受人生全新考验。我至今记得他们的名字：胡首琴、方世平、许夏鸣、马协黎、钟爱萍、曾建萍、金和玲等。昔日师生情，让我时时惦记他们，再加上我的生活有些"老知青"经历，更增添了对他们的同情、理解和关爱。和他们交朋友，有空常去知青点上串门，了解他们的进步，倾听他们的烦恼，鼓励他们团结友爱，告诫他们千万在劳动之余学文化，为日后的工作和复习备考打基础，帮助他们开展文艺活动。他们后来被安排到宜昌轮胎厂和相关单位工作，我曾几次去看望，不少人至今保持联系。

2015年九中1973届高中校友会在渔峡口举行，我受邀前往，亲身感受了同学们的热心和真情。尤其是窝埫村的付家奉，身患重病仍积极参加活动，我钦佩他阳光的心态和坚强的毅力。他握着我的手，回忆读书时的师生情义，讲他人生经历，我很专注地听，内心非常感动。他在农村刻苦奋斗，当村主任，兴家立业，教子成才，是人生很大的成功。2018年金秋校友会，他仍如约参加，看着他日渐好转我着实为他高兴。一些在农村的学生我也格外关注，如马于平覃先菊夫妇、秦福香等。他们自强不息，在勤劳致富奔小康路上，拥有自己的成就和辉煌，我作为老师真诚地为他们高兴祝福。秦福香儿子结婚，我专程前往她巴东家中祝贺，同学众口赞扬她教子有方，我也经常表扬鼓励她。马于平夫妇喜得孙子，我去招徕河参加弄璋之喜，对他们60多岁仍不懈奋斗表示支持。

我用15年宝贵年华，在偏远落后山区弘扬师道传播文明，为九中莘莘学子搭建通往成功的桥梁，为他们成长成才尽了微薄之力，也收获了学生尊重赞誉和深情厚谊，内心深感满足与自豪。在九中的15年我无怨无悔。

1980年8月，因工作调动，我带着在渔峡口积累的宝贵精神财富，举家惜别了九中。听到九中原校址被撤销的消息，我感到惋惜，老是觉得它还存在。其实它一直如影相随地在我身边，我对九中情之深、爱之切无法用文字表达，我会永远珍惜怀念九中。

2019年6月于长阳一中

两件小事

覃先瑛

作者简介

覃先瑛，女，土家族，1939年9月出生于渔峡口镇梁山坝村。1962年7月毕业于原宜昌师专，先后在枝柘坪中小学、长阳九中、长阳一中供职32年，系中学高级教师。

九中，一所家乡的中等学府，虽已不复存在，但她的倩影、她的往事却历历在目。我在九中工作时，正处于一个"特殊时代"，教师除政治活动、课堂教学外，还有一些社会事务。尽管当时感到艰辛、苦涩，但至今回想起来，却很温暖。

九中，坐落在半山腰，离渔峡口镇约2里路程，那时全是弯弯拐拐的小道。师生集体用的粮食、柴火、煤炭等，都得由师生背到学校。1971年初秋，有一次背瓦，从学校出发，浩浩荡荡，经施坪、葡坪，再下陡坡陡崖，直抵招徕河窑厂。我带初一年级同学，其中女生马协黎，个子小，胆子也小。下陡崖时，她吓得直叫唤，我便与几个男同学牵着她。但背瓦返程时，她却从攀爬中坚强了起来，居然走到了大家前面。往返二三十里羊肠小道，同学们有说有笑，互相帮助，老师们无不感动。回想起来，那时中学生，背这背那，学业上虽有些耽误，但背出了勤俭美德，背出了土家人质朴情怀。今天，他们正背负着民族希望，跋涉在富强路上。

如前所述，那时，教师除了校内日常工作、活动外，还兼有一些校外社会义务。1966年9月，我曾受命去九中附近"得米湾"农民夜校上课。那时，农民普遍文化素养低，还有少数文盲、半文盲。农民夜校便如百花盛开，遍及山乡，而以中小学附近居多。我每次去上课，事前做些教学准备，总是准时前往。那些大叔大婶、少男少妇，叽叽喳喳，十分热闹。他们白天劳累，晚上还要来学文化，都认真热切，令我感动。虽然要摸夜路回校，但能尽一些社会责任，我也感到欣慰。当时少男少女早已成家立业，他们学的那些"夜文化"，也许在以后岁月中发挥了作用。听说有的在改革开放大潮中大显身手，创业有成，我为之振奋。农民夜校是特定时期的教育之花，将永远铭记于史册。

2018年11月于长阳龙舟坪

我与九中

覃远秀

作者简介

覃远秀，女，1955年6月生于渔峡口镇施坪村，1972年1月于九中高中毕业，1976年7月于宜昌师范毕业并参加工作。先后在九中、渔峡口初级中学任教，2015年8月退休。

我在九中度过了3年半求学生涯和漫长的17年教师生涯。我在那里成家，在那里生养两个女儿，在那里经历了人生最重要的阶段。在我心里，她早已不仅仅是一个地址、一所学校，而是我的精神家园。

我很想记录一些我与九中的往事，而每每提笔，回忆排山倒海般地涌来，从青涩少女到沉稳中年的过往，混合着几十年的酸甜苦辣，反而不知从何说起。记忆深处，有教室的书声琅琅，也有校园的草色青青，有清晨早操动作的有序，也有傍晚洗衣劳作的轰鸣，有见到学生进步的释然，也有他们调皮捣蛋带来的苦恼，有初为人母的欣喜，也有养育女儿们的辛劳……凡此种种，即便写成长篇的回忆录也难以尽述。

跳级读高中

我在九中完成了初中和高中的学业，加起来却只读了3年半，求学的过程带有鲜明的时代烙印。1968 年全国所有学校"复课闹革命",在小学超期滞留一年的我终于得以进入九中,回到久违的课桌前,开始初中学习。初中课程只上了一年半,到初二上学期期末,有一天,老师让我填了几张表格,过了几天便通知我下学期到高中班就读,我稀里糊涂一跃成了九中第一届高中生的一员。

那届高中同学主要来自九中本身的初中生和渔峡口区属各公社中学的跳级生,学制也挺特殊,从年初到年尾为一学制,学制两年。那两年,同学们大多寄宿在学校,而由于忌惮宿舍床铺上灭之不绝的臭虫,加之母亲生病住院、家里无人照管,多数时间我是走读生,起早贪黑走路上下学,也因此错过了很多同学们组织的课外活动。

上高中后,最初上课感觉挺吃力,特别是数学,只好默默地增加预习和复习时间,以期不要落下太多。高中新设了外语课,教授俄语,那是我最喜欢的课程,总能轻松拿满分。可惜多年没有再接触俄语,当年所学已经遗忘了。

俄语是忘了,同学之间的情谊却永远忘不了:仍然记得,我不小心崴了脚,学妹金和玲利用休息时间给我扎针灸;有时生病,秦先淑等同学嘘寒问暖;当年学校女老师难产,生命垂危时,蔺新华、余发山等同学义无反顾赶去献血。更是忘不了那些艰苦而热血的岁月:大家常有组织地去庄坪、胡家冲等地背煤;生产队挖过红薯后,室友星期天就去地里捡漏,回来搁窗台上晒成红薯干;寒冷的冬天,三五成群地去学校旁边村落的水井端水回来换洗澡水;炎热的夏季,全校师生去巴王沱背河沙建东村大桥;夏收季节,班主任杨志明老师带领全班同学到施坪三队帮助抢收夏粮,我脑海中常浮现那时热火朝天劳动的场景;也总是能记起那些努力学习的榜样,如余祥菊、余发山、李发舜、秦德彬等同学埋首书山潜心学习的画面。

上母校讲台

从九中毕业回家当了两年民办教师,后来被公社推荐去宜昌师范念书,师范毕业归来又被分配回母校教学。报到那天,学校安排两名女生跟着去我父亲的单位宿舍,帮我搬回一个红木衣箱、一张小桌、两把椅子、一个小木桶、两床棉被,我就带着这几样东西住进学校分配的宿舍,开始了我长达 30多年的讲台生涯。

回到母校任教,当年的老师们变成了同事,尤其面对昔日的老师,角色的转换令我在最初的一段时间颇为窘迫、惶恐。记得那时,皮恒玉老师像妈妈一样关心我的生活；张盛柏校长时有鼓励和关心之语；方宗震老师、杨志明老师、袁勤灿老师等等不仅用他们求实、敬业的精神指引我，还时不时鼓励："没事的，好好干！"在老师们友善的鼓励和帮助下，我很快克服焦虑不安的情绪，全心投入工作。

以前辈和诸多同行为表率，我从教30余年，深得领导信任，获得了家长好评，得到了学生们尊重，几乎每学年学校绩效考核都是优秀班主任或先进教育工作者。

劳动的校园

在九中执教最初的那些年，作为班主任，有一项特别的工作，那就是每天课外活动期间组织学生们劳动。记得学校建实验室、修院墙时，石头不够，每天下午课外活动时间，就组织学生漫山遍野找石头。班上的学生们分成4组，每组每天找一方石头搬回学校垒好，连续干了一个多月，完美完成任务。后来又带着学生运煤、搬砖、砌院墙、挖池塘、砌池塘、修梯田、种植果树……

学校经费不足，就依靠师生们齐心协力的课外劳动，愚公移山般地完成了基础设施建设。学校的实验楼、鱼塘、梯田、院墙、高中教室等等都是这样兴建的。那时能省则省，创造各种条件办学。还记得当年为了丰富养殖动物的种类，更大程度上满足职业高中的教学需要，田克芳老师带领一群学生夜间守在河边，捉回一群乌龟放入鱼塘，一时间传为美谈。可以说，九中是老师和同学们一砖一瓦一草一木自己建设起来的家园。

我们的菜地

为解决学校员工的菜篮子问题，学校给每位教师分了一小块菜地。那时老师们一日三餐的蔬菜都不用买，薪酬微薄也舍不得买，全靠自己种植自己采摘自己烹饪。老师们个个都是见缝插针的种菜能手。课间休息时，赶紧去田里挖槽锄草；中午午休时，抽身便去播种；若是天色将雨，那就赶紧去施肥；课间10分钟，也要争分夺秒去采摘；某种菜蔬长势喜人，便采摘回去与邻居分享……我一边做教师一边做农妇，忙忙碌碌竟然也没耽误。

菜地的所在地是现在的廪君塚，那时候是个层叠着一圈圈梯田的山丘。因为九中一度是偏重培养农业技术人才的高中，所以特设实验田，种植各种农作物和茶树、果树，以便学生实验操作之用，老师们的菜地就分布在山脚。

那些梯田也是我两个女儿童年时的乐土，校园里各处都听得到铃声，她们总能按时回家，若不是多年以后她们兴高采烈地回忆，我也不知道那里有她们的秘密乐园。有一次，我的小女儿才 5 岁左右，去山顶池塘放纸船，池塘里蓄满了水，水平如镜，她玩得忘我，一脚踩进去，幸好同去的少年王勇足够淡定，扯着她的头发，将她捞了起来。我得到消息，一路狂奔过去揽她入怀，她正坐在池边嘤嘤地哭，担心因为掉落了一只漂亮的粉红拖鞋被我责备。尽管有这些令人心惊的小波折，我的孩子在同事和学生们的呵护下，在丰富多彩的校园里自由自在长大，留下了很多美好记忆。

露天电影

那时住房都由学校分配，辗转搬了几次，住得最久的一处位于女生宿舍一楼端口，十几级台阶爬上来左转即到，大约 10 平方米的房子，房门正对着放映露天电影的操场。电影放映起来也不用撑幕布，直接投影在操场尽头男生宿舍的墙壁上。

每个放电影的傍晚，学校附近的松婆婆就背着背篓过来，找我搬一张椅子，拿一个水杯，坐在走廊里开始卖自种自炒的葵花瓜子，一毛钱一杯。有时候也卖打把糖，这种糖脆硬，由玉米或大米熬制，拧软了沾点炒熟的玉米粉可做零食吃。我安顿孩子们吃完晚饭、洗好澡，带她们搬个小凳子坐到操场边的戏台角落，学生们已经在班干部的组织下按班级有组织地坐好，静待电影播放。孩子们兴高采烈如同过节，老师们则偶尔利用这难得的不受干扰的两个小时，赶着做家务、批改作业、刻印试卷。

具体放过什么电影已然记不起，记忆里总是闪现胶片投影在墙上拉扯和闪动的直线或麻点、单纯背景里凸现的学生宿舍窗户；高音喇叭在寂静夜空下播放背景音乐和台词，发出巨大而混沌的声响，你若没有坐在银幕前观看，这个声音更是极具侵略性地充满了整个空间；等待换片间隙，调皮的孩子在放映机的大灯柱前飞奔，学生们此起彼伏地在灯柱里挥舞手臂，争先恐后地在墙壁上投上自己的影子，有孩子偶尔忍不住在一片窸窸窣窣的低语里尖叫几声，往往招致一串严厉制止的低吼……时间真是奇异的催化剂，这些当时认为的瑕疵，经由岁月洗礼，竟然闪现出迷人光彩。

2018 年 12 月于渔峡口镇

我的九中故事

王启寿

作者简介

　　王启寿，1948 年 6 月生于渔峡口镇龙池村。1961 年至 1964 年于长阳二中读初中，1964 年考取宜昌二高，因经济困难未读。1968 年秋宜都师范毕业并参加工作，1979 年至 2004 年于九中、渔峡口初级中学任教。中教一级。2004 年 6 月退休。

　　于我而言，长阳九中不是母校胜似母校。如今，我离开九中 20 余年，仍有珍贵记忆历历在目，难以释怀。

选择题

　　1978 年年底，县教委决定将枝柘坪中学的两个高中班合并到九中，定于 1979 年 2 月底开学。在枝柘坪中学工作的 4 位老师覃先佐、刘诗忠、许启祥和我，同时被调入九中任职，继续担任这两个班的语文、数学、化学以及物理的教学工作。因为这时，距离高考仅剩一学期，为了减少因更换学习环境给学生们带来的不便，学校便采用了这种合校不合班方式。

　　1978 年那年高考，九中取得了全县第一的好成绩。一学期以后，我们将共同迎来 1979 年的高考。面对九中创下的佳绩，我们枝柘坪中学转来的师生莫名有了压力，担心成绩不好拖了九中后腿。我们只好将压力化为动力，每天晚上在煤油灯下工作至深夜已然成为常态。

就我教学的物理而言，学生手中除了 1978 年版《高中物理》教科书外，还统一发放了湖南省出版的《物理高考复习资料》。我作为教师，则需要更多的专业资料和学科信息。于是我订了中科院出版的《物理》杂志和陕西师范大学出版的《中学物理教学》杂志等相关资料。其中，令我印象最深的当属复旦大学附中物理教研组出版的《物理高考复习资料》，它把每章的知识以表格的形式进行归纳总结，这种方式可以更好地帮助学生加深记忆，是我备课的重要参考资料。

高考前半个月，我在最新一期的《中学物理教学》杂志中发现一种全新的题型——选择题。我迅速针对这一新型题型给学生们进行讲解，并制定试题加以训练、巩固。高考时，打开物理试卷，第一大题竟然全部都是选择题，占 33 分之多。或许是因为选择题的第一次出现，导致全县物理高考成绩都不是很理想。

出乎意料的是，由于我在高考前对学生采用选择题题型，进行了强化训练，我任课的班级物理高考成绩还算满意。1979 年的高考，增强了我的自信心。现在回想，当初对选择题题型的判断是正确的。

贵有恒心

我是 1965 年入宜都师范学习的，物理学科在中等师范只能算作副科，每周两节课。当时只学了师范物理的上册，就开始了"文化大革命"。显然，这一点知识是无法胜任高中物理教学的。

1972 年秋，华中师范学院在全省各地进行高中教师培训。获得此消息后，我鼓足勇气，向县主管部门领导提出参加培训的要求，得到县教育局的批准，于是我进入了宜昌地区高中教师培训班学习。学习内容是以高中物理为蓝本编写的教材，外加"三机一泵"（拖拉机、柴油机、电动机、水泵）。客观地说，我的高中物理知识几乎都是华中师范学院的讲师、教授传授的。为期半年的培训让我收获满满，受益匪浅。

1979 年下半年，学校安排许启祥老师和我到宜昌地区教师进修学院学习。他学化学，我学物理。记得当时学习的是南京工学院出版的《普通物理学》上、中、下三册以及《高等数学》。依然是为期半年的学习，这次学习让我的物理知识水平得到了进一步的提升。

回到九中以后，我和许老师分别担任了初、高中毕业班的物理和化学教学。与此同时，许启祥老师担任工会主席，而我也成为理科教研组组长。1980 年全县高考预选考试后，我担任了县高考预选物理阅卷组副组长，主持这次全县物理阅卷工作。我明白，我能取得这一点点进步，是坚持不懈地学习的结果。

1981 年 9 月，在海南岛生活的三姐，硬把她初中刚毕业的儿子王紫光给我送来，说是要在九中读高中。我对外侄说："你这么远来九中求学，我欢迎，但你一定要有三心：即信心、决心、恒心。信心是做好一件事的基础，决心是做好一件事的关键，恒心是做好一件事的保证。"王紫光觉得我说的有道理，把我的话写在日记本上。后来，他考取了北京理工大学，学的是固体火箭发动机设计专业。

他后来常对人说：舅舅的"三心说"很管用。

教学资格证

1982 年上半年的一天，县师训处王继坤老师专程来九中，分别找许启祥老师和我谈话说："县教育局和华中师范学院说好了，你们两个去插三年级班，读两年后发本科文凭，回来在一中任教。"我回答道："我上有老，两个小孩还小，妻残脚多病，现在分田到户，水旱田 3 亩多，去武汉读两年书，一家人生活怎么办。我的情况只能维持现状。"我问许启祥老师，他也是这个态度。

以前的培训、进修，尽管成绩尚可，是不发文凭的，回单位还领因公外出的补助，后来才知道"文革"期间参加工作的进高级职称必须是本科文凭，局领导为我们真是用心良苦。

改革初期农民的经济意识远不及如今，他们帮做农活是不会收钱的，只是互相帮工。像我们"半边户"家庭哪有劳动力给人家帮工呢？农活的事只好自己做了，好在做农活我不外行，犁耙水响，插秧收割，样样都来。在本村我是第一个种杂交水稻的，也是第一个使用除草剂的，长此以来，皮肤晒得黢黑，不像老师，倒像实足的农民。

1996 年全国首次教师资格认定，条例中有一条规定：同学段同学科连续任教 18 年以上的现任老师可以免试。根据这条规定，我连续任教了 19 年的高中物理课，宜昌市教委便给我颁发了高级中学物理教师资格证书，这是对我高中物理教学的认可。

晋升职称

1987年下半年，教育系统首次职评。学生们放假两个星期，枝柘坪、渔峡口两地的所有教师在九中开会，投入职称评审工作。全单位的人在一起，每个人都要填写工作述职报告，汇报以前工作，好不热闹。

由于"文革"原因，政策上1966年是个大杠杠：即1966年前参加工作的，可以评中级。反之，则只能评初级。我是1968年参加工作的，自然只能评初级。袁勤灿校长鉴于我的教学实绩，主动给县里打电话为我争取中级。县里答复可申报中学二级，也可按破格要求申报中学一级。为了评审成功，我把在施坪中学编写的《柴油机教学讲义》放进了申报材料中去。

放寒假的前两天，老师们在学校屋后栽种柑橘苗，袁校长对我说："你晋升中学一级成功了，《柴油机教学讲义》起了作用。"我不知有多高兴，老师们纷纷放下手中的活为我祝贺。

1988年农历正月开学后，县教委陈永道副主任带队，一行5人检查全县开学工作。到九中后，他对我说："你的教学效果好，那个《柴油机教学讲义》经科技局认定后，结论是有价值。县里同意你晋升中学一级教师职称，望再接再厉。"

2020年12月于渔峡口镇龙池村

母校是我终身难忘的地方

蔺新华

作者简介

蔺新华，1949 年 5 月生于渔峡口镇施坪村。1966 年至 1972 年在渔峡口中学读书，1973 年 7 月宜昌师范毕业并参加工作。先后在资丘镇柿贝中学、招徕河小学、枝柘坪中学、渔峡口中学工作，曾多次被评为县、镇级先进教育工作者和优秀共产党员。2004 年 11 月退休。

我 8 岁入学，启蒙老师覃好秀（原九中覃好耕校长的姐姐）说我是新中国的同龄人，给我取名蔺新华，从此这个名字就伴随我的人生。我读完小学后，母亲生病，家庭困难，辍学两年，在家种田放牛。1966 年春，秦尚高、张松高、周乃康 3 位老师下乡支农，住在我家，见我爱读书，就再三劝我父母让我读书。1966 年秋季，我跨入了长阳九中的校门。

九中，我们习惯称为渔峡口中学，它位于清江河畔渔峡口镇附近，风景宜人。在这里，我读完初中、高中，度过我人生最美好时光。

老师们辛勤工作的身影，至今记忆犹新。老校长秦尚高、覃好耕、张盛柏给我们上政治课，讲党史，讲辩证唯物主义，要我们树立正确的人生观，给了我们改造世界的勇气；恩师方宗震，语文知识渊博，教学认真，尤其是带领我们到乡下体验生活，指导我们写话剧，提高我们的写作水平；恩师胡世德，数学教学启发式，除了课堂教学外，还带领我们用小平板仪测量土地、水渠,让我们觉得数学并不神秘,它就在我们日常生活里,它是那么实用和有趣;方老师、胡老师以 58 岁高龄加入中国共产党,让我们知道什么是信仰。

2018 年 10 月 23 日,在渔峡口中学高中同学联谊会上,班主任杨志明老师上课点名,他老人家以 80 岁高龄仍然洪亮的嗓音点了到会同学姓名,他说:"同学们,我想死你们啦!"这声音既亲切又感人,我当时就淌下了热泪。他在台上点名,他离开武汉,来到我们山区辛勤劳动的一幕幕场景,却像电影一般在我脑海闪现。他老人家许下诺言,要将自己骨灰撒在美丽的清江河畔,可见他对长阳这块土地多么深情。老校长袁勤灿联谊会上讲话更是感人肺腑。他说,九中共 38 年历史,我在九中就生活了 23 年。县教育局几次调他去县有关单位任职,但他离不开九中。他勇挑重担,带领全校师生,努力改造学校环境,背石头,修院墙,建水池,铺草坪,建立柑橘基地,把九中建设得如花园一般美丽。

老师们率先垂范,学生们砥砺前行。我长期担任学校团干部,为发展新团员,壮大团组织做了工作。我还一直担任班长,团结班委会协助班主任开展工作。有一次,渔峡口区政府修建大礼堂,班主任周乃康老师便带领我们去背沙。女同学张祖娥不幸摔伤了膝盖,鲜血直流,同学们一时惊慌失措,问我:班长,这该怎么办?我说:送她去卫生院。我二话没说,与周老师、余祥菊、秦德彬、覃事英等一起,把张祖娥送到卫生院,她得到了及时治疗。此事受到校领导表扬。

老师对同学们恩重如山,学生理应尽微薄之力报答师恩。1971 年 4 月 30 日,渔峡口中学女老师何家禄在渔峡口卫生院分娩,产后大出血,情况万分危急,校长秦尚高紧急动员全校同学,献血抢救何老师。同学们纷纷响应,踊跃报名,经卫生院抽血化验,只有我、余发山、覃孟勇、黄友光等 4 人与何老师血型相符。我们当即给何老师献血,秦尚高校长感动地说:同学们精神感人。由于医疗条件有限,何老师终究去世,但同学对老师的一片赤诚,光照日月。

时光荏苒,6 年中学生活结束了。1972 年春,我受母校推荐,到宜昌师范读书,1973 年 7 月师范毕业,成为一名光荣的人民教师。在我执教 30 多年里,都以母校老师为榜样,勤勤恳恳工作,曾多次被评为县、镇优秀党员和优秀人民教师。

2019 年 2 月于渔峡口镇施坪村

我的三位同事

鲜于明蜀

作者简介

鲜于明蜀，1948 年 7 月出生于重庆市，1954 年至 1960 年读小学，1960 年至 1963 年读初中，1963 年至 1966 年读高中。1968 年于枝柘坪公社先锋四队插队落户，后在枝柘坪中学当民办教师。1977 年于湖北宜昌教育学院中文系学习，毕业后分别在长阳九中、长阳一中工作，后于长阳县人民政府经济协作办公室任副主任、长阳县财政监督办公室任副主任，2002 年于长阳县财政局退休。《宜昌财政》杂志上发表多篇论文，其中《高山明珠——火烧坪》一文被《中国财经报》刊用，后写游记《北行记》一书。

1979 年 9 月至 1981 年 7 月，我在九中工作过两年。时间虽短，但那些亲人般的领导和同事，我至今难以忘怀。

1

袁勤灿老师，毕业于湖北大学数学系。身为副校长的他，为人低调，处事和睦、亲切。不仅在学术和教学上是我们的带头人，日常生活中也是我们的兄长。

计划经济时代，物资匮乏，生活贫困，吃点白米饭都是一种奢望。食堂的小菜一般是锁边土豆片、清炒白菜、水煮南瓜之类；想吃点肉和鱼，几乎是非分之想。袁勤灿老师家当时是双职工，家境相对宽绰。加之他妻子在渔峡口服务部（相当于现在的旅社和饭馆）工作，因而袁老师的生活条件要好一些。每个周日，他妻子都会给袁老师带一些好吃的。一到周一晚餐，袁勤灿老师就会把他的各种菜品，拿到办公室和同事们共享。以至于我们把周一的晚餐，称之为"幸福晚餐"。

袁老师爱抽烟，平时所抽的烟都是比较贵的，但他从不独享，只要身旁有抽烟的同事，他都会一人一支，与人分享。遇有同事烟"断顿儿"，他干脆送上一包。好茶，也是放在办公室里与同事们共品，他常嘱咐老师们：喝茶，自己泡。同事们也习惯了袁老师的慷慨，好像他的茶就是公用的。因此，办公室里常常是茶香馥郁。同时，他还资助了不少同学，每每遇到困难学生，总是3块、5块，慷慨解囊。

几份菜，一支烟，一杯茶，几块钱，现在看来，微不足道，但在那个生活困难的年代，却是珍贵的。这是一份善良，一种豁达，一种伟大。

2

胡世德老师，渔峡口镇双龙人，是九中资深数学名师，我很早就有耳闻。我与他共事时，他已人到中年。他家在农村，是半边户。他家3个孩子，大的是女儿，两个小的是儿子，都跟着胡老师读书，开销全靠胡老师微薄的工资收入。

面对生活困境，胡老师很少更新衣物，一套蓝咔叽布的中山装和白色家织布的衬衣要穿很久。但胡老师讲究卫生和整洁，经常趁晴天洗衣，便于快干更换，因此，他给学生的印象是一位衣鞋干净、着装整洁、精神焕发的师长。

当时九中每个老师都能分得一块菜地，胡老师为了补贴家用，他将几乎所有的课余时间都在耕耘这块土地，锄地、播种、上肥，全然像一个专业的农民。一分耕耘，一分收获，他的瓜菜也是长得最好的，一年四季都能看见他地里硕果累累。

他一个人带着孩子，是既当爹又当妈。做饭、洗衣、打扫卫生、辅导作业全是胡老师一人。当时生活艰苦，教工食堂以玉米饭为主食，白菜、萝卜为菜蔬。要是哪天食堂供应大米饭和肉、鱼，胡老师会把仅有的一份全留给孩子享用，自己仍吃玉米和白菜。我曾经多次见过胡老师戴着眼镜为孩子补衣、钉扣。那一针一线虽然笨拙，但是令人温暖、感动。也是一分耕耘一分收获，胡老师的3个子女都非常争气，女儿读了卫校，两个儿子同时考取了北京航空学院。在九中，一时传为佳话。

3

覃孔伦老师，渔峡口镇东村人，化学老师，既是我九中同事，也是我高中校友。他是一位乐天派，经常给我们带来快乐。

他的生活是俭朴的，喜欢抽山烟、喝浓茶、吃肥肉，穿着从不讲究，也不太注重个人仪表，一套土灰色的单衣和棉衣很少更换。不仅如此，他还把俭朴的生活作风传给了下一代。他的儿子一年四季很少穿鞋，即便冬天也是光脚，我们笑称其为"赤脚医生"。九中当时缺水，孔伦兄似乎特别珍惜，他的衣服和床上用品，都是带回东村家中清洗的。我说：老兄，你为何不在学校洗啊？他说：你晓得的，九中的水太不容易了，还是节约一点吧。

那两年，我担任班主任。有一次，考试结束后，我问同学们，这次考试有什么感受？学生们都异口同声地回答：覃孔伦老师监考最厉害。一位李姓同学说：化学考试的时候，我看见覃老师眼睛看在别处，我以为机会来了，正准备看书。突然听到覃老师说：个别人注意，别看书。我当时魂都差点吓掉了。覃老师太厉害了，不知他有什么特异功能。

我感到惊讶。一次在办公室闲聊，我问孔伦兄："学生们都说你监考厉害，你有什么绝招？"他笑着说："不是吹牛，整个九中乃至全县，学生们考试时都怕我监考，因为学生们以为我好像在看左边，其实我看的是右边，这叫声东击西。"此言一出，办公室里立马笑得稀里哗啦。

我顿时明白了，原来孔伦兄是斜眼。表面上看，他似乎看的是左边，其实他是在望右边。他知识厚实，内心强大，并不因为有生理缺陷而自卑。

2020 年 11 月于宜昌

我的九中生涯

黎学金

作者简介

　　黎学金，1941 年 10 月生于渔峡口沿坪村。1957 年至 1958 年渔峡口农业中学、长阳师范读书。1958 年 9 月参加工作，先后于渔峡口中心小学、渔坪小学教书。1963 年于宜昌教师进修学院进修。1973 年 2 月至 2001 年 7 月，先后在招徕河、渔坪中学、九中教书。2001 年退休。

1

　　我是 1941 年 10 月出生的，渔峡口镇沿坪村人。1957 年秋，我于渔峡口农业中学读初一。第二年，学校就发生变化，即 1958 年秋，渔峡口农业中学从区街上迁移至白虎垄，改为长阳第十五中学，1959 年秋与第十六中学（枝柘坪）合并为长阳第九中学。

　　1958 年春上的一天，时任渔峡口区文教干事的张少陵，把我叫到他的办公室，说："学金，你的学习成绩很不错。现正值大跃进时期，党的教育事业要大发展，全县急需教师，组织上考虑再三，特推荐你到长阳师范学习半年，然后分配到学校当老师。"

　　我一听，心情十分激动，当即表态同意。1958 年春就到县师范学习，同年 9 月，我就被分配到渔峡口中心小学当老师。

从 1958 年秋至 1972 年冬，我一直从事小学教学。1973 年 2 月至 2001 年，从事初中教育，这一干，就是 28 年。

初中教育 28 年间，我是两进九中。

第一次是 1980 年 8 月。这一年，我所在渔坪学校的初中班整体迁入九中，于是我便调入九中工作。1993 年秋，我在九中工作 13 年之后，被调入渔峡口镇初级中学教书。

第二次是 1997 年秋。我在镇中工作 4 年之后，此次再回九中，主要是担任教务工作，同时兼任一个班的语文课。

2

我在九中工作 19 年，除了教学外，我当班主任 15 年。我深深感到，在与学生的相处中，传授知识不可或缺，但心灵的沟通更为重要。

我记得是 1982 年，初三（1）班有个学生叫马金荣，家住枝柘坪盈丰村马家台，当时他父母年岁已高且身患疾病，全靠在五峰县当老师的姐夫负担家庭开支，马金荣如果继续学习，家庭就显得更加困难。这一年 4 月初，学校放例假后，马金荣一连 20 多天没来学校上课了。我心里着急，科任老师也失望。4 月下旬，我决定家访，前往马家探个究竟。我先是乘车到招徕河，然后乘船过伴峡，再爬山翻越回龙坳，到枝柘坪后再走几里山路，终于到了马家。这天，金荣同学正在山上砍柴。

晚上，我与金荣同学、他的父母、姐姐谈心。我向他们一家人转达了学校领导对他们的问候，转达了老师们对金荣同学的关心，向家人介绍了金荣品学兼优的情况，希望全家人从金荣同学的前途考虑，支持他读书，按时参加中考。

经过 3 个多小时的谈心交流，全家人达成共识，支持金荣继续读书。第二天，金荣同学和我同时回校。

经过一个多月紧张复习，马金荣在 1982 年中考中，取得优异成绩，顺利考入一中。与他同时考取一中的还有田小平、田双彪、田甫焕、田先军等 8 人，赵立群等多位同学考取了宜都师范或其他中专学校。

马金荣同学高中毕业后，考取了宜昌师专，尔后又读了武汉第二师范学院，成为长阳年轻有为的骨干教师。

3

在九中工作期间，我的专业是语文教学。现在回想起来，我是狠抓了学生阅读与写作能力的提高。

我以为，阅读是提高学生表达能力、书写能力的最佳途径。阅读方面的训练，我采取了以下手段：

一是精读语文名篇。我坚信，读书百篇，其义自现。语文课本上的篇章，大都是千百年来或是现当代以来，经过历史和时间淘洗下来的名篇，学生一定要认真阅读，有的甚至要背诵，如范仲淹的《岳阳楼记》。

二是熟读名著。要求学生利用节假日时间，阅读《红楼梦》《西游记》《水浒传》《三国演义》，并摘抄名著中段落。

三是办图书角。指定一至两名学生，在教室内办图书角，图书角的图书由全班同学或赠或借，以扩大同学们的阅读范围。

我一直认为，写作能力是衡量学生综合素质的重要体现，因此我特别重视学生写作能力的提高。写作方面的训练，我采取了以下方法：

一是仿写。1998年，我班上有个学生叫方芳。我记得在学了朱自清散文《背影》之后，我就要求学生仿写。方芳按照《背影》写法，写了一篇《肩膀》，写了自己的母亲，十分感人。这篇文章发表于校刊《白虎文学》，得到了学校师生的赞扬。

二是推广学生佳作。我坚持每学期要求学生写7篇大作文，每次作文由我全收全改，在批改中挑选佳作一至两篇，然后油印成材料，发给全班同学点评。在学生点评基础上，我再作全面小结。通过推广佳作方式，让同学们都受益。

三是办小报。每月给同学发一张8开纸张，要求学生自办小报。小报辟有《百花齐放》《校花朵朵》《我的理想》《友谊》等专栏。每期小报上，学生要有不少于3篇自己的作品。这样，班上小报就会丰富多彩。为了提高质量，我还要求每期小报要评选优秀小报。

这些阅读与写作措施，极大地提高了学生读写能力。1982届有个女学生叫田素红，中技毕业后一直在县自来水公司工作，有着惊人的写作能力。她边工作边创作，在《北京文学》《散文百家》《黄河文学》《三峡晚报》等报刊发表作品，日积月累，出版了散文集《岁月跫音》。她现是湖北省作家协会会员，中国散文学会会员，长阳县作协副主席。

见到他们的成长，我感到欣慰。

最后，我写一首小诗，算是这篇文章的结束语：

润物无声细雨功，

三尺讲台浴春风。

满园嫩笋迎朝阳，

碧叶云霞互映红。

2020 年 12 月于渔峡口镇

我的 1978 年高考

覃守员

作者简介

　　覃守员，1961 年出生于渔峡口区施都村；1977 年 9 月至 1978 年 7 月于长阳九中读高二；1978 年 9 月宜昌师专读书；1981 年至 1985 年九中教书；1986 年至今于长阳一中教书。

　　我是茅坪公社施都大队人，从小学至初中，一直在西坪中小学读书。1977 年秋天，我来到了向往已久的九中读高二。

　　来到九中，让我心头一震的是，大礼堂墙上瞩目的标语——教育同生产劳动相结合。那时，我年纪小，并不懂得这些话的真正含义，但心里觉得劳动是少不了的。果然，开学不久，我们在白虎垄上种田，在马鞍翘上开荒，在高峰垭口抬檩子，在漆树坳里背瓦，在峡西沱里背沙，在白岩煤矿背煤，在住施坪三队开门办学。总之，教学与劳动结合了。

　　转眼就到了 1977 年 10 月中旬了，国家恢复高考的消息传进了校内。一时间，高考是什么样的考试？大学是什么样的学校？同学们议论纷纷。大家疑惑、好奇、向往，不知所措。有一天，同学们还在议论高考，莫衷一是。校长覃好耕在全校"誓师大会"上高举双拳："你们中只要考上一个，我的脑壳就有筛子大。"于是，我们几个还在读高二的同学决定试试看，便参加了

1977 年 12 月 10 日至 12 日的高考。这次高考过后，老师和同学们才真正觉得高考是严格的，大学离我们并不遥远，我脑子里也产生了一种有望跳出农门的躁动。

为了 1978 年的高考，我们进行了半年多的艰辛准备。说实话，细算起来，我们这一届学生从 1968 年开始读小学，到 1978 年参加高考，说是读了 10 年书，其实并没有读多少，因为学校教材不齐全，即使有的学科有教材，但也很不规范，加之劳动多，政治运动多，因此我们的知识储备少得可怜。学校为了提高大家的信心和斗志，响亮地提出："有条件要上，没有条件创造条件也要上，一定要争取考个好成绩。"当时这种口号还真有立竿见影效果。与现今不同，我们那时备考根本不是复习，而是赶上新课。学校领导总结了 1977 年的高考内容，迅速调整了 1978 年上学期学习内容，有一股子把过去耽误的时间抢回来的劲头，夜以继日地为我们补课，尽可能把初中、高中内容全部补上。为完成这一几乎不可能完成的任务，学校组织我们基础好的 10 来位同学，每天上双份课，白天随班上大课，晚自习后再给我们 10 人上小课（当时情况是无论如何也不可能把高中内容学完，老师们没有在大班教授的内容，就用晚上给我们上）。对我们来说，每天学双份新课，做双份作业，晚上 12 点以前不睡觉，凌晨 6 点就起床，从不打瞌睡。教学设备、阅读书籍、教材都没有，老师们通过各种渠道获取资源，不顾劳累，不计得失，目的就是一个：不惜一切代价，坚决打赢 1978 年的高考仗。张盛柏老师既是学校领导，又给我们带政治课。他总是那样严谨，亲自把一些题目做出答案，并要求我们尽可能背下来。每次上课他都会端一杯茶。直到后来，我大学毕业回到九中工作后才知道，老校长那时患有严重的支气管疾病。方宗震老师年事较高，身体不好，眼镜总戴在鼻梁下沿，大热天仍披着棉衣。课堂上一个字、一句话教我们古文，耐心指导我们阅读《海燕》《祝福》等文章，慢慢拖着长声："鲁四老爷是什么样的人物？祥林嫂又是什么样的人物？"我永远记得。我每次写作文时最痛苦，因为过去没有任何阅读和积累，即使知道该怎么写也没有语言来表述。方老师每次都会亲自写一篇范文，我就把它背下来，关键时刻便套用几句。"好题，一道好题。"带着浓浓汉腔，这是杨志明老师给我们抄好、讲完例题后得意的评价。在没有书，更谈不上资料的情况下，所有知识、方法、例题、习题，全靠杨老师个人积攒的东西，一节课下来，满满一黑板，简直就是一幅优美的书画作品。从物体受力分析，到电磁感应，阿基米德定律及振动和波等，能在半年内统统给学生灌输一遍的老师，估计也只有覃先弟老师了。这么多内容既新且难，我是硬着头皮强记下来。1978年高考物理试卷最后一题，大概是说一通电导体在矩形金属框上运动，恰好我记得之前覃老师讲过，当下滑力等于电场力时达到受力平衡，我三下五除二做完了，后来结果说明我做对了。邓执旺老师平日里低调寡言，讲台上却是深入浅出，头头是道。特别是"讲实验"课，现今人们听了觉得好笑，实验不是做而是讲的？这是真的，当时除了极少演示实验外，根本不可能进行任何实验，就连 $2Na+2H_2O=2NaOH+H_2\uparrow$ 钠加水生成氢氧化钠和氢气，过程中钠溶为小球，在水面打转，反应剧烈有响声，并产生气体。我们先听老师讲原理，然后记住老师说的实验过程和结果。特殊时期的特殊教法、特殊学法，还算得上是不错的办法，我高考化学得了 91 分的高分。胡世德老师、周乃康老师、史思新老师等，不少老师都为我们做了大量工作，我们受益匪浅。虽然我们半个月回家背一次红苕、洋芋、苞谷面和一罐头瓶子酸广椒、一罐头瓶子豆豉，攀白岩、翻天罡岭，在校一日三餐，闷粑子饭（把苞谷面放在饭盒内加水不拌，然后在瓮甑里蒸熟）、酸广椒、酱豆加懒豆腐，但我们依然是乐呵呵的，劲鼓鼓的。

1978 年秋，我们九中考上大学的有 5 人，轰动全县。当年全县共考上 25 人，县城龙舟坪中学也只有 4 人，九中列全县第一。这 5 人是：秦先魁、史永红、覃世柱、张少清、覃守员。多年后，老师们还以此为傲。

2019 年 1 月于长阳一中

怀念恩师

黄长湖

作者简介

黄长湖，1961 年 8 月出生于渔峡口镇沿坪村。1984 年 8 月至 1988 年 8 月在九中任教。现任教于渔峡口初级中学，高级教师。曾获湖北省农村优秀教师、宜昌市明星班主任、宜昌市园丁奖、长阳县劳动模范等多项表彰。

覃守富先生出生于 1949 年，原茅坪公社中岭大队人。1963 年至 1966 年，他就读于九中；1991 年至 1996 年，曾任渔峡口职业高中学校党支部书记、校长。他于我既有师生之情，更有朋友之谊。

先生中等个儿，为人谦和。1971 年 7 月，他宜都师范毕业后，回到茅坪公社沿坪小学教书。他那时年轻，乒乓球打得好，尤其是左撇子弧旋加快速推挡，杀得对方无人能抵挡；篮球场上也是骁将，左手上篮让人防不胜防。先生教我们语文，正值"兼学别样"年月，课堂与生产劳动相结合。我记得那一年，我在沿坪小学读五年级，先生教我们写作文，内容是写生产队学大寨的变化。我没有回生产队采访，文章写的是空话连篇，先生严厉批评了我一顿，然后又在黑板上给我列写作提纲，讲注意事项，直到我重写满意为止。从此，我再也不敢随意写文章了，他的这种严谨态度一直影响着我的写作。

如今我每当写作的时候，我就会想起他严厉的样子，从来不敢乱写言之无物的东西。

先生衣着简朴，甚至有些邋遢，放学回家，换上宽大罩衣，背上背架，与当地农民无异。家中师母长期生病，没有离过药罐子，师爷师婆年老体衰，两个孩子正在读书，老弱病小，先生只能亦教亦农，很多时候是刚刚丢下锄头就匆匆赶到单位上班，也难免拖泥带水，汗迹斑斑。即使是这样，先生的工作从没有疏忽和懈怠，从普通教师一路走到渔峡口镇教育组长的岗位，少有空洞的说教，全凭扎实的工作作风。

1975年7月，我初中毕业回到老家做了一个基建民工。3年过去了，覃守富先生并没有忘记我，他先是找到大队负责人让我做了一名民办教师，接着又以回家务农后读师范的亲身经历，鼓励我努力学习，追求上进，参加中师函授。1981年，国家从民办教师中招考一部分优秀民办教师进入中等师范学校学习，我有幸参加了这次考试并被录取。当时我所在的学区同时录取了两人，我以为渔峡口6个学区会有至少10来人被录取，结果到了区里才知道，整个大区也就我们两个。我觉得非常荣幸，也非常感谢先生对我的培养。经过3年的刻苦学习，我成绩合格正式成为一名人民教师，到渔峡口初中任教。当时先生也进入了人生事业的鼎盛时期，被提拔到渔峡口镇教育组担任组长。为了适应教育改革开放的新要求，先生大力提倡教师边工作边学习，努力提高专业知识和教育教学水平。先生鼓励我上函授大专，说："打铁先要本身硬，你还年轻，要想给学生一杯水，你必须自己先有一桶水。"于是我认真备考，第一次成人高考就考上了宜昌师范专科学校中文专业。通过学习，我能够承担一门中学课程教育，应该说，先生是我人生路上的引路人。

1988年8月，我到渔峡口镇教育组担任师训辅导员，直接在先生的麾下工作。先生亲历亲为，手把手指导我组织全镇小学教师的学历达标培训，教材教法合格考试培训。深入到每一所学校听课评课，对每一名教师从工作上严格要求，从生活上细心关照。印象最深的是在各井小学工作的田祥清老师，他们大儿子高中毕业上了地区中专录取线，结果意外落水溺亡，爱人受到打击成了痴呆，加之还有两个小孩正在读书，生活非常困难。于是先生带着我过泗洋溪，爬手板岩，过穿孔，上寨凸，步行30里山路才到达田老师家中。

这是怎样的一个家啊——房子大门正对着各井山口,屋内简直可以用家徒四壁来形容,其实连壁都不完整,房子里厨房和卧室是用竹子连成的帘子隔开,田老师烧了开水准备泡茶却找不到茶叶在哪里。先生对田老师进行了细心的开导,并对他们一家人的生活做出了妥善安排,特别是安排田老师女儿到村小学代课。先生出身农村,也是一个这样的"半边户",对这样命运多舛的同龄人有着深厚感情。

先生对当时还有大量的民办教师也关怀备至,希望他们通过自己的努力改变命运。先后有10来个民办教师通过考试成为了国家正式人民教师,我的经历就成了先生的生动案例。先生务实的工作作风和简朴的生活观念一直感动着我。

就这样,在他的努力下,一大批优秀的教师脱颖而出,教育教学质量取得骄人成绩。他所在的普通初中一下有4人考取了重点高中,振奋了那一方的人心,所在的西坪学区的教学质量一直名列全区之首。因为工作业绩突出,1985年担任镇教育组长后,继续倡导以提高教师业务水平为突破口,全面提高教育教学质量,1989年办的渔峡口镇重点初中位居全县之首。渔峡口的教育发展进入了一个辉煌时期。

1991年11月,先生出任渔峡口职业高中校长。此时的职业教育国家开始规范重组,重点投入到县职业高中建设中,曾经辉煌的渔峡口等乡镇职业高中逐渐转型为初级中学。这样的状况下,青年专业教师进不来,老年教师有了惰性,学生生源差,但是学校还是要办下去。面对这样一个局面,先生夙兴夜寐,耐心做老同志思想工作,积极培养青年老师,张泽凤、黄长汉、覃孟平等先后担任学校领导干部,顺利完成了新老交替。1996年职高撤出九中,在人员分流问题上,先生顾全大局,没有给上级提任何要求,服从安排到初中成为一名普通老师。

先生从领导岗位上退下来后,因他酷爱历史,学校便安排他担任历史教师一职,他如鱼得水。一方面,他在课堂上大讲历史故事,调动学生学习历史的兴趣。另一方面,他把教材内容编成三字经,让学生快速记住历史人物和年代。我如今也成了一位历史教师,但先生的这几招我还没有学好,学习真是无止境。

先生退休在家正是颐养天年之际,不幸因恶性肿瘤做了直肠改道手术。但先生乐观豁达,平静看待生死,与病魔顽强拼搏7年。2015年12月的一天，他给我打电话："长湖，你几时到我中岭的老家来，我们喝点酒，我这个人好像不行了。"其时他的精神面貌还好。酒，只沾了一下嘴唇；话，却说了很多，先生依然是忧国忧民，感慨满怀。

2016 年 10 月 9 日，先生终于还是走了。但是，先生献身教育的精神，永远留在我的心中。

2020 年 10 月 31 日于长阳渔峡口镇

九中之缘

黄长湖

作者简介

　　黄长湖，1961 年 8 月出生于渔峡口镇沿坪村。1984 年 8 月至 1988 年 8 月在九中任教。现任教于渔峡口初级中学，高级教师。曾获湖北省农村优秀教师、宜昌市明星班主任、宜昌市园丁奖、长阳县劳动模范等多项表彰。

无　缘

1. 演出泡汤

　　1972 年，我在沿坪小学读小学五年级，校长是覃守富老师。大概五六月间，学校给我和同学覃业柱两人编排了一个对口词文艺节目，节目内容大部分忘记了，只记得"泸定桥头炮声吼，大渡江畔显身手"和"手榴弹一出手，炸开天险腊子口"两句台词，给我们排练的时候说是在暑期教师集训时汇报演出要用的。于是我们在家用心背台词认真演练，到了暑期既定的时间，一大早我就到猪拱坪约覃业柱去张家坳、走老水井，到了教师培训地——九中，但不知何原因，大会没有让我们表演，十分失落。我和业柱俩快快地沿路回家，走到猪拱坪天就黑了，只得在业柱家住宿一晚，吃了一碗腊肉臊子面，很好吃。

　　第一次与九中之缘擦肩而过，成年人不经意的失信伤了两个懵懂少年的心。但是我却仰慕九中这所渔峡口最高学府的大气——宽阔的操场，整齐的校舍和来来往往严谨而神气的老师们，同时也期待他日能成为九中的一名学子。

2. 高中落榜

1975 年，我在西坪中小学初中毕业。没有什么考试，班主任覃守政老师给我们主持了毕业晚会。第二天，我收拾箱子、被子准备回家，不知是对马上要分别同学的恋恋不舍，还是听到小道消息说我去不了九中读高中（沿坪大队推荐选拔时没有我的名字），在教室旁边巷子里号啕大哭，覃孔伦老师起了怜悯之心："长湖，不哭哒，我送你回家。"于是给我背上行李，上松林子，下箱子岩，把我送回了家，一路上谈古论今不知不觉平复了我心中的痛苦。至今我对覃老师心存感激，一个人在孤独无助的时候得到的帮助终生难忘。

一个月后，能上九中读高中的名单在大队公布，沿坪大队是覃业柱、覃业伍、涂会琴。我和另外 5 名同学成为回乡知识青年，九中之梦破灭，再次与九中无缘。

3. 农机培训

回到家乡，大队小学袁泽玉老师病休，让我去给她代课，代三年级语文，我是认真的，自费买了课外书《银哨吹响了》读给学生听，教他们唱歌和体育，那是我从田兴翠老师和朱代新老师那里学来的。但终究年龄太小，只有14 岁，自己都还是个娃娃，要做到像老师那样真的很难，3 个月后，我回家参加了小队的劳动。

1976 年，小队安排我在加工厂当记账员，说是记账，其实每天要和主管机械的大叔承担同样繁重的体力劳动。一大早要和社员一起播种收获，深夜还要服务远近村民的推磨打米工作，整个人都是疲惫不堪。10 月，区里组织农机培训，大队派我去参加，地点就在九中。主讲理论的是九中的物理老师覃先弟老师，他课虽讲得好，可我听不懂；主讲实际操作的是枝柘坪的马时银师傅，看到拆得一地的柴油机零件，只觉得好玩。看到我的同龄人还坐在教室里唱歌，在操场上嬉戏，心中别样的滋味只有自己知道。培训结束回到加工厂，还是摇不响柴油机，队长只能无奈地摇头作罢。直到现在要退休了，仍然对机械的东西很不敏感，勉强会骑摩托车。

同时参加培训的有东村的覃孟然、高峰的李永富等，这些人大多已经作古，这次九中培训算是彻底浪费了。

4. 恢复高考

1977 年，我 16 岁。贫乏的物质生活和过度的体力劳动，使我依然是一个少年之身，这一年我被队里派去当民工。到招徕河修公路，最初住在孟庆普家，主要任务是清除园门渡口的淤泥，后来到大水井住在秦诗清家，主要任务是修运木材的便道，男男女女几十人，鱼龙混杂，算是一段难得的放养时光，渐渐地也晓得了男女有别的异样。下半年到岩松坪修码头，被营部调去跟着朱依振到各连队审账。到了枝柘坪大洞湾就听说恢复高考，于是就不知天高地厚报了名，请假到九中复习，住在本家伯伯黄家星师傅那儿。学校为这些豪情万丈的社会青年专门请了老师来辅导。在大礼堂听方宗震老师讲古代汉语，听胡世德老师讲几何，听张盛柏老师讲政治，所有课程都是囫囵吞枣，味同嚼蜡，三天后上考场，结果可想而知，"解名尽处是孙山，余人更在孙山外"。

高考制度的恢复只是给莘莘学子一个希望，一个开门办学的初中生也想奋笔高考考场，简直就是一个笑话。注定只是九中考场的一个匆匆过客而已。

有　缘

1. 民师招考

1978 年 8 月，我通过考试成了沿坪中小学一名民办教师，为了使这一批民办教师能迅速胜任教学，区教育组成立了函授站，宗代芹老师、毛传海老师分别承担语文和数学辅导。我像饥饿的人扑向面包一样参加学习，利用假期按时参加面授，专心听老师讲课，认真完成老师布置的作业，刻苦的学习精神受到了领导的表扬。

转眼到了 1981 年，国家出台解决民办教师问题，首先从现有民办教师中招收一批优秀的去读两年师范，然后转为公办教师，就是铁饭碗了。听到这个消息，一大批民办教师激动不已。当年就有 40 多人报名参加民师招考，考场设在九中，时间与当年中考同步。我的复习达到了如痴如醉的状态，考前晚上梦见语文考试题第一题是给汉字注拼音，4 个汉字是"振兴中华"。第二天开考语文，打开试卷一看，第一题果然是给汉字注拼音，"振兴中华" 4 个大字跃然纸上，最后一篇作文是写关于五讲四美树新风。这个文题，函授老师要求我们写过并给批改了的，于是作文写来简直是一气呵成，感觉是功到自然成。

考试完了，我回家帮邻居打墙，也就没把这事放在心上。每天"嗨哟嗨哟"地吃喝，大块大块地吃肉。忽有一日，大队会计托带人话说："长湖考上了师范，西坪学区有两个，准备到县里去体检。"我心想：一个西坪学区就有两个，整个渔峡口应该有上10个吧。没想到了区教育组，宗代芹老师告诉我，整个渔峡口区也就预录两个，我和布政大队的覃建国。真是皇天不负有心人。

2. 兵败一班

1984年7月，师范毕业分回九中任教。历史有时就是这样好笑，曾经的我无缘在这里读书，而今的我却来到这里教书，真是一个莫大的讽刺。时任校长是袁勤灿，当时学校已更名为渔峡口农业高级中学，同时附设初中部，主管初中部工作的是张泽滋校长，当时给我分配的工作是初二（1）班班主任，任教初一两个班的政治，初二两个班的历史，高中三个班的体育。任教的学科教学没问题，问题出在班主任工作上，这个班有三多：干部职工子女多，街上混混多，换的班主任多。李卫民老师在《九中那三年》写道："到初二时，班主任都换了4茬。"我就是其中的第三茬，我是才学剃头就碰到了绊三胡（络腮胡子）。一般干部职工子女多的班都是重点班，尤其是这个班有8个老师的子女。学校对我也是寄以厚望，我是初生牛犊不怕虎，再困难也要上。

其实以我的学历和资历是不能与另一个班相比的，因为（2）班的班主任是杨祖辉老师，全校没有几个学生不怕他的，一是他教体育的体能好，二是他天生一副严肃样。我从来没有当过初中班主任，自然只能是书生意气，怀柔政策，利用班会带学生到香炉石秋游；在长阳新华书店自掏腰包给学生一人买了一本课外书，期中考试后送给他们；元旦给学生送糖果。但我所做的这些并没有换来学生的接纳，相反一部分学生觉得我软弱可欺，有3件事让我刻骨铭心：一是有一次安排挖地的劳动任务后，有两身材魁梧的集镇男生自己不做事，还跳来跳去嘻嘻哈哈搞得别人也做不成，我批评他们，他们也不理睬。我气极了，见地上有个锄头把，拿过来怒视着他俩，准备砸过去。可能是见我真生气了，那两个学生才勉强收敛。现在回想起来要是当时没忍住一棒砸过去，后果真的不堪设想。二是有一男一女两个学生公然谈恋爱被我批评，结果两个学生出走了，害得全校老师通夜找寻，人心惶惶。三是在我的课堂上有一学生不听讲，被我点名批评后，直接咆哮课堂，指斥我"没得能力"。这课还怎么上？直气得我找张校长哭诉。

期末考试后，我向袁校长写了辞职书。

现在想来，如果当时学校在青年教师的培养上有帮助机制，比如师徒结对，扶上马送一程，我可直接获取班主任工作经验，或许是另一番结局。

3. 九中姻缘

1984 年，我与初中和师范的同学覃万玉同时调进九中工作。多年的学习和工作，我悄悄地爱上了她。但性格的怯懦和学历的差异，使得我没有勇气说出爱字。还是恩师一句"人在事中迷，只怕没人提"，惊醒了梦中人，于是我俩走到了一起。

1985 年元旦，九中是全天候的快乐。这天上午，学校宰了两头肥猪；下午先是学生会餐，然后是老师会餐，接着是九中教工与邀请来的镇直联队进行篮球友谊赛；晚上是我和万玉的婚礼。青年同事覃培柳、覃守员、向昌达、葛兴坤把学校的锣鼓家什拿出来一阵鼓捣，引来学生把婚礼现场物理实验室的窗子都快挤掉了。婚礼由田克芳主任主持，袁校长主婚，张泽滋校长和德铭组长证婚，覃守富老师作为介绍人分别讲话祝贺。张校长赠我一副婚联："灵凤栖梧长湖乐，群鱼戏水万玉笑。"我至今保存着。没有办酒席，师生会餐就是我们的大酒席。新房设在覃氏祠堂，周立英、胡庆萍老师帮忙简单地布置了一下，没有添置新家具，没有拍摄婚纱照，两床铺盖放一起，从此开始了我们的新生活。

续　缘

1. 青春之歌

结束了一段失败的班主任之后，我开始了教育教学功夫的闭关修炼。1986 年，袁校长让我担任全校的政治教学兼任团总支书记，我说："我不是团员，怎么能担任团总支书记？"袁校长说："这是工作，你先代理，再办理入团手续。"就这样，我成了团总支书记，总支成员有葛兴坤、赵立群，学生委员有吴克金、李勤。学校政治教学内容是：一年级青少年修养，二年级社会发展简史，三年级是法律常识。当年渔峡口已在集镇上创办了重点初中，西坪中学并入九中，继续招收重点之外的学生两个班，两个班的班主任分别是向昌达和田兴翠老师，赵廷菊、覃孔舜老师教语文，邹应枚老师教英语，刘平老师教物理，我除了团总支工作就是教 5 个班的政治。

团的工作我做得很具体，一是承担校刊《新苗》的编辑刻印工作，二是成立义务邮递小组，其实也就是团总支的几个成员，到集镇上邮电局给师生代发信件和取回报刊。《新苗》稿件来源主要是本校学生，同时也向已经毕业的校友约稿。许多年过去，已经找不到一期刊物了，其实也就是试卷大小用油印机推出来的文字，应该叫传单吧。还记得刊发过校友张去芳、覃太平、左建洲、李建军寄回来的文章，还发过一个叫覃俊兰的同学写的中篇小说，笔名叫俊子。

这届学生虽是普通班学生，但是很懂事、很用功。其中有李建国、覃业红、肖前芬考取了中专，升入本校职高的覃守生，后来还考取了大学。他大学毕业后在县职教中心任教，现在是长阳职教中心的副校长。

2. 酒歌

凡在九中工作过的人都能说出关于九中人喝酒的奇闻异事。一是"九中""酒盅"同音，二是确有能喝的人前仆后继。老一辈有袁校长、杨老师、田老师都是小酌怡情的人，但也有马失前蹄的时候。有一次杨老师误喝田老师药酒过量而被送进了医院抢救。赵万元老师的喝酒宣言是"倒竖起哒还是要喝的"，结果医生一句"您喝不得酒哒"，让赵老师立马戒了酒。覃孔伦老师是见不得酒的人，常常是醉卧祠堂门后。年轻辈中覃卫平床脚下全是酒瓶子，秦诗芳的酒是用开水瓶装着的，我的酒量和酒品都是在九中锻炼出来的。1985年第一个教师节，学校以酒庆祝，每桌一瓶高粱小曲，我执瓶给两个年纪较大的老师斟酒，两个老师都说："你给我代了我再喝。"我天真地以为他们是客气，就真的喝了。结果我再次斟酒他们还是不喝，我感觉他们欺骗了我，于是一赌气就把席上我所斟的酒全喝下去了。结果可想而知，大醉不归，直到晚上爱人把我找回家。另一次是，有一回小余老师请客，我第四节上完课去晚了，他和小葛、卫平已经在喝酒了，卫平说："你来迟哒，我们已经喝一杯完了。"我二话没说将桌子上放的一杯酒一口干了，结果那天，他们都没醉，我醉了。

其实饮酒本身就是一种文化，别人不醉我醉了，或者别人醉了我不醉，都是一种境界，至少说明九中人在人际交往中坦诚、豪爽、友善。

3. 奋进之歌

学生一句"你没得能力"像一把刀扎在我的心上，张校长语重心长地对我说："任何人的成长都不是一朝一夕的，你也不要着急，你只有认真学习，努力提高自己的专业水平和教学能力，真正解决了一桶水与一杯水的关系，那时候你的学生自然会接纳你。"张校长的一席话让我静下心来反思自己的不足，规划未来的发展。1985 年，我报名参加了宜昌师专函授考试，在备考中我和同事昌达、培柳、小葛密切配合，互相提问检测备考。记得那时苏联正是戈尔巴乔夫改革，为了加深印象，我们特地把这个名字说成"瓢儿巴锅夫"，没想到正式考试的时候真的这样写，弄成个大笑话，但是没有影响我们的考试成绩，结果我们都被宜昌师专录取了。从 1985 年暑假开始，我们便投入到 3 年的函授学习之中。

在加强专业学习的同时，教学方面积极参加教学研究，虚心向老师学习。课堂教学逐渐得心应手，在全县"教好一堂课"比赛活动中，我获得了一等奖。1988 年 6 月，我完成了 3 年的宜昌师专中文专业的函授学习，取得了专科毕业文凭。同年 8 月，我被调入渔峡口镇教育组担任师训辅导员，离开了九中。

我虽然只有 4 年的九中工作和生活的经历，但是我觉得九中是我人生生活的一个新起点，九中是我工作的一个转折点。我能成为一名受省委表彰的农村优秀教师，能够成为一名中学历史高级教师，能够成为宜昌市首届"明星班主任"，我至今感恩于那个学生对我说的"你没得能力"这句话。当然，更感恩于九中的师长和这个团结进取的集体。

九中，我已出走半生，虽然遥无归期，但我仍心如少年。

2020 年 9 月于长阳渔峡口镇

从学生到老师

向昌达

作者简介

向昌达，1963 年 1 月生于渔峡口镇双龙村。1982 年 7 月长阳师范毕业并参加工作，先后于渔峡口镇青树坳小学、招徕河中学、渔峡口中学、渔峡口教育辅导组、县科技局、县科协工作，现任工会主席。有近百篇文章在国家、省、市报刊网站登载，有多篇论文在省、市有关部门获奖，多次获得国家、省、市级宣传信息工作先进个人。

倘若说九中是一本厚重且耐读的书，那么我在九中一年的读书经历和 4 年的教书履历，就是该书的一张彩色插页。

1

1978 年 9 月至 1979 年 7 月，我在九中读书。当时高一年级 4 个班，我分在高一（2）班理科专业。

进入九中，亲眼目睹雄厚的教育资源、美丽的校园风光、一排排的风景树、一墩墩的梯田和一群群的帅哥靓女，内心无比兴奋。

许多资深教师来自于大都市，毕业于知名高校。一批任课教师才华横溢，既会教书又会育人，为学生的成长成才树立标杆；尤其是 1978 年的高考，九中有 5 名学生考入大学。我深感九中并不亚于一中，这地方来对了。

高一上学期，班主任是覃远秀老师。她穿戴得体，身材匀称，端庄大方。

她那一口流利的普通话，娟秀的粉笔板书，让我难以忘却。她语文课上所教的《论权威》《论雷峰塔的倒掉》《小石潭记》等课文，入脑入心，让我至今记忆犹新。

后来，我同样在她教过我们的那间教室里，站在她当年所站的讲台上，用她当年教给我的板书给我的学生上课，深得学生赞许。我明白，那是远秀老师对我的深刻影响。

当时我们班的科任老师是：语文老师覃远秀、数学老师田杰锋、物理老师覃先双、化学老师李光汉、政治老师覃孔安、英语老师杨林、体育老师杨祖辉等。

记得第一次月考，同学告诉我光荣榜上有我的名字时已是晚上熄灯铃后，我兴奋得偷偷潜入教导处门前，用手电筒查看张贴的成绩名次榜，一看考了年级第 13 名，激动得说不出话。

曾经，我躺在木板搭成的地铺上自怨自艾，回忆自己初中时出众的学业成绩，和身兼学生会主席、班长、寝室室长等诸多的荣耀，抱怨自己为何没有考到县一中再续辉煌。甚至，一段时间惆怅苦恼，似乎失去了读书的信心。这张光荣榜是及时雨，它让我重拾了读书的信心。从此，我暗下决心，一定要用优异的成绩，弥补家境贫寒给我带来的物质生活上的缺憾，报答劳苦的父母。

高一下学期我分到了快班，班主任是语文老师覃孟会。班主任及科任老师的严格管理、精心传授，使我们这个快班在快车道上疾速行驶，期间在学期或年度考试中，我获得过第二和第一名的佳绩。

由于在九中一年的良好铺垫，我在全县抽考中，有幸入围，幸运地踏进了县一中的大门。

当时的县一中，设在毗邻县府的三里店，是全县的重点高中。我们那一届，最初一中只招了一个班，到高二时才扩充到了两个班。扩充的一个班，是从全县其他高中招收的应届学生，其中，文科 36 人，理科 14 人。招考的时候，因为文科招收人数多，概率大，我就放弃了在九中已经读了一年的理科，报考了一中的高二文科。

2

4 年后，我再次来到九中。此时，我已经是一名教师，这一干就是 4 年。

记得是 1986 年，我担任初一（2）班班主任。班上有一名学生叫苏丽爱，父母双亡，她跟爷爷长大。有一天，苏丽爱同乡的同学告诉我，说苏丽爱不读书了。我听说后心里很难过，因为我也是从困难中走过来的，非常了解学生的疾苦和无奈。早饭后我从学校出发，步行 15 里路到招徕河大水井，找到了苏丽爱的家。当时已经时至中午，苏丽爱跟她爷爷正在田里做农活，一见到我，她眼泪"哗"的一下就流了出来。爷爷讲了她们家现实的困难：爷爷年事已高，实在不能承担她读书的费用，即使供她一日三餐，也勉为其难。苏丽爱也体量爷爷的辛苦，所以她只能放弃学业，帮爷爷支撑这个家庭。

望着他们贫寒的家境，我心里十分难过。我对爷爷说，今后哪怕是从事农活，不懂得科学种田也不行。如果苏丽爱现在就放弃读书，以后会寸步难行。我做通了爷爷的工作，并给了苏丽爱 5 元钱（我们当时一个月工资只有 60 元）以解燃眉之急。这天下午，我把苏丽爱领回了学校。此后，苏丽爱坚持到了初中毕业。现在，苏丽爱在家乡发展柑橘产业，还创办了演出队，建了新房，成家立业，过上了富足的幸福生活。

此后，我带另外一届班主任，班上有两位学生：一个叫李晓宜，一个叫覃业楚。有一天，他们做出了惊人之举，同时理了一个亮晃晃的光头。这事，惊动了学校领导，在全校大会上让他们两个"亮了相"。事后，我与校领导沟通。我认为，学生理光头不是什么原则上的大事，如今培养学生，要尊重学生个性。作为班主任，在班上，我并没有批评他们，而是分散了同学们的注意力，尽量消除他们的心理阴影。

如今，李晓宜先是成为了一名教师，后转行到行政机关当公务员；覃业楚是一位拥有机动船的老板。有一次，我从县城回渔峡口，在清江河上了他的船，他万般拒收我的船费，下船时还说一声"老师慢些走"，让我心里暖流激荡。

3

我进九中时，刚好是好友覃建国从九中调到镇教育辅导组工作的时段。我的家乡锯木岭，是一个"一方水土养不活一方人"的地方，因为家境贫寒，我往往在别人面前说话缺乏底气，语气绵柔。因此，建国老师戏称我为"幺姑"。

1984 年 8 月在九中召开全镇教职工暑期集训会，有项议程就是催缴全镇教职工家中历年欠缴的"口粮款"。镇纪委负责人在高音喇叭里高声宣读名单，当我听到自家还欠着 1000 多元款项时，心急如焚：这么大一笔钱，就算不吃不喝又要还到什么时候啊？

正当我郁闷的时候，覃建国从教育组打来电话，叫我下午散会后立即到镇林业站招待所去一下。开始，我以为又是找我谈话催交口粮款的。于是我诚惶诚恐地问："有什么事吗？"他说："你来了就晓得哒。"我心里咯噔一下：天啦！口粮款的事，动静怎么越搞越大，看来这次不及时还款，恐怕日子不是那么好过了。

直到下午 6 点了，我还是拖着没去。建国老师的电话又来了："丑媳妇总要见公婆的。"于是，我硬着头皮赶到了镇林业招待所。

建国老师早已在那等候了，但是室内氛围比较轻松，看样子不像是谈话。里面还有两位陌生女士，这让我当时很纳闷。最后，还是建国老师说："你来九中也有些时日，也是二十几岁的人了，该谈婚论嫁了，你看这位身穿白色短袖的姑娘怎样？"我偷眼瞄了一下，只见那姑娘文静秀气，气质不凡，但我因口粮款的事纠结于心，此时突然面对谈婚论嫁，我有些手足无措。于是，我躲在一张有蚊帐的床上，怎么都不敢开口。建国老师说："躲在帐子里干什么，说话撒？"但是，我实在是说不出来。低着头，连看都不敢看对方一眼，好像自己做了什么对不起人的事一样。如此僵持了一会儿，这两位女士离开了。我想，这下没戏了。

事实上，后来我与那位白色短袖姑娘慢慢相识、相知、相爱，最终结为夫妻，成为相互扶持、能经风雨的知心爱人。

鲁迅先生曾写过一篇《从百草园到三味书屋》的散文，表达的是一位少年对大自然的热爱。如今我记录《从学生到老师》的回忆，表达的却是我对九中的感激。

2020 年 11 月于长阳龙舟坪

九中情缘

葛兴坤

作者简介

　　葛兴坤，1966 年 2 月出生于渔峡口镇西坪村。中共党员，中学高级教师，宜昌市作家协会会员。1981 年从九中初中班考入宜都师范，师范毕业后回到九中学校任教，先后担任团总支书记和教导主任，1991 年调离九中学校。担任过长阳民族高中副书记、校长，长阳教研室主任、书记，长阳研训中心书记、工会主席等职务，曾在教育局机关和多个二级单位供职。现担任《长阳教育》刊物执行编辑，从事初中《道德与法治》课程研究、中小学德育工作研究。

　　我毕业于九中，又任职于九中，与九中情缘深厚。

　　1980 年秋，我考入九中初中三年级，成为"文革"后九中第一届初中生，也是初中恢复三年制的首届学生。

　　学校党支部书记覃孔安、校长张盛柏、教导主任杨林、团总支书记蔺新华。全校共 8 个教学班，4 个高二班，4 个初三班。

　　我在初三（3）班，班主任覃先翠老师十分有亲和力，班务工作做得非常好。"勤奋学习，考取重点高中、考取大学有出息。"这是学生从老师们的训词中领会到的精髓，班上一时兴起了模仿老师的语气互相训导的诙谐之风。使用频率最高的是"没得出息" 4 个字，朗朗上口，连女生都能自如运用。

　　我学习用功，表现好，在班里担任劳动委员，成绩拔尖，学校把唯一的县"三好学生"荣誉给了我。

尽管升学意味很浓，学校仍然贯彻了"教育与劳动相结合"的方针。我们在班主任带领下，在校田栽培玉米、红薯、小麦、油菜等作物。学校大粪好，是农作物上好的福利，同学们最怕抬大粪，桶大、粪臭、路远，爬校田山包时无法凳桶歇脚，常有故事发生。学校许多老师是"半边户"，上班是老师，放假是农民，老师一旦种田，没有不成农业技术员的，他们常被班主任聘请指导我们种校田。

背石头是九中学生的深刻记忆。石头似乎是九中学校的骨骼，花园式校园内的沟沟坎坎、纵横的人行道、大小花坛、梯田、水池、鱼塘，甚至房屋墙体，都是以石头为材料做成的。学生像蚂蚁觅食一样在学校东边松林里寻找石头，用背篓背到校园指定的地方。班上有专人记录每人的背运次数，校方有员工验收石头标准，掌握着各班完成任务进度。好不容易听到班主任跟验收员说：差不多够了吧，快开晚饭了。验收员用尺子量了量石方，为难地说还差一些，又随班主任的意说：每人再背一回算了。

1981年中考，九中学校首战大捷：杨斌考取了夷陵中学，李晓洋、胡旭、田科录、田华考取县一中，我考取了宜都师范，考取普通高中者甚多。这个成绩非常了不起，九中学校再一次令渔峡口人扬眉吐气。

1982年秋季，九中学校挂上了"渔峡口农业高级中学"的校牌，高一班为农业高级中学的学生，高二仍为普高。学校聘请渔峡口镇农牧站肖海东、特产站周武川给农业班的学生上农业技术课。

1984年7月我从宜都师范毕业，被分配回母校做了一名光荣的人民教师。报到那天，总务主任把我带进一间阴暗的小屋，说你住这儿。我和父亲收拾整理了一番，把床铺、办公桌安顿妥当，我便开始陶醉于自我世界，憧憬未来新生活。后来才知道，我住在白虎垄覃氏祠堂家法行刑室里，位处一楼西南角，小小的窗口被屋后竹林挡住光线，竹林里几个坟堆正对窗口，又听说此间常行刑，还死过人。我从此紧闭窗户，约来在校读书的表弟陪我睡觉。

白虎垄覃氏祠堂是一栋两层楼的古建筑，一楼东北角房间是教导处，其余房间都住着老师。板壁和楼板木材已严重缩缝，居住者用纸张粘壁补缝，四壁上的杂陈图文，让人恍惚置身校史博物馆。为治理二楼落灰滴水，楼板下钉着一层薄膜，薄膜兜着日积月累的细灰，猪肚般地悬在头顶，成群的老鼠在薄膜上嬉戏，让人恨得牙痒痒却又毫无办法。楼板不隔音，晚上躺在各自床上可以隔板聊天，这种入梦前的精神交流，很是享受。楼上谁有动静，楼板便咯咯震动，引发一阵家私协奏曲，听惯了，从声音和振幅就可以判断谁在做什么。有同事的家属来探视，熄灯后整楼便噤若寒蝉，继而照常扯鼾说梦话，任凭老鼠塞窜和物件儿叮当。有一回声响实在不一般，我担心表弟失眠，用双手去捂表弟的耳朵，表弟说自己捂，我说你肯定不会捂严实，表弟生气了，不再跟我结伴睡觉。

1984 年秋季，渔峡口农业高级中学的党支部书记兼校长袁勤灿、副校长张泽滋、教导主任田克芳、总务主任覃孟保，我的工作岗位是团总支书记兼少先队辅导员、负责初一 2 个班的历史课、高中 3 个班的劳技课。期末县统考中，我任教的历史课均分高居全县榜首。学校某领导曾经在大会上许愿说："统考获县第一名者奖金 100 元，卖短裤子也兑现。"我当年的月工资是 42 元，100 元是个大数字。那次统考有好几个学科获得县第一、二、三名，整体成绩靠前。这一下短裤子不够卖了，学校最终无力足额兑现奖金承诺。

1984 年寒假学校排班护校，年关节那班缺人，我举手请缨。大年三十吃过年饭，我步行 15 里去了学校，值班组 3 人亲切相聚。夜里 9 点多钟，突然停了电，天地一片漆黑，寒风呼啸，到处哗哗作响，关在商店里的狗汪汪直叫。找不到另两位护校人员的踪影，我胆小，突然害怕起来。那时经济贫困，学校被盗事件时有发生，学校没围墙，我倍感护校责任重大。我紧握手电筒，不停地在校园转悠，心中总担心手电筒灯泡炸灭。下半夜，校门方向有什么东西哗哗乱响，我远远地用手电筒扫射，约莫汽车大小一个白色的东西在风里跳动，我顿感眉毛直竖，颤颤巍巍移不动步子，脑海里校园鬼故事直往外冒，那东西忽然向我狂奔过来，我迅疾贴紧墙壁，拉开决斗架式，它却随风奔向操场，向西哗哗而去了。狗子惊恐狂吠，松涛呜咽，破旧门窗发狂似地摔响，不知是人是鬼还是风，恐惧笼罩着空旷偌大的校园。18 岁的我本该具有英雄虎胆，但无论怎么给自己打气，就是雄不起来。我想起鬼怕狗叫的说法，这个心理暗示让我紧张的心情平复很多。尽管那东西在操场西头来回翻滚，轰轰作响，我还是靠近看清了它的真面目，原来是山墙上白纸专刊整版被风刮了下来，翻卷而成的滚筒。说起来它也是我的劳动成果，我担任团总支书记，每月办一期学习专刊，每期 24 张大白纸，请食堂打一盆浆糊，用扫帚糊上墙去，新刊覆盖旧刊，形成厚厚的纸壳。我参加工作后的第一个除夕夜，就这样在为学校守岁中艰难实现着自我超越。

1984 年 8 月至 1991 年 7 月，我在九中工作了 7 年，秉持强烈责任感和回馈报恩之心，沿袭做乖学生的手法做乖老师，全力以赴地工作着，得到母校恩师们对我百倍呵护和悉心关照。1986年被宜昌市教委表彰为"先进教育工作者"，1987年被县教委表彰为"先进教学工作者"，1988年担任教导主任。九中学校是锻造我的熔炉，我为我的事业起步在九中福地而庆幸。

1985年秋季，学校举行隆重的开学典礼，九中开启"渔峡口职业高级中学"新纪元，与县特产局联合办学，以果树栽培为骨干专业。

青年教师逐年增多，校方最大程度为青年教师成长营造宽松环境，人性释放，个性张扬，渔峡口人的幽默感在教师群体中发酵升级。同事相处"亲如一家"，戏称"亲家"，中青年教师彼此以"亲家"相称，一见面就是"柳亲家""黄亲家""向亲家"地叫着。和谐的人际关系，愉悦的生活环境，极大地激发了教职工的工作热情。

1986年秋季开学第一天，我刚到学校，有人喊我喝酒，我害怕喝酒，拖拉着不肯去。不一会儿又有人来喊我，说我们在一起工作多年的年轻朋友要分手了，就你一人还留在本校，你一定要参加。那一晚我们几人彻夜未眠，喝出了又一个惊天动地的九中酒故事。这是一次散伙酒席，最好的几位朋友去了新建成的渔峡口重点初中学校，九中初中从此变成普通初中班，教师也随之大调整。

渔峡口职业高级中学稳定在9个教学班，初中3个年级各2个班，高中3个年级各1个班。高中面向全县招生，当年初升高比例很小，因而高中新生学习基础尚好。

学生的劳动任务依然沉重。背石头背出了一圈厚厚的围墙，背来学校商店、门房等配套建筑。校田任务则主要落在了3个高中班学生身上，10多亩果园、2亩多苗圃，果园里套种多种新品果蔬。1988年秋我担任教导主任后，仍兼任着高三班班主任，这班学生跟着我格外辛苦，比如试种西瓜，4亩多田，我带着他们先是深挖松土，每位学生的双手都出了血泡、起了茧子。施足底肥后开始下种，种子和幼苗屡被虫害，3次播种才育苗成功。生长期精心整枝、压蔓、施肥、杀虫、治病、留果、翻瓜。我先学技术，再教学生。长阳不种西瓜，既无现成的技术可学，也买不到西瓜栽培技术的书籍，我去宜昌自费购买了技术书籍，还写信给就读湖北农学院的我校毕业生，索求西瓜栽培资料。西瓜栽培成功了，遍地大西瓜引来众多观摩者，学校组织人力把西瓜当作专业成果宣传品向上、向外赠送。试种西瓜获得高产又让渔峡口职业高级中学红火了一把。全班学生包括我，没尝过一口西瓜，因为西瓜是学校的。这届学生是我整个教师生涯中仅有的 3 年班主任经历，在共同辛劳中结下了深厚情谊。

每逢周五放电影是全校师生最期盼最享受的时光。20 世纪 80 年代后期的电影有了很多男女亲昵的镜头，亲昵场面一出现，某班的学生就喊"廖老师来了，廖老师来了"。廖老师是某班班主任，他对学生恋爱现象高度警觉，大力棒杀。后来全校师生都理解了"廖老师来了"的含义，于是每场电影总有几次"廖老师来了"的集体喊话场景，"廖老师来了"成为男女亲昵的特定用语在校园通用了。

渔峡口职业高中尽管只有 3 个高中班，却一时成了职业教育先进典型，声名远扬。那几年国家着力发展职业教育，来我校参观学习者络绎不绝。宜昌市教委主任漫步在九中校园，自言自语道："没想到这里还有这么一所好学校。"省教育厅职教处梁处长来到我校调研，高度赞扬渔峡口职高路子走得对，特色鲜明，成效显著。河南省职业教育考察团一定要来渔峡口职业高级中学考察学习，被县教委以天柱山公路垮塌不能通车为由挡了回去，其实因为正值暑期，师生不在校，不宜接待大型考察团。

渔峡口职高的专业特色鲜明，梯田全变成一墩一墩柑橘林，春有花香，秋有果红。嫁接培育了适合本地推广的系列柑橘新品幼苗，成为本地柑橘推广的苗圃基地。培育了中华猕猴桃、多种葡萄、草本苹果、多种蔬菜。喂养有獭兔、水貂、甲鱼、种猪等。

宣传工作做得好。"育成才，扶上马，送一程""上挂横联下辐射""培养农村致富带头人"等经验文章在多家省部级报刊上发表；办学经验多次在教育电视台和县电视台播放；20 多斤的大西瓜被送进县城重要会场，让与会人员吃上了渔峡口职业高中的西瓜。

教学质量也很好。1985 年开始实施职业高中对口高考制度，县教委将 4 个高考指标分配给各职高，结果就我校饶祖凤同学 1 人考取了大学，完成了升学指标。在之后若干年里，凡是分配给我校的高考指标都如数完成。1990 年秋季，接到宜昌市教委通知，高三年级《职业道德》课程全市统考。只有一个月时间了，班主任和学生都着了急，多次找我反映说新课都很难上完，于是我亲自接手了这门课。把学生分成 6 个学习小组，组内合作学习，组间开展竞赛。我花大量精力研读教材，设计模拟试题。寒冬腊月里，室内光线暗不宜刻钢板，我就在寝室门口借光或者干脆在走道里刻钢板翻印复习资料。没时间烤火，手脚都冻肿了。统考成绩下发后惊爆了校园：均分全市第一名。

我在九中工作期间，见证了渔峡口职高的辉煌：

1985 年被长阳县委表彰为"先进党支部"；1985 年被县教委表彰为"文明单位"；1986 年被宜昌地区教委表彰为"勤工俭学先进单位"；1987 年被宜昌地区行署表彰为"先进单位"；1990 年被国家民委表彰为"全国民族团结进步先进单位"，这块奖牌至今仍在长阳教育史上闪烁着耀眼的光芒。

1990 年秋季，覃建国接任校长，原校长袁勤灿任书记。1991 年暑期，教育局找我谈话拟任我为副校长，我不愿意，并以下乡跟踪毕业生的专业发展为借口躲着考核组。因为我铭记着老师告诫过我的一句话："只要你披着老师的皮，就千万不要当领导。"可见老师的话对学生的影响是多么的深远。

不知是否与抗命有关，1991 年 8 月，我被调离渔峡口职业高级中学。7 年来我潜心研学果树栽培专业，还获取了湖北农学院园艺专业结业证、农学栽培专业专科毕业证。专业老师一旦离开职业学校，就如同鱼儿离开了水。

记忆长河里的九中学校让我魂牵梦绕。学校改成敬老院后，我仍多次前去瞻仰新颜、追寻原迹。漫步校园，耳边仿佛仍有清脆的铃声、师生的欢笑；果园里仿佛仍晃动着师生抽槽换土、整枝摸芽的身影。校东松林边封山育林牌子上，被人恶搞涂画的"酒盅"二字依然清晰，不禁勾起我记忆深处一串串的青春故事，挥不去，理不清，道不尽。

我是总务主任

赵高龙

作者简介

赵高龙，中共党员。1942 年 12 月生于渔峡口龙池村。1958 年 9 月长阳师范毕业并参加工作，先后在枝柘坪小学、小龙坪小学教书，1964 年至 1966 年宜昌教师进修学院进修，1968 年至 1977 年招徕河小学任主任，1978 年至 1981 年渔坪中小学任校长，1982 年双龙中小学任校长，1983 年至 1986 年小龙坪中小学任校长，1986 年至 1990 年九中任总务主任，1991 年至 2002 年龙池小学任校长，2002 年退休。工作期间，曾多次被评为长阳县教育系统先进工作者。

1986 年 8 月至 1990 年 8 月，是我的人生与九中重合的 4 年，当时我是总务主任，时任校长是袁勤灿老师。

所谓"总务"，就是后勤。通俗点说，就是掌管油盐酱醋茶的内当家。当时九中五六百师生的吃喝拉撒，就是我的职责。

我当总务主任的第一件事，就是"修院墙"。此前，九中是一个开放式的校园，周围的农户为了便捷，往来都会取道校园内部。农民们常常会从教室前的走廊上走过，或大声喧哗，或脚步叮咚，有的人还会在教室门口跟熟识的师生打个招呼，这些都会或多或少影响教室内学生上课。甚至，有一些农户还会把牛羊赶到学校操场的草坪上牧放，如此，既损坏了草坪，也会遗下一些牲口粪便，污染环境。更有甚者，一些梁上君子还会顺手牵羊，盗走师生财物。因此，修筑一道院墙很有必要。

1986 年新学期伊始，学校决定，贷款 5 万元修建院墙。而施工具体任务，自然落在我这个总务主任身上。

当时因为资金不足，学校决定院墙所需石料由学生利用劳动课来解决。学校周围有大量山林，林中有不少天然石料。其时，每个班每星期有半天劳动课，学校就利用这半天劳动，发动学生到山林中寻找石头。有的学生说背石头背坏了几个背篓，这一点也没有夸张。正是这些师生不辞辛劳，春燕衔泥，才垒起了这几千米的"校园长城"。

朋友们都说我是一个"扛起杠子不转弯"的人，我仔细想了一下，还真是。记得当时有一个开拖拉机的个体户，与袁勤灿校长沾点亲，他便利用这一层关系找到我，要以 20 元/车的价钱，给院墙工程供应泥沙。可同时又有一个个体户跟我说："我可以以 15 元/车价钱供应泥沙。"我想，学校本来就很困难，这泥沙当然是越实惠越好，所以我就接受了 15 元/车的沙料。说实在，当时我还是心里有些打鼓，我怕袁校长会有看法。谁知，袁校长知道此事之后，竟然赞扬我的做法，并且将院墙工程所有的决策权都交给了我。直杠子遇到了直性子，这使我主持院墙工程胆子更大了。

"要见彩虹，必经风雨。"正当院墙工程行将完工的时候，一个在当时颇有声望的"实力人物"，悍然掀掉了好几米已经砌好的墙体——原因是院墙阻断了他回家的路。其实，我们在院墙外为周围农户预留了人行道，只是，院墙一砌，大家便不能从校园里抄近道了。我当然不依，便与他大干一场，就差拳脚相加了。最后，还是当时分管教育的副镇长覃德民同志出面才平息了这一场风波。后来我家里人为此还责怪我："你何必为公家的事打这种恶人头呢！"没办法，秉性使然，谁让我是一根不转弯的"直杠子"呢。

其实我这个"直杠子"也有心软的时候。1987 届高中生吴克金同学家住偏僻的李天尧，家境困窘。放周假的时候他没有回家，找我借了一辆板车，给学校院墙工程供石料，以此赚几个零钱补贴家用，我欣然支持。

日落西山的时候，大家都在忙于晚饭。吴克金仓惶地找到我说："赵老师，我把板车弄坏了。"说完呜呜大哭起来。确实，当时一辆板车要 100 多块钱，如果要他赔，这可要抵他一学期的生活费啊。然而，板车也确实基本报废了。这可怎么办呢？我回头看看已经哭成泪人的吴克金，想到我的儿子赵金华跟他差不多大小，但是金华断不会如此勤快。于是一种舐犊之情油然而生，"克金，莫哭，这不怪你，不用你赔，回头我找人修一下就行了，快吃饭去。"吴克金一听，立刻破涕为笑，他朝我深深地一鞠躬，转身鸟儿一样朝食堂飞去。

后来，我自己出资把板车修好了。

当时，学校五六百师生吃水是个大问题。学校生活用水是依靠学校背后山坡上的一口老水井。这水井不仅供给学校，也是周围村民们唯一的水源。由于水量有限，我们只能利用夜间把水引进学校蓄水池，以保障师生用水。

从老水井到学校尚有两三里路程。当时我们铺设了一条 20 毫米口径的钢管。但是，周围有的村民为了省去挑水的辛劳，常常会在半道截断钢管取水。如此，往往造成学校用水短缺。所以，"守水"就成了我这个总务主任的一个重要任务。最初我们聘请了一个叫李永翠的村民帮忙专门在夜间守水。李永翠也是尽职尽责，确保了学校供水充分。可是，好景不长。一天夜里，李永翠正在沿途巡查，突然从林子里窜出的一条恶犬将她咬伤，后来，李永翠在家休整了个把星期才痊愈。"一朝被蛇咬，十年怕井绳"，从此李永翠每次巡查都战战兢兢，不久，她便辞去了这"守水"的差事。

这一来，这"守水"的差事便落到了我的头上。从九中到老水井，要穿过一片阴森的树林，一到晚上，这林子里阴风阵阵，十分瘆人。我是一个唯物主义者，对于林子里的"妖魔鬼怪"我并不害怕，只是这草深林密，时常有懒蛇横卧于路上，这使我胆战心惊。

那是一个雨过天晴的夜晚，天上尚有浅浅的月白，林子里隐约可见小路的痕迹。也正是这"隐约可见"，让我产生了大意——那晚我没有拿手电筒。初霁的林子里，路上有点湿滑，我一边用手揪着草木，一边用脚朝前探索。突然，脚下感觉一软，我心里一惊——踩到蛇了！然而此时身体重心已经到了前面，再收脚已经不可能了。只见一条大蛇从我脚下一跃而起，蛇头几乎高过我的头顶。我发出"妈呀"一声惨叫后身体一晃，重重地栽倒在泥水里。一时间我魂飞魄散，但听得草丛里传来"沙沙"的声响，由近及远……不知过了多久，我方缓过神来，连忙查看有没有被蛇咬伤——还好，"虎不乱伤，蛇不乱咬"，除了手上蹭破一点皮，并无大碍。后来，我都不知是如何回到学校的。

当时九中高中部是职业中学，称为"农中"，也就是农业高中。目的是为广阔的农村培养农业技术人才，柑橘是当时主攻的特产。

九中的校田都种上了柑橘。因为专业培育，校园里的柑橘很快就形成了规模，并且有了不小的收益。每到秋天，那层层梯田，金果灿灿，轻风拂过，果香脉脉，香甜的柑橘直撩得人口生馋涎。好东西总是遭人惦记。于是，"守柑橘"又成了我这个总务主任身上又一副重担。为了让那些梁上君子有所忌惮，我便跟周围的柑农一样，在田间搭起一个窝棚，铺上床铺，夜里睡在柑橘园里。越是临近收获的季节，胆大之徒越多。以至于到后来，我几乎整夜巡视，彻夜不眠。

有一天夜里，我借着月光，看见有一棵果树上的叶子摇晃得厉害，我断定——有人偷柑橘。于是我猫着身子从树脚下朝那棵橘树逼近。果然，有一个瘦小的身影在树杈上起起伏伏，我慢慢潜到他身边，突然伸手一把将他擒住。一看，是个半大的小伙子。他一脸惊恐，眼睛瞪得像手电筒，隔着空气都能感觉到他"突突"的心跳，牙齿上下敲得"答答"作响。我把他带到我的窝棚里，一番审讯，才知道他是高一的学生，家住高山地区，家里没有柑橘，因经不住诱惑，故而胆从馋中生，犯下了错误。

按当时学校的规定，学生偷柑橘是要受处分的。我想，好吃是孩子们的天性，何况老人还有传教——"偷青果，算不得偷。"于是我对他进行了严厉的批评，叫他好好读书，不要因为一些不良习气耽误了前程。最后，我让他把揣在兜里的柑橘带走，叮嘱不可再犯，并告诉他此事不会报告学校领导。临走时，他朝我深深地鞠了一个躬。

我今年 78 岁了，走的路、过的桥不计其数。都说"人生处处是风景"，回想我这九中 4 年的总务主任经历，当是最为率性的 4 年——尤其过瘾。

2020 年 12 月于渔峡口龙池村

（赵高龙口述，覃立勇整理）

我的九中学习生活

黄长汉

作者简介

　　黄长汉，1961 年 8 月出生于渔峡口镇沿坪村。1978 年 8 月参加教育工作，1989 年至 2003 年在九中工作，从 2004 年至今在渔峡口初级中学从事生物教学工作。

　　我于 1981 年秋至 1982 年春在九中读了一年初三。

　　1981 年 9 月，对于九中来说是全新的一年。因为这一年，从初一、初二、初三到高一全部是新生。我们初三是从渔坪、招徕河、施坪、西坪、双龙中学撤并来的，共两个班。我们初三（1）班的班主任是鲜于明蜀老师，初三（2）班的班主任是黎学金老师。初二一个班是从渔坪撤来的，班主任是史思新老师；初一两个班是从其他小学招来的两个重点班，班主任有覃先翠老师和覃远秀老师；高一年级也是从这个学校初中毕业生中招来的一个班，班主任是杨祖辉老师。

　　一进学校，映入眼帘的是一栋很大很大的房子。那是学校的大礼堂，礼堂门前有一棵柏树。站近柏树一看，几乎可看见整个校园：校园打扫得干干净净、亮亮爽爽的；北面有两栋两层楼的师生宿舍，两栋宿舍之间有一排整整齐齐的柏树；南面是两栋教学楼，中间有一眼望不到边的运动场，中间是绿色的大草坪，围绕草坪的是 400 米跑道，据说这个地方过去叫它思天湾，中间有一个大堰塘，后来被一届届校友们填平了，并栽上了不怕踩踏的牛筋草，同学们可以尽情在上面疯跑打闹。从两栋教学楼中间往南望去是著名的覃氏祠堂，祠堂一楼便是老师的办公室，二楼是老师宿舍。祠堂前柏树成荫，常有老师端着茶杯在那里乘凉，也有同学们在这里向老师请教问题。教学楼的西边有一坪墙，坪墙里有两个篮球场。一条板车路穿校园而过，早晚有叮叮当当、来来去去的牛羊，成了山村校园里一道独特风景。

我们入校的第二天，学校在礼堂举行了隆重的开学典礼，随后，紧张有序的学习生活就这样开始了。

这一学年的生活中，我亲眼目睹了老师们教学工作的责任感。鲜于明蜀是我们的语文老师，也是我们的班主任。他阅历丰富，知识渊博，他关心我的学习，也关心我们的生活，有时还请我们吃他煮的白菜火锅。他上课时激情澎湃，有时如同表演节目一样，让我们听得津津有味。化学老师许启祥讲课诙谐风趣，认真做各种实验，让我们在理论与实践的结合中弄懂化学原理，奠定了我们坚实的化学基础。英语老师李发柱平易近人，和我们亦师亦友，也是我们学习的榜样。他不仅是我们的英语老师，还教我们唱歌、画画。当时英语老师奇缺，李老师先去进修了一段时间，再回来教我们一段时间，他英语读音准确，语法把握恰当，教学内容完整，使得我们这几届学生的英语，在此后高中阶段的学习中，始终保持是强项。物理老师王启寿上课幽默风趣，能把一个死公式讲得活灵活现；安排的作业少而精，达到了做一道作业题，解决一个重点难点的效果。历史老师秦先觉教我们历史，除了自己上课讲历史，他一天到晚都拿着一本历史书专心致志地看。我们当时就想，历史课可能真的很重要。我们在学习过程中，遇有问题问其他的非科任老师，老师们从不厌烦我们，刘诗忠老师、袁勤灿老师不是我们的数学老师，但每次问他们问题，他们都极尽详细地给我们讲解，直到我们清楚明白，至今我们都感激不尽。

在这一年，我们的体育锻炼非常扎实，身体素质显著提高，这得益于认真负责的杨祖辉老师。杨老师带我们的体育课，负责全校的早操和课间操锻炼。在他的体育课上，你不能有半点懈怠思想，必须认真完成各项训练项目，否则他会不讲情面地训你。同学们都不敢有半点马虎。他带的"两操"主要是跑步，其项目很是新颖，即分春秋两季"跑北京"活动。每天，体育委员都要向他报告本班进度，他也在"两操"集合时，定期向全校师生通报：哪个班到了襄樊，哪个班到了南阳，哪个班到了西安，离北京还差多少多少公里。这种通报，使得每个班的压力很大。每个班只好你追我赶，力争上课前多跑几圈，争取离北京近点、再近点。一年下来，我们的身体素质能不提高嘛。

劳动教育一直是九中的特色。我们进校时，学校正在建设实验楼。建筑的主要原料是石头，背石头便成了我们劳动课的主要任务。每周两节劳动课，学校给各班下达近 30 方任务，每两个学生一方，总务处的老师拿着尺子丈量石方的进度。同学们便到学校四周找石头、背石头，有些胆子大的常到学校旁边的农田里，把砌坎的石头也背了回来，老百姓跟着追来找老师算账。一年下来，学校周围能搬得动的大小石头都被搬进了校园，我们毕业时实验楼快要封顶了。我们的毕业典礼还是在背石头活动中结束的。最后，学校为了表彰我们为学校做的贡献，学校还给每人发了 1 元钱让我们狂欢了一晚。

经过一年的学习，我们初三年级有 18 人考上了一中，他们是田甫焕、李奉香、田小莲、覃守军、马玉平、左建洲、田先军、覃远相、伍勇、李长剑、马金银、黄长汉、李永梓、胡薇莉、李卫东、田晓燕、田双彪，田开羽；有 3 人上了宜都师范，他们是覃卫平、李权瑛、赵立群；有十几位同学上了西湾二中；还有一部分同学继续留在九中上高中；其中饶祖凤从九中考进了湖北农学院。

九中教书

杨廷美

作者简介

  杨廷美，1957 年 1 月出生于渔峡口镇。1980 年中师毕业，1989 年取得大专文凭。从教 40 年，担任班主任多年，先后在小学、中学任教导主任，中学工会主席，党支部副书记。2017 年 1 月于渔峡口中学退休。

  人生就像一本书，有着不同的章节。我在九中教书 3 年，章节虽短，但刻骨铭心，终身难忘。

  1990 年，九中老校长袁勤灿老师调到县教研室工作，上级领导把当时渔峡口教育组教学辅导员覃建国调到九中任校长，这一年，我也有幸从小学调到我仰慕已久的九中任教，开始了我人生中一段新的征程。

  当时的九中，是一所普通初中和职业高中混合制学校，初中每个年级有 2 个班，高中 3 个班，高中招生范围是长阳县清江沿岸鸭子口以上区域初中毕业生。初高中共 9 个班的教学规模。黄长汉老师任高中部教导主任，我任初中部教导主任，同时兼任初三政治学科教学，初三年级由毛传海老师担任班主任和数学教学，语文覃春蓉，英语邹应枚，物理覃卫平，化学李晓宜。除了班主任毛传海老师年纪稍长以外，其余的老师都年轻力壮。

  说实话，当时的九中校园，条件是相当艰苦的。老师的寝室，学生的教室还是清一色的土房子。作为一校之长的覃建国老师，同样住在老鼠打洞、天上漏雨的房子里。我的寝室安排在白虎垄覃氏祠堂里。有时在教室上课，遇上下雨屋漏，就要搬出洗脸用的瓷盆，雨水与瓷盆的碰撞声，冬天窗户上钉的薄膜被风吹动的声响交织在一起，像是打击乐和管弦乐演奏的交响曲。

学校条件简陋，并没有影响老师们的积极性。当时没有电脑，老师备课工具就是依靠"三宝"，即钢笔、铁笔、钢板。用钢笔备课写教案，铁笔在钢板上刻写蜡纸，用蜡纸印出学生要用的学习资料。特别是夜深人静时，总能听到老师寝室里传出钢板与铁笔的"沙沙"声，像是一曲美妙动听的摇篮曲。有时停电，老师们就在蜡烛光下继续工作。虽然学校经费紧张，但涉及教育教学用品，校长覃建国总是有求必应。

由于我校是普通初中，招收的学生大多有一个共性，那就是基础差，底子薄，缺乏自信心。如何将学生心灵窗户一扇扇地打开，让学习的嫩芽破土而出，让智慧的火花流光溢彩，是摆在老师们面前的课题。现在回想起来，主要是两个办法：一是热爱学生，做学生的贴心人。普通初中学生基础差，但老师们不放弃，用期待孩子蹒跚学步的心态，去对待他们的成长。遇事冷静，不随便发怒，不以威压人，处事公平合理，不抱偏见，对学生一视同仁。二是从上好每一节课、改好每一本作业做起，时时处处给学生以启蒙。在课堂上，做到精讲多练，精选习题，解决重点难点，真正向课堂45分钟要质量，克服以往"朝天一把籽，管它生和死"的粗放式教学的顽症。

就我所教的政治学科而言，学生总觉得，政治课内容枯燥乏味，空洞说教，死记硬背。怎样让学生喜欢政治课？我首先是和"差生"交朋友。十五六岁的中学生，有了一定的辨别是非的能力，正是心智逐渐走向成熟的时期，尊重是师生关系和谐的前提。对差生不能一味指责，"良言一句三冬暖，恶语伤人六月寒"。学生愿学，让课堂就变成学生成长的乐园。毕业后任村书记的柳开成和我开玩笑说："初中所学的其他知识都还给了老师，唯独您讲的政治观点仍记忆犹新。"其次是引导学生到书本外寻找鲜活的政治素材，运用所学基本原理，解读社会生活，加深对政治课内容的理解和记忆。

一分耕耘，一分收获。学校全体老师的付出，得到了回报。我们学校所有学科都排到全县中等以上位次，摆脱了在全县倒数落后的局面。我所教的政治学科在全县38所初中排名第三，超过了绝大部分乡镇的重点中学，受到县教研室、教育局的高度肯定。那时候，中专、大学招生比例小，当时的中专不亚于现在"985""211"重点大学。初中部的秦海书、柳启银，高中部的覃守生，都先后考取中专和大学。他们中专和大学毕业后，成长很快。如今，秦海书是龙舟坪中学副校长，覃守生是长阳职业教育中心副校长。

从全校来看，许多学生回到家乡后，都担任了村组干部等职。如侯寿阶担任高峰村书记，后被聘为国家干部，现任渔峡口镇副镇长。覃彩龙任渔坪村书记，现任渔峡口综治委主任；柳开成任赵家湾村书记；黄俊华任招徕河村书记。现在，渔峡口镇各村基层干部大都出自1990届至1993届的学生。

九中3年的从教生涯，使我对教师这个职业有了全新的认识。教师就是要乐于奉献、甘为人梯，我们的国家才能一步步走向强大。我一辈子当老师，无怨无悔。

2020年11月4日于长阳县城

难忘九中那一年

覃照琴

作者简介

  覃照琴，女，土家族，中共党员，1965 年 5 月
出生于渔峡口镇施都村。高中毕业后，于 1984 年秋
经过考试成为民办教师；1992 年 7 月宜都枝城民师
班毕业后成为公办教师，长期在渔峡口中小学任教；
2003 年湖北教育学院汉语言文学专业本科函授毕业。
中学一级教师。曾获"夷城名师"称号。2020 年 5
月于渔峡口初级中学退休。

圆　梦

  九中是渔峡口镇的最高学府，到九中读书是我的梦想。

  我出生于施都，在施都小学毕业后，就到西坪中学读了两年书，恰逢 1980
年初中学制由两年改为 3 年，因此，1980 年至 1981 学年度，我要前往九中读初
三（编者注："文革"前，小学 6 年，初、高中均为 3 年；"文革"中，学制改
革为小学 5 年，初、高中均为 2 年。1986 年我国颁布《中华人民共和国义务教
育法》，首次以法律形式明确义务教育为 9 年，即小学 6 年，初中 3 年，少数地
区为 8 年。高中均为 3 年）。那时，学校的名称是渔峡口中学。当时九中有初三
年级 4 个班，其中初三（3）班为快班，高二年级 4 个班，共 8 个教学班。

  我们家距九中有几十里山路。这一次读书，离父母更远，我是既向往又
不情愿，很矛盾。当时条件艰苦，交通不便（虽有公路，但少有车），上学一

律负重步行；在校一律炖自家带来的粮食、小菜吃，带啥炖啥吃啥。好在我的母亲在九中读过初中，考上了长阳卫校，知道九中的方位和格局，使我对新学校有了粗略的了解。报名入学那天，我背着一床棉被、一口装衣服和食物的木箱、一把锄头。从家里出发前往学校，常常遇见和我类似自带行李的同学。我们步行了很长时间，尽管很疲惫，我还是时不时暗暗摸摸我用别针别着的口袋，那里面有我母亲很谨慎地放进去的几元钱，那是要交的学杂费和几角零用钱。当我们自东向西顺公路穿过渔峡口集镇北面的大松林，眼前出现了几栋和民房不一样的建筑，我就知道要到学校了，真有柳暗花明之感。一进校园，我就更加喜欢上了这所学校，那青瓦白墙的校舍，那郁郁葱葱的草坪，那一排独具特色的刺柏，那修剪得体的女贞树篱笆墙等，都使我心旷神怡。我忘却了路途的疲劳，尽情地欣赏这所比我就读过的西坪中学更大更美的学校。

我眼中的老师与同学

虽然校园美，但当时的硬件设施还是差，条件艰苦（学生自带自炖饭菜，睡地铺，有时还要到距学校很远的老水井端水做饭、洗澡），但老师们教书严谨，学生们学起来都是很认真的。我所在的初三（3）班，班主任覃先翠老师教数学，她是一位女强人，思维敏捷，反应快，当班主任很有一套。记得刚上学没几天，不知怎么回事，我们教室前门旁边开学时贴的纸质标志牌上的"班主任覃先翠老师"掉了个"师"字，同学们都以为班主任看到后，会大发雷霆，可是出乎意料，她不但不生气，反而面带笑容地说：太好了，我升级了，一下子就由"覃先翠老师"变成了"覃先翠佬"。她很睿智地化解了尴尬，避免了一场可能因雷霆万钧而引发的狂风暴雨。她教数学也很有一套，还记得给我们上解析几何时，为了让我们很快记牢"四个象限"而又不混淆，她让我们与"四个现象"对比记忆，至今印象深刻。教语文的鲜于明蜀老师，潇洒帅气，风趣幽默，给我们上《白杨礼赞》的场景至今还印象很深。教英语的是性格温和的女教师李发莲老师；教物理的是秦先双老师，那时他还很年轻；教化学的李广汉老师，有一口整齐的牙齿；教地理的张仕诚老师爱在户外做摆手运动；教体育的杨祖辉老师很严厉，两操两课我们都不敢松懈。特别值得一提的还有时任教导主任杨林老师，帮我们补习初一、初二的英语（之前各地中学由于师资配备不齐，有的学校英语几乎没上，我们就属于几乎没上的那种情况，同一个班学生英语水平参差不齐，需要边上新课边补习旧课），一改急躁的性格，显得那样有耐心。老师们可以说是个个顶呱呱。我那时因专心学习，很少关注学校的其他老师，但还是有几位特别的老师令我难忘，如美女老师覃远秀老师；笑容满面的蔺新华老师；到处推荐学生优秀作文的秦先觉老师；带着宽边眼镜、有学者风范默默巡查的张盛柏校长；身板笔直，走路有精神，喜欢看书，数学教学经验丰富，那时又在研究高中物理教学的元老级教师胡世德老师；我们做晚饭时，常看见教工宿舍门前（吃完晚饭后）在楚河汉界边厮杀的覃孔安书记和总务主任覃孟保老师，围观者常常有杨祖辉老师、李广汉老师等，据班上略懂中国象棋的男同学说，安书记善用飞象局，保老师喜用当头炮，两位老师的象棋水平很高，代表了当时我们渔峡口的最高水平（好多年后，渔峡口镇人民政府举行中国象棋比赛，覃孟保老师荣获首届冠军）。还有学校当时的语文泰斗方宗震老师、数学权威袁勤灿老师等。

我那时不爱交际，同班同学记得比较清楚的男生有邓祥、田科录、田振兴、余静生、李小阳、张兵、张海洲、胡旭、赵年鹏、赵向荣、袁之雄、葛兴坤等人；女生一共只有 12 人，都还记得清楚，有方正俊、田兰英、田科花、向昌清、李春兰、宋红文、张泽芬、胡芸、秦彩云、覃翠云、覃照琴、詹祥书。无论男生还是女生，人人爱学习，老师们经常用叶剑英元帅的诗鼓励我们："攻城不怕坚，攻书莫畏难。科学有险阻，苦战能过关。"记得有一天葛兴坤同学还调侃我们女生说：看你们这么认真，小心到时候我考得比你们好。没想到戏言成真，葛兴坤同学果真率先考取中师，最早成了公职人员，这与他暗暗用功有关。

劳 动

老师在教书、学生在学习的同时，还不会少了劳动锻炼。那时，老师每人一块小菜田，吃的小菜主要就来源于它，谁也不甘示弱，比着种，看谁的小菜品种多、长得好，吃不完的就卖给食堂；学生每班一块校田，主要种油菜、玉米等，按季节分组定时进行挖田、施肥、播种、间苗、再施肥、收割、整理、晾晒等操作过程，最后成果一部分上交学校，一部分可卖给学校食堂或粮管所，收入作为班费。记得到元旦时，学校宰了几头自己喂养的大肥猪，举行大会餐，每班大概按 8~10 人一席分组，由学校食堂提供肉和菜，学生自己做饭，师生围坐在一起美美地饱餐一顿。在计划经济时代，那可是打牙祭呀，好期盼，好享受。回忆那几百人在一起聚餐的场景，至今还有冒口水的感觉，用"津津有味"这个词，好像都还不能完全表达我当时的感受。

归心似箭

虽然在校学习、生活、劳动、锻炼丰富多彩，但是每到放假那可是迫不及待，尤其是第一次放假让我终生难忘。

记得放假的头天晚上，班主任翠老师就给我们把放假的要求讲好了，告诉我们第二天早上一打起床铃就可以直接走了，不用再在教室集合。正因为如此，这一夜哪里睡得着，一心只想早回家。可能只是小睡了一下就醒了，看见寝室后面农户家有灯，听见有声音，以为天快亮了，他们已经起床了，我们也可以回家了，便约上同伴方正俊启程了。天朦朦胧胧的，走到学校旁边的松林里，感觉还隐隐约约听到街上的广播声音，坚信是天快亮了，两人毫不犹豫地一直往前走，可走到东村大桥天色还是如此，并没有大亮，心里有些忐忑，但没有办法，只能继续往前走，开始爬坡了，爬到半山腰有些累，想歇但谁都不敢先停下来，谁也没有说出来，心照不宣，只能硬着头皮往上爬。更让人害怕的是，坡的半山腰那户人家前不久死了人，就埋在路边不远的地方，看得见花圈之类的东西还很新鲜。两人没敢歇，一鼓作气爬上了大桥坡，到了西坪大拐处，才停下来喘口气，再继续前行到西坪供销社旁。该分手各自回家了，天色依然没变，这时我俩才意识到我们走时学校寝室后面的农户家有灯有声音，并不是他们起床了，而是头天晚上还没睡。我约她坐一会儿天亮了再走，大概又坐了一个多小时天仍没亮。这时她约我到她家去，没办法去了她家，她家人惊叫：你俩好大的胆子，天不亮就敢经过大桥坡回家来！她妈妈还给我俩各煮了一碗面条吃，之后在她家又睡了一觉，天亮了才回家。至今想起这事都还有些后怕，也是我和她的秘密。

毕业季

不知不觉间，老师要我们拍毕业照，我们才感觉中考要来了，才感觉我们这个集体不久就会解散，心中莫名地有了点惆怅。有些同学开始交换一些纪念品，开始思考中考后将怎么办。我们终于忐忑地迎来了中考，在我印象中，我们班除葛兴坤同学考取中师外，其他人分别考取了县一中、西湾二中、渔峡口高中，还有少数同学没有考取高中，也有考取高中后弃学的。我和方正俊、田振新、向昌清三同学都被录取到西湾二中读高中。中考结束后，我照样自己背着被子、箱子、锄头步行离校返家，只不过箱子里的食物成了书籍。心情和来校时有所变化，和母校告别、和老师告别、和同学告别，甜蜜中带了一点酸味，眼中还有泪花。我脑海里闪现了两个词：依依不舍，百感交集。一年的初三生活就这样在紧张忙碌中度过了，一年的九中学习生活就这样在眷恋中结束。

2020 年 9 月于渔峡口镇中学

曾是学生　曾是老师

覃红英

作者简介

　　覃红英，女，1976 年 3 月出生于渔峡口镇高峰村；1989 年 9 月至 1992 年 7 月就读于渔峡口九中；1996 年 9 月至 1998 年 7 月，在渔峡口镇西坪村高级小学工作；1998 年 9 月至 2001 年 1 月任教于渔峡口九中，曾获得优秀教案三等奖；2001 年 3 月转行从事企业销售工作，曾任职于江西草珊瑚科技有限公司湖北省省区经理，多次荣获销售标兵、优秀省区经理称号；2016 年 1 月至今，负责筹建并管理人之初集团湖北分公司。

　　我出生在渔峡口镇高峰村 5 组的一个农民家庭。1989 年 9 月，从未走出过山村的我，懵懵懂懂踏入了我向往的九中校园，开启了我的初中学习生活。

　　入校时我们这个年级分了 2 个班，我在初一（1）班；一年级班主任老师是李万民老师，教我们的数学；语文老师是赵廷菊、英语老师是邹应枚、政治老师是李晓宜、历史老师是黎学金、地理老师是田兴翠、生物老师是李顺琼。

　　遗憾的是，我们 1989 级学生初一结束后，有很多同学辍学，导致初二那年，两个班合成了一个班；初二班主任老师是覃远秀、数学老师覃孟平、英语老师田玉晶、物理老师覃玉玲、化学老师李晓宜、政治老师杨廷美、历史老师黎学金、地理老师田兴翠、生物老师李顺琼；初中毕业的时候全班有 42 名同学，他们是：胡群芳、赵凌云、覃世界、覃红华、黄俊平、徐培军、王兵、秦江勇、朱泽仲、曹红蓉、覃正平、李海英、覃卫平、覃红英、覃海军、李亚军、田跃辉、吴发勇、马玉平、袁彬、秦江波、覃梅英、覃丹红、沈金玉、覃远兰、田照琴、张华、李晓燕、李芙蓉、田卫芳、方枚英、张翠兰、田金凤、柳开月、覃业云、吴中华。

刚步入初中一年级，英语学科对我来说，难如登天，口语一窍不通，总是不知如何开口。如今回忆起来，记忆特别深刻的是我的同桌吴中华同学，他是转学进入我们班的，在我一筹莫展的时候，他教我用中文方式记录练习读单词，逐步进入状态，直到第一次月考我考了 97 分，从此对英语学科便有了浓厚的学习兴趣，并一直保持较好成绩。很少见世面、阅读很少的我最害怕的是语文写作，每次写作文或考试，我就感到头疼。进入初中二年级后，班主任覃远秀老师不仅对班级管理严格，使全班同学的学习态度及班上学习风气有了根本转变，她对我还进行了写作技巧的专门辅导及强化练习。经过这种训练后，我再也不害怕写作文了。有了远秀老师的悉心辅导与关心，我慢慢对人生目标有了不一样的理解。有位哲人说过，教育的真谛不是灌输，而是唤醒。

我想，我的心灵被远秀老师唤醒了。

从此，我能有计划地安排自己的生活。如每月带足必需的粮票，以较少的钱买馒头票或菜票，偶尔改善自己的生活。学习也是从彷徨不安到逐步产生浓厚的兴趣，直至有了勇争第一的欲望。事实上，初中 3 年，我的学习成绩始终位于前列。

进入初中，学习、生活较以前更加规律了，其中最高兴的是可以定期看电影。记得初一下半年植树节，九中全校师生去东村半坡上参加植树活动，队伍庞大、植树面积也很广，学校组织以班级为单位划责任区，再由班级分小组划责任小区；种树要求就是，在每个小树苗位置挖坑，经过验收合格再开始种植树苗。刚开始，同学们都干劲很足，效率也很高，到了下午，也许是大家都累了，劲头明显不如上午。正当此时，工地上传来扩音喇叭声："同学们，今天都表现很棒，为了奖励大家的优秀表现，今天晚上放电影。为了能尽早回去看电影，大家把所有的树苗都种植完，早点儿收工啦。"一遍一遍的呼喊声传递过来，引来一阵亢奋，为了晚上能看电影，同学们的效率都出奇的快。

1995 年 7 月，我于民族高中毕业。这一年，正逢渔峡口镇招聘中小学代课老师。在同学们的鼓励下，我勇敢地参加了考试，并被聘为西坪小学代课老师。一连 3 年，我一边代课，一边自学英语，并取得英语专科文凭。

1998年9月，我怀着激动心情步入九中，参与教学工作。望着熟悉的校园，真是别有一番滋味在心头。我记得一同进入九中的老师还有田爱平、覃俊义。当时九中的校长是张泽凤老师、副校长覃孟平老师、教导主任黄长汉老师，我的任教科目是初一两个班的英语，同时也兼一个班的班主任。从此，我每天就是三点一线的工作模式，寝室、教室、厨房，绝大多数时间都在围绕学生的学习、生活，感觉有使不完的劲。在工作中，非常感谢教导主任黄长汉老师及副校长覃孟平老师对我帮助与支持，多次派我去参加县级、市级的英语教研活动，通过参与学习，让我个人的专业技能得到了很好提升，也带给学生活跃的学习氛围及环境；同时也加大了我个人的目标追求。这个时候，我正值青春年少。在老师队伍中，我是非常活跃的年轻人之一，特别爱运动，乒乓球、篮球、羽毛球样样都参与；同时也养成了晨跑的习惯，每天跟同学们一样早起晨跑运动，这个习惯一直保持着20多年后的今天。

在此期间，也学会了一些生活技能，如生煤炭火炉并保持火力昼夜延续。刚开始，面对学校分配的每人一推煤炭，我摸头不是脑，不知道该如何处理。到了冬天，当地气候非常寒冷，如果不会生炉子，就意味着要挨冻。我只好不断请教、观摩其他老师的处理方法，将一推大块的煤炭用锤子加工成小块的煤，再用容器分装起来。要用大火力时，就使用小块煤；不需要大火时，就用碎块煤；要用小火力，又可以保持持久燃烧时，就用煤灰覆盖碎煤块就可以了。我虽然多年不用煤炭炉子了，但这个记忆却是永恒的。

我还分得了属于自己的小菜园。刚开始，我学着长辈们，也种植了白菜、茼蒿菜、香菜、葱苗等，到了冬季，自制火锅，这些菜便是我采摘做配菜的佳品。记得一次，我正式独立招待一个尊贵的客人，我还特别把视若珍宝的香菜采来招待客人，还不停地给她添菜，直到很久以后得知那客人本来不喜欢吃香菜，结果因为我的盛情，硬生生的吃了一顿香菜。第二年，我在小菜园里收获了一大袋子花生，我将花生包装后悬挂在半空中，希望在暑假结束时可以美美地享受一番。可没想到的是，当我返校看我存放的花生时，简直欲哭无泪。原来花生一颗不剩，都被老鼠吃光了，只剩下一个破袋子在空中摇晃。

在九中，我还拥有了一帮生活小伙伴：田爱平、左江荣、覃玉红、覃兴珍等，我们经常在一起做饭、聚餐、娱乐、运动，业余时间过得丰富多彩。直到2001年，我因夫妻分居和新的目标追求，便离开了渔峡口九中。

2021年2月28日于武汉

我的九中生活

田玉晶

作者简介

　　田玉晶，女，1970 年 11 月出生于渔峡口镇双龙村；1983 年进九中学习；在渔峡口教育战线工作 14 年，2003 年调入长阳县实验小学，2005 年通过招考进入宜昌市西陵区东方红小学工作至今。多次参加市、县、区优质课竞赛并获一、二等奖，2006 年代表西陵区参加湖北省第二届小学英语教师基本功竞赛并获一等奖。多次被教育局评为优秀党员。

1

　　我的童年生活在堪比"西当太白有鸟道"的各井荒。各井荒位于长阳县渔峡口镇双龙村的高山之巅，海拔在千米左右。人们常常把我们称之为"高荒佬"。这个名字有一种"蒙昧"的贬义。

　　我爷爷读过 10 年长学，很小的时候，他便在我们耳边讲"万般皆下品，唯有读书高"。我父亲是医生，他极其重视子女的教育，他给我们姊妹仨定下的目标是中专或大学，因为 20 世纪 80 年代，考上中专和大学就意味着跳出了农门。

　　我记得，小学五年级下学期，我们老家从各井荒搬到山下的大田坡，我也转学到双龙小学。按各井老师们预测，我和另一位同学田凤英考九中（那时九中是镇重点中学）是可靠的。

初到双龙的时候，我极度怀念各井学校的老师和同学，常常心猿意马，上着课，小灵魂便开小差飞回了各井。最让我苦恼的是，班上有几个男生总喊我"高荒佬"。要知道，在各井我可是受老师宠爱、同学崇拜的对象啊！这是把我从凤凰打成了麻雀啊！新环境的种种不适，严重影响了我的学习。

小考的时候，最终因 1 分之差，与九中失之交臂。我被西坪中学录取，而田凤英则顺利进入九中。

命运之神，有时候真是像雾像雨又像风。1985 年，九中缺一名初三数学老师，文教组把西坪的覃好彦老师调往九中，同时还作出一个惊人的决定：让西坪那一届初二整体留级，只有前三名转入九中，升入初三。我有幸成为其中三人之一。就这样，我梦一样地进入了九中。

和我一同转入九中的还有谢渔英，我和她一同分在初三（甲）班。让人惊喜的是，田凤英也在这个班。

那时候，九中条件也不好，很多课桌和板凳都是经年的老古董，一碰就会摇晃起来。有时候，我正在埋头写作业，调皮的男同学会突然把我课桌一摇，如此，我的作业本上便会被晃出几道划痕，把作业弄得一塌糊涂。初来乍到的我，本来就胆小，我也只能忍气吞声。这还不算，我一直认为我的鼻子有点低矮，与五官不太和谐，这一直让我很自卑。可是，男同学居然在大庭广众之下，叫我"塌鼻子"。这可是戳到了我的痛处，把我逼到了要钻地缝的田地。我当时恨不得一口把他嚼碎，他却冲我呵呵地笑。

考试成绩出来了，我在班上总分排名 18，尤其是英语，只考了 66 分。父亲心急如焚，来学校找到班主任老师，分析我的情况，老师说，依我现在的成绩，根本不可能上一中或中专。

由于现实与父亲的期望距离太大，我开始害怕学习，最怕的是英语。有时候我甚至想：如果能够大病一场该多好，那样我便可以逃离当下。

一天，英语李发柱老师找我谈话。开始我极度紧张，心里也做好了挨批的准备。谁知，他轻声细语地对我说，你刚从西坪转来，基础差，成绩跟不上，这很正常，我跟你父亲是老朋友，你以后放学了，抽点时间来我这儿给你补一补。这一番春风化雨，让我喜极而泣。从此，李老师那 10 来平方的寝室，成了我人生的加油站。几个月下来，我的英语成绩直线上升，从此我爱上了英语。

在梨花盛开的时候，一天，我突然头昏脑胀，四肢无力，我真的大病了一场。父亲给我办了休学。

转眼就到了 1986 年秋天，我复读初三，从九中迁徙到位于集镇上的镇中。当时全县奇缺初中英语老师，于是县政府决定在职高招收一个英语师资班，条件是中考成绩过 500 分，英语成绩 90 分以上。我又一次被命运之神青睐，有幸忝列其中。

2

3 年后的 1989 年，我作为老师回到了九中。令人意外的是，初中同班同学李万民也正好中师毕业，分到了九中。他一见我，老远便伸出了手臂，爽朗地大笑。我们同教一个年级，他担任初一（1）班班主任兼数学老师，我带初一（2）班班主任兼英语。

九中当时已是普通学校，学生基础差，教起来很费劲。班主任工作千头万绪，遇到问题我总是请李万民帮忙。他是一位多才多艺的人，二胡拉得好，字也写得好。那时试卷全靠老师自己刻钢板，我的试卷几乎全由他包揽，同学真好。

那时候，我们都是自己开火，一到饭点，李万民总会端着一个大瓷钵，笑哈哈地来检阅我的伙食，但凡有好吃的，定会分而享之。

高三的马云霞和我是初三同班同学，经常来我寝室一同开小灶。一次，她带来一包野生的香菇，那可是难得的美味。晚饭的时候，我们切了腊肉，做了香菇火锅，当然少不了李万民一起享用。谁知，那香菇有毒。晚饭过后不久，我们便毒性发作，上吐下泻，不多时人便恍恍惚惚。幸好学校及时组织抢救，我们才捡回了一条命。

初到九中，开学一周之后，学校领导决定旁听我的课，我既期待又紧张。我精心备课，每个环节都在脑海里反复浏览，每一个知识点都反复确认。那种紧张，远甚于中考考场，以至于晚上做梦，梦见上课找不到粉笔而急醒了。第二天我走进了教室，教室后面坐满了学校领导，我努力让自己镇定下来，按照我设计的教学程序，一步步导入、操练……终于，下课铃声响了。虽然是初秋 9 月的天气，而我的衣服却被汗水湿透，头发也一绺一绺地沾在额头上。课后，时任教导处主任的田克芳老师笑眯眯地说："小田老师，年纪轻轻，真不错，刚上讲台就能把课上成这样，将来一定是一名优秀的老师。"

那次公开课后，校长袁勤灿老师也表扬了我；我曾经的英语老师邹应枚老师，给我提出了许多宝贵意见；远秀老师更是教给我管理学生的金方法；田兴翠老师、赵庭菊老师将她们一生教书积累的经验倾囊相授。在一次班主任会上，学工委主任葛兴坤老师对我管理的班级给予了很高的评价。初为人师的我，那个时候，真的有一种"面朝大海，春暖花开"的感觉。

3

许多人拿到人生第一份薪水，都是激动、兴奋，然而我第一次见到我的工资表，则是当头一棒。发工资那天，学校财务室熙熙攘攘，所有人的脸上都洋溢着无法掩饰的喜悦，最初，我也一样。然而当我看到工资花名册上，我的名字后面赫然写着"代课"二字时，乌云遮蔽了我的心情，激动和兴奋一扫而光。

原来我们英语班不是对口的师范学校，所以我们只能以代课老师的身份执教。代课老师相当于民办教师，没有公职身份，待遇也大不如人。从此，我最忌讳的便是领工资，每次都要财务室的孔安老师反复催促，我才低着头去领那50元钱的薪水。

低人一等的苦恼是扎心的。放弃吗？不甘心。因为，我太热爱教师这个职业。记得从小我就喜欢在家里给弟妹当小老师，当时我老师一样一本正经地拿着小竹竿，让他们端坐在小板凳上，我用火炭在墙上写字，教他们学拼音认汉字。

我静下心来，思虑再三：唯有努力才能改变。于是工作之余，我重拾高中课本，准备参加成人高考。

我的想法得到了父亲的支持。每次去宜都函授需要交一大笔钱，我父亲又重新把我当学生一样，给我学费和生活费。那时弟弟在上初中，妹妹在读高中，父亲一个人的工资供3个学生，常常是捉襟见肘。

原本以为参加工作了，我可以为家庭做贡献了，然而我却又一次成了父亲肩上的担子。

父亲已经有些驼背，白发添了不少，皱纹也深了许多。面对沧桑的老父亲，我无言以对，唯有努力工作，努力学习，用成绩来报答他。我深知，他不怕苦也不怕穷，就怕我们子女没有出息。

从渔峡口到宜都，需要坐十几个小时的班车，一通摇晃下来，人简直像生了一场病。每年两次集训，两次往返，就是4场大病。宜都毗邻江汉平原，土地平旷，风大。冬天，学校提供的被褥很薄，常常一整夜不见转暖。每年两个月集训，要完成一学年的课程，学习非常紧张。从早上6点起床，到晚上9点睡觉，整整一天，都像打仗。虽然是成人教育，我却跟高三备考一样，"日光加灯光，时间加汗水"。

3年风里来雨里去，3年卧薪尝胆，我终于拿到了大专文凭，甩掉了"代课"二字。

1992年中考，我所带班的成绩在普通学校名列前茅。1994年我离开了九中，被调到作为重点的渔峡口镇中学。第一年去镇中，学校领导派我参加全县中学英语优质课竞赛，结果获得了总分第二名，拿了个二等奖回来。从那以后，代表渔峡口出去参赛的几乎都是我。

2001年宜昌市西陵区第一次面向全市招聘英语老师，怀着试一试的念头报了名，然后过五关斩六将，没想到在众多考试者中脱颖而出，但遗憾的是因为交通及通信不便，还有人为因素而未能如愿成行。时隔4年，2005年西陵区第二次面向全市招聘英语老师，我再次报名，最终以上课第一名、综合成绩第三名被录取。

人生已经半百，回头看看那些走过的路，经历长阳九中的那一段，尤其刻骨铭心。

2020年10月于宜昌

我的父亲是数学老师

毛　炜

作者简介

　　毛炜，1976 年 12 月出生于渔峡口镇招徕河村。清华大学工商管理硕士，现定居北京。《订阅经济》作者，长期从事 IT 互联网工作，现为某上市公司高管，其父毛传海曾经是九中数学老师。

　　从家门口走路到学校门口需要 15 分钟，这是我送女儿上学的时间。在上学的路上，女儿特别喜欢听我讲小时候的故事，而我的记忆总是会瞬间回到那个地方，那个曾经给我留下了无数欢乐时光，带给我美好回忆的地方——长阳九中。

　　1984 年我上小学二年级那年，父亲毛传海从施坪中学调到九中，我跟着父亲转学到了渔坪小学。每天天刚蒙蒙亮，我就和一群小伙伴一起上学。那是我最欢乐的 5 年，是五彩斑斓的 5 年，是我的人生底色，它伴随我走过了每一个阶段，历久弥新。

　　父亲是个数学老师，看上去严谨，不苟言笑。父亲每天工作到很晚，大多时候我进入梦乡他还在工作，我起床他就上早自习去了（他是班主任）。我有时候会对他不满，感觉他总是不理我，感觉他对学生比对我要好多了。我虽然不满，也只能生闷气，我怕父亲。

几乎所有的学生都怕我父亲，他会严惩那些调皮捣蛋的学生，惩罚起来从不手软，对我也一样。其实，父亲对学生的学习和生活都很关心。我们家本不宽裕，父亲还是会经常接济一些家里遇到困难的学生，这一点给了我很深的印象。我在工作后参与了云南一家希望小学的捐建项目，还资助了一位大学生，应该是受到了父亲的影响。言传不如身教，父亲虽然没有直接教给我太多知识，他的善良却是最好的教育。

父亲有时候会和我讲起早年参加抗美援越战争的事情。父亲曾经是铁道兵，负责保卫铁路安全，有一次和美国人打了三天三夜，美国人的飞机在天上狂轰滥炸，铁路修了炸、炸了修。父亲和他的战友们扛着小钢炮打飞机（基本打不着），最终还是保住了唯一的一条铁路，那是部队的生命线。父亲每次说起这次战役都很自豪，但他很少说起战争的残酷，我想这可能是他脑海深处挥之不去的记忆吧。

小孩子对战争的理解是肤浅的，充满了英雄主义色彩。我对父亲充满了崇敬之情，觉得父亲是顶天立地的大英雄。我小时候喜欢穿军装，有一次，还让母亲特意缝了两枚领章，我穿上去感觉自己是个神气的小战士。战场经历磨炼了父亲坚强、勇敢和不屈的性格，也塑造了他火爆的脾气，这让他在现实工作和生活中吃了不少苦头。父亲的这种性格对我影响很深，我直到很多年之后才发现。

在九中的日子是快乐的。九中的小伙伴（老师子女）不少，除了我，年龄相仿的还有许伟、许嵩兄弟，覃俊峰，李舰艇兄妹，覃斌、覃伟兄弟，王英、王勇姐弟，覃艳丽姐弟，刘春霞、刘伟姐弟等，正是因为有了这些小伙伴，我们在九中的童年充实而又快乐。

每天早晨抢包子是我和小伙伴们乐此不疲的游戏，孟寿师傅的包子刚出笼，我们十几个小家伙一拥而上，每次都是秒光，抢不到的只能傻傻地等着下一笼。抢完包子就上学去了，从九中到渔坪小学是一条蜿蜒曲折的山路。春天山花烂漫，夏天知了声声，秋天黄叶飘飘，冬天白雪盈盈。无论风和日丽，还是雨雪纷飞，我们就在这条路上走着，打着，闹着，我们一天天长大，终于天各一方。

父亲虽然在生活上很节俭，给我订期刊却很大方，我最喜欢的当属《故事大王》。每个月拿到《故事大王》的感觉都无比美妙，每次都是一口气读完，每次都是读了一遍又一遍。我不只自己读，还在放学回家的路上给别的小伙伴讲故事，讲赵子龙单骑救主，讲武松打虎等，回想起来这可能是我最早的口才训练了。

不过，父亲订的期刊再多也远远不能满足我的需求。我不断地在父亲的同事那里借书看，有时候还央求父亲出面借书。有一次父亲来了一位新同事（很遗憾我忘了名字），家里有一个大书架，上面有《水浒传》《西游记》《三国演义》这些经典，那个老师说我可以随时去看。我第一次看见那么多书，欣喜之情溢于言表。我一本接着一本地借来看，就像海绵吸水一样贪婪而满足。

我最喜欢的是《水浒传》和《西游记》，李逵对宋江的兄弟情义让我感动，宋江不顾兄弟劝阻执意归顺朝廷让我义愤填膺，孙悟空降妖除魔让我大呼痛快，唐僧总是念紧箍咒让我对他充满了怨恨，等等。如果说我有什么习惯是从小时候就养成的，阅读应该是最大的习惯。在九中的日子，我读了超越大部分同龄人的书，这种收获不仅体现在作文上面，更是让我了解了山外面的世界，让我进入了一个更大更广阔的精神世界。直到现在，我依然爱好阅读，它已经成为我生命中不可或缺的一个部分。在那个物质贫乏的年代，父亲给了我最好的养分，将我引进了一个精彩绝伦的世界，让我受益终身。

父亲看上去严肃，却是一个富有艺术情趣的人，用今天的话说是个"文艺青年"。放学回家之后，我经常还没进家门就能听到父亲在拉二胡，最常拉的曲子是《梁祝》和《二泉映月》，听得多了，我也喜欢上了这两首曲子。直到今天，这两首曲子还是我的最爱，每每听到这两首曲子，就如同父亲还在我身边一样，给我力量和勇气。除了二胡，父亲还会小提琴、手风琴和弹钢琴。上初中后，父亲想教我拉二胡，我想我一定要学一样他不会的，就自学了笛子。学会笛子这件事让我暗自找到了一点小自信，觉得我可以超越他。除了乐器之外，父亲同样精通书法，尤其是毛笔字，多种字体信手拈来，龙飞凤舞。我当时很奇怪，父亲那么多艺术才能都是跟谁学的，后来父亲告诉我大部分都是自学的，我就更佩服了。在艺术方面，我没有学到父亲的优点，多少有点遗憾。

在我的印象中，父亲特别高兴的时刻有两次。第一次是1987年6月妹妹出生，父亲十分高兴，请同事们喝酒，大醉。第二次是1995年7月我考上大学，在那个年代，在小山村里考上大学是件特别稀罕特别光荣的事情。父亲亲自送我去上大学，那是我见过父亲最高兴的一段时间。我父亲从小就教育我要上大学，我那时连啥是大学都不知道，但内心的种子却已种下了。如果不是上大学，我今天的命运可能会有很大不同。在这件事情的背后，父亲起到了至关重要的影响，这种影响并不直接，却深刻深远。

自从上了大学之后，我和父亲之间更多是变成了一种朋友关系。我们像是两个相识多年的好朋友，无所不谈。暑假回家之后，我和父亲经常在夏夜小酌，我们经常畅谈至深夜，母亲给我们做下酒菜，有时候母亲都睡了我们还在神聊。父亲经常会给我写信，信里会教我一些做人做事的道理，更多是关心我的生活和学业。每次收到父亲的信，我都视如珍宝，每次都会回信，同父亲谈谈我的大学生活和学业情况。人生兜兜转转这么多年，走过那么多地方，搬过那么多次家，父亲的信件我保存至今。这些信件是我的一笔宝贵精神财富，它们会伴我终身。

美好的日子总是短暂的。1998 年 4 月，我读大三的一天，我正在上课，系里的老师来找我，说有事让我去办公室。我接了一个电话，是二哥打来的，说父亲高血压脑梗，让我尽快回家。我的心里骤然一沉，但我还想着父亲应该只是生病住院，很快会好起来的。风雨兼程，我走过了印象中最漫长的一段归程，快到家的时候，大哥告诉了我真相，父亲那年才 53 岁。顿时，我悲从中来，竟无语，凝噎……

父亲走了，带着他的严谨，他的善良，他的忠诚，他的才华，他的自豪，他的眷念，永远地走了……

父亲没走，留下了他的坚韧，他的自强，他的善良，他的期望……

"爸爸，你能给我讲讲小时候的故事吗?"女儿一脸期待地看着我。

"好啊，爸爸小的时候啊……"

生命就像一条奔流不息的大河，时而宁静，时而怒吼，时而欢快，时而哀鸣，但终究一往无前。

2021 年 3 月 24 日夜于北京

下 卷

我心中的圣地

母校的回忆

初中 1958 级 覃孟魁

作者简介

覃孟魁，1943 年 1 月出生于渔峡口镇沿坪村。1958 年 9 月就读于十六中，1959 年 9 月至 1961 年 7 月九中读书；1961 年 8 月至 1968 年 4 月服役于湖北公安总队；1968 年 5 月在长阳县林业局工作；1974 年调往渔峡口公社工作，曾任渔峡口镇武装部副部长、纪委委员、财办主任等职；1998 年退休。

1958 年秋，长阳县在渔峡口区域内兴办了两所初中，第一所是长阳第十五中学（位于白虎垄覃氏宗族祠堂），第二所是长阳第十六中学（位于枝柘坪公社）。我住在渔峡口区茅坪公社沿坪大队土地岭（今为林场）山里，1958 年我从渔峡口小学毕业后，按地理位置划分，我应在十五中读书，但当时十五中正在建设中，容纳不了全部学生，部分学生就只好前往十六中就读。1959 年秋两校合并，更名为长阳县第九初级中学。从此，我就在九中读初二和初三了。

九中所在地正是原十五中，位于渔峡口集镇正北面，距区政府约 1000 米。这里曾是覃家祠堂，群山环抱，地势平坦，风景优美，可谓风水宝地。

当时九中 3 个年级，每个年级三四个班，全校师生达到了 500 多人。校长刘佐卿，高高的个儿，白净的脸很是帅气，工作起来严肃认真，在学校威望很高。教导主任李发鹏，英俊潇洒，待人和蔼可亲。我还记得很多老师名字，如余发胜、胡文科、胡世德、张必珍、李绍玉、邓青宜（女）、李怀元、郭炳新、史思新，他们工作踏实认真，十分敬业。

记得是 1960 年上学期，学校组织我们到清江南岸——庄坪背煤。那天上午天气很好，我们一行来到了峡西沱，上了渡船准备过河。船上有 10 多人，驾长是一位老者，船至江中突然失去了控制，江水湍急，前面就是险滩，失控的船只径直向下游冲去，我们吓得不知所措。千钧一发之际，教导主任李发鹏找准机会迅速跳入浅滩，拼命拉住船上纤绳，几个大一点的同学如周立双等人纷纷跳入水中，一起拽住纤绳，终于将船只拉入浅滩，我们方才转危为安。如果船只冲入险滩，后果不堪设想。时隔多年，我依然感到后怕，同时也很感激老师和同学们的大无畏精神。

1960 年自然灾害严重，让我们真正体会到了生活的艰辛。我们吃不饱肚子，一日三餐，每餐大约一两豌豆。当时正是长身体的年龄，每天都饿得前心贴着后背，我忍受不了饥饿就逃回了家。

时隔不久，张必珍老师来到我家，他耐心教导和启发我，我得以继续返校读书。现在想想，那往返可是 50 多里山路啊！在那个年代，他这样做，凭的是一份责任，一份师德。

1961 年 7 月毕业前夕，部队在我们学校招兵。结果，我与杨儒海、杨传会、覃守忠 3 位同学没有参加毕业考试，就直接参军入伍了。从此，我就告别了学校。

2019 年 1 月于宜昌

我眼里的九中

初中 1958 级　杨儒海

作者简介

　　杨儒海，1944 年 4 月出生于枝柘坪青龙村。1961 年九中毕业，1968 年 4 月部队退伍，于长阳县林业局任森林警察，1972 年之后一直在县林业系统工作，2004 年 4 月退休。

　　1958 年秋，长阳县在我们渔峡口区成立了两所初级中学：一个是在区政府附近覃家祠堂的十五中，一个是枝柘坪的十六中。我所在的枝柘坪小学，六年级的高小毕业生不分成绩好差，也不分年龄大小（我当年 14 岁，年龄最大的同学有 18 岁、20 岁的）一律都上了十六中。十六中的教室是木头房子，两个大天井屋，也就是原来高小的教室，窗户都是用丝棉纸糊的，学习环境也比较好。

　　这一年，正赶上全国大办钢铁，当时提出的口号是"钢铁产量要超英赶美"，到处砍树烧炭，树木基本被砍光，目的是想把钢铁搞上去。我们学生也积极参加，老师带着我们走二十几里山路，到高山冷株口背几十斤铁矿石，下午背到橡子湾交矿石，然后才回校吃晚饭。当时很累，但是大家很开心，没有怨言。

　　到了 1959 年秋，长阳县对 1958 年的中学进行整顿和压缩，十六中与十五中合并为第九中学。我们便由枝柘坪迁到九中就读初二。九中是一所新学校，是新建的土木结构的房子。房子由上下两层组成，二楼是学生寝室，一楼则是教室，共有好几栋新教学楼。老师们的办公室和宿舍都在原覃家祠堂，这所祠堂是砖木结构，祠堂大厅可以容纳几十人开会、办公。学校有个大操场，可以容纳六七百人操练，中间有一个大池塘，四周栽种有垂柳，枝条随风起舞。学校没有围墙，很多农田划规学校作菜园。学校基本上是个长方形，占地面积约 6 万多平方米。学校三面环山，三面多为农田，田里到处都是大乌桕树，树高十几米，四五月份乌桕树开花，蜜蜂忙碌采蜜，蝴蝶飞舞，到处都是喜鹊、画眉、山雀，上蹿下跳，飞来飞去，从早到晚叽叽喳喳叫个不停。一到秋天，乌桕树叶由绿转红，秋分过后，红叶随风飘舞，洒落满地，踏在上面像是海绵一般。抬头仰望，满树珍珠，雪亮晶透，树连着树，延绵几里，如同白雪覆盖山上，这就是乌桕果实，是农民的摇钱树。九中就坐落在这如诗如画的环境中，我们在这里学习，感到乐哉、美哉。

我们的校长是刘佐卿老师，40 来岁，一米七八的个子，留着平头，浓眉大眼，铜红色的脸庞，说话声如洪钟，但是为人却和蔼可亲，喜爱篮球和各种文艺活动。教导主任李发鹏老师，我的班主任胡文科老师，还有余发胜、胡世德、张必珍、李怀元、方炳义、邓清宜、樊孝海、郭炳新等几十位老师，共同教育我们。有后勤、工友 10 余人，老师和学生共六七百人。

在九中读书，生活是最艰苦的年代。1959 年开始三年大旱，我们便经受着艰难生活的考验。最初，还是吃供应粮，每个月 30 斤（女生 27 斤），当地产什么就吃什么。我们在清江对岸白竹园背过麦子，在茅坪背过豌豆，在施坪背过红薯，在庄坪背过煤，来回都是几十里路。学习用的书和练习本是从资丘背回去的，老师带着十几个学生，一天走 60 多里路到资丘住一晚，第二天起早吃过饭，背着书回到学校都天黑了。

从教室到厨房 200 多米远，端着碗排长队打上两小瓢豌豆，回来路上用手抓着吃，还没有到教室，碗底就朝天了。

在学校，各班都开荒种菜，由于"30 斤"吃不饱，学生家庭条件好些的，就带点粮食去学校，条件差的则只能带着蔬菜、野菜充饥。老师同样生活很艰苦，虽有二三十元工资，但物资匮乏，买不到吃的，只能靠月"30斤"供应粮度日。本地的老师星期天还可以在家里过一餐"瓜菜代"的生活，外地的老师不能回家，也就只能苦度周末。尽管生活艰苦，但九中教学依然有序进行。我们的老师恪尽职守，忘我工作。同学们跋山涉水，走几十里山路来到九中读书，也是想要学习知识，提高自身能力，实现人生理想。九中的清晨，处处是琅琅的读书声；九中的晚上，课堂上都是奋笔疾书的身影。大家认真复习功课，用心写作业。

在九中读书，我对两位老师的记忆最深：一位是几何老师胡世德。他来上课，学生总是用心听讲。他为人和气，教得认真，学生学得用心，重点反复讲，不懂的同学向他提问，找他解答，他不管是休息还是在备课，都会认真解释，不厌其烦，其师德让人尊重。另一位是郭炳新老师，"文革"时一次课间操，有个别老师和少数学生把他拉到前面批斗，要他弯腰跪在板凳上，喊着"接受改造，重新做人"等口号，并无实质内容。上课铃一响，他还得上讲台认真讲课。放学回到家中，我把此事向父母讲述，父母对我说："海伢子（我的小名），你不能去做那种事，一日为师，终身为父，你们要尊重老师。"如今60年过去了，我不知道郭炳新老师是否还健在，我对他始终是同情的。

1961年，长阳县人武部来学校征兵，我积极报了名。初三年级一共4个班，30多人报名，政审过后，只有20来人由人武部带队到资丘体检。回校后，只有我、覃孟魁、杨传会、覃守忠等4人被部队录取。我们离开九中，由区人武部送到长阳县城，同年8月1日正式入伍，成为了人民警察的一员。

2019年1月30日于长阳磨市镇

九中最初日子

初中 1958 级　杨文荃

作者简介

　　杨文荃，1947 年 3 月出生于渔峡口镇岩松坪村。1958 年秋至 1961 年春在长阳九中读书。1961 年秋至 1964 年春在长阳第一高中读书。1964 年秋参加工作，在长阳县粮食局系统工作。2001 年退休，现居岩松坪村。

　　1949 年后至 1958 年前，渔峡口区域只有渔峡口和枝柘坪分别有一所完全小学，是没有中学的。1958 年，县教育部门和地方政府商定，为了方便学生就近入学，分别在渔峡口兴办了长阳第十五中学，在枝柘坪兴办了长阳第十六中学。

　　1958 年秋，我在渔峡口完全小学毕业后，顺利考取当时设在渔峡口的第十五中学，高兴极了。到校报名时，才知道学校就在得米湾上的白虎垄覃氏祠堂。

　　当年十五中校园情景是：一个方圆近 10 亩、较平坦的大塆，南北中轴线南端小山包下坐落着一栋砖木结构的两层楼房，即覃氏宗祠，是十五中当时的行政楼，三开间，老师们办公和住宿均在此。行政楼东侧搭建了一间偏房，做教工和学生食堂。行政楼（祠堂）前面有一栋土筑瓦盖的平房，是两间教室。当时，首届招的两个班 100 个学生就吃住在这两间教室。白天上课，被子等叠放教室后排，晚上睡觉则两张课桌拼拢，铺上被子就成了两个同学的床铺。早上起床，被子叠放好后放归原位，课桌摆放整齐后上课。天天如此，乐此不疲，还有点军事化的味道。十五中校舍仅此而已。校舍周围都是农田，中间还居住几个农户，部分老师和女同学还借住在农户家里。祠堂正前方约20米远有一个占地约2分地的小池塘，蓄天然降水浇灌农作物。学校没有运动场地，这就是当时十五中的校貌。

十五中的校长叫李延贵，据说是高家堰的人，教导主任是李发鹏。至于老师，则来自四面八方，像李发鹏、张必珍、曾凡芝等，都是随我们从渔峡口小学来到十五中的。我们的班主任樊孝海外调而来，据说初中还未毕业，年龄和我们差不多。还有一个资格很老的语文老师叫王永，广东人，不会讲普通话，用粤语讲课。他在台上讲得汗流浃背，学生在台下不知所云。教学方面，开学近半月，一无教具，二无教材，三是师资也缺乏，开不全课程。直至半月后，全体师生到小龙坪背了两趟课桌椅，才解决教室的教具之需，有了最基本的教学条件。语文没有课本，就讲授当时报纸上的《社论》，数学是一份油印卷，仅老师有。教学形式就是老师在黑板上讲解，学生跟着老师在黑板上抄。其他的课基本没有开，时间大部分用在社会实践活动上。我们那一届同学除渔峡口小学升学的外，还有从社会上招来的往届毕业生，年龄参差不齐。大的20多岁，已婚生子，小的十二三岁。我当时是班上的小不点，12岁，年纪最小。大多数都十七八岁了，接近成年。今天在这里抢收抢种，明天在那里栽秧除草，少则一周，多则半月。住在农户家，吃在大食堂，反正不收钱票。山里的孩子吃苦耐劳，一有饭吃，二不上课，搞点劳动倒也快乐。

初中一年级很快就混过去了。

时隔仅一年的1959年，贯彻中央"调整、巩固、充实、提高"的八字方针，全县初中教育学校由16所调整为10所，渔峡口被定为长阳第九中学。由原十五中和十六中合并而成，集中两校的师资力量办一所中学，实力要强大一些。

长阳九中诞生时，我们已是该校初二的学生了。九中要在原十五中校址建校，形成每个年级具有招收4个班的校舍条件，征收土地，扩大校舍区域和重建教室、寝室、教工宿舍就成为当务之急。学校招收新生不能停，新添校舍大量基建项目要开工，场地所限，读初二的两个班只好搬到枝柘坪原十六中校址上课，待九中基建任务完成后再回来。于是，长阳九中的首届毕业生是在枝柘坪和原十六中招收的两个班一齐读初二的。直到初三时，新建九中校舍主体工程初步完成后，4个初三班才从枝柘坪搬回新校区。事实上我们读初三时，九中的3个年级才在一个学校上课。自读初二起，两校师资力量汇拢，初中的课程才开齐，抓教学质量才成为学校主体任务，直至我们这一届毕业生完成初中学业。在那个全国闹饥荒的年代，4个毕业班有150人毕业，参加升学考试，录取了15名学生上高中学习，他们是杨文荃、覃先弟、覃仕龙、覃先翠、覃仕珍、柳昌智、覃孔伦、李延定、吴克宜、邹禧位、王乾山、王乾乐、褚弟学，还有两位记不起来了。这在当时是轰动长阳的成绩，升学率达到10%，仅次于长阳一中，全县居二。

九中第一任校长是原十六中校长刘佐卿，教导主任李发鹏是原十五中的。原十五中的校长李延贵调离了渔峡口。老师主要来自原渔峡口和枝柘坪两所中学。对他们的记忆不完整，不能一一列举。

九中的学习生活场景在我的人生旅程中过去了60年，她给我留下刻骨铭心的印象是一个字：苦！

一是社会环境苦。时值国家遭受三年自然灾害的重创时期，社会生产和市场供应一片萧条，人们处在生死线上挣扎。长阳还出现了饿死人的"社林事件"，惊动中南海。

二是学校环境苦。初期是学校不具备最基本的教学需求，创造条件也要上。中期是学校要到枝柘坪上课，往返40里爬罐岭，是苦中作乐。后期虽然回到新校区，学校基建留下的尾巴太多，改善新校区的环境任务更重。那时3个年级12个班，光学生就有600人，厕所还是一个简易的土粪坑，至于其他环境也不用多说了。

三是生活环境苦。饥饿是生活中的最苦。1958年收成应该不错，生活也很好。可是因为大办钢铁，主要劳动力都去办工业，当年该收的没有劳力收储，形成巨大浪费。1959年该种的没有劳动力种下土，更遇百年未遇旱灾，粮食作物基本无收。两种原因叠加到一起，就形成了1959年"瓜菜代"，1960年、1961年吃野菜的局面。客观地说，当时国家对初中教育还是很重视的，只要考取初中，就纳入商品粮供应系列，男生月供30斤，女生27斤，标准并不低，但苦于当时粮食部门没有主食供应。给学生供应的主要是蚕豆、红苕片、红苕丝等杂粮，更无食油、食肉补充。因此，有时一顿饭只能领到几十粒煮熟的蚕豆，其中还饱含"抱鸡母"。所以，饥饿伴随学习的始终。

四是用水奇缺，难忍不洗之苦。九中原有一口水井，满足几个农户用水尚且比较勉强。一下子增加600多人，就显得杯水车薪。尽管全校上下为水发愁，也没有想出切实的解决方案。每天厨师早晚一大重要任务是发水，每个人一小瓢，毛巾可以打湿，早上抹抹脸，晚上擦擦脚。长期不洗澡，每个人身上的味道，用"入鲍鱼之肆，久而不闻其臭"来形容最为贴切。不洗澡、不洗衣的后果大家可以想象，就是虱子大爆发。课间操大家相互捉虱子成为了一道风景线。放周假回家不是先吃饭，而是进门先烧水洗澡，然后再烧一锅开水煮衣服，灭虱子。

五是课程压力大，精神苦。从初二开始，为了补上初一落下的课程，除完成二年级课程外，还要补齐初一的课。每天有8节正课，早晚自习3节，共有11节课时。加之生活在一种饥饿状态中，人被拖得精疲力竭。这是一种难言之苦。在九中，凡通过这种艰难困苦考验的人，不是英雄，也算好汉。

而今，国运昌盛，人民过上了小康生活。把我们那一代人经历的苦难用文字记录下来，让后人们知晓，是想说明幸福来之不易。我们应该不忘历史，珍惜今天的好时代、好条件，要用前辈们奋斗的足迹，激励更多青年人开拓进取，创新立业，为中华民族屹立于世界民族之林再立新功。

2020 年 7 月于渔峡口镇

我的九中

初中 1959 级　姚朝举

作者简介

　　姚朝举，土家族，1944 年出生于岩松坪村。1959 年至 1962 年在长阳九中读书；1963 返乡后入团；1964 年任小龙坪公社团干；1965 年至 1966 年参加宜昌地委系统四清工作队，在枝江县搞社教运动；1970 年至 1972 年在资渔公路建设指挥部任政工干事；1973 年至 1978 年在岩松坪小学教书；1976 年 7 月入党；1979 年至 1981 年任岩松坪村会计；1982 年至 2003 年任岩松坪村党支部书记。1993 年至 1999 年为长阳县第四届、第五届人大代表。2001 年获《国家八七扶贫攻坚计划》湖北省先进工作者称号；同年获宜昌市委优秀共产党员称号；多年获县、乡先进单位和个人称号，带领全村进入全县经济十强村行列。

　　1959 年秋我从渔峡口中心小学毕业，当时的渔峡口区包含傅家堰公社、牛庄公社、枝柘坪公社、渔峡口公社。小学升初中时傅家堰公社的毕业生在渔峡口中心小学投考，升入十五中学。牛庄公社的毕业生在枝柘坪小学投考，升入十六中学。

　　我们进校时，全县中学合并为 10 所中学。苦于长阳九中确定在渔峡口十五中校址建校，受校舍限制，实际上两校合一的学生仍在原校址上课。直到九中校址新建基本竣工的 1961 年，学校 3 个年级才真正实现在同一校园上课。合校时，全校共有 8 个班，三年级 4 个班，二年级 2 个班，一年级 2 个班。

当初的九中是原白虎垄覃氏宗祠留下的一栋一正一偏二层砖木结构的房子，是学校坐南朝北的教学中心，楼下老师办公，楼上住宿，还有部分女老师和女同学在附近农家借宿。覃氏宗祠前面，东西分别有一栋一层楼土墙瓦盖的6间教室，高年级两个班上课和住宿都在教室，学校西北角是学生食堂和低年级睡地铺的寝室，地铺底层垫苞谷梗和稻草，在校师生一百六七十人就是在这样的环境下边建校边教学的。

我们进校后，先后开工了学校北面两栋二层楼的男、女生宿舍楼，一栋东边的大礼堂和一栋教学楼东侧二层的教工宿舍楼。当时学校的景象可谓如火如荼，日新月异。

我们进九中时，校长是刘佐卿，教导主任李发鹏，老师有余发胜、曾庆祥、方宗震、胡世德、张必珍、史思新、曾凡芝、刘道勋、周乃康等。学校当时开语文、数学、外语、物理、化学、生理卫生和体、音、美等9门课程，每天6节正课，2节自习。正课时，除了集中注意力听老师教授外，还要一丝不苟地完成老师布置的练习题。上交的作业如果出现潦草或错误，轻者罚站一小时，重者罚站半夜，直到老师批改完学生练习，才放你归寝睡觉。学校每季度组织一次统考，实行末位淘汰制。考试得到末位，就会结束学业。每学期每年级至少有两人被淘汰。

我记得，我们1959级学生在3年学习中，正好遭遇三年自然灾害，加之学校初创，教学和生活条件极为困苦。当时考入初中的学生，国家规定每月男生供应口粮30斤，女生供应27斤。但因灾害歉收，粮食部门根本没有主粮供应。我们在学校能够吃的苞谷面仅占10%，其余均为黄荆轲树叶相伴，外加两勺合渣汤（俗称懒豆腐）。另外，食堂有时供应的主食是被虫蚀的水煮蚕豆，每人每顿一小勺。有人清点过，正餐有蚕豆60粒左右，运气好，可得80粒，但可遇不可求。吃这种清水煮、不占油盐的蚕豆主餐，不用碗筷，装在身上的口袋里，边走边吃，即可完成。

初创的九中，可以说是一穷二白。改善教学条件，全靠师生自己。当时，每周有一天劳动课，每学期有15天下乡支农。校内的劳动课主要是"三背"：一是在渔峡口对河的庙坪金家坳背瓦。学校新建的大礼堂、两栋男女生宿舍楼、一栋教工宿舍楼的盖瓦，全部是师生肩挑背驮，从金家坳运回来的。二是到傅家堰、小龙坪等地为学校背课桌、凳子和床铺。到傅家堰的鹰嘴岩背课桌，约60里山路，我们天没亮就出发，在渔峡口用火把照明渡河，晚上天黑很久才回渔峡口，依然是借火光渡河返校。往返 120 里，肩上还背一张课桌、一个凳子。途中渴了，喝路边的山泉水，饿了，吃自己随身携带的几十颗煮蚕豆。连续 3 天的超强负荷，在我们的人生旅途中留下了难以磨灭印记。三是保障学校生活燃煤供应，我们要到茅坪、双龙、庄坪等处背煤。

下乡支农，主要是到蛮家湾（今天的赵家湾村）、枝柘坪等地帮助地方插秧和捉虫。那时，化学农药尚未普及，水稻若发生稻丛卷叶螟等害虫危害，只能动手捉虫，以减轻损失。乡村农民生活也十分困苦，吃野菜、树皮的随处可见。可当地农民宁肯自己少吃，也要从牙齿缝挤出粮食，为我们改善生活。我记得枝柘坪的张盛贵同学，插秧手脚快，一天完成的面积超过半亩，还得到过当地农民一碗糯米饭的奖励。

我那时插秧不算高手，但我天性热爱文艺，唢呐吹得震天响。学校成立文艺部，把全校热爱文艺的同学集合在一起，由教导主任李发鹏老师直接指导，我负责全校的文艺演出具体事宜。自编自演文艺节目，表彰好人好事，很受学校师生和乡村老百姓的欢迎。我们下乡支农的演职人员，有姚朝举、覃孔教、覃玉兰、覃事贵、覃先群、高年级的覃先翠等同学。我们下乡演出，也能享受一碗糯米饭的殊荣。这样的待遇，就是回家过年，也无条件享受，让我们产生极大满足感。

为了纪念下乡支农活动，学校还给每位参与者定制、印发胸前印有"长阳第九中学勤工俭学纪念"红色字样的运动背心。给我发的那件背心，后面印的是 26 号。每次回家或到渔峡口镇上参加球赛或是大型群众集会，九中走出去的师生，身着清一色白底红字背心，让人感到荣耀和自豪。

1962 年初，国家提出"调整、巩固、充实、提高"工作方针，恢复国民经济计划。在这个大背景下，学校中考控制 2% 升学率。因此，我们班只有渔峡口的周世严和五峰鸭儿坪的陈亦苏考入省属重点高中宜昌第二高级中学继续深造，其余同学全部回乡务农。

2020 年 10 月于渔峡口镇岩松坪村

（姚朝举口述，李长钧整理）

饥饿故事

初中 1959 级　李发灿

作者简介

　　李发灿，1946 年 9 月 11 日出生于渔峡口镇施坪村。1959 年下半年由长阳一中初中部转回九中读初中。1962 年考入长阳一中高中部。1965 年后回村务农。

　　我于 1959 年小学毕业，有幸考入长阳一中初中部就读。

　　那个年代，从渔峡口到县城只能步行，自己还得背上行李及日常生活、学习用品，一路涉险滩，过巴山峡，风餐露宿，日夜兼程，要 3 天时间才能到达县城学校。那时我才 12 岁，从没有离开过父母，整天哭哭啼啼的，想家想得都无心学习了。家人见我这样，便请在县教育局工作的同乡张盛柏老师斡旋转学。于是，我于 1959 年下半年转回九中，被分到初一（1）班继续学习。

　　我的班主任是余发胜老师，其他恩师有陈学伦、张必珍、胡世德、方松、李怀元老师等。现除余发胜老师健在外，其他老师均已去世。

　　在九中读书时，正值国家三年困难时期。那时每日每顿只有五六十颗带虫的蚕豆充饥，这让正在长身体的我们怎么受得了。有一天，初一（2）班的吴同学饿得实在受不了，竟然把学校旁边一户农家刚刚埋在地里、浇了大粪的红薯偷偷挖出来，坐在田埂边，三下五除二吃完了。到现在想起这事，我还瘆得慌：这种红薯怎么吃得下？现在想来，吴同学无非是饿到极点了。不巧的是，红薯主人发现了这件事，便告状到学校。学校为了教育其他学生，立马在全校同学面前，对吴同学进行了警告处分。

恰好就在这个时候，我们班安排我和另外两个同学负责推磨，磨出的苞谷面供学生食堂用，苞谷壳子就喂猪。其时，我们3人饿得浑身无力，两眼冒金星。我们趁其他人不注意，也鬼使神差地将筛过的苞谷壳子，偷偷地装入衣服口袋里。不知道是怎么回事，这件事还是被班主任余老师知道了。他把我们3个叫到他寝室里，说："你们为什么把喂猪的苞谷壳子拿走了？"我胆怯地说："苞谷壳子比草还是好吃些。"老师看了看我们3人的狼狈样，叹了一口气说："年轻人吃不饱饭，这的确是一个问题。但你们也不能把喂猪的苞谷壳子给吃了。再饿也不能这样。以后要注意。"我们连连点头，诚恳表示再也不会了。我心里吓得不得了，生怕给我们处分。但后来什么事也没发生，这件事情就这样过去了。

现在想来，我才明白，是余发胜老师有意保护我们。他当时批评我们，主要是向全班同学有个交代。我的确没有辜负余老师期望，1962年初中考高中，录取比例很小，100多人中只取了6人。我有幸再次考入长阳一中高中部继续学习。

高中3年，我成绩依然优秀。遗憾的是，我家庭出身不好，被通知直接回乡参加劳动，从此与大学无缘。

2018年11月30日于渔峡口镇施坪村

（李发灿口述，女儿李丽芳整理）

那 三 年

初中 1960 级　覃徐珍

作者简介

覃徐珍，女，1946 年 10 月出生于枝柘坪板凳坳村。1955 年秋至 1960 年春在瓦屋场小学读书，1960 年秋至 1963 年春在长阳九中读书，1963 年秋至 1964 年在小公社卫生室工作，1965 年参加民办教师队伍从教，1985 年转公办教师，2001 年退休。从教 35 年，小教高级职称。

我于 1946 年 10 月出生于渔峡口镇板凳坳村。1960 年秋从枝柘坪公社瓦屋场中心小学考入长阳九中，度过了 3 年学习时光。

那时，国家正遭受三年自然灾害重创，我们不得不同时进入煎熬。就拿粮食供应来说吧，男生每月 30 斤，女生 27 斤，这个标准应该说不低。但是在那个物资供应极度匮乏的年代，一是主粮变成杂粮，每顿饭只给 60 多颗蚕豆；二是学校根本无条件提供其他副食补充。这种环境下，我们能够坚持学习，确实不易。记得学校组织我们到牛头背帮助收苞谷，分别住在当地农户家中，一干就是一个星期。吃的呢，是糖萝卜叶煮的稀粥，苞谷面只有少许。正因为我们度过了这样的生活，后来的日子里，什么样的困难都能克服。

那时九中师资力量强，老师们忠于职守。我们 1960 级学生招 3 个班，150 人。我被编在初一（1）班，班主任是方宗震；初三（3）班班主任是邓清仪；初三（2）班班主任记不清了。我们那时校长是秦尚高，教导主任张少陵，各科教师分别是曾凡芝、覃道勋、覃道芝、李德芳、周乃康、余家驹、董大伦、袁勤灿、方炳玉、张松高、李静澜、胡世德、方宗震、邓执旺、陈廷发、余发胜、曾庆祥、覃福民、李发鹏；总务后勤是李长金、余以安。这些老师，资历深厚，知识渊博，师德高尚。尽管学校基础设施还不健全，我们女生在楼板上搭的地铺睡觉，生活十分艰苦，但学校对学生学习仍然是一丝不苟，抓得很紧。学校明确规定，学生每天必须上 8 节正课，早晚 3 节自习课。经过这些严师教育和险恶环境打磨出来的人，我们1960级学生后来都表现不俗，很多同学都是各条战线上的工作骨干，如五峰县的文万照后来还是宜昌市政协副主席。我那时在学生会担任女生部长，得到大家认可。这与老师们的教导是分不开的。

回顾自己一生，总有书没有读好的感觉。我那时学习中等偏上，学习没有什么压力。不时寻找课外书籍，以弥补对知识的渴求，把什么饥饿等困难都置之度外。那时夏天温度高，蚊子多，扰得人彻夜难眠，有的同学干脆拿着被单跑到寝室外走廊上席地而卧，对付仲夏。可我随遇而安，在那空气流动差、十分闷热的女生寝室内，任凭蚊子和臭虫的叮咬，安然入睡。

3 年九中学习生活，为我打下了文化基础。由于我平时学习成绩还不错，我信心满满地参加中考，准备升高中，读大学。可是放榜之日，我大失所望。我因直系亲属中有地主和伪政人员，中考政审时过不了关，名落孙山。

我中考虽然落榜，但社会并没有抛弃我。从学校回乡不久，卫生部门就吸纳我当卫生员。那时农村卫生员主要工作是刮宫、引产，我觉得风险大、压力大，不适合我，我只干了一年就辞职了。不久，学校缺教师，教育部门动员我去当民办教师，每月只有 3 元补助，我欣然接受，从此开启了我终身从教的职业生涯。我干了20 年民办教师，才转为公办教师。在任教期间，每个假期的教师培训，我是潜心充电。特别是教学经验交流，对提升我的业务水平帮助很大。我热爱学习，热爱教育，心无旁骛，3 个月废寝忘食，顺利拿到中师函授毕业证书，获小教高级职称。我曾获过乡镇一级的先进个人、优秀教师等称号，得到很多奖励，但很可惜，由于个人修行功底不够，县级以上的奖项从来没有拿到过。

回顾此生，我衷心感谢九中对我的培养。我庆幸，我也燃烧了自己，照亮了一些山里孩子的人生之梦。

2019 年 5 月于龙舟坪

尘封岁月

初中 1960 级　覃自瑚

作者简介

　　覃自瑚，1947 年 4 月出生于渔峡口镇王家坪村。1960 年秋至 1963 年春在长阳第九中学读书；1963 秋至 1966 年春在长阳第一高级中学读书；1966 年秋回乡接受贫下中农再教育；1975 年参加供销系统工作，在县供销学校任教 8 年；1987 年调渔峡口供销社工作。2007 年退休，现居龙舟坪镇。

　　1960 年秋，我从双古墓中心小学毕业，考入长阳第九中学，完成我的初中学业。

　　我们那一级进入九中学习，正是国家遭受三年自然灾害最严重时期。枇杷树皮、棕树米、黄荆轲树叶等，都成了人们求生的食物来源。学校虽然有定量的供应指标，但苦于粮食部门没有主粮供应，以杂粮蚕豆而代之。我们大多是十三四岁的年龄，正是长身体的时候，每顿 3 两杂粮（80 颗蚕豆），无任何蔬菜和肉食补充，长期处在半饥饿状态，每天还要完成 11 节课时的学习，这对我们每个同学来说，都是马拉松式的考验。不少同学就是在这场考验面前败下阵来，没有最后完成学业。

　　我们那一级，招生 3 个班，150 名同学。到毕业时，我拿出毕业合影照清点，只有张文宪、文万照、吴克余、向述远、杨德贵、李顺雄、覃孟乾、李发奥、李顺义、张泽汉、覃先东、覃好彦、胡胜锦、覃自瑚、罗光照、罗光胜、谢恒昭、张盛东、许启祥、张文喜（女）、覃徐珍（女）、鲁仕彬（女）、覃事翠（女）、李顺琼（女）、段绪秀（女）、朱联芳（女）等38人。这38名毕业生中，升入高中的不足10人，坚持到高中毕业的只有四五人。我们这一级升入高中后学习再好，也因"文革"学校停招，没有一个人圆大学梦。在"接受贫下中农再教育"的口号声中，我们离开学校回到农村，开始人生第二个青春奋斗岁月。后来，社会稍加安定，38个毕业生通过各种途径参加工作的，亦不足一半。

经受九中3年艰苦生活的历练，也极大地丰富了自己的人生履历。哲人们常说，苦难是人生的一大财富。我们这些人现已进入古稀之年，对这一哲理感悟更为深刻。

那时的学生寝室，是用厚约尺余枯苞谷杆搭的地铺，全班40余名男生，席地而卧。楼板是临时用椽子搭建的，楼上的同学一入寝，楼下是尘土飞扬。实在受不了，就用家机布的被子，蒙着头入睡。加之学校洗浴困难，寝室内务和个人卫生环境极差。长虱子，臭虫叮咬，那是一道风景。

也许是大山里的孩子天生就能吃苦的缘故，对这一切，我们好像不屑一顾。学校和老师们为了我们的学业和前途，历尽艰辛，想尽一切办法，提高教学效果。印象十分深刻的是，我们一班的班主任是方宗震老师，发现我们班从各地高小考来的学生之间，学习程度参差不齐。他即采取大带小、强带弱、男带女的编座方式，促进互相学习，共同提高。方老师既是班主任，又是我们的语文老师。他是一位博学多才、功底深厚的长者，颇受大家厚爱。他讲的语文课，让我终身受益，铸就了我们这些涉世不深的孩子人生观、世界观、价值观的形成。刻骨铭心的有两次：一次是讲习魏巍写的《谁是最可爱的人》。我们上九中时，伟大的抗美援朝战争胜利不久，语文课本中自然有不少抗美援朝的英雄故事。讲到《谁是最可爱的人》这一课，他用大量鲜活的人物形象，如以身堵枪眼的黄继光、勇救落水少年的罗盛教、工兵英雄杨根思、潜伏英雄邱少云等可歌可泣的英雄事迹，回答了《谁是最可爱的人》之问，道出了国无强大军队不立、家无勤俭之风不立、人无献身精神不立的道理。这种立国、立家、立人之道，为我们这一代人树立了一个标杆，成为检验人生轨迹的一把尺子。第二件事是学雷锋学什么？方老师在课堂上反复强调，对同志要像春天般温暖，对工作要像夏天一样火热，对个人主义要像秋风扫落叶一样干净利索,对待敌人要像严冬一样残酷无情。困难像弹簧,你弱它就强,你强它就弱。人要有钉子精神,强压奋进。这些话,我心领神会,恰巧毕业考试,作文就是《怎样学雷锋》的命题。方老师在课堂上讲的这些,我信手拣来,结果语文考了高分。为此,我高兴了好一阵子,认为这是经验,应对考试,多揣摩老师的讲课重点,不失为事半功倍之举。雷锋精神是我们这一代人的立身之本、做人之基。

那个年代,老师们的生活环境也好不了许多。那些从大城市师范名校刚刚毕业的青年教师,他们个个学识渊博,很快实现了从城市到农村、从平原到山区,扎根基层教育事业的思想转变,教学心无旁骛,值得学生永远铭记。60 年后,我把他们的名字一一回忆起来,以表达学生怀念师恩的敬仰之情。他们是:校长秦尚高,教导主任李发鹏、张少陵,后勤主任柳步云,语文老师方宗震、李静澜、覃福民、曾庆祥、史思新、余家驹,数学老师胡世德、陈廷发、袁勤灿、张必珍、方炳玉,物理老师董大伦,化学老师邓执旺,历史老师张松高,外语老师周乃康,还有曾凡芝(女)、覃道勋、覃道芝(女)、李德芳、覃晶(女)、余发胜、邓清仪,总务李长金、余以安。这些曾经给我们指点人生迷津的各位恩师,"燃烧自己,照亮别人"的蜡烛精神应当光照千秋。他们在九中的校史上,应当留下自己的名字。

2019 年 6 月于长阳龙舟坪镇

难忘师恩

初中 1960 级　文万照

作者简介

文万照，1947 年 2 月出生于五峰。1960 年于采花中学读初一；1961 年 9 月至 1962 年 1 月在湾潭中学读初二；1962 年 2 月至 1963 年 7 月在长阳九中读初三。1971 年 10 月在五峰参加工作，先后任秘书、县长、县委书记等职，1997 年任宜昌市政协副主席。2009 年 7 月退休。

"人生漫漫求学路，学海书山无止境。腹中能有几个字，苦水凝结恩师情。"这是我几十年前学生生活时的感悟，这种感悟在长阳九中读初中时尤为深刻。

话得从 1961 年秋季说起，那时我刚读完初一，五峰县教育部门贯彻国家"调整、巩固、充实、提高"方针，决定将我家乡采花中学并入湾潭中学。五峰湾潭是个高寒地区。从采花星岩坪去湾潭，山高路远，加之当时正是三年自然灾害时期，每人一年只有 3 尺布票，过冬无棉衣，吃饭"瓜菜代"，不少同学因此辍学。我在湾潭苦熬念完初二上学期，放寒假时，有两个去长阳九中读初中的同学告诉我，九中的教导主任是我们读小学时的校长李发鹏老师。星岩坪（1958 年前属长阳管辖）去的学生，长阳九中都愿意接收。渔峡口气候条件比湾潭好，初二的下学期我便随他们一起去长阳九中就读。

我父亲去世早，母亲孤身抚养我们三姐弟。连年自然灾害，生活非常艰苦，姐弟早已失学。去九中不久，我便产生弃学想法。有一天，一个发小路过渔峡口，因假期和他玩得痛快，于是我便收拾行李和他结伴偷跑回家。那天下着大雨，我和他约定，走小路偷偷离校。我们刚走到清江边，突然听见身后有人叫我："把行李放下。"我回头一看，不是别人，正是教导主任李发鹏老师。我当时魂都吓掉了，乖乖地将行李靠坎边歇下。他走过来背起我的行李，平静地说："跟我走，回学校吧！"我不敢做声，默默地跟在他后面往回走。雨一个劲地下，伞根本遮不住。放牛场的那段黄泥巴路又滑又陡，回到学校，汗水湿透了内衣，雨水淋湿了外套。李主任把我带到老师办公室，办公室里生着两盆很旺的炭火，他让我把湿衣服烤干。邓老师（女，也是星岩坪小学调回的）把自己的办公椅拿过来让我搭衣裳，帮我烤衣服。教物理的董老师对我说："你掉了一节课，我给你补一下。"他拿来一张纸、铁屑和磁铁，做实验给我讲解磁场现象。没有一个老师批评我，都是以一种同情和关怀的目光看我。老师们的行动感动得我眼里噙着泪花，不知说什么好。烤干了衣服，也补了课，李主任让我把行李背回寝室，照常去上课。

第二天早上，全校集合，校长讲话，我心里嘣嘣直跳。我以为是要宣布对我的处分决定。校长讲完话，只字未提我偷跑的事。这时我心里石头落了地，觉得不会处分我了。按理我这次偷跑逃学是应受处分的，学校没有，班上也只字未提。我问自己，这是为什么？没有对我偏爱的理由呀。那只能是一种解释，就是学校对一个外县来的贫困学生的爱护和理解，是用无声感人的行动教育我珍惜这来之不易的学习机会。

每逢星期天，是我最难熬的日子。本地同学都能回家，我却一学期才能回去一次，深感寂寞和孤独。有一个星期天，李发鹏主任找到我，约我和他一起去挖洋芋。挖完后，还给我满满一撮箕，要我拿去吃。他不仅在生活上关心我，在学习方面也经常鼓励我，他教我们语文课，讲评作文，有时特地选取我的作文进行点评，我深受鼓舞，增强了我的学习信心。从此，我彻底打消了弃学念头，克服困难，安心学习。要毕业的那半学期，别的同学放假，我每周星期天都在复习备考。暑天教室里很热，我就到室外找凉快地方复习。辛苦没有白费，我们1963届初中毕业生考高中，全年级只有4人考取长阳一中，其中就有我。我家祖辈以来，有了第一个高中生。

此后，我一直在想，如果那次我偷跑回家，李发鹏主任不把我追回学校，我因此而辍学，就与读高中无缘，恢复高考也难圆大学梦，更不可能在五峰成立土家族自治县时被选为自治县首任县长。

50 多年里，我脑海里始终出现那个背影：李发鹏主任在倾盆大雨中，背着我的行李，跋涉在去九中的泥泞路上。

2018 年 12 月 8 日于北京

感恩九中

初中 1962 级　李永茂

作者简介

李永茂，1947 年 3 月出生于渔峡口镇渔坪村。1963 年春至 1965 年夏在长阳九中读书；1965 年秋至 1968 年夏保送至宜昌二高读书；1971 年夏参加工作，在渔峡口教育战线执教 32 年；2003 年退休。小教高级职称，现居渔峡口镇西坪村。

1962 年夏，我于渔峡口小学毕业，顺利考取了当时县立重点中学——西湾二中。当年秋天报到入学，在二中读了我的初一上学期。因西湾二中距离我的家——渔峡口渔坪村石板溪 100 余里，上学路途遥远，全靠步行，加之时值国家遭受三年自然灾害重创，生话十分困难，生活得不到家庭的及时照顾，经与两校申请获批，转入离家约 10 里的长阳第九中学继续完成初中的全部学业。

我在长阳九中读了两年半初中，并顺利被学校保送至当时省立重点高中——宜昌第二高级中学（简称宜昌二高）继续深造。

时间虽然逝去近 60 年，在九中学习、生活的难忘岁月始终铭记于心，难以忘怀。

一是师恩似海。我从西湾二中就近转学九中，因为学习成绩还过得去，就受到九中的领导、老师和同学们的抬爱，让我受宠若惊。同学们选举我担任班长职务，协助班主任维护教学秩序，集中同学们的学习情况，上达同学们的意见要求，协助老师们改进教学方式，提升学习兴趣和效果。比如作文课，同学们各自完成练习后，全班集中由班长主持，语文老师参加，选取写得好的和一般的作文若干，先由个人宣读，再由同学们分别发表点评意见，最后由语文老师详细讲评。这样的教学方法很有启发和督促作用，对提高同学们的写作能力起到了较好促进作用。再是每周三的晚自习，是班务生活会时间。生活会由班长组织，班主任参加，主要是同学们开展交心谈心活动，畅所欲言，把自己的学习体会相互交流，促进共同提高。在我的班长任上，由于同学和老师的抬爱，班务活动开展得有声有色，在学校引起了良好反响，受到多次表扬。初二阶段，我也因此被学校团组织批准，成为一名光荣的共青团员。在九中学习期间，我始终保持谦虚谨慎、不骄不躁的学习态度，各科成绩优秀，赢得了老师和同学们的认同。在九中毕业后，我没有参加中考，被学校直接保送到当时省立重点高中——宜昌第二高级中学继续深造。这一切，除了自己的努力外，全部是长阳第九中学的领导和老师们给予的。

宜昌二高毕业后，我也有幸成为一名光荣的人民教师。我接过前辈师长的教鞭，站在三尺讲台，挥鞭执教 32 年。30 多年的执教生涯，我始终铭记九中各位老师的恩情，把他们给予我的爱，毫不保留地给予我的学生。

二是同学亲情如兄弟。一次课外活动，我们班上的秦忠恕同学在操场上活动不小心，脚的小趾被利石划破皮，出了点血，并没有引起他本人和同学们在意，以为血一止，过几天就会好的。可是，当忠恕同学晚上一觉醒来，右脚弯以下全部红肿，疼痛难忍，甚至造成月余不能下地行走的严重后果。这期间，我们班便组建以邵希兵同学为主的生活护理团队，专门负责忠恕同学的生活。他们时而背、时而抬，为忠恕同学排生活之忧，解行动不便之难，直到他生活能够自理。这期间的治疗主要是班主任张必珍老师往返于得米湾，请草药医师调配草药医治。

还有一次，我们班的覃德全同学因家庭成分为地主，背上思想包袱，对前途失望，产生了中途辍学的想法。在一次雨后天晴、清江发大水的早晨，趁人不备，背起箱被，离校而去。情况很快反映到学校领导那里，随即班主任张必珍老师找到我和大高个黄吉雄，要求我们轻装快跑，叮嘱我们追到德全同学后，一定要做耐心细致的思想工作，解除他的思想顾虑。家庭出身不由自己，道路可选择，尽力争取让他返校继续完成学业。我们追至大花坪，与德全同学相遇后，把学校领导与张老师的话传达给他时，德全同学开始的态度还是很坚定，表示前途无望，何必在学校虚度时日。我和黄吉雄同学经过耐心、恳切地动员后，说："你今天不听我们的劝告坚持回家，清江河沿江渡口全部封渡，你也过不了江，回不到家。不如和我们回学校后，再从长计议。"经过很长一段时间的思考后，他才同意一起返校。于是，我和黄吉雄轮换着帮德全同学背着衣箱和被子愉快地返回了学校。学校为表彰我们出色地完成任务，还专门在教工食堂给我们每人端来一大碗糯米糍粑犒赏我们。感谢我们忍着未食早餐的饥饿，为学校完成了一个重要任务。当我们把德全同学耐心劝说返回学校后，其心情也是如释重负，好不畅快。最后，德全同学虽然没有走进高一级学校深造，但他和我们一起顺利地完成了初中3年的学业。

三是不吃苦难为人。我们在九中求学的时候，正是我国遭受三年自然灾害重创恢复的初期，社会生产和市场供应仍然还处在十分困难的时期，人们的生活还十分困苦。中学生都在十四五岁，大的有十八九岁，正是长身体的时候，面对3两苞谷饭、一碗清水懒豆腐的伙食，没有星点食油，更谈不上有食肉的补充，面对繁重的学业负担和校内改善学校面貌不停的体力消耗，说不苦那是假话。经历了这3年，增强了我们克服困难的意志力。

现在回想，九中3年完成了我们的成人仪式，它让我们走向踏实的人生。

2019年3月于渔峡口镇西坪村

熔炉九中

初中 1962 级　秦忠恕

作者简介

秦忠恕，1948 年 7 月出生于枝柘坪梁山坝村。1962 年秋至 1965 年春在长阳第九中学读书；1965 年秋至 1968 年春在宜昌二高读书；1969 年至 1976 年在解放军某部服役；1976 年至 2005 年在枝柘坪小学任教至退休。小教高级职称。

回首半个世纪前在长阳第九中学求学的历程，让我想起明朝于谦的《石灰吟》，诗曰："千锤万凿出深山，烈火焚烧若等闲。粉骨碎身浑不怕，要留清白在人间。"这首诗描写顽石经过炉火煅烧，实现涅槃重生变成石灰，造福人类的过程和石灰洁白无瑕的品质。我以为用熔炉来形容长阳第九中学的历史地位和贡献，再贴切不过。

这座位于长阳、巴东、五峰三县结合部，地处长阳西部边陲渔峡口镇的长阳第九中学，就是一座锻炼人的熔炉。来自这些边缘地界的顽童，多数都是在这座熔炉经过熔炼和锻打后，才走出大山，升入高一级学校深造，走上各级领导岗位和各条战线，为国家和社会发展尽忠竭力的。

一说九中环境。九中十分宽敞宁静，在渔峡口周围恐怕再难以找到这样理想的教学环境了。借助白虎垄覃氏宗祠这块风水宝地，它有宽广的操场、整齐的校舍、雄厚的师资力量，具备熔炼和锻造一切愚顽的条件。

二说掌握这座熔炉的高超工匠。一所学校质量高低，关键在教员。能否凝聚优秀教师，关键在校长。时任校长秦尚高，中等身材，不苟言笑，但诚稳心细，待人诚恳，善解人意，领导、协调能力强。教导主任张少陵，在九中可能身高居首。他学识高，待人和气，教学组织领导能力高超。在他们的周围，凝聚了一批具有真才实学、教学经验丰富、师德高尚、爱岗敬业的教师队伍。这是长阳九中成为西部中学名校的关键和基础。比如，语文老师方宗震、曾庆祥、覃福民、李静澜等，都是功底深厚的实力派。数学老师袁勤灿、张必珍、陈廷发等，对中学数理如数家珍，演绎得出神入化。化学老师邓执旺，"文革"前毕业于华师化学系，他不仅学识渊博，还能把实验和社会实践相结合，直接服务于农业生产，称为"大家"，实至名归。从湖南来到九中的历史老师张松高，是华师历史系毕业的高材生。他的历史课可以说风趣生动，众多历史事件娓娓道来，让人耳目一新，荡气回肠。他讲课从不翻教材教案，送他历史超人称号亦不为过。几何老师胡世德，讲解几何可以说是眉飞色舞，相互衔接，丝丝入扣。复杂的问题经过他的抽丝剥茧，一目了然。他的几何课受到全校师生的敬仰和爱戴。胡老师不仅热爱数理，连自己的孩子取名也用数学名词，如连方、平方、开方等。俄语老师周乃康，毕业于南京林学院，教授俄语也是驾轻就熟。还有很多，这里就不一一列举了。总之，当时九中的师资力量不亚于长阳一中。之所以九中教学成果一直名列全县前茅，与拥有这支资深的教师队伍是分不开的。

三说九中是一座熔炉。凡进九中的学生，要通过三关的打磨，才能升到高一级学校继续深造。

一是艰苦的生活关。我是1962年秋与九中结缘的，在这里接受了3年打磨。我们这一级入学时有100人，编2个班。我编在初一（1）班。我们这一级入学的学生，正处在国家遭受三年自然灾害重创后国民经济恢复的起步阶段，社会生产和物资供应还相当匮乏。人们仍然处在衣不保暖、食不果腹状况。农业不丰收，物资供应就不能保证。我们这些十四五岁年龄的孩子正是青春发育期，是长身体的时候，可伙食却清淡得可怜。每顿3两苞谷饭，一碗可看见蓝天的懒豆腐，没有任何食油、食肉和蔬菜补充。供应不上时，就是人均几十颗水煮蚕豆充饥。学生整天处在半饥饿状态，这要毅力忍耐。

第二关是高强度的课时练习关。在挨饿的状态，每天要完成9个学时课程和作业。应该说抓学习无可厚非，现在的学生听说一天9节课，会说我们不都这样吗？可那时是饿着肚子的呀！所以，学习上的压力对人的意志也是一种考验。

第三关是劳动关。九中的高强度体力劳动主要是背煤和平整操场两项。先说背煤。那时不通公路，没有机械运力，学校近 500 名教职员工和学生一年的生活用煤，全靠师生的背篓和双肩从白岩、锁凤湾、庄坪等处背回。学生每学期的任务是 150 公斤。每次背煤，双肩磨破皮，双脚走起血泡，每走一步，都疼痛难忍。再说平整操场。男生宿舍前有一长约 30 米、宽约 10 米、高约 5 米的大土包，上面长有碗口粗刺槐若干，工程量 1000 余平方米。这个土包就是师生齐动员，两个学期的劳动课，以背篓为工具，以双肩为动力完成的。3 年九中锤炼，有的同学背坏了几个背篓，学校近 300 米的环形跑道和操场就是用这些土填平的。校舍环境虽大为改观，可全校师生也费尽心力。

能过这三关，是需要意志和勇气的。不少同学跌倒在这三关上。开始出现一个、两个的辍学，老师们历尽千辛万苦，登门家访，耐心启发动员，不遗余力，动员了不少同学返校重读。这些老师不仅在课堂上叱咤风云，在做学生家访时也是口若悬河，说得在情在理，让人找不到不读书的理由来反驳。我们班有我和田兴翠，就是班主任张必珍老师说服动员回校续学的。张老师动员我时，一句名言至今记忆犹新，他说："鸟美靠羽毛，人美靠知识。"这句话，鞭策我一生注重学习，丰富学识。到读初二时，学校领导和老师们使尽了浑身解数也无济于事，辍学率居高不下，几乎成了一边倒的局势。学校领导和老师们再亦无回天之力，也只能顺其自然，由他去了。初三时，原先两个班的人，编为一个班。原来 100 人，到升学考试只有 36 人参加了。他们是黄吉雄、鲍同德、覃先荟、秦忠恕、田兴翠、李永茂、徐德山、刘诗忠、苏良辅、向宏淑、张泽安、李永甫、李顺春、覃仕福、李继秀、李秀英、张泽耀、田甫余、王家锦、田明告、覃自翠、覃仕俊、覃孟莲、覃好英、覃仕芬、李发富、李吕松、谭从阶、邵希兵、李发在、黄友庆、田纯笃、李云楚、覃先新、覃德全、洪全苑。

这 36 名同学也许是应了孟子的那段至理名言：天将降大任于斯人也，必先苦其心志，劳其筋骨，饿其体肤，空乏其身。经过升学考试，有 3 名保送宜昌二高，3 名考进宜昌二高，其余多数被县一高和师范学校录取，升入高一级学校就读。遗憾的是，这些同学后来的就业情况就不全知了，能了解到的有三分之一的同学在从教。现我已年逾古稀，安度晚年了。

最后说一段在九中的师生之情，要感恩，要致谢。那是一次在操场上的课外活动，不小心把右脚小趾撞破出血，受了点小伤，开始并没有在意。可是睡了一个晚上，高烧红肿，奇痛难忍，直至近一个月不能下地行走。这期间，我的生活料理全靠以邵希兵为主的同学帮助。治疗上主要是班主任张必珍老师步行至得米湾，请当地草药医师治疗的。他们恩深似海，德厚山岳，我终身难忘。

在行文即将结束之时，我要向全体九中的领导和师长致以我最深情的敬意，谢谢你们苦口婆心的培养教育，让我们这些年已古稀的学子也能过上幸福、舒适的晚年生活。

2019 年 3 月于枝柘坪

梦回九中

初中 1962 级　田兴翠

作者简介

　　田兴翠，女，1946 年 2 月出生于渔峡口镇赤坪村。1962 年秋至 1965 年春于九中读书；1965 年秋至 1968 年春于宜昌二高读书；1971 年至 1972 年在宜都师范中教班学习并参加工作，先后于西坪中学、九中任教；1993 年至 1995 年任渔坪小学校长；2002 年退休，现居龙舟坪。

　　1946 年 2 月，我出生在渔峡口区赤坪村，今年已 73 岁。人生进入古稀之年，回忆近一个甲子前的往事，还原花季岁月在九中求学的情景，感觉如同梦幻一般，让人铭记平生。因此，我把这篇短文命名为《梦回九中》。

　　1962 年，我十分荣幸地跨入长阳第九中学的校门，成为班主任张必珍老师班上的一名新学员。

　　初进九中，一切都感觉新鲜。宽广的校园，宁静的环境，尊敬的师长，亲爱的同学，让我高兴了好一阵子。经过一段时间熟悉，我知道当时校长秦尚高，协理余发胜，教导主任张少陵。语文老师覃福民、李发鹏、李静澜、方宗震、曾庆祥；数学老师袁勤灿、张必珍、胡世德、陈廷发；化学老师邓执旺；历史老师张松高；俄语老师周乃康；地理老师刘道兴；体育老师覃福民（兼）；后勤李长金、余以安；厨师田大任。

　　我们 1962 级 2 个班，每班约 50 人。我们初一（1）班现在还记得姓名的有秦忠恕、覃孟莲、黄吉雄、鲍同德、李永茂、覃先荟、李发在、田贞品、覃世俊、覃好英、向宏淑、苏良辅、田明告、覃自翠、张泽耀、张泽安、李秀英、田兴翠等。就是在这些老师的教育和同学的共同努力下，在十分艰难困苦的环境中完成了初中 3 年学业，度过了人生的花样年华。

我们班经过 3 年磨砺，有 36 名同学参加了在持枪警戒下的中考。鲍同德、李永茂、黄吉雄 3 位被保送读宜昌二高，秦忠恕、覃先荟和我考进宜昌二高，其他同学分别被长阳一高和师范录取。只有一人因家庭成分问题没有继续升学。不过，"文革"的原因，我们这一届只读了一年半高中，多数因学校停课又回到农村，直到后期复课。我们的大学梦也因此破灭。

在九中，3 件事刻骨铭心，影响我终身：

一是好成绩是严格教育出来的。客观地说，我在九中 3 年，学习一直很认真，主要课程学习成绩都名列前茅。由于对副课，特别是地理很不感兴趣，每次考试总不及格。直到临近毕业，地理老师刘道兴给我下了最后通牒，说："你地理毕业考试若再不及格，就取消你的中考资格。"听到他这番话，我如五雷轰顶。因为我的梦想是升高中、读大学，甚至连师范类学校就不想上。为此，我不分日夜苦读死背一个月，最后还考了 91 分。我最差的课程取得了高分，不仅参加了中考，还被宜昌二高录取。进入当时的一流高中学习，让我高兴得彻夜难眠。在宜昌二高开学典礼上，校长在动员鼓励大家继续努力学习时说："你们一只脚踏进宜昌二高的校门，另一只脚就踏进了北京、武汉大学的校门。"校长的动员让我们听后心里美滋滋的。真是谢天谢地，没有刘道兴老师的死逼，哪有我的今天。今生回忆，想起当年铁人王进喜一句名言："人无压力无志气，井无压力不喷油。"我的切身体会，人的一生要成就一番事业，没有压力是不行的。学生天性好玩，进取意识差，适当给点压力，能促其成长进步。

二是纪律是培养习惯的保证。在九中，除了严格有序的教学活动外，学校严格的校规校纪也近乎苛刻。我们那时的学生年龄普遍较大，有的甚至结婚生子，我想没有严肃的纪律也是难以约束的。说一件让我铭记终身的小事，让大家知道当时学校纪律之严，可见一斑。一天就寝熄灯铃之后，值日老师查寝，发现我和同床覃孟莲还在嘻嘻哈哈发笑，值日老师张必珍当即严肃批评。他说："你们若不改正，就要罚站。"这件事，让我在 30 多年的从教生涯中恪尽职守，兢兢业业，把个人纪律和学校规章视为事业成败准绳，从不越雷池半步。

　　三是师恩似海。我们读初中的 3 年，正处在国家遭受三年自然灾害后的恢复初期，人民生活仍然还十分艰苦。我们家大口阔，兄弟姐妹 7 个，那时有 4 个在校就读，父母微薄的收入实难应付学生所需。加之我当时已近成年，看到父母日夜为全家人操劳，仍不能维持子女们的基本需求，有为之分忧解难、减轻负担之心，于是辍学回家。班主任张必珍老师发现后，不辞劳苦，步行几十里山路，专程到我家做动员工作。他讲了好多人生道理，说明只有知识才能治穷致富。无奈之下，我在张老师苦口婆心地动员下，又和他返回学校，才顺利完成初中学业，最终还考取了我梦寐以求的宜昌二高。现在回想起来，九中老师们恩深似海，德高珠峰。当时我们这些穷学生没有这些老师培养和教育，哪有今天幸福的晚年生活。让我们怀着一颗感恩的心，向九中一届又一届全体教职员工致敬。多数老师已年高作古，当他们得知众多九中学子学有所成，为祖国为人民也做出毕生奉献时，亦当含笑九泉。

　　文中说到的老师和同学名单因时间久远不一定完全准确，相关同学请帮助纠正并予海涵。

（田兴翠口述，李长钧整理）

在九中的岁月里

初中 1962 级　向宏淑

作者简介

　　向宏淑，女，1950 年出生于渔峡口镇青龙村，中共党员。1962 年至 1965 年长阳九中学习；1965 年至 1967 年长阳商业学校学习；1967 年 10 月至 1968 年渔峡口供销社工作；1969 年至 2004 年在渔峡口镇青龙小学教书至退休。小学高级教师，现居宜昌。

　　人生的坐标，随着岁月流逝在不停地调整。阔别长阳九中 54 载，今日回忆，思绪万千。昔日的老师大多年事已高，有的作古，只有那宽阔的校园、绿茵的草坪、散发着芬芳香味的槐树、苍翠的柏树、错落有致的教室和寝室依然保留在原来的位置。

　　1962 年，我有幸考入长阳九中学习。那时我年龄小，从小学三年级跳级到五年级，初入九中感到一切都很新鲜。当时九中是一所县办全日制中学，拿到录取通知书后，我真是喜出望外。一走进校园，只见学校是四面环绕的小山包中间一块盆地，高大的 10 栋房子矗立在眼前，分布四周，操场中间是一个池塘，池塘边种着许多垂柳和槐树。我被分在初一（1）班，全班近 50 个同学，班主任张必珍老师教代数，语文老师覃福民还教音乐和美术，几何老师是态度和蔼的胡世德，周乃康老师教俄语，物理老师董大伦，地理老师刘道兴，化学老师邓执旺，记忆最深的是历史老师张松高。松高老师中等身材，比较瘦，常常上穿一件黑色灯芯绒中山服，下穿一条深蓝色小脚裤，脚穿一双浅口黑皮鞋，头上留着短西装头，脸上始终挂着微笑。他是湖南鄘县人，毕业于湖北大学历史系。

在九中这个熔炉里，以秦尚高校长为首的学校领导班子，带领全体老师认真贯彻落实党的教育方针，使学生在德智体诸方面得到了全面发展。每年春秋两季，学校召开运动会，有跳高、跳远、乒乓球、篮球等比赛项目，每次我报名参加比赛跑 800 米、400 米。女子一组由其他班的邓淑媛、李友珍及我 3 人组成，开始我跑得比较慢，当周乃康老师手拿一块小怀表，大声喊"一秒、两秒、三秒"时，我使劲冲刺了，也不愿落后他人。

刚进学校时，我的父亲给我准备了两件劳动工具，一个小背篓和一个小木桶，当时学校缺水，全校 500 多名师生员工靠一条用树干做成的小木渠送水，水量不大，根本供不应求。我父亲那时就常到老水井给教工食堂挑水吃，一个来回差不多要走半个钟头，他这种吃苦耐劳的精神一直深深地影响着我。学生用水更是十分紧张，学校决定全体学生每天下午课外活动时轮流换班去端水，用盆子端水来回约 2 里多路程，沿途泼泼荡荡端到学校，已所剩无几了，我的小木桶发挥了作用，在木桶里面放进一片干净的树叶，这样提着水就不会荡出来了。把提回来的水倒进大水缸里，再由田大任师傅一瓢一瓢地发给我们，排着长长的队伍，也没有人拥挤。考虑到女生用水量大，对女生则多发半瓢水。

学校不仅用水紧张，燃料一样也很困难。学校的燃料是靠全体师生用双肩从白岩坡和庄坪背回来的。虽然 50 多年过去了，但仍有两件事记忆犹新。从小父母对我们要求很严格，我上初一时，年龄比较小，个子也小，班主任张老师跟父亲建议拿点钱请一个人把一学期的煤背回来抵数，父亲果断回答说："不行，让她加强锻炼，别的同学能去背，她也能去背。"记得第一次到白岩坡去背煤，早上 6 点钟起床，吃过早饭，7 点钟由班主任带队出发了。一路浩浩荡荡的，走完了大路便是杂草丛生、满坡木瓜刺的小路，衣服挂得丝丝地响。经过几个小时的步行，终于到了煤矿，来不及休息，就开始装煤了。我们背的都是块煤，男同学背 50~60 斤左右，女生背 25~35 斤左右。煤上齐了一起往回走。坡陡路滑，一不留神就会摔倒。那天烈日炎炎似火烤，满脸的汗水都变成了盐粒。走过了崎岖的山路，便来到了跃进桥，爬上了滑儿坡，两条腿就像灌了铅似的，寸步难行。到了东村，感觉离学校才有点指望了。东村盛产柑橘，满树的橘子挂满枝头，但没有一个同学去摘，其实大家已经渴得快张不开口了，也只能是望梅止渴。此时，我越走越慢，大同学徐德山主动帮我带了一块煤，过了放牛场，他才把煤给我自己背到学校。

再一次是去庄坪背煤，我们一船约 10 个人，在峡西沱渡口过了河，船靠岸后，我们刚一下船，突然龙口那边有人吹起了哨子，是放炮炸石头的。只听见"轰隆"一声巨响，不知是哪个男生喊了一声"卧倒"，同学们敏捷地将背篓罩在头上和背上，只见飞石从头上掠过，我吓得心里咚咚直跳。出发前父亲给了我几个小橘子，让我渴了拿出来和同学们一起分享，可是到了庄坪墩上，地方狭窄，只顾着上煤块，背篓一歪，几个宝贵的橘子一溜烟地滚下了清江河。真是去时渴，来时饿，但没有一个同学叫苦叫累，回到学校时，同学们早已是又饥又渴、精疲力竭了。

那时我在班上年纪和个子都是最小的一个，是一个思想单纯朴实的女孩子，一心想着好好学习，以后考上一个好学校。于是我刻苦认真学习，专注听老师讲课。语文老师讲课生动形象，吸引着我专心听讲。作业内容繁多，学校活动丰富多彩，在黑板报上我常常挂号。几何老师上课直尺三角板放在一边，伸手一画，不歪不斜，跟书上一模一样，讲到高潮时前倾后仰，学生也听得津津有味。俄语老师讲课激情高昂，一节课结束，就是满头大汗。至今还记得不少单词和句子，但由于地方后来改为学习英语，俄语几乎就没有用到过了。化学也只记得一个 H_2O 了。

初中阶段最让我难以忘怀的是平易近人、态度和蔼的张松高老师。我感到特别奇怪的是，他上历史课从不拿教科书备课本什么的。上课铃一响，他背着双手，手里拿着几支粉笔，迈着稳健的步伐走进教室，满脸笑容。他讲历史课是用讲故事的方法，最能激发学生的学习兴趣，讲到关键地方，他便板书年代、人物、事件经过、总结，最后让我们通读课文，发现跟他讲得一模一样。如讲《秦始皇筑长城》一课，就运用了讲故事的教学方法。秦统一天下后，为了防止和抵御北方匈奴的侵略，调集大量的民夫到边塞修筑这项浩大而繁重的工程。民夫们在北方风雪弥漫的边塞上，靠肩挑手抬把土石一点点垒起来。因环境的恶劣和工作的繁重，在修建过程中死去了很多人，其中有一个典型的故事——《孟姜女哭长城》。书生范喜良被抓去修长城，他的妻子在家等了好几年，不见丈夫回来，她便千里迢迢到边塞寻夫，哭倒在长城脚下，把长城哭倒了一大片，发现了丈夫的尸首，自己跳江自杀了。秦长城修建了十几年，终于修好了，历代皇朝都在加固，明代时加固的长城长达

6300 千米，俗称万里长城。长城由关塞、城墙、燧台组成。数座燧台上日夜有士兵把守，若发现敌情，就点火击鼓，传递情报。长城对于抵御北方匈奴的侵略起了重大作用。50 多年后的今天，我登上了长城，感受了长城的雄伟壮观，正如老师讲的一样，长城是我国古代劳动人民智慧和汗水的结晶。

又如张老师讲《李闯王进京》一课时，以薄古厚今的方法把课讲得绘声绘色：时间是 1628 年，陕西发生了大饥荒，百姓没有粮吃，可官府仍旧催租逼税，导致陕西各地爆发了农民起义。在这些起义的队伍里，有一个优秀的将领名叫李自成（板书人物名字），接着介绍李自成的简历，他是陕西米脂人，出生在一个农民家庭，从小就喜欢骑马射箭，练就了一身好武艺。1640 年，河南也闹了饥荒，李自成带兵攻破洛阳，打开官府的粮仓，把粮食分给了农民。他还提出了"均田免粮"的口号，这大大鼓舞了饱受官府剥削的百姓。在几个月内，起义军就增加到 100 多万人。1644 年，李自成在西安正式建立了政权，国号大顺。接着他率领起义将士攻向北京。明崇祯皇帝知道末日已经到来，浑身挂满了珠宝玉器，在皇宫外的煤山上的一棵歪脖子槐树上上吊自杀。明朝灭亡以后，李自成率领起义军开进了北京城，将士们进城后，贪图享乐，腐化堕落，最终导致起义失败。

今天，共产党领导下的人民军队流血牺牲、英勇顽强，为全中国人民谋幸福，把个人得失和利益置之度外，故能将革命进行到底。他把中国历史从古代讲到近代，他的大脑好比现在的电脑，储存了丰富的知识。只有吃透了全部历史教材，才能如此津津乐道地讲授。他的教学方法和传授的知识都深深地刻在我的心里。

通过初中 3 年的拼搏和磨炼，满怀信心地准备迎接中考。不料，临近考试的前 3 天，我和覃好英同学同时得了肠胃病，又吐又拉，寝食难安，打针吃药，稍能起床。我们自己不放弃，秦校长、张老师以及来监考的巡视员研究后决定同意我们参加考试。通知了区卫生院的医生李亚云来学校给我们各注射了一支葡萄糖补充能量，然后在躺椅上放上被子，把我们抬进了教室，并在两个座位上各放了一杯葡萄糖粉泡的水让我们继续补充能量。但人还是感觉上气不接下气，手抖得连笔都拿不稳，巡视员一直在面前望着我们。这是人生的第二个转折点，也是决定命运的关键一步，当时心里暗下决心，一定要坚持住，胜利是属于我的。3 天的中考就是这样被老师们抬进抬出完成考试的。最后考试结果出来，我和徐德山、李永甫、覃好英、李顺春 5 人考取了长阳商业学校。当时身体处在恢复之中，秦校长、班主任和父亲一起给我填报的志愿，接着转走了粮食关系，心里颇为高兴。

我们1965届初中毕业生是幸运的最后一届，完整系统地学完了初中3年的文化知识，躲过了"文革"。进入商业学校学习的主课只有语文和数学，其它均属专业课程。学习仅一年半时间，1966年底，我毕业了，先后到都镇湾、渔峡口、枝柘坪、茅坪等地工作。1967年又送到宜昌二中（借地）业务培训。当时我们全家6口人，3个学生，母亲长年生病，还有一个不能劳动的奶奶，全靠父亲一点微薄的工资来维持家庭生活。心想，我虽是一个女孩，能替父亲分担一点沉重的经济负担也感到很幸福的。但好景不长，"文革"开始了，把全体同学赶回了农村，由县革委会知青安置办公室发了一封回乡知青通知书，要基层领导妥善安排我们，我的坎坷人生也就从此开始了。根据当时大队的情况，感觉走出去的机会很渺茫，只有干下地挖田、割麦、打谷这些农活了，我的心情沮丧到了极点。回到农村不久，因严重缺人，原单位领导到大队要我返回原单位上班，大队书记不同意，不签字。后来有某单位一个女职工刘家媛调回宜昌工作，一岗位空缺，时任教育组长的张松高老师得知此消息又找基层领导，仍然被卡。后来张老师在盈丰大队蹲点工作，回渔峡口开会时与我大队书记在罐岭走到一起，亲自跟他说，要把我推荐到师范去读书，结果把表送下来后却换成了另外一个人。

1969年2月，李春娥老师喜得儿子后便请我去代课，1970年转成民办老师，从此我便在青龙小学任教35年，在乡村讲台上度过27个春秋。民办老师待遇低，由生产队调粮食，工资发8元、13元、18元、22元等，但我在校工作认认真真、踏踏实实，特别是学生考试成绩一直靠前，没误人子弟。虽然生活清贫，但我始终保持着一颗向上的心。1993年2月我光荣入党。1996年我参加了民转公考试，考了80多分。当教育组长杨祖芝老师把转正通知书送到我手中时，我的眼泪夺眶而出，有说不出的喜悦。现在想来，要没有我在九中3年的学习基础，没有3年的磨炼，没有一份坚持下来的意志和毅力，我就会是另一种命运。

54年前，我从九中毕业，满怀梦想从这里展翅飞翔。星移斗转，岁月如梭，蓦然回首时，青春不再的我已逾花甲之龄。沧桑的岁月不仅留在脸上，更刻在心里，但我仍然会毫不退缩勇往直前。

2019年6月30日于宜昌

我们 1963 级

初中 1963 级　秦诗华

作者简介

　　秦诗华，1951 年 12 月出生于渔峡口镇双龙村。1966 年 7 月毕业于长阳九中，1974 年 8 月毕业于原武汉水利电力学院农田水利工程专业，高级工程师，国务院政府特殊津贴工程技术专家。曾获得宜昌市优秀科学技术专家，湖北省水利系统技术拔尖人才和十大科技英才。1996 年、1998 年在抗洪救灾中两次荣立一等功。先后担任过宜昌市水利水电局局长、宜昌市住建委主任等职。

　　1963 年 7 月，我从渔峡口区双龙公社考入长阳九中。当时九中招生范围有：渔峡口区，资丘区天池口、柿贝、桃园等 3 个公社，五峰傅家堰区、采花区等。那年报考九中的考生有 600 多人，最后录取了 50 个正取生，7 个备取生。我所在的双古墓小学共有 40 人参加考试，只录取了 2 名正取生，3 名备取生，我有幸成为该校 2 名正取生之一。同年 8 月下旬，天降大雨刚刚转晴，一位叔叔到渔峡口办事，我母亲便托他把我送到了学校。从此，我开始了初中学习生活。

　　我们 1963 级只有一个班。当时报名入学的是 57 人，至今能回忆起名字的有：双古墓的覃事福、覃孟国、田开俊、周事福等 5 人；五峰傅家堰的覃培安、张祖志、张祖清、向述玉、向述念、覃尊云、谭从金、谭从松、王安录、覃尊华、覃德清、张泽占、张泽孝、张祖清、李友珍（女）、卢开成、李永志 17 人；采花的诸秀英（女）1 人；枝柘坪的覃诗坤、覃德金、黄玉宪、覃诗炳、张春三、张兴家、杨汝斌、覃翠琴（女）、覃先梅（女）9 人；柿贝的魏勤书、向道刚 2 人；施坪的张泽沛、李永朋 2 人；三岔溪的覃守富 1 人；横茅湖的聂友清、艾云清、苏贤绪 3 人，还有李名良，其他同学都回忆不起来了。

我们进校时候，学校已有两栋两层土墙楼宿舍，3 栋平房教室，一栋礼堂，一栋老砖墙结构办公楼，一栋土墙平房教师宿舍，还有食堂等，这种规模和气派，是我小学所不能比的。我们的班主任是语文老师方宗震，数学老师是胡世德，俄语老师是周乃康；二年级以后陆续增加了历史、地理、化学、物理、生物等课程，分别由张松高、邓执旺、杨志明、袁勤灿等老师担任，体育课老师是覃孔安。学校领导只有副校长秦尚高，教务主任张少陵，总务主任柳步云，总务会计余以安。

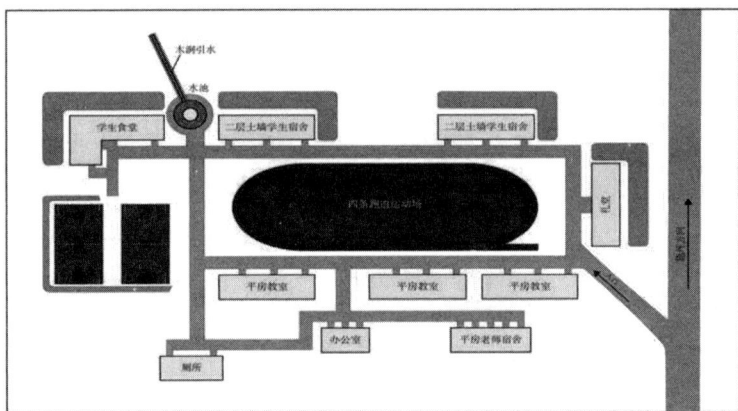

记忆中的九中

我记得那天开学典礼十分隆重。秦尚高校长给我们讲话，他饱含深情地说：你们考取九中不易，600 多人考试，只录取你们 57 人，一定要珍惜学习机会。我们学校是大调整后保留下来的学校，全县 16 所中学只有县城一中、津洋口五中、厚浪沱七中、西湾二中、贺家坪十中和我们九中 6 所中学继续招生，这多么不易。国家还每月补助你们 9 斤粮食。希望你们努力学习，成为国家有用之材。秦校长的话不长，却深深打动了我。我个子矮小，站在第一排，听得入神，从此心中埋下了努力求学的种子。我虽然学习很努力，但因基础差，学习压力大，每次考试都是三十几名，小学时积累的优越感一落千丈。由于思想负担重，1964 年春我就大病一场。伯伯来校把我背回家，一个叫覃章彪的乡医救了我。我在家养了近两月才回到学校，课程已落下了一大半，上课好多都听不懂，一度产生了辍学念头。方宗震、胡世德两位老师见到这种情况，便鼓励我不要气馁。他俩晚上给我补课，经过一个多月努力，我便赶上来了。在一年级升级考试中，除了俄语只考了50多分，语文、数学两门课都在80分以上，一跃进入班上前10名。二年级我学习劲头更大，胡老师要我担任数学课代表，方老师要我担任学习委员，还推举我担任校学生会学习委员。两位老师在我人生最重要关头，给我无私帮助和关怀，我终身难忘。

中学时代是美好的，在我幼小心灵中，记忆最深的是背煤、挖土、伙食3件事。

先说背煤吧。当时学校规定的任务是，每个学生每学期都要到白岩和庄坪两处背200斤煤。少年时期的我，个子小，力气小，第一次到白岩去背煤，一去一回，将近一天，背回的煤仅有12斤。负责收煤的老师又气又恼批评我，怎么只背这么少一点，白浪费了一天。我很委屈，觉得自己尽了力，实在是背不动，眼泪夺眶而出。站在旁边的方老师安慰我，这次是少了点，下次一定要努力哦。轻声细语让我非常感动，一下子拉近了我同方老师距离，对语文学习也有了特别兴趣。本来语文成绩一般的我，由于认真听课，并且频频举手提问，语文成绩提高很快。老师一句关心语，成了我学习的动力。

再说挖土。当时学生宿舍门前有一个土包，像一只拦路虎，致使操场不完整。学校便发动学生每周劳动一次。挖土运土一年多，终于挖掉了土包，形成了200米跑道的完整操场。操场扩大以后，学校还专门举行了一次赛跑运动会。

最后说伙食。当时学生吃饭是从家里带米或者苞谷面，交给学校食堂，食堂发回米或苞谷的饭票，然后再由学校统一蒸饭，凭不同票买不同的饭。国家补助的9斤粮食，主要是大米和黄豆。每8人发一小桶懒豆腐，自带的酱豆或渣广椒往饭里一掺，再泡点懒豆腐，如此就算一顿。记得有一次食堂屋顶整修，临时在外面打了个灶，煮懒豆腐。哪想到，懒豆腐沸腾了，锅盖一揭，一只青蛙恰好跳进去了。那时我们谁敢吃青蛙呀，从来就没听说过。怎么办？一位老师将青蛙捞出后说，即便是青蛙，也能吃。说着自己还率先喝了一口。于是我们都喝了起来，果然肚子里也没有什么不舒服的。

初中同学情谊是纯真的。枝柘坪的覃诗坤，我们很是投缘。他邀我去他家玩了几天，我也邀他到我家玩了几天，他还给我带去种了葡萄树苗。覃事福和高我一级的覃孟平，我们经常是结伴而行。最有趣的是，我们常在泗洋溪打水漂，看谁漂点多，漂得远。走到滑儿坡半山腰，还比赛抛石头，看谁抛得远，丢在河里响声大。还有低年级的覃世武，常与我在操场上追逐，他动作敏捷跑得快，他几乎每次都能抓住我，而我却很少能抓住他。

3 年学习过去了，我们有 14 人考上了长阳高中。分别是秦诗华、李名良、覃诗坤、覃德金、覃守富、覃尊华、覃培安、魏勤书、聂友清、艾云清、覃事福、谭从松、王安录，6 位同学考取宜昌二高和中专，其中黄玉宪、谭从金、李永志 3 人是中专。

2018 年 12 月 19 日于宜昌

铭记九中

初中 1963 级 覃事福

作者简介

　　覃事福，1950 年 5 月出生于渔峡口镇双古墓村。1963 年秋至 1966 年春在长阳九中学习。1971 年出国参与坦桑尼亚至赞比亚铁路测量，因公负伤回国疗养。1973 年受地方金融部门聘用，改行从事基层银行信用社业务，历任主管会计、镇信用社主任、县联社副主任等职。多次获省、市、县三级先进工作者和先进个人称号。高级会计师。2010 年退休。退休后开展保险业务 8 年，受省总公司数次嘉奖，多次到国外取经旅游。

　　1963 年 8 月，我从双古墓中心小学考取长阳九中读初中，心情不知有多高兴。我们全班 50 来人，考取九中的只有秦诗华和我两个人，另有 3 名备取生。

　　我到九中后才知道大致情况：同学分布广，他们有五峰傅家堰、湾潭、大龙坪、九里坪的，有资丘区的桃园、柿贝、水连 3 个公社和椰坪乐园等外区学生。当然，渔峡口本区学生除极少数进西湾二中外，绝大部分在九中就读。十分有趣的是，我们班上至少有 6 个是已婚入学的，五峰牛庄有个叫陆开程的同学，他的儿子竟然有 6 岁了。我那时在班上年纪最小，觉得很稀奇。一次陆开程的妻子给他带粮食来，我们都戏称他的母亲来了，快去迎接。

　　在九中，我印象深的是 3 个方面。

　　一是教学启发式。各科教师如语文老师方宗震、李静澜，数学老师胡世德、陈廷发，外语老师周乃康，化学老师邓执旺，音乐老师覃福民等，他们个个学识渊博，谦虚谨慎，没有盛气凌人的高傲，只有平易近人的慈爱。课堂上，老师讲授与学生互动，老师教得开心，学生学得快乐。比如，语文老师讲授一篇范文，要结合体例作文。各自练习完成以后，不是老师先批阅，而是全班同学由语文课任老师主持，个人宣读自己的作文后，结合范文，先在同学中间开展讲评，各种议论结束后，由老师集中定议，选出最佳作品进行点评。这种启发式教学方式，师生互动，摆脱了心理障碍，使难以学好的语文课变得生动活泼，激发了同学们学好语文的信心。其他课程也是如此，打破了"老师讲授，学生练习"的唯一模式。由于课堂学习的丰富多彩，各科成绩直线上升。我那时个子小，不苟言笑，酷爱数理化。老师讲授的内容我都提前一个节拍预习并完成作业。老师讲新课时，我又在预习下一段内容。因此，学习一直名列前茅。九中学习，自己勤努力，博得老师和同学喜欢，在班上始终担任学习委员。

二是艰苦创业。说实话，我在九中上学时，正值三年自然灾害期间，社会、学校、家庭都处在极度困难时期。读初中虽然是国家供应，但定量少，品种缺，以杂粮充主粮，一顿五十几粒蚕豆，还被"抱鸡母"抢先占据，吃起来还发出清脆响声。食不果腹是当时社会现实。尽管环境如此，但学校教学秩序井然，同学们热情不减。我记得最深刻的课外活动，是在校内平整操场。全校师生齐动员，一个学期课外活动时间，就把男生寝室门前的大土包，用小背篓背平了，建成了校内操场上的环形跑道，并且把操场整平并铺上了盘根草，为早操跑步改善了环境。过去的放牛场，只长茅草和一些零星的牛筋条、木瓜刺等一些小灌木，是东村、渔坪周围村民放牛的去处，俗称放牛场。记得是上学的第二学期，由区林业站规划并备松树种子，由九中全体师生具体执行，在放牛场开展了大规模植树造林运动。当时要一米见方挖窝子，放松籽，掩土。大约经过一个学期全校师生的努力，完成了放牛场近500亩的绿化任务。学校种树绿化放牛场后，林业部门即打上了禁止放牧的牌子，对绿化成果予以保护。50多年过去了，当年我们种下的松树籽，现在已经成为了直径为20~30厘米粗细的成材松林，为渔峡口镇后山增添了一道亮丽风景。如今的我们，已近古稀之年。每回渔峡口一次，面对这大片保护完好的黑松林，无不心潮澎湃。

三是师恩似海。数学老师胡世德，除了课讲得好外，他平易近人、百问不烦、乐于助人的品格，在我的心中如再生父母。初上九中，我只有11岁，个子瘦小，每次回双龙老家进行物资补给，小背篓装满各种生活用品，压得我下岩时心惊胆战。若遇上胡世德老师从双龙的家里返校，他都要帮我背到泗洋溪或三阳河，解除我的担惊受怕。我在九中学习受到各科老师肯定，班主任方宗震老师经常把我叫到寝室，帮助老师批改作业，并说这也是一种巩固知识方式。在我近 40 年的工作实践中，每遇实际问题运用到九中学到的知识，我都想起这又是老师教我的。我在坦桑尼亚和赞比亚之间参与前期测量时，用到三角几何知识，就十分欣慰地和同事聊起，这是读中学时胡世德老师教的绝招。

2018 年 12 月 6 日于长阳龙舟坪

松高老师

初中 1964 级 李长钧

作者简介

李长钧，1951 年 1 月出生于渔峡口镇岩松坪村。1964 年秋至 1967 年夏在长阳九中读书；1975 年华中农学院毕业后于中国人民解放军 15 军 45 师农场任技术员；1976 年调回长阳，先后在县农业局、县政府办公室、县科委任科员、县领导秘书；后于渔峡口任副区长、副镇长、党委书记、县农业局党委书记、局长、县委统战部副部长、县委台湾工作办公室主任等职；2011 年退休。曾获"湖北省优质烟生产基地乡镇"金杯奖，椪柑产业获"湖北省优质农产品"称号。退休后花 5 年时间，主修完成岩松坪宗祠《李氏族谱》的第三次修订。

1964 年秋，我跨进长阳第九中学的校门，编在初一（1）班，班主任张松高。自此，我成为张老师的亲授弟子，在九中完成了初中学业。

张老师在我印象中，身高 1 米 6 左右，蓄偏头，衣着整洁，精神焕发，给人一种平易近人、亲和力很强的感觉。真正认识张老师，是从他教授的历史课开始的。听他的课，毫不夸张地说，就是一堂故事会。一个个久远的历史事件，在他的演绎下，活灵活现，让人有身临其境之感。张老师上课，臂夹课本，手拿 3 支粉笔走进教室，一声起立、坐下之后，课本放在讲台，45 分钟的历史故事会开始。他先介绍历史事件发生的时间、地点、人物和产生的因果关系，再透过现象，揭示它在历史进程中所反映的本质内核。他讲课从不翻教材。我们对着书本听讲，所述内容尤其是重点从未出现差错。对此，我们开始感到很神奇，次数听多了，才知道这就是熟能生巧的结果。我在班上的学习成绩并不入流。最差的是数学，考试经常在 59 分、60 分左右徘徊。听数学课如同嚼蜡，下课铃声未响，自制的木板乒乓球拍已摸在手。只要听见下课二字，便第一时间冲出教室，抢占球台。糟糕的球技却让我三下五除二就被高手赶下台了。唯有对语文、历史、平面几何、物理等课程感兴趣，觉得课堂 45 分钟过得好快，有时下课铃响了还意犹未尽，这几门课的成绩自然还不错。至今记得张老师讲陈胜、吴广揭竿起义的故事，引申出来的物极必反的道理，让我感触很深。以致后来在实际工作中，十分注意控制自己情绪，遇事冷静，克制冲动，保持中庸。现在回想，这些课程，实质上是帮助我们建立自己的世界观、人生观、价值观。

张松高老师平易近人，能和学生打成一片。让我难忘的一件事，是他要和我摔跤，土话叫扳高子。记得那是 1965 年初冬的一个早晨，同学们早操跑步结束，在操场打斗玩耍，而我们几个男生正在摔跤。松高老师身着一件红色毛衣，脚踩一双黑色毛皮鞋路过操场，提着一个红色油漆刷的有提手的小木桶，去食堂打洗脸水。他看到我们玩得很欢，停下脚步，也要参加来几个回合。我和在场的人顿时茫然，以为干错了什么。在师道尊严的年代，老师和学生摔跤，无论如何不能接受。再则，他那时年近 30，和我这个十四五岁的稚嫩小子摔跤，根本就不在一个量级。精神压力和体能上的差距，怎么能接受师生摔跤的挑战呢！在一百个不敢之后，他仍然坚持要试一试。在求战与惧战的相持阶段，我无奈之下，不管结果怎样，也只能尽力一搏了。动手之前，我诚惶诚恐地提出要求，我们不知轻重，若有闪失，千万别"穿小鞋"。他说："放心吧，你们大胆发挥，长钧你先来。"我心里惴惴不安，只好硬着头皮上。

摔跤开始。第一回合，我用常规搂抱法，他身穿毛衣，一个翻身过去，双手滑脱，打了一个平手。我想，这个结果很好，同时也发现自己的力量确实单薄，无法撼动他，要求鸣金收兵。他坚持要再来一回合。有了第一次，胆子也大了。我想，抱摔拼力气的办法毫无胜算。于是心生一计，利用他身高体重，我个子矮小的特点，采取跑步上手，迅猛下蹲，给老师来一个黑狗钻裆。张老师被这突如其来的动作弄倒地。他起来轻轻地拍了拍身上的枯草说："这局你突然袭击，再来一局定胜负。"因为第二局胜利来得太快，我也无所顾忌，答应他来第三局。要赢第三局，我的主意还是猛上、下蹲、扛单腿，让他站立不稳倒地。他为了防止我再次黑狗钻裆，也以下蹲姿势对付。因他人体重心下沉，我只好以更低的身姿快速冲击，猛地扛起他的那条腿，结果如我所料，他翻身倒地，又输了。张老师不紧不忙，慢慢起身拍掉身上的灰尘，自嘲说：第一跤我摔赢，背上压一人；第二跤我摔赢，天上一朵云。我赢了！说着提起小木桶打洗脸水去了。

这次师生摔跤，我后怕了很久。不管是早操，还是课堂，我都细心观察张老师的眼神，在没有发现异常后，一颗不安的心才慢慢平静下来。后来，在他走进教室的瞬间目视，或在路上的一声老师，我都顿觉热血沸腾，无以言表。张老师让我心中敬意油然而生，亲近感日益浓烈。他那时还兼任校医，我有个头痛脑热或是有点小外伤，主动跑到他寝室要一两片阿司匹林或是擦点红汞、碘酒、打个巴子什么的，互动明显增多。我读九中时，家庭弟妹众多，家境贫寒，九中的冬天是穿着父亲结婚时穿过的破旧棉衣度过的，大小很不合体。张老师见此情景，还曾为我争取学校乙等助学金予以资助。乙等助学金虽然只有 3 元，可相当于一学期学费，对我家庭来说，无疑是雪中送炭啊。

时间到了 1967 年春，本是我们要毕业的最后一个学期，学校宣布停课闹革命。我只好回乡务农。这一干就是 5 年。5 年里，我参加过农田基建，兴修过水利，为渔资公路的修建负过伤，在 1969 年百年未遇的洪水面前，上到恩施，下到沙市，我在清江和长江的潮头当过放木排的弄潮儿。在农村，我当过记工员、生产队会计、基干民兵排长。我同乡亲们一样，白天参加劳动，晚上参加群众会议。没有群众会议时，则组织青年男女排练文艺节目，不时参加大队或是公社文艺汇演，常常是半夜才能回家。上床睡觉前，还要在昏暗的煤油灯下，通读毛主席的文章才入睡，第二天天刚亮又出工。毫不夸张地说，《毛泽东选集》我至少通读过 3 遍以上，有相当多的篇目甚至可以背诵。艰苦的劳作之余，我还借阅了马克思的《资本论》，以蚂蚁啃骨头的精神读了一遍。结果发现，大部头的经典著作普通人也能读懂。它让我明白了生产、交换、货币、产品经济、商品经济、剩余价值、经济危机等经济学概念，特别是马克思说的，产品经济只有实现向商品经济的惊人一跳，才能实现剩余价值的论断，让我至今记忆犹新。这些政治、经济理论的学习，为我后来上大学和完成学业，奠定了理论基础。

人们常说，机会总是给有准备的人的。时任渔峡口区文教组长的张松高老师，他总是记得我。1971年，他推荐我到华中师范学院中文系上大学，只因大队有留我当接班人的意图，没能如愿。第二年，也就是1972年大学又招生，我被区文教组推荐，在县三级干部会上得到确认，才走进华中农学院（现在的华中农业大学）农学系开始大学学习。我能有今天的进步，没有张松高老师的举荐，没有众多老师的培养和教育，没有各级领导和同事帮助，我可能就是另一种人生。

俗话说，滴水之恩，当涌泉相报。1976年，我从武汉调回长阳工作后，寻找恩师张松高，可他已调回湖南。后来再次打听，他因病已驾鹤西去。听到老师去世的噩耗，我的眼泪情不自禁地流下来了。我把对老师的思念，融入我的工作中。

1985年秋，在原区委试点开挖东村、渔坪两村柑橘基地700亩基础上，我接过前辈的接力棒，出任区柑橘基地建设指挥长，老书记刘祖成坐镇，渔峡口镇副书记覃世杰辅助，技术干部曹家顺参加，将其脱贫项目推广到全区另外13个村，把原来3000亩开挖计划扩大到5700多亩，用100万世界银行低息贷款，在低山河谷流域的15个村，为农业产业结构调整打下坚实基础。长阳5万亩长江柑橘带开发计划，只有渔峡口区超额完成，数万人成为小康之家。

1988年，我在副镇长岗位上毛遂自荐分管全镇的白肋烟生产，并向镇委立下军令状：3年达到面积5000亩，产值200万元，税收70万元，如若食言，自领处罚。时任书记、镇长当即表示：完成这个目标，镇委、镇政府奖励你个人5000元。结果3年后，全镇11个村发展白肋烟产业化生产，面积接近9000亩，号称烟叶大镇，获"湖北省优质烟生产基地乡镇"金杯奖。最高年产量2万担，销售收入400万元，财政税收170万元。5年种烟，全镇信用社个人存款余额从120万元上升至600万元，镇财政收入从过去的57万元上升到200多万元。牛头背村人口不到300，种烟前村信用站个人存款3.2万元，5年种烟达到37万元，实现高山农村和镇财政双脱贫。

后因种种原因，我没有获得奖金，但我并不遗憾，因为我本来就不是为了钱而工作。今天我把这些故事写出来，是想告慰恩师在天之灵，学生没有辜负您的厚望，老师可含笑于九泉。

2018年11月8日于长阳龙舟坪

我心中的九中

初中 1964 级　李长钧

作者简介

李长钧，1951 年 1 月出生于渔峡口镇岩松坪村。1964 年秋至 1967 年夏在长阳九中读书；1975 年华中农学院毕业后于中国人民解放军 15 军 45 师农场任技术员；1976 年调回长阳，先后在县农业局、县政府办公室、县科委任科员、县领导秘书；后于渔峡口任副区长、副镇长、党委书记、县农业局党委书记、局长、县委统战部副部长、县委台湾工作办公室主任等职；2011 年退休。曾获"湖北省优质烟生产基地乡镇"金杯奖，椪柑产业获"湖北省优质农产品"称号。退休后花 5 年时间，主修完成岩松坪宗祠《李氏族谱》的第三次修订。

1964 年秋季开学，我从小龙坪公社瓦屋场小学升学，到长阳第九中学报名，开始我的初中学习和生活。

学校概貌

长阳第九中学的校舍以白虎龙垄覃氏宗祠为中轴线，坐南朝北。覃氏宗祠正殿（也只残留正殿）是学校的行政楼、中心点。以行政楼为起点，它的东侧是教工食堂，食堂师傅向正年是校友向宏应的爸爸。紧挨教工食堂是二层楼的教工宿舍。在行政楼正面一小块活动场地（简洁的绿化带，算不上花园）两侧是 3 栋 6 间一层的教室。行政楼西南侧（斜上坡约 50 米），是学校仅有的男、女生公共厕所。在 3 栋教室的前面，是东西长约 200 米、南北宽约 30 米的大操场。大操场中间（即行政楼正前面）是一口南北长约 20 米、东西宽约 15 米的堰塘。堰塘周围栽有碗口粗的杨树。塘中养有草鱼、鲤鱼、胖头鱼等。遇到干旱堰塘水少，塘中的鱼儿浮到水面呼吸，很好看。后来才知道是水中缺氧，浮头。大操场正北面，东西两侧，是两栋 2 层楼的女生、男生寝室。每栋一层分 3 大间。女生寝室楼下还做过高年级的教室。张泽耀、黄吉雄、田明浩、覃事福、田兴翠等大哥、大姐在那里进出上课，还留有印象，因为和我们的教室相对而视。

大操场西北面是总务处和学生食堂。管总务后勤的是李长金老师，会计余以安老师。大师傅姓田，没有记住他的名字。后来在大操场的西南角，又开辟了一处小操场，供跳远、单双杠活动用，还有爬杆等。这个小操场坎下，是学校的篮球场。学校的体育教学多在小操场和篮球场进行，离教室远，以免影响其他班级上课。学校大操场主要用于早操和举行运动会。大操场跑道，是我们读初二那年，全校师生把男生寝室前一人多高的土包（约千余立方米），用小背篓背平的。所取之土主要用于填平操场和跑道。有了环形近 250 米的跑道，就用煤渣改善跑道路面。学校开运动会，2500 米长跑要跑 10 圈。当时，学校所有建筑除覃氏宗祠学校主楼是砖木结构外，其余均为土筑瓦盖。外墙一律用石灰青砂磨光防雨，青中见白。内墙则用铡刀将稻草切短，与三合泥（石灰、黄土、青砂）混合后糊墙隔潮，抹平后再用石灰浆粉白。初到九中，学校内道路和教室、寝室地面都是高低不平的，一扫地灰尘扑面，四处飘散，直呛鼻子。操场正东面是大礼堂，有两层楼高，是学生聚会和演出的重要场所。礼堂正面墙上方，是杨志明老师书写的见方近一米的标语：高举毛泽东思想伟大红旗奋勇前进！宋体字，很是醒目。窗户之间，有杨老师用隶书书写的毛主席语录牌。走近大礼堂，给人一种豪放和大气感觉。

九中校长是秦尚高、教导主任张少陵、教研室主任袁勤灿。1964 级（1）班班主任张松高，（2）班班主任周乃康。语文老师方宗震、李静澜；数学老师张必珍、胡世德；物理老师杨燮文；化学老师邓执旺；历史老师张松高；音乐老师覃福民；俄语老师周乃康、刘道兴；政治老师我已没有印象。1965 级（1）班班主任开始是张必珍老师，后是杨志明老师。1966 年调进分管女生工作的是覃先瑛老师。

那时要进九中，升学率确实很低。小龙坪中心学校瓦屋场高级小学一个班 42 人，我们那一级被录取的只有毛传海、杨德田、杨祖翠和我 4 人。因为那时九中只招两个班。我依稀记得 1964 级两个班分别为 52 人或 54 人，具体数不准确了，反正都是满班名额。因为那时九中的招生范围，除渔峡口区外，还有本县资丘区的柿贝、水连两个公社、五峰县傅家堰区、巴东县及本县榔坪区的部分公社。九中 3 个年级最多 6 个班。

劳动改变面貌

前面说到男生寝室门前的大土包，体积近千方，一是我们入校后，在学校领导和老师们带领下，经过两学期努力，利用周六义务劳动，以蚂蚁啃骨头的精神，削平土包建成大操场跑道，改善了学校整体面貌。二是在学校和老师的组织下，改善教室和道路环境。教室的最大问题是地平由黄土铺平的，时间一久，黄土疏松，清扫教室成了一场硝烟弥漫的战斗。地上垃圾扫净了，地灰全部上了书桌。要改善教室环境，用水泥在当时是奢望，唯一就是土法上马，用三合泥铺地平。所需建材哪里来？从老师、学生的背篓中来。教室内地平，所需拳头大小铺底石，都是我们用背篓在校园外的山上背来的，由有经验的高个儿男生在老师的指导下，依次摆平夯实后，铺上三合泥，砸实抹平。配制三合泥所用青沙，全由师生经放牛场拖松条的拖路，前往渔峡口老街后面的清江河边背回。河沙很沉重，二三十斤河砂装在背篓里，面对近 60 度的上坡，沿拖路边沿上行 2000 米背回学校，这无疑是对人的意志最严峻的考验。有的人途中因坡陡路滑，力不从心而摔到路沟。于是，我们就用树枝架在背篓的颈部，铺上废旧报纸，把青沙垫高一些，比落在底部感觉要轻松一点。说实话，到清江河边背青沙回校，至今回忆起来，还令人胆寒。就是在这样艰难困苦的条件下，3 栋 6 间教室及走廊、男女生宿舍的走道、学生食堂的走道、大礼堂的地平所需青沙，都是在老师和同学们的肩上和背篓中实现的。正当学校整体面貌有了质的改善，教学热潮兴起之时，"文革"开始了。学校宣布停课闹革命时，我即回到农村，接受了 5 年贫下中农再教育。

煤气灯

那时的煤气灯，可以说是我们超酷的照明光源。说它超酷，是因为它只会在教室或是礼堂的演出才会出现。平时在学校的其他地点，包括老师的寝室或是学生宿舍，均以坐式炮台灯或是吊式炮台灯提供夜晚照明光源。

煤气灯是由底部一个可容四五斤煤油油箱的灯座，内置气压加压泵，由 4

根连接柱和一根增压供油管与灯头和灯帽连接，顶部有一吊环与教室天花板上的吊钩相挂。每当晚自习前夕，负责照明值日的同学都要先把教室的煤气灯点亮，为同学们的晚自习提供照明服务。

发煤气灯还是一个细心的技术活。在保证灯具油箱油料充足的情况下，用加压泵为油箱提供足够气压，使供油管提供燃油气化，为灯头上的灯网提供压力匀称的气化燃油，促其由暗到明，由红到白，发出银白色的光芒。要使灯网发光还有重要一环，即先在紧靠供油管盏窝里加油约50毫升煤油用火点着燃烧，把供油管烧热，为灯头提供气化油源。再检查灯头上的石棉灯网是否完好。若灯网损坏，要另换新网。煤气灯的灯网极易损坏，若遇飞虫猛扑即刻报废。供油管加热，灯网完好，即可慢慢打开供油开关，为灯头供应雾化后的燃油，至灯网雪亮后，再将油箱气压加足，就完成了发煤气灯的全过程。

那个时代的煤气灯是高端灯具，只有公共场所才有可能应用。

九中的煤气灯，为众多学子提供了那个时代最优质的光源，照亮了他们眼前的书本，也照亮了他们人生的前程。

2018 年 11 月 11 日于长阳龙舟坪

校 长

初中 1964 级　覃好文

作者简介

　　覃好文，1950 年 6 月生于渔峡口镇招徕河村。1964 年进入九中读书；1967 年回家随外祖父学习中医；1985 年宜昌地委党校党政干部大专班毕业；1969 年 9 月参加工作。先后任龙王公社团干，茅坪公社秘书，地区革委会政工组办事员，团地委组织部副部长、部长，地区纪委检查科副科长、检查室主任、地纪委委员，宜昌市纪委专职常委，市政协文教卫委员会副主任，民族宗教社会法制委员会主任。2001 年退休。

　　我在九中读书的 3 年时间里（1964~1967 年），秦尚高一直是我们的校长。有同学说秦校长很恶（严厉），见了秦校长就像老鼠见了猫，总是躲着。其实，秦校长外表似严父，内心却像慈母。尽管我们同秦校长接触时间不是很多，但学校开展重要活动，都有秦校长身影。比如学校劳动，秦校长总是率先垂范。有次我们到庄坪背煤，秦校长背得很多，走到河边时衣服都汗湿了，豆粒大汗珠不断从额头上往下滴，我们见了都很感动。

　　秦校长治校很严，治学讲理。有一次，学校开体育运动会，要我负责管运动服。我领了运动服后放在寝室床上，准备发给参与活动的人员。没想到，有位同学悄悄拿走了一套服装，急得我不知所措。于是我把班干部集中起来开会，要大家帮忙找，并特地将怀疑对象也请来参加会议，声称要对每个人的箱子进行检查。散会后，要班干部盯紧怀疑对象。果然，那位同学从寝室箱子里取出服装，偷偷地塞到厕所旁边岩缝中，被一位班干部发现了。我拿到服装后，并不想声张此事，怕伤了同学面子，伤了同学和气。这件事不知是谁告诉了秦校长，他便把我叫去，严肃地说偷拿运动服可不是一件小事，并问我拿衣服的是谁。我不想说出那位同学的名字，支支吾吾地不知说什么是好。在秦校长再三追问下，我才说出了名字。秦校长把手狠狠地往桌上一拍，大声对我说："好文，你去把他给我找来。"我只好叫来那位同学。那位同学来到秦校长面前吓得浑身筛糠样发抖，我以为秦校长会大训一顿。他却语气变得温和，指出那位同学的行为不仅在同学中影响不好，而且会损害学校声誉。我至今记得秦校长对那位同学说的一句很深刻的话："冻死不拿别人一根纱，饿死不偷他人一粒米，这才叫有骨气。"

秦校长为人和善，善解人意。我记得是读初二时的一个星期天，到区文化站打乒乓球，恰逢秦校长也在那里。当时主要是区直机关的人在那里打球，坐在椅子上排队，轮到我丝毫不掂量自己的水平操起拍子就打，结果只赢了一个球，差点被削"大光头"。我垂头丧气地丢下拍子准备走，秦校长面带笑容走到我跟前，拍着我肩膀说："球没打好不要紧，回学校好好练，练好了再来打。"秦校长几句话，让我感到异常温暖。

离开学校后，我与秦校长还见过一次面。那是 1967 年 10 月，招徕河食品站请我帮忙代班，一个月 28.50 元的工资。有一天，秦校长回榔坪路过招徕河，我看见了并挽留他吃午饭。我与秦校长推心置腹地进行交谈，也是学生与老校长进行的一次最长时间的交谈。我对秦校长说还想读书，书没读好就回了家，有点想不通。秦校长笑着安慰我说，现在学校都停课了，又不招生，上哪儿去读书？回农村也有前途呀，别人怎么干你就怎么干，还要比别人干得更好。我说正随外祖父学医，秦校长说，那很好啊，当个治病的先生还受人尊重呢！秦校长因急于赶路，吃完饭就匆匆走了。我把秦校长送上船，船劈波逆水而上，直到身影消失在伴峡雄峰壁立的山谷中，我才返身而归。

2018 年 12 月 29 日于武汉

忆拾往事

初中 1964 级　覃好文

作者简介

　　覃好文，1950 年 6 月生于渔峡口镇招徕河村。1964 年进入九中读书；1967 年回家随外祖父学习中医；1985 年宜昌地委党校党政干部大专班毕业；1969 年 9 月参加工作。先后任龙王公社团干，茅坪公社秘书，地区革委会政工组办事员，团地委组织部副部长、部长，地区纪委检查科副科长、检查室主任、地纪委委员，宜昌市纪委专职常委，市政协文教卫委员会副主任，民族宗教社会法制委员会主任。2001 年退休。

　　1964 年 9 月初，我手持保送入学通知书，怀揣读书梦，跨入了九中校门。3 年校园生活，有寒窗苦读的沧桑、有师生结谊的情趣、有劳动磨炼的艰辛、有见到毛主席的惊喜、有求学梦碎的悲伤……离校 50 多年，许多事难以忘怀。

伙　食

　　我们上学时候，学生生活艰苦。学校有一个专门的学生食堂，负责学生膳食。国家每月给每个人补助 9 斤粮食，其余自交，大部分人交的是苞谷面。食堂负责早晚餐，开饭时 8 人一桌，一桶饭一盆合渣，饭与合渣都由席长用瓢分发。大部分时间吃苞谷面饭，有时也能吃上金包银的夹米饭。合渣是难见渣，只是清水变了个颜色，那时粮食紧缺，不可能有浓豆浆喝。尽管这样，大家也毫无怨言，不觉得生活清苦。只是时间长了，有的学生想吃一顿纯米饭，利用中午自蒸的机会打小算盘。当时学校规定中午只能自蒸红薯洋芋，不准蒸大米，主要是防止学生大米不交食堂而留着自己吃。为了不让发现，有的同学在碗中放大米后上面搁些苕或洋芋，我在碗中放大米后上面铺了一层面条，满心欢喜地拿到食堂中去蒸。中午开饭时，左寻右找也没找着碗，就问食堂的田师傅，他回答说凡是碗中有大米的都到教务处去领。我的心被吊了起来，特别紧张，慌乱地跑到教务处门前，看见张少陵主任正在给几个同学训话，立即调头就走了。我当时是学生会副主席（初二级），觉得无颜见老师。晚上去食堂打水时，门旁贴了一张用毛笔写的告示，大意是教务处有一碗用搪瓷碗蒸的米饭是哪位同学的，速去领取。这碗饭当然是我的，但我就是吃了豹子胆也不能去拿。有了这次教训后，再也不敢违规了，中午老老实实地蒸红薯或洋芋吃。

学校生活回味弥香的是打牙祭。学生食堂养的有猪，一年一次宰杀给学生吃。杀猪后，将肉拌上苞谷面，放到土陶钵中蒸熟。开饭时，每席一钵，每人两片肉。肉分完后，钵子上粘的苞谷面用筷子戳下来每人再分一点。那时候腊肉只能回家吃，在校能吃上鲜肉非常不易。粉蒸肉的味道真香，难用言语来形容，几片肉比现在吃大餐还要美。

正是学校这种生活，冶炼了我们的情操，养成了崇尚节俭、反对浪费的好习惯，对今天的美好生活倍加珍惜。

背　煤

在九中读书就要背煤，初一至初三无一例外。

记得是到双龙去背煤。从学校走到煤场就已汗流浃背了，同学们仍争先恐后地往背篓里装煤。我想自己是学生干部，应该多背一点，专拣大的往背篓里放。背着煤走了一段路，实在走不动了，还是硬撑着走。瞿南轩老师看见了，从我背篓里捡了几块煤装进他的背篓，我才迈开了脚步。看见瞿老师背着很重的煤躬着腰一步一步踩坡下行，心中油然而生敬意。许多同学只有12~14岁左右，很少背过重东西，背煤可谓是第一次负重。大家紧咬牙关，从双龙走约七八里的下坡路，过河后又爬三四里的上坡路，终于把煤背到学校。

放下背篓，你望着我笑我看着你笑，原来脸是黑的。用手搬煤后又用手擦脸上的汗，就成了黑花脸。

京　城

读初三不久，就爆发了"文化大革命"，毛主席在天安门分批次接见红卫兵。当时学校选赴京代表和赴汉代表，赴京代表见毛主席，赴汉代表见省委书记王任重。

我荣幸成为赴京代表，于 1966 年 10 月 18 日见到了毛主席。这天上午，九中与枝柘坪农中的学生代表一起来到长安街，在指定的地方席地而坐。大家十分兴奋地等待毛主席接见，眼睛直盯街中央。终于，毛主席乘坐的敞篷汽车由远而近缓缓驶来。毛主席神采奕奕地站在车上，不断向沸腾的人群挥手。我们不停呼喊口号，声浪此起彼伏，直到敞篷汽车从视线中消失了，还在兴奋地喊口号。

毛主席接见结束后，老师带着我们走。由于是第一次到北京，我们对一切都感到很新奇。当经过天安门广场时，我停步观看城楼，回头已不见老师同学们的踪影。急得我到处乱窜，巧遇农中掉队的两位同学。我们 3 个结伴而行，见人就问路，希望能回到驻地农展馆。开始问的是一位叔叔，大意是对他讲我们是长阳九中的学生代表，来见毛主席，走掉了队，请问农展馆怎么走。那位叔叔听后说他没听清讲的意思，掉头就走了。我用同样的话又问了几个人，回答仍是没听清楚说的什么。我这才明白我们说的渔峡口方言北京人听不懂。真是懊恼不已，从小学到初中，语文老师教识汉字声母与韵母相拼读音都是渔峡口的声调，普通话一句也不会说，自认倒霉。

问路别人听不懂，就拦公共汽车。我是第一次见到公共汽车，知道公汽是载客的，但不知道是到站停靠，以为拦辆公汽就可以把我们送到农展馆。开始，我们站在路边见公汽来了就不停招手，司机伸手一摆就把车开走了。连续几次都一样，就改为站在路中间拦车。这一招真奏效，司机在我们面前停下了车，问我们干什么，我很客气地回答要到农展馆帮忙送一下。司机听后大声呵斥："让开让开！"喇叭按得震天响，吓得我们连忙跑到马路边上。我当时也很生气，埋怨北京的司机没觉悟，学雷锋没学好。

拦车不行，只好硬着头皮又寻人问路。这次决定只问一句话，就是到农展馆怎么走。改进了方法，尽管说的仍是地道的渔峡口话，效果好多了。问了几个人，都给我们指明了行走的路线。通过问路，从白天走到黑夜，终于饥肠辘辘地回到了农展馆，老师和同学们都已熟睡，应是半夜三更了。

上北京见到毛主席是一件非常荣耀的事情。回校时，老师和同学们列队迎接。遗憾的是赴汉代表只走到资丘就被通知返回，没能见到王任重。

梦　碎

初三下学期，"文化大革命"遍及全国，所有大中学校全部停课，九中也不例外。许多同学到处串联，我则蹲在家中。临近毕业时，我才到学校去。学校口头通知 1966 届、1967 届、1968 届的学生全部回家。记得离校的那一天，毕业证也没有，背着行李，内心酸楚地走在回家的路上，一床棉絮像是在水中泡过，沉甸甸的。我不断问自己，就这样完了吗？

回家后第二天，我赶着几头牛到荒地吃草，坐在一块大石头上，想到不能再读书了，觉得天都是黑的，号啕大哭，眼泪把衣服都浸湿了。

写完此篇回忆文字，总觉意犹未尽，情不自禁吟诗一首《难忘九中》，方可释念。

难忘九中

跃进时代建九中，远近乡伢学步匆。

崎岖山路辛攀爬，读书梦圆喜相逢。

苞谷面饭懒豆花，艰苦生活腹半空。

稚嫩肩膀负重煤，食堂火旺腾烟囱。

植树造林放牛场，广袤荒地遍青松。

如峰土堆挖铲背，操场填平跑道通。

学习劳动相结合，校园环境展新容。

求知途断老三届，卷褥归家泪眼朦。

全国复课乾坤转，杏坛重塑育人风。

七十年代初升高，春光灿烂墨香浓。

良师荟萃勤耕耘，育出桃李数届荣。

岁月风雨存遗址，烟云难没千秋功。

2018 年 12 月 12 日于武汉

铃声里的回忆

初中 1964 级　覃培清

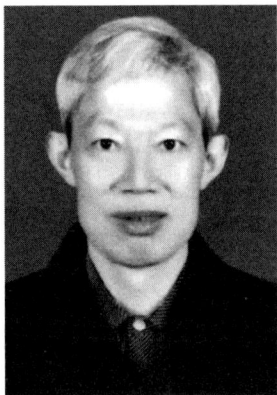

作者简介

　　覃培清，1951 年 4 月生于渔峡口镇枝柘坪村。1964 年 9 月至 1967 年 7 月在长阳九中读书，1970 年 9 月参加工作。先后在枝柘坪中小学、西坪中学、青树中小学、县文教局、渔峡口区、县烟厂、县经济技术协作办公室、县经委、县财办工作，副县级干部。2011 年退休。

　　1964 年夏末，我从枝柘坪小学考入长阳九中，同级两个班，我在初一(2) 班。毕业离校 50 余年了，母校铃声至今还在耳边回响。

　　长阳九中是一所县管初级中学，学校占地面积很大，有 10 栋校舍，还有 10 多亩校田，全校师生活动是用铃声指挥的。木制的铃塔设在学校东边教师宿舍和教室中间的空地上，铃塔很高，铃悬挂在顶端的横梁上，铃铛孔中系着长绳，在地上拉着它就可敲出铃声。负责打铃的是向正年师傅。

　　向正年是教工食堂炊事员，同时负责打铃。他身材高挑，常年系着围腰，戴着袖套，面带微笑。打铃时总是提着小闹钟提前来到铃塔下，看着时间准时敲响铃声，几十年如一日，从不延误。他打铃时神态专注，动作娴熟，铃声青脆悦耳，富有节奏感，就像是按曲谱在乐队指挥下敲出的，预备铃"铛——铛——铛"三声，上课铃"铛——铛——"两声间隔时间不同，下课铃舒缓，集合铃紧凑，熄灯铃轻柔，起床铃急促……各种铃声特点被向师傅演绎到了极致。铃塔在（1）班和（2）班教室中间。看着向师傅打铃时专注认真神态，伴随着悠扬铃声，我们度过了初中3年时光。快下课了，部分同学的余光会瞟向铃塔，当向师傅走来时，教室里会出现一阵骚动。下课铃响起，体育迷们或拿着自制球拍，或抱着篮球，在第一时间冲出教室，抓紧课间15分钟结伴酣战。女生们三五成群来到草坪欢笑嬉戏，文艺特长生的歌声、笛声此起彼伏，校园瞬间就沸腾起来了，一些学习用功同学，不为铃声所动，闹中取静，继续学习和做作业。那时物资匮乏，生活艰苦，几堂课下来同学们全都饥肠辘辘，饭前下课铃一响，大家挤出教室，操起碗筷，顽皮男生用筷子敲打着碗碟，以百米冲刺速度向食堂奔去……

打铃需要认真负责的态度和熟练的动作，铃悬在空中，铃绳在手里稍有晃动就打不准或出现杂音，雨天风大铃更难打。向师傅坚持几十年认真对待单调乏味工作，全心全意把铃打好，真是难能可贵。我教书时和向师傅有过交流，当问他是如何将兼职的打铃做得这么好时，他说：我是炊事员没什么文化，一直在用心做学校安排给我的事，学校有规章制度，出错了受批评不好。朴实话语透出普通职工的质朴。向师傅做得一手好饭菜。那时物资短缺，他在校田里想办法，尽量降低成本，改善伙食，赢得老师们好评。有时，他还收到过外地老师来九中就餐后的感谢信，他都一一珍藏。

我对九中铃声情有独钟，源自教育系统工作经历。教书时已体会到铃声对学校管理的重要性，后在县教育局工作，去过许多学校，听到了铃声的差异，看到了管理的差距。对秦尚高校长、张少陵主任治理九中的严谨作风和积极作为，有了更深理解。我们进校时，九中经过几年建设，各方面已逐渐规范完善。他们立志要将九中办成一所知名学校，秦校长和张主任是学校领导班子中的好搭档。秦校长身材不高，一脸严肃，不苟言笑，四方脸上一双炯炯有神眼睛，给人以星目含威之感。张主任高高个头，面带微笑，儒雅温和，严而不威。他们刚柔相济，性格互补，分工配合，把九中治理得井井有条，极具特色。秦校长负责学校全面管理，他每天会不定时在全校巡查，发现学生违纪，会严肃批评教育。他善于发现典型，在全校师生集合时点评，基于事实的批评和表扬，教育和激励作用明显。秦校长还有一个习惯，预备铃响后，他会拿着一把小木椅，带上听课笔记本，随机走进一个教室，在后面安静地坐下，认真听老师讲课并做好笔记，课后坦诚与老师交流。张主任侧重教学和事务性工作，对受到批评的班级、老师、学生，他会适时与其谈话交心，以削减压力，消化矛盾。他们深谙师资为办学成功之道，非常注重教师队伍建设，九中聚集着袁勤灿、邓执旺、杨志明、杨燮文、张松高、胡世德、方宗震、李静澜、周乃康、曾庆祥等一批华中师范学院等高校毕业的高材生。学校教学研究氛围浓厚，各科都有教研组，经常组织公开课、示范课等教学研究活动。还不断开展教学评比、学习比赛、文体竞技等激励性活动，师生比学赶帮超热情很高，我们班覃春茂和（1）班覃好文作文就常在作文比赛中获奖，被当作范文。学校细化规章制度，严格管理措施，锻炼造就了一支术业专攻、敬业负责的教职工队伍。学生德智体全面发展，是学校严格管理的最大受益者。

上课铃响，老师们走进教室行传道授业解惑之责。学贵得师，我们在九中幸运地遇到了这些德才兼备好老师，其中胡世德是我最崇敬老师之一。他是我们几何老师，讲课绘声绘色，总能把枯燥几何深入浅出、通俗易懂地传授给学生。讲到重点时，他会前仰后合，声调提高，做出一些夸张动作，以激发学生学习兴趣。有一次讲射线时，他用粉笔在黑板左边点了一点，说这是射线端点也叫原点，从这个原点向一边画出直线是射线，射线可以无限延长，他边画边走边说：延长延长延长无限延长……黑板上留下一条又直又长射线，他拿着粉笔画到教室门口才停下来，胸部一挺高声说道："一直延长到莫斯科去哒！"接着他又身向前倾望着学生强调："还可以延长哦！"几何定理、性质等内容相互关联，概念相对抽象，学生不容易明白的地方，他用形象语言，通俗比方，寓教于乐方式，让学生听得懂记得牢，听胡老师的课永远是一种享受。他有许多绝活让学生钦佩不已，年幼的我对他有一种神秘感。上课时他抱着教材讲义、三角板、直尺等教具走进教室，但授课时从来不需看，公式、例题、练习题在哪一页都能准确告诉学生，在黑板上画各种图形，不用教具能画得和书上一样。他讲课时间掌握得准，当学生余兴未尽，他布置完课外作业，双手拍掉粉笔灰时，一般下课铃声就会响起。我教书时曾就这些向他求教，他说："子曰'默而识之，学而不厌，诲人不倦'。你要教学生的东西，自己一定要先烂熟于心，没有捷径可走，功夫到家了，就能教学相长。"九中恩师们在教学实践中格物致知精神，术业专攻能力，敬业奉献态度，一直激励影响着我。我教书8年，从小学到高中，要求学生背的课文我都会先背下来。离开讲台40多年了，有些教材中经典课文至今还能背出来。

写到这里，我仿佛又听到了九中铃声，看到铃声中班主任兼外语老师周乃康、语文老师李静澜、代数老师张必珍、化学老师邓执旺、物理老师杨燮文、音乐老师覃福民、历史老师张松高正向我们走来。没有他们呕心沥血的培养教育，学生无以至今日。师恩难忘，1967届（2）班学生覃培清借此机会向恩师们致敬！除了感谢我已无言以表。

三年同窗情谊长

1964 级　覃培清

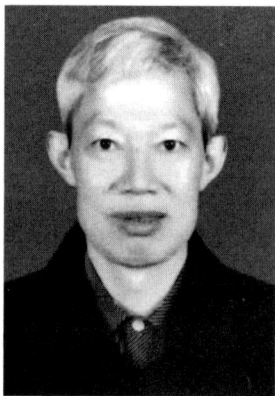

作者简介

　　覃培清，1951 年 4 月生于渔峡口镇枝柘坪村。1964 年 9 月至 1967 年 7 月在长阳九中读书，1970 年 9 月参加工作。先后在枝柘坪中小学、西坪中学、青树中小学、县文教局、渔峡口区、县烟厂、县经济技术协作办公室、县经委、县财办工作，副县级干部。2011 年退休。

　　1964 年初秋，我们 104 名新生从五峰、长阳两县 15 个公社汇聚到九中，开始了初中学习生活。

　　九中四面青山，一块 100 多亩的山中盆地上，10 栋校舍错落有致，环境宁静清幽，是个读书的好地方。报名那天秋高气爽，天空湛蓝无际，校舍墙面用石灰粉刷得雪白。我们从枝柘坪一起来的 5 个新生，几乎同时惊呼：好大的学校啊！

　　我分在二班，全班 52 个学生，男生 43 人，女生 9 人。我们一起成长，晨风中出早操，煤气灯下自习功课，体育场上比赛竞技，教室里追逐梦想……

　　我们入学时，九中经过 7 年建设条件日臻完善，张松高、邓执旺、杨燮文、杨志明等一批大学生陆续汇聚九中，形成了一支优秀的教师团队。我们的任课老师个个学识渊博，各怀教学独门技巧，讲课深入浅出、通俗易懂。校长、主任严格治校，社会活动和劳动相比前几届大幅度减少，学校以教学为中心，老师以教书育人为己任，努力提高教育质量，我们在这里认真读了两年半书。

学校严格管理，老师悉心教诲，班长黄云洲、覃德桂，学习委员覃春茂，文体委员田贞海、周世福，生活委员覃先浩等勤奋带头，班上刻苦学习互相竞赛的好风气始终保持着，成绩不断进步，经常受到学校表彰。黄云洲、田振民、覃先芹是以渔峡口、水连、枝柘坪小学第一名的成绩进入九中的，他们一直品学兼优，多次评为三好学生。覃德桂、覃春茂、覃德玉、张祖林、覃好龙语文成绩都在前列。他们不仅字写得好，作业干净整洁，尤其是作文常在比赛中获奖，还被当作范文，用在黑板报和墙报上。

我记得，进九中后，李静澜老师布置的第一篇作文题目是《新环境　新任务》。覃春茂保存在作文簿上的这篇习作，能反映当时的学习成绩，现照抄如下：

当你路过渔峡口下街的时候，向北行走，沿着崎岖的山路攀登上去，到了山顶，举目朝下眺望，只觉得前面的一个凹里，显现一座座高大的楼房。这时你一定好奇地问：这是什么地方？我一定会自豪地说：这是我们的学校——九中。

九中，周围是山川和田野，山上长满了树木，学校中间有口堰，操场上长满了小草，远远望去像大城市里绿色毡毯，周围还有很多花，在这些欣欣向荣景物的映衬下，九中显得格外美丽。

我们走进了新学校，新的任务也繁重了。我们有 4 门主科，哪怕有的新课目是第一次接触，我们并不畏葸。譬如说俄语这一课，同学认为是最困难的，然而同学们并不害怕，大家都勤学苦练，每个同学都保持高昂的学习情绪。

我想有了这样的学习情绪，新的任务一定会完成，拿优异的学业成绩，向党汇报。

重温同学 50 多年前的作文，虽然纸张已泛黄破损，老师红笔批改字迹也有些模糊。但我仍然忍不住激动，他对新环境的观察和完成新任务决心的描写，简洁明了，主题突出，真实反映了到九中读书的自豪感和为完成新任务高涨的学习热情，现在看仍是一篇好作文。

田振阶、柳洪操、覃柏阶、覃孟平、覃培清、覃孟彦、覃士富、温承寿等人入学时都刚满 12 岁，少年不知愁滋味，顽皮好动，虽聪明却不刻苦。同学说我们是站队在前头，跑步在后头，成绩不前不后的淘气包，被一年级班主任邓执旺老师称为八大金刚。好在我们一直受老师关注督促，成绩也一天天进步。柳洪操爱好美术，画画得好，办墙报画刊头，几笔一勾就栩栩如生。参加工作当了老师，曾被政府抽调去搞国土、乡村规划，负责测绘制图。田振民、覃好烈、吴遵富数理化成绩好，考试常是 95 分至 100 分，被戏称为山(三)尖子。综合平均成绩女生比男生好；覃红霞、谭从先、覃晓淑、许先进等努力认真；马时媛俄语成绩好，是科代表，落落大方的她歌唱得好；周世福、覃德玉、覃春茂有文艺特长，课余，他们悠扬的二胡、笛子乐声和马时媛、李顺芝等同学婉转动听的歌声，常传出教室在学校上空飘荡；参加工作后，周世福、覃德玉都是当地教师队伍的文艺骨干，退休后到老年大学任教，办培训班，参加乐队演出，一技之长仍在发扬。

我们在九中学到了基础知识，成了当时农村的文化人，毕业后有 27 人走出农村参加了工作。比较起来，我们飞得不高走得不远，没有人当教授和大干部，但作为"文革"中老三届的初中生，九中 3 年改变了我们命运是多数同学的共识，我们对九中的留恋发自肺腑，九中对我们的影响伴随终身身。

班主任周乃康老师既是严师更像慈父，他身材魁梧慈眉善目，是个认真细致和蔼可亲的人。他任我们班主任两年，对学生管理无微不至，生活、劳动、文体活动处处是学生的榜样。周老师治理下的二班，学习、劳动、体育、学雷锋等竞赛活动中都能获得好名次，流动红旗几乎一直在我们教室飘扬。

二班不仅学习刻苦努力，而且一直是学雷锋的先进集体。我们进九中时学雷锋活动方兴未艾，班上学雷锋做好事蔚然成风，覃守国、杨祖凤两位同学表现突出，被誉为身边的活雷锋，曾被学校多次通报表彰。杨祖凤中等身材，动手能力强，是我们班的"能工巧匠"。那时学校没有电，每个班都配有一盏煤气灯，晚自习前有人把它点燃，这是项技术含量很高的事，它烧煤油，点好了光芒四射，挂在教室中间，整个教室如同白昼。点不好不仅不亮，还会冒出滚滚黑烟，灯泡很快就坏了，有的班级一个月 30 只也不够用，造成很大浪费。杨祖凤和周世福、覃好烈一起点煤气灯，他细心钻研，很快成了全校点煤气灯的狠家伙，创造过一只灯泡用两个多月的记录。煤油装在密封的底罐里，要不断往密罐打气，杨祖凤坚持亲自操作，晚自习中不断有班级找他帮忙排除故障，他都热心提供帮助，因此占用了学习和做作业时间，我帮他抄过一回作业，因为我俩写字都像画桃符，老师居然没发现。

从枝柘坪上学，近道是翻罐岭从石板溪过清江。汛期洪水漫过磨盘石，要绕道王家渡或招徕河，坐小划子过江惊悚刺激，充满危险。杨祖凤每次都协助船老板稳住船，让同学先上，他最后上。有一次放假，清江发大水，王家渡也封渡了，只有过招徕河从伴峡峡口过江，我感冒后没痊愈，杨祖凤陪我慢慢从学校往招徕河走。途中又下起雨来，我们边走边躲雨，到招徕河后，由于榔坪巴东下暴雨，招徕河水猛涨，小河过不去了。我们在渡口徘徊，太阳落山了河水仍不见退，只好返回去龙王公社。他父亲在公社当副主任，干部全下乡抗洪去了，我们饥肠辘辘又身无分文，祖凤没找到钱，只好去服务部碰碰运气，看能不能赊点吃的。服务部一个一脸横肉的人把我们撵出来，我们怏怏地坐在阶沿上，突然看见师娘韩启秀回来了，她知道缘由后热情接待我们，一人盛一大碗米饭，打了汤还端了一碗蒸肉，祖凤边吃边说："我们两个好吃佬真走运。"

张祖志身材高挑，性格内向，与他说话，他总是头一偏，微笑中轻言细语简单回答。他不仅学习努力，而且脾气温和，热心快肠，乐于助人，父亲张少陵是九中教导主任，他没有丝毫优越感，从不自以为是，在班上和谁都相处得好。有一次我和同学玩耍，被一块木板将上嘴唇戳了个深口子，鲜血直流，张祖志坚持送我去医院。渔峡口医院周老师的爱人郭桂兰医生给我包扎后，说天热容易感染要打青霉素，我怕疼说没钱不打，郭医生说："一定要打，而且要连打 3 天，钱你不管，我找你父亲要。"为防止我不按时去打针，她告诉周老师，每天安排人陪我去，张祖志、覃好龙、李永定先后陪我去打针换药，嘴唇还是留下了小疤痕。

二班入学时年龄大的已十八九岁，小的不满 12 岁，有的人高马大，有的瘦弱矮小。田振民说他与朱昌元、覃好龙给卫生院捡石头卖挣学费，2 角钱 100 斤，朱昌元背 230 斤，覃好龙背 170 斤，自如得很，而他背 50 斤却仍步履艰难。张祖志、朱昌元、梅元华、覃先浩、陈贤文等身高 1 米 8 左右，女生中班长覃德桂也是高个子，她性格耿直，疾恶如仇。班干部带头，学雷锋形成良好风气，团结一致，优势互补，每次竞赛活动我们班都呈现出一道独特风景，为班级争得了很多荣誉。覃好烈、覃好龙、张祖志爱好篮球，是篮球队员，他们几次参加与二中、十中的校队比赛。同学们回忆春秋两季学校运动会，二班取得过 3 次篮球冠军，一次乒乓球团体冠军；覃孟彦取得过两次乒乓球单打冠军；拔河、田径都能取得好成绩；覃春茂还保存着当年运动会学校发的奖状。当时学校所需物资全靠背，劳动委员朱昌元等力气大的身先士卒，大家齐心协力，任务每次都超额完成。去双龙、庄坪背煤，我们班一直组织得有条不紊，覃春茂、曹升阶、覃先朝、赵高飞等清江边长大的游泳高手负责组织上下船，保证过河安全，他们在清江、得米湾堰塘曾救起过落水的同学。张祖志、覃先浩、谭从全、陈贤文在手板岩等危险处坚守，帮助女生和瘦小男生安全上下。

那时的我们，天性顽皮，小错不断还屡教不改，但还是被老师包容着快乐成长。邓执旺、周乃康老师当班主任，他们天天查寝。每天晚自习后上床，这是我们说悄悄话、传轶闻趣事、炫耀恶作剧成果的时间。周老师总是在熄灯铃响后，默默站在门口，他不时地敲敲门，提醒我们不要讲话，直到寝室一片鼾声才离开。国家重视教育，我们进九中时每位学生每月供应 17 斤粮食、2 两油，自己再从家里带 17 斤交食堂，远处的学生将粮食支拨证（编者注：粮食支拨证，是在计划经济年代，政府用来管理合法流动人口的口粮供应所使用的一种纸质凭证。它是粮票的替代品，是粮食部门内部供应与结算粮食指标的凭证）交给王会计。由于无肉，油太少，粮食以陈化苞谷为主，营养跟不上成长，不少同学夜里尿床，怕丑不愿晒被子，周老师总是在学生起床洗脸时来寝室查看，督促晒铺盖，下雨天和冬季还安排用烘篮为学生烘烤。

夜晚学生突发疾病是个麻烦事，学校没有校医，必须送渔峡口卫生院，除值日老师和班主任外，朱昌元、覃先浩、覃守国、张祖志等大个子责无旁贷承担了背送任务。无所适从时就去叫张必珍老师的爱人刘玉琴，刘妈也是医生，被错误处理在家务农，半夜去叫，她总是急忙赶来，给出处理方法，小病由她诊疗，生疮长疱什么的她弄几味草药就能治好。

最让老师担惊受怕伤透脑筋的是学生无忌无惧、胆大妄为产生的安全隐忧。比如，晚自习一旦煤气灯熄灭，教室一片黑暗，怪叫的，拿走前座凳子的，将女生头发勾连在课桌上的，把毛笔蘸上墨故意放在桌前弄脏前面同学衣服的……灯亮了，教室混乱会继续一会儿。周老师往往冷处理，他会站在讲台旁静静地望着大家，直到教室恢复平静，对太过分的学生才会叫去罚站。懵懂少年也有牙齿咬了舌头的事，"仇"结深了的标志是使气不说话。私自到得米湾堰塘和清江游泳的行为屡禁不止，老师和班干部想了很多办法，温和的李静澜老师拿竹竿赶过，值日生抱走过衣服，经常被抓住在太阳下罚站。

有一回，几个枝柘坪的学生相约在清江鹭鸶窝飚滩，被值日生拿走了衣服，赤身裸体的我们干脆躲在香炉石下面的河边玩耍，害得周老师和值日生带着衣服到处找我们。

还有不少恶作剧，如故意捉弄大食堂后面的马婆婆导致她骂人，夜起小解后把臭气熏天的破球鞋放在打鼾者鼻子下面，还有诸如放假路上用弹弓打马蜂窝，撩恶狗吓唬胆小同学，上树掏鸟窝，下地扯老乡的萝卜，往女生背篓藏毛毛虫、刻蚂子，下乡劳动把粟谷苗薅掉留下狗尾巴草，给许多同学取不雅绰号等。

如今这些美事糗事，都成了儿时最美好的记忆。

2020 年 9 月于长阳龙舟坪

附：九中 1964 级二班同学名单

渔峡口镇（30 人）：马时媛（女）、李永定、李顺芝（女）、朱昌元、梅元华、柳洪超、赵高飞、杨祖凤、曹升阶、吴遵富、覃红霞（女）、覃晓淑（女）、覃柏阶、覃先芹（女）、覃春茂、覃先浩、覃孟平、覃培清、覃好龙、覃先朝、覃孟彦、覃守国、覃远会、覃守桂、向昌厚、覃远文、张伦义、陈厚纯、黄长海、覃德强

资丘镇（14 人）：田振明、田祥鹏、田真海、朱应学、周世福、温承寿、覃德桂（女）、覃世富、覃好烈、覃远双、覃远民、田振阶、胡友文、覃远清

大堰乡（1 人）：黄云洲

鸭子口乡（1 人）：许先进（女）

五峰县（6 人）：覃德玉、张祖林（女）、张祖志、谭从先（女）、谭从全、陈贤文

我的恩师我的路

1964 级　覃培清

作者简介

覃培清，1951 年 4 月生于渔峡口镇枝柘坪村。1964 年 9 月至 1967 年 7 月在长阳九中读书，1970 年 9 月参加工作。先后在枝柘坪中小学、西坪中学、青树中小学、县文教局、渔峡口区、县烟厂、县经济技术协作办公室、县经委、县财办工作，副县级干部。2011 年退休。

九中老师在我成长途中，教我知识，助我工作，做我榜样，促我进步。回忆这些尘封已久往事，止不住浮想联翩，夜不能寐。

恩师铺平工作路

我是九中 1967 届毕业生。1967 年毕业季，学校完全停课后，父母管束严，家里急需劳动力，我没有参加串联，直接回乡当了农民，期盼在农村有所作为。然而我从小体弱，虽竭尽全力积极向上，仍无法触摸到理想的天空。做同样的事，别人一天挣 10 分，我最多得 7 分。晨曦夜暮交替，本应上学读书的青春年华，在繁重体力劳动中悄然消逝，不多的书本知识随汗水在地头失落，疲惫中感到前途渺茫。

除了挣工分，背脚成了我唯一能挣钱的事。一次背脚途中，邂逅历史老师张松高，成了我人生的转折点。那是离开学校后第一个寒冬，在资丘背脚途中，翻过偏山偶遇张老师，他关心地问我回农村的情况。面对张老师慈祥的面容，想起在学校读书时老师们苦口婆心的教育，心中五味杂陈，情不自禁向他倾诉起来。他陪我走了一段路，耐心听我诉说，边听边讲些安慰和鼓励的话。临别时叮嘱我不要灰心，要好好劳动，抽空多读书，机会来了总会有用。

果然不出老师所料，我学习和工作的机会来了。1970 年春，华中师范学院教改小分队在宜昌师范办班培养教师。张松高老师已在渔峡口区文教组任职，他向区委推荐我去参加学习。区委研究同意后，便立刻通知枝柘坪公社，公社通知到前进大队后，大队却没通知我，学校开学前一天我还没到区公所办理相关手续。当时交通通讯落后，到宜昌师范要走四五天。张老师不知道我没接到通知，情急之下他通过广播反复通知："枝柘坪公社前进大队三队覃培清，听到广播速到区文教组报到。"在往田里背粪途中，社员半开玩笑地问我："你犯法哒？广播在喊你名字。"在小龙坪工作的父亲也从广播中知道了消息，回家帮助准备行李，连夜将我送到渔峡口。张老师已为我办好手续，并电话和宜昌师范联系。杨志明老师去宜昌参加培训，他带我去宜昌，沿途照顾我。虽然迟到了，但有两位老师帮助，我还是顺利报名参加学习。完成学业后，被安排在枝柘坪中小学教书。

我参加工作时，大学、中专学校还没有正式招生，是公立代课教师身份，户口粮油关系仍在农村。我害怕再回乡务农，工作中总是小心翼翼，幸运的是我遇到了覃孔安、张泽滋、刘廷光、覃先翠、覃遵伟等优秀教师同事，其中还有我读书时的老师，他们培养、帮助我，使我少走了弯路。但人生道路总是一波三折。参加工作不久，农村世俗与利益原因，大队派人到学校，要我将工资交到生产队记工分。大队还曾经一度停止了我的口粮，我感到又一道坎横亘在人生路上难以逾越。我只好再去文教组找张老师，张老师说，公立代课教师交钱记工分不符合国家政策，组织会出面解决，要求我继续好好工作。正好此时，覃孔安老师调任枝柘坪公社任文教干事，他是我在九中读书时的政治老师，有军人的果敢与魄力。他专程前往前进大队和三队，向有关人员说明政策。同时积极向上级汇报，于 1971 年将我转为公办教师。

我从此走进新的春天。

扶上马送一程

虽然当了老师，但我明白书读得太少，离当一名合格教师差距不小。庆幸的是九中恩师把我扶上马又送一程。

胡世德、方宗震老师是我教书时的数学和语文函授辅导老师。有一次，胡老师对我说："信心和行动一样重要，我和方老师都不是科班出身，边教边学。从小学到中学，你们不也觉得我们还教得好吗？"这给了我极大鼓舞。两位老师一生追求知识，执着于专业，不断挑战自我，从不懈怠。胡老师民国时在省立四高毕业，新中国成立后当了教师；方老师恩施高级商业学校毕业，参加工作在供销社，因文章写得好，调入学校教语文。忠诚教育事业，热爱教书是他们一生不变的情结，两位老师是语文、数学教学权威，成了渔峡口教育界传奇，在三尺讲台上练就了各自独门绝技，在全县亦有名气。从小学教到高中，深受学生爱戴。有一次我去拜访胡老师，他在寝室专心致志做立体几何题，全然不知我已进来。结束后，我问他在做什么，他说在做作业，说教代数几何无巧，就是平时多做题，授课就能得心应手。胡老师终身坚持教小学时研究中学教材，教高中时自学大学课程，有些难题隔段时间就再做一次，一些大学数学系毕业的老师都对他钦佩不已。方老师斯文儒雅、钟情传统文化，常见他声情并茂地背诵古诗文，研究语言文字、练笔写作是他几十年的习惯，恢复高考后，每年高考语文卷他都要做一遍。从这些小事中，我找到了他们成为渔峡口语文、数学权威的答案，增强了自学成才的信心。他们任我语文、数学函授辅导老师多年，言传身教，释疑解惑，给了很多细致入微的帮助。我没有辜负恩师的期望和教诲，坚持苦学不辍，业务知识和教学能力得到了长足进步。1973 年我成了渔峡口区青年教师自学提高先进。我也能从小学教到高中，胜任了工作；离开讲台后，虽然抹了万金油，变换了多次工作，也能较快适应。

九中恩师甘为人梯、无私奉献的精神，在我身上得到了充分体现。1976 年长阳教育又一次大发展，渔峡口公社高中发展到 3 所，我被调西坪中学任教导主任，同时担任高中班语文老师和班主任。虽然已教书 6 年，还到宜昌师专进修了一年，但任教高中我仍有赶鸭子上架的感觉。利用假期，我又一次来到九中向恩师求教。教材不规范，我就按九中教材备课。方宗震老师认真仔细看我的教案，指重点释难点，用他一贯坚持的启发式教学方法，同我讨论分析。他说语文教学是文化传承，文明弘扬，中学语文课应师生互动，要与学生思想碰撞，情感交流。还拿出他的教案让我参考学习，对照找出不足，增强了我搞好教学的信心和底气。那时学校劳动和政治活动多，我和同事们一道，尽量坚持以教学为主，提高质量。我的学生在西坪中学读完高一，合并到九中读完高中，1978 年参加恢复高考后的第二次全国统考，九中应届毕业生考取大学者 5 人，在全县名列第一，其中 3 人是原西坪高中班学生，还有 5 人考上中专。

1975 年五峰县青树垴、富山两个大队划归长阳渔峡口公社管辖，在青树垴设有青树中小学，教学质量连续几年落后，1977 年 8 月我调任该校校长。我认为，改变落后关键要增强老师的责任心和业务能力。于是，暑假教师会期间，在覃好耕校长的支持下，我请胡世德、方宗震老师对我校老师上语、数教学辅导课，还制订了教师培训和互教互学计划，同时在一起调进的覃培超、覃先哲老师帮助下，对原任老师进行一对一帮扶，只用了半年时间，我校语、数两科抽考成绩达到了公社第二名。

实践让我深刻体会师资是教育成功的关键。那时我曾代理小龙坪学区文干，想改变教师集训方式，实行业务培训为主。我专程到九中找覃好耕校长支援，请胡世德老师主讲小学数学教学。他认为这是有益探索，应该大力支持，亲自同胡老师商议培训方案。鉴于胡老师年龄大，往返要步行，我将集训地点定在离九中最近的岩松坪小学。让我至今难忘的是，恩师胡世德顶风冒雪，天未亮就从双龙步行按时赶到会场的情景。胡老师因事回家，不料培训开始前，下起了几十年未遇大雪，山川大地冰凝雪积。他为了不迟到，凌晨 3 点多起床，家里找人护送到泗洋溪清江渡口，看着他上船过河上岸后才返回。当我翘首以盼，远远看见胡老师满身是雪地缓缓走来时，快步上前接过他的挎包，默默搀扶着他，感动得一句话也没说出来。胡老师渊博的专业学识，丰富的教学经验，紧贴实际的授课方法，使培训收到出人意料的效果，参加培训的老师增长了知识，学到了方法，提高了教学质量。

培训结束后，我送胡老师至石板溪渡口，对他表示感谢，他说："帮助学生是我的责任，不管哪里学生遇到困难找我，我都会全力以赴帮助解决。"

榜样在心中

1978 年 3 月，我走出了深山，来到县文教局，从事行政管理工作，但九中恩师的形象始终铭刻在心中。

九中老师身居斗室，安于清贫，困难中坚守，难能可贵。邓执旺、杨志明、张松高等老师从小生活在平原和城市，20 世纪 60 年代分配来到偏僻的九中，而九中 70 年代中期才通公路，90 年代才通电，生活用水困难一直没有根本解决。校舍于 1958 年建成后没有改善，老师们长期居住在 5 ~ 10 平方米干打垒的房子，上公共厕所，买包火柴都要步行几里路到渔峡口街上，地方穷，一些规定待遇也没有兑现……就是这样的环境，他们年复一年，身披粉尘，加班加点，孜孜不倦地耕耘在三尺讲台，用师魂启迪智慧，用师德传播文明，将无数学生送出大山，成为有用之才，自己只拥有简约清贫的人生。邓老师服务九中 18 年、杨老师 15 年，直到 1978 年全国高考九中一战成名，他们才被调至县一中任教直至退休。方宗震、胡世德、张必珍老师都是九中创始人，1958 年就分别在十五、十六中任教。他们忘我勤奋，努力到不可替代，服务九中 30 余年，退休后还曾发挥余热。他们不断挑战自己，追求极致，一辈子全力以赴去做教学这件事。他们不愧以学识服人、以深情感人、以人格化人的良师。

邓执旺、胡世德、方宗震、张必珍老师一贯用进取精神支持职业理想，他们一生历经艰苦，物质生活贫乏，但内心丰盈富有，信仰执着坚定。1978年改革开放后落实知识分子政策，他们先后加入党组织。消息传来，我又高兴又好奇，想了解是什么力量支持他们长期坚持申请加入党组织的？面对我的询问，他们坦陈心迹，也给我上了一堂人生信仰课。

方宗震、胡世德老师在热血沸腾年纪，坚信教育救国，矢志求学，是长阳极少在家国危难、时局动荡年代坚持求学、读完高中的人。他们青春年少时，日寇侵略，国破山河碎，匪盗猖獗，民不聊生。方老师去恩施求学途中，坐船经长江上行，遇日本飞机轰炸，死伤多人。后改由陆路徒步前往，又遭遇抢犯，不仅财物被洗劫，有一次险些丢了性命。经历乱世动荡，民族危难，他们更热爱新中国，更期盼为民族复兴而出力。方老师解放后在供销社参加工作，当组织上调他去九中任教，他义无反顾。从此，他除了吃饭睡觉外，其余时间全部在教室或办公室，寒暑假还承担全区教师的语文函授面授。

邓执旺老师出生在湖北新洲一个殷实富足家庭。1958 年华中师范学院化学系毕业，先后在华师农场、一附中工作，1962 年来到长阳山区偏僻的渔峡口，在九中工作 18 年后调县一中直到退休。他是长阳化学教学的领军人物，担任九中和一中化学教研组长 20 多年，全身心投入教学与研究，成果丰硕，桃李满天下。他坚持自己的目标信念，名利面前无欲无求，妻子是农村妇女，经济并不宽裕，国家落实政策，退还老家公私合营的部分资产他分文不取，自己节衣缩食，却一直资助学生。

张必珍老师是位充满柔情的严师，他既关心爱护学生，帮助解决各种困难，又秉承"教不严师之惰"的传统文化，工作认真负责，对学生教育管理严格，即使身处逆境、历经风雨坎坷也矢志不渝。我曾向他讨教："何以曾遭不明事理学生的批斗，仍不计前嫌，坚持严格管教？"他说："教师职业道德，促使我要像对待自己的孩子一样教育学生。"

九中恩师以教书育人为己任，名利淡于水，事业重于山。他们一直深深影响着我。后来，我离开教育系统，长期从事经济管理工作，面对各种诱惑，我常以九中恩师对待名利的态度警醒自己，如履薄冰，才得以行稳致远、洁身而退。

谨以此文感谢九中恩师！

2019 年 10 月于长阳龙舟坪

身边的雷锋——覃守国

初中 1964 级　田振明

作者简介

　　田振明，1952 年 4 月生于资丘镇。1964 年 9 月至 1967 年 7 月在长阳九中读书，1967 年 8 月至 1971 年 3 月在生产队劳动，1971 年 4 月在资丘镇水连邮政所工作，1972 年 1 月在资丘广播站工作，2003 年 6 月因病退休。

　　1963 年，毛主席"向雷锋同志学习"题词发表，学习雷锋活动便在全国蓬勃展开。我们在九中读书期间，学校开展"学雷锋做好事"活动中，涌现出了不少积极分子，1964 级二班覃守国同学就是其中优秀代表。

　　覃守国和我是同班同学，长我两岁，身体结实。他为人忠诚善良，热爱劳动，富有爱心，热忱于帮助他人，对小同学更是关爱有加。记得有一次到双龙背煤，天气热，经东村下滑儿坡过河后，通往煤矿的那条崎岖山路，坡陡路窄，非常难走。往返途中，他一直和同班身体瘦弱的小个子同学走在一起，上下船，在危险路段细心照顾他。回来时，覃守国背得很重，小同学背了三四十斤，渐渐地两人落在了最后面。走完下坡，过河后爬上坡，小同学不小心跌倒伤了右脚，肩上也起了泡，实在走不动了。他看后十分痛心，便不由分说把小同学背篓上的一块煤搬到他的背篓上背着，扶起小同学一步一步慢慢向上爬，累得满头大汗，衣服全汗湿了。经过两个多小时拼搏，终于在天黑前把煤运回了学校。过秤他总共背了92斤，比三年级的大同学背的还要多。收好了背篓，他又为小同学送来饭菜、端水洗澡后，他自己才去吃饭。

我们进校时，校舍建设已基本结束，一些后续工程靠师生自力更生完成。男生宿舍前的大土堆，挡在环形跑道上，我们背了两年才背完。1965年初秋，一个星期五下午，全校师生劳动，平整学校操场。半天的劳动，师生们都很辛苦。平时熄灯铃响后还会有同学小声谈笑，这天晚上，由于半天的奋战劳累，大家很快进入了梦乡。

半夜时分，覃守国同学由于劳动积极，汗流浃背，口渴喝多了冷水，晚上肚子疼，便起来上厕所。上完厕所回寝室睡觉，在离教务处不远的地方，忽然看见小厨房房顶冒出浓浓黑烟，火苗已上了房顶，情况万分紧急。这时他顾不了太多，拼命向铃塔跑去，来到指挥全校师生活动的大铃下，奋力敲响了紧急的集合铃声。同时用他粗犷的声音高喊："老师们！同学们！快起来救火啊！小厨房失火了！"他的喊声和铃声在寂静的夜空格外响亮，惊醒了睡梦中的全校师生。

这时全校师生以最快速度起床，拿起脸盆、水桶跑去堰里打水，端到小厨房救火，有很多男同学只穿了一条短裤，连上衣都没顾上穿。一心只想尽一切办法早点把大火扑灭，月光下显得有点慌乱。这时，覃守国同学像一位战场上的指挥员，他镇定地组织同学们排成队，女同学、小同学一个接一个向厨房边传水，大同学把水往火上浇。在闻讯赶来的学校领导和老师们组织下，他又和几个大同学搬来梯子，找来几根长竹竿，与几个年轻男老师一起很快把梯子靠墙，然后飞快爬上屋顶，用竹竿拼命把屋上的瓦往下推，这时水也传了上来，老师和学生把一桶一桶的水飞快泼向大火。不知泼了多少桶，多少盆，大火终于被扑灭了。救火时覃守国衣服被火燎坏，有几处皮肤被火烫伤，头发被火燎焦，他都没有叫苦、叫累、叫伤疼。因为扑灭了大火，校园没受重大损失，他感到高兴！

第二天起床刚洗完脸，集合铃又响了，这铃是校长秦尚高安排打的。同学们来到操场上，分班级排好队，校长秦尚高、主任张少陵和老师也早都到齐了。这时秦校长站在前面高处，他满怀激动大声向全校师生说："老师们，同学们！昨天半夜的紧急集合铃，不是向师傅打的，也不是我和张主任打的，更不是老师打的，是初二（2）班的覃守国同学，上厕所意外发现小厨房发生了火灾，边跑边喊并果断敲响了紧急的集合铃声。他的勇敢行为，让学校免受一场大的灾难，他这种举动值得全校师生学习。他刻苦学习，乐于助人，劳动积极，各方面表现好，是大家的榜样，我们身边的活雷锋。"

他学雷锋做了很多好事。有一次，同班一位同学因劳动过后汗湿了衣服没及时换，晚上感冒发高烧，同学报告了班主任。周乃康老师马上叫朱昌元、周世福同学，准备送医院救治。当时周老师没有点覃守国的名，他主动报名一起送这位同学到医院治疗。到医院后，医生给打了针，开了药，表示可以回学校服药治。回来是上坡，他一直坚持把同学背了一大半路程。第二天又帮生病的同学端饭菜，照顾他吃药，一直到他病痊愈。星期六学生放假回家，外区外县同学几周一放，在校参加平操场等劳动，他是渔峡口庄坪人，主动要求不回家，和外区外县的同学一起参加平操场的劳动，建设美化校园，记得那棵最大的吊杨树就是他用锤子打的桩绑着，经常浇水长成的。

覃守国在校外也经常做好事。学校旁东村大队有位覃老太太，70多岁，是无儿女的五保户。在九中读书时，他一直利用假期帮老人挑水、砍柴、种自留地，有时还用做小工挣的钱给老人看病买药。他离校后，坚持照顾老太太，在当地被传为佳话。

学校对他学雷锋做好事的先进事迹，几次总结通报表彰，号召全体师生向他学习。

时间过去了50多年，覃守国同学善良忠诚、勤劳朴实、勇敢救火、助人为乐的感人事迹一直令我记忆犹新，与同学相聚讲到他，大家一直心存感动。

2018 年 11 月 29 日于宜昌

冬天里的春天

初中 1965 级　肖昌海

作者简介

　　肖昌海，1951 年 9 月出生于渔峡口镇岩松坪村。1965 年 9 月于长阳九中读书。中专学历。曾任长阳枝柘坪乡党委副书记，渔峡口镇副镇长。2011 年 9 月退休。

　　1965 年夏天，凭我在小学良好表现和优异学习成绩，保送升入了长阳九中。

　　那年秋季上学，正是阴雨连绵，数日不开。我被山洪阻隔在清江南岸，未能如期到校。班主任张必珍老师似乎早有安排，初一（1）班班长位置一直空缺。直到我入学第二天，张老师在全班同学面前郑重宣布我荣任一班之长。张老师话音刚落，全班响起哗哗掌声。当时我感到了从未有过的温暖、满足与风光。尽管不明白同学们的掌声是鼓励，是祝贺还是嘲笑，我初涉陌生环境的胆怯与刚离家人的忧伤，顿时烟消云散。

　　这年冬天，一场偏早的大雪不期而至，铺天盖地，飘飘洒洒，漫无边际，学校披上了银装。同学们都感觉到了这突如其来的寒冷，只好躲在教室里搓手蹬脚，只有极少几个同学，下课了敢在操场上嬉戏奔跑。那时候，整个农村生活都不富裕，何况我这个特困户的孩子，其贫寒不言而喻。我刚懂事的时候，父亲就英年早逝，多病的母亲带我艰难生活，吃的穿的更比别的同学拮据。我已是中学生了，却还穿着小学三年级时候的棉袄，衣袖已经短到了胳膊肘边，唯一的一条长裤打了 3 个补丁，脚下是一双远方亲戚送给我的旧解放鞋。可这些，我全然没有在意。

然而，班主任张老师却把我一直挂在心头。他早早向学校领导反映了我的情况，学校在区政府民政部门给我申报了御寒冬衣，这是我后来才知道的。记得那天是最后一节下课铃声响起的时候，张老师把我叫到他寝室的炭火盆边，拉着我的手说："你冷吗？"我说："还好。"其实太冷了。他又说："你衣服单薄，学校领导早注意了，在区政府为你申报定制了几件衣服。"说完就像一位父亲一样给我穿上。一件新棉袄，一条新长裤，还有短裤。并将换下的旧衣服交给他妻子刘医生（我只记得叫刘医生，不知其名），叮嘱她洗干净，待我以后备用。瞬间，一股暖流从头顶流遍我全身，我只有感动。我哭了，我想到了父亲，他去世了；想到了母亲，她病魔缠身，步履蹒跚……

一周过去了，张老师又给我带来好消息，我的伙食费、学杂费学校全免了，每学期还给我 25 元助学金。张老师还安慰我说，有什么困难学校会尽力解决，要我安心读书。我深深感到，那时虽是冬天，但我却分明觉得是温暖的春天。

直至中学第三年，我没给学校交过一分钱，记得有一年校财务室还返还我 4 元钱，说是助学金结余。

真心感谢政府，感谢敬爱的老师，是他们给我撑起了一片绿荫，让我顺利完成了初中学业。

1971 年 8 月，我经历了两年农民生活洗礼之后，步入了干部队伍，入了党，成为了一名公务员。

补记：1986 年春，我专程去看望儿时恩师，那时张老师还在渔峡口中心小学执教。我俩说不尽师生情。2018 年惊悉张老师仙逝，我祝愿他在天国安好。

2018 年 12 月于岩松坪

我的初中岁月

初中 1965 级　肖昌海

作者简介

　　肖昌海，1951 年 9 月出生于渔峡口镇岩松坪村。1965 年 9 月于长阳九中读书。中专学历。曾任长阳枝柘坪乡党委副书记，渔峡口镇副镇长。2011 年 9 月退休。

　　我进九中时是 1965 年秋天。

　　来到九中，感觉很好。在百花凋零的深秋，这里还有不少花儿在绽放。成排的教室，成排的宿舍，成排的杨柳；偌大的操场，飘扬的国旗，环形的跑道，气派得很。尤其是还有清澈见底的池塘，镶嵌在校园之中。锦鳞游泳，树影摇荡，一幅"四面荷花三面柳，一城山色半城湖"的秀丽图画，煞是好看。

　　20 世纪 60 年代，考上初中真是一件很不容易的事情，说比现在考上大学的比例还低，那是事实。我就读的小龙坪小学，一个班 38 人，只考上了 6 人。这就意味着，还有 32 人从此失去了读中学的机会。现在想来，当年招生规模之所以如此之小（1966 年招生比例依然很低，规模与我们 1965 级一样，也只有 100 来人，2 个班），想必是长阳的财力、师资力量所限。

　　当年九中招了两个初中班，我在初一（1）班。开课了，我们没有新学期的课本，那是山水的阻隔，没有公路运输的缘故。那时候，课本要从县城用汽车运到都正湾，然后用帆船运到资丘，再靠人力背运 3 天才能到达我们渔峡口，故而，中小学开学很久才有课本。记得开学第一节是语文课，自然是终身难忘。一位名叫瞿南轩的洪湖籍男老师给我们上了第一课语文，他选了一篇文言文《学奕》。这是一篇富含哲理的文章，立意深远，言辞高雅。瞿老师操着浓重的洪湖方言给我们朗读："今夫弈之为数，小数也。不专心致志，则不得也……"文章不长，我至今还熟记于心。可惜这位让我崇拜的老师，只给我们上了这一课就被调走了。那时，我好舍不得他。

初中一年级整整一年，学校遵循教育大纲，按学习计划扎扎实实开展教学，学生德智体都得到了全面发展。当时学校教育宗旨是"智育第一，全面发展"。白天 7 节课，外加早晚各 2 节自习，全天下来 11 个课时。老师跟班，学生守纪。秦尚高校长在自习课时必到各班教室巡视，可敬可畏。为提高学习质量，全校开展了比学赶帮活动，各班级均有学习榜样。我们班徐德定被评为全班"学习标兵"。

学校放假制度与现在不同，是不按星期放假，每月只放 4 天。即每月 15 日放，16 日返校，30 或 31 日放，次月 1 日返校。放假返校当日都还有两节自习课。虽然同学们都感觉有些身心疲惫，实力难支，但是校园里仍充满着幸福与欢乐，每到下课，你能听到笛声清脆、琴声悠扬。

初二秋季开学（1966 年）不久，学校召开师生大会，校长在会上宣布了一条振奋人心的好消息，根据上级安排，学校将选出优秀师生代表去北京接受毛主席检阅，比例为师生人数的 10%，时称赴京代表。经过一周时间推荐评选，一个 20 多人的赴京团队确定，我有幸列为其中。老师代表共 3 人，他们分别是袁勤灿、张松高、朱新华老师。

1966 年 10 月 18 日，是我终身难忘的日子，毛主席就要接见我们了。那天我们早早来到天安门以东的长安街南侧一边，成一字形列队等候毛主席。下午 1 点整，庄严的《东方红》音乐响起，毛主席、刘少奇主席等党和国家领导人乘敞篷车，从天安门前过金水桥，上长安街，一路向我们驶来，毛主席身着军装，手扶车栏，向我们频频挥手致意，当时我们激动得泪流满面，不断高呼"毛主席万岁"，只觉一眨眼，主席的车队就走得老远了。那是毛主席第四次接见全国的红卫兵代表，受检阅的红卫兵 150 多万人，排列 50 里长安街。

我们见到了毛主席，心潮激荡，热血沸腾，恨不得插翅飞回学校，向老师同学们汇报和分享这一振奋人心的时刻。

我们很快从北京返回。回到学校更加倍努力补课。大约一个月时间不到，时局发生了巨大变化。武汉许多高校学生纷纷来我校发动"文化大革命"，称为"革命的大串联"，他们用极大的"热情"，极短的时间，动员我校师生停课，一夜间大字报贴满了学校礼堂的全部面墙。九中的"文化大革命"从此拉开了序幕。

初二春季开学（1967年），学校通知我们入学。说是入学，其实我们并没上课，也没书本。每天早晨还是能听见起床的军号声响起，体育老师偶尔也会领着我们出操，食堂按时开饭，只是原来固定的8人一席已不能维持，部分同学三天打鱼两天晒网，时来时不来。

学校不上课干什么呢？在班主任曾庆祥老师的倡导下，我们班在校的30多人新成立了一个红卫兵组织，取名"东风战斗队"。东风战斗队由同学徐德龙任队长，听从班主任曾老师的安排，前往渔峡口区茅坪公社开展"革命大串联"，徐队长在学校红卫兵办公室为我们领取了国家当时规定的大串联伙食补助，每人一天2角钱，1斤粮票，集体吃饭，统一结算。

我们到了茅坪公社，公社书记覃先志、主任胡春源热情接待了我们并安排了食宿。我们30多人的队伍在公社楼上住了几天，无所事事，徐队长觉得这样下去不行，就想出了一个方案，将这支队伍分成若干小组到各大队开展宣传。

队长徐德龙、成员覃世武和我分在施都大队。我机会好，有领导带队，百事不管，跟着走村窜户，开会碰头。

剩下的日子，我们实在难以找到事做，徐队长没有了"北"，我们更没有主意了，一周左右，我们全体同学回家了。

在家玩了好几个月，夏天过去了。转眼又到了1967年秋天，应是初三的学生了，玩厌了，天天盼通知上学。本来小孩爱玩，但那时我还想读书。终于，学校传来了好消息：1967年10月14日，中共中央、国务院、中央军委、"中央文革"小组联合发出《关于大、中、小学校复课闹革命的通知》。当时我还小，不懂得这个《通知》的意义，现在看来，《复课闹革命通知》的出台，意味着中国所有学校一年多的停课状态终于结束了。我们初中生回校"复课闹革命"，高中生返校"复课闹革命"，回校容易理解，但返校不太懂。

后来才明白，才上高中的学生了解初中学校情况，故要返校闹革命。记得艾云清、聂友清等 1966 年毕业的同学，已在长阳上过一年高中，又返回到九中。

初中的最后一年，其实没有复课，我们也只是偶尔进教室，老师找一些报刊上的文章念念。语数外史地生等都未涉及。没有课本，复课也无法进行。

我们那一届荒废了初中部分学业，丢失了宝贵时光。1968 年 7 月，我背上伴我 3 年的铺盖卷儿，怀着对老师和同学们的不舍，带着遗憾和对九中母校的眷念，带着 3 年来在九中学得的全部"知识"，回到了家乡。

2019 年 1 月 7 日于岩松坪

九中记忆拾零

初中 1966 级　覃世本

作者简介

　　覃世本，1951 年 9 月生于渔峡口镇招徕河村。1966 年至 1969 年九中读书，1970 年 2 月参加工作。先后在招徕河中小学、龙王公社、渔峡口区、县广播站、县委办、县委党校、县委农工部、县委统战部、县农委、县经委、县企业局、县外事办、旅游局、县政协工作，曾任局长、专委会主任等职。中国观赏石协会理事、国家一级鉴评师、湖北清江赏石艺术协会执行会长；中华诗词学会会员、中国楹联学会会员、省市县诗词楹联学会会员；中国硬笔书法协会会员；中国老年书画研究会会员，中国老书协会员。

冷水洗脸

　　1966 年秋，我前往九中读初中。当时九中没有自来水，校园周边水源枯竭，师生们只好每天早上起来排成长队，去西边几公里外的大沟里找冷水洗脸。

　　当时是冬天，同学们冻得浑身发抖，可还是觉得新鲜、好玩儿，验证了"好酒不冷、好儿不冷"的常语正确性。其实也为后来身体增强了抵抗力。

　　曾记得，有几个同学很调皮，一个同学将另一个同学从坎上推至坎下，摔伤一个月后才痊愈。那时候没多少钱，推的同学家长赔了被推同学 5 角钱药费。

在校方及老师教导下，打那以后，每天去洗脸都整整齐齐去，整整齐齐回，再也没有发生安全事故了。

天生爱学习

1966 年至 1967 年间，九中几乎不上新课了。

当时厨房最东头住着一位男老师（瘦高个儿，白肤色，名忘了），他卧室里堆着初中各年级新书。由于学校没有给学生发书，也没有几个人再去读新书。我就找到这个老师买了一套初中完整课本，有语文、数学、历史、地理、俄语等，当时我没有钱，找覃孔灿老师借了几块钱，后来我领甲等助学金后归还了。

从此，我一半时间是啃书本，不懂的我就去问杨志明、方宗震、张少陵、邓执旺等老师。我坚持读完初中课本，虽然当时很多不甚理解，但为我打下了积累知识的基础。有人举报我一天到晚寝室读书。有人找我谈话，我说"幼不学，老何为"。找我谈话的人，觉得我说得有道理，就放我一马了。

三位女同学帮我做鞋子

父母去世早，我在九中读书时，没有经济来源，学校将我纳入甲等助学金对象。每学期发 16 元钱，完全够用。校方还专门安排 3 位女生（记不全名了，应该是傅道英、覃士梅、谭某）给我做鞋子（校方付钱）。我上九中之前，几乎没穿过鞋子，一年四季穿草鞋，练就了可踩玻璃碴的铁脚板，想当年真是可怜。

我穿过女同学给我做的 3 双布鞋。每每想到此，倍感九中大家庭的温暖。

找杨志明老师学写字和拉胡琴

"文革"开始时，虽然停课闹革命，但好多同学并没有参与运动。我记得我们好几个同学，找杨志明老师学写字和拉胡琴。

杨志明老师住在院墙外屋一间不足 10 平方米的寝室，我们都轮流进屋学习。

我跟着杨老师主要学写硬笔字，一起学的还有谭从全、傅道义、汤远东、覃远双、谭明双等，一律书写毛主席语录，50 页的日记本我写了好几本，为我后来喜欢书法打下坚实基础。

学二胡最有出息的是覃事雄，学校演出他都能上台表演。我跟杨老师学京胡，记得当时还没有样板戏，只能跟着杨老师拉传统段子。一年时间，我居然略懂一点西皮流水、散板三眼、二黄摇板了。后来坚持自学，没想到出身社会后，在长阳公路指挥部文艺宣传队里还独当一面，成为样板戏的京胡伴奏者。这都是杨志明老师的严教结果。

偏头痛 30 年

20 世纪 60 年代中期，九中大操场很大。东头是大礼堂，西头是厨房，北面是师生寝室，南西是教学楼，中间有一个小水池塘。学生食堂前面是一个篮球场，坎上有单双杠和吊绳等体育设施。

我从小就爱体育锻炼，特别是单杠。有一天我玩单杠时，将双脚勾在单杠上，人倒立，头部离地约 1 米多。由于倒吊时间过长，突然脚腕松动，整个人倒栽了下来，头部先落地，地上有石碴子，瞬间休克。

同学们赶紧将我抬到卫生室，刚到卫生室我醒了，不知发生了什么，好像没事样。同学们说了当时情景，我便醒悟过来了。也没开药，又照样玩耍去了。

第二天，感觉头有些昏沉，也没管，过一会儿又好了。后来，每逢天气变化便头昏。直到参加工作后，隔三差五偏头痛，痛时难忍，一直持续 30 年。有一次，感冒后吃阿司匹林，多吃了几颗，结果流鼻血 3 日。这一流，对我来说是天大之喜，居然 30 年的偏头痛彻底好了。

我四处寻问名医缘由，多数医生没有明确解释。直到在上海找到一位老中医，他问我小时候头部受过伤没？我仔细回忆，是九中那回事儿。医生说："这就对啦。你小时候头部出血，淤血就压住神经，现今脑部淤血从鼻腔流出，头痛当然就好了。"我恍然大悟，30 年偏头痛根源，竟是在九中单杠上造成的。

2019 年 10 月于长阳龙舟坪

朱老师带我们上北京

初中 1966 级　余祥菊

作者简介

　　余祥菊，女，1953 年 11 月出生。1966 年 9 月进入渔峡口中学读书，1972 年 1 月高中毕业，1975年 6 月参加工作。先后在施坪公社、小龙坪、龙王总支委员会任书记、渔峡口镇任党委副书记、妇女主任等职。1986 年 9 月至 1988 年 7 月中南民院学习。1988 年 9 月调县农业银行工作，曾任工会主席等职。2008 年退休。

　　九中在我幼小心灵里，留下了很深印记。我是枝柘坪人，家距离小学非常远。到了读书年龄，父亲带着我上学。他那时在九中任教，小学在渔峡口街上，上学很方便。我小学一、二年级就寄宿在九中。

　　1966 年秋，我进入长阳九中成为该校学生，初、高中阶段，共有 5 年时间在此度过。许多人和事记忆尚存，而记忆最深的是朱老师带我们上北京。

　　1966 年 9 月我们入校后，学校各年级按部就班上课。过了十一假期，一天，学校召开全校师生大会，校长秦尚高宣布一个又惊又喜的消息：要在老师和学生中选派代表，赴北京接受毛主席检阅。这在当时简直是天大喜讯，令我们这些大山里的孩子欣喜若狂。北京，是全国人民向往的首都，是我做梦都想去的地方。

　　学校对这件事非常重视，选举开始前，锣鼓喧天，就像过节一样。我们班有 5 个名额。全班 55 名同学，采用无记名方式投票，我幸运当选。双龙的覃仕久是班干部，他得票第一。

我们全校学生代表 25 人，教师代表有朱新华、张松高、袁勤灿 3 人。出发前一天，学校领导召集我们开会，秦校长以激动的心情说：你们被推选为代表到北京去见毛主席，是长阳九中全校师生的光荣，以后要倍加努力，好好学习，天天向上……朱老师给我们讲了途中纪律要求及具体事项，如自带背包，伙食沿途有人管，定量每人一份，等等。朱老师是九中政治课老师，瘦瘦高高的个儿，皮肤黝黑，上身经常着一件半旧军衣。平时话语不多，有点儿不苟言笑，但我感到他是一位作风严谨、工作细致、关爱学生的老师。

出发当天，区委副书记王代坤专程来到学校，与我们一一握手，以表祝贺。全校师生敲锣打鼓，长长队伍一直把我们送到滑儿坡。渔峡口不通公路，走出大山必沿清江而下。第一天步行到资丘，第二天乘船到县城。我那时刚满 13 岁，身板儿单薄，从未走过这么远的路。只走到茅坪下边的长岩屋，就感到肩上背包越来越沉，跟不上队伍了。从这时起，我的背包就由朱老师和个儿高的同学帮忙提着。到资丘那天晚上，老师将我们编成小组，要求高年级的帮助低年级的，个儿高的关照个儿小的，朱老师被编排在我们这一组。队伍中有一个三年级同学叫朱昌元，年长我们几岁，长得壮壮实实，又乐于助人，来回路上多次替我背包，像大哥哥一样照顾我们，至今记得他那时的样子。

从九中出发时，我右小腿上起了一个小红疱，那是蚊子咬的。几天辗转劳顿，小红疱迅疾成了脓疱疮。为了使这疮不进一步受到摩擦，我只好把右腿裤脚往上卷一截。这被朱老师发现了，他弄来一小瓶红色消毒药水和棉签，给我细心擦拭，就慢慢好了。尤其返程途中，在武昌车站下车时天没亮，我迷糊地跟着大家出站，才想起背包遗忘在火车上，急得哭起来。朱老师将我们安顿好以后，向人借了一辆自行车，返回去。大约过了一个多小时，朱老师满头大汗提着背包回来，我破涕为笑，心里十分感激，嘴里却没说什么，倒是朱老师微笑着说了一句：这趟列车是终点站。

我们去北京每到一站，都有人群欢迎欢送。在长阳县城，文工团为我们举办专场文艺演出。全县带队总负责人是一中校长秦明瑛。出发第三天，我们到了宜昌，全地区师生代表集合后，去长江码头乘船，街上人群敲锣打鼓，载歌载舞，夹道欢送。我们乘坐"东方红"9 号轮船，经长江水路到达武汉，再由武昌火车站乘车北上。那时火车时速慢，到达北京要 20 多个小时。车内定时播放《东方红》乐曲，车厢外，地里劳动的农民不时向我们挥手致意，他们知道这是去北京见毛主席的学生。火车驶过郑州不远，车轮咣当咣当的响声突然明显，人坐着感觉更震动。车内广播提示正过黄河大桥，我们不约而同向外张望，第一次目睹黄河风采：只见河道宽阔，浊浪滚滚，奔腾穿越广袤平原，气势雄伟。过了石家庄，离北京就不远了。火车进北京站已是傍晚，播音员一遍又一遍提示：北京站马上就要到了，请大家做好准备……我们顿时兴奋起来，一天一夜的旅途疲惫瞬间全无。火车还在减速，车内就已经开始骚动，我们早已背上了背包，一个挤一个的在车箱中间，迫不及待想早一点看到北京。有人往前面挤，我们也跟着往前挤，前堵后拥。好在现场有老师维持秩序：不要挤、不要挤，一个一个下车……朱老师让我们依次站好，跟着他走。下车后，我才第一次看见这么多的人，摩肩接踵，那简直就是人山人海。朱老师个子高，在前面带路，另外两个老师，一个在中间，一个在后，我们前后牵拉着，形成一个链条似队伍，随着洪水般的人流出了车站。后来才知道，那时所有到北京的火车，运送的都是学生代表，聚集到北京的有上百万人。当晚有人接应，我们在农业展览馆大厅落脚，朱老师点名清点人数后，我们解开被包，打地铺，和衣而眠。

第二天，组织参观革命军事博物馆、北京泥塑展览馆、工人体育馆、景山公园。"中国人民革命军事博物馆"匾额是毛主席亲笔题写，馆内陈列了各个革命历史时期的武（兵）器。泥塑展览馆主题是阶级教育，不忘血泪史，以泥塑形式讲述大地主刘文彩欺压穷人的罪行。工人体育馆，外形像一把巨大绿色油伞，是 20 世纪 50 年代后期北京十大建筑之一。景山公园顶点是观看故宫全景最佳位置，放眼俯瞰，金碧辉煌，饱览无遗。

10 月 18 日，是毛主席接见的日子。天还没亮，我们都起了床，等待出发。这期间，我们每人领到一枚毛主席像章，简直如获至宝，异常兴奋。像章只有小扣子大，呈圆形。红底上面嵌着毛主席金黄色头像，非常精致。我们怀着爱戴心情，将像章小心翼翼地别在胸前，生怕弄丢了。快要 9 点了才上车，我们一路兴高采烈，所见街道都是红旗招展，人头攒动。下车后，我们 5 人一组手拉手在人群中穿行，步行一段路后，才到达预定位置。这时，街道两旁前面早有解放军战士席地而坐，形成两条整齐划一的绿色长阵，一眼望不到头。我们在他们后面席地坐下。不一会儿，有人给前面战士和我们每人发了一本《毛主席语录》。这时，我看见朱老师还有另外两个老师和我们一样，手捧着语录本，安静坐在学生中间，共同期盼着那一刻的到来。我们和前面解放军战士一样，一动不动，不敢离开半步，心情喜悦又紧张，不时伸长脖子向街道两头张望，生怕错过时机。两个多小时过去了，快12点时，《东方红》乐曲响彻上空，广播开始不断播送通知，要求原地坐好，等待伟大领袖毛主席检阅。我们意识到检阅快开始了，都屏气睁大眼睛，翘首以盼。不一会儿，听到"毛主席万岁"的呼喊声，由远而近，继而此起彼伏，一浪高过一浪。街道两旁顿时红色如潮，我们高举着毛主席语录本，随着节奏，一遍又一遍地喊"毛主席万岁"。因为之前老师嘱咐过，哪里声音大，毛主席就会往哪个方向挥手。在一个劲的呼喊中，敞篷汽车一眨眼就来了，在我们前面经过时，我看见毛主席站在敞篷汽车上，正在向左边人群挥手，而我们属右边人群。说实话，在几秒时间里，我只看到他老人家魁梧背影和迎风飘动的白发。

当天，我们每人买了一份《人民日报》，得知毛主席乘坐敞篷汽车，是11点50分从人民大会堂东门出发，首先接见广场人群，再驶过东长安街、建国门、东三环……50里长的受阅人群，约2个小时才检阅结束。

下午，我们到天安门广场，近距离看到了向往已久的天安门城楼、人民英雄纪念碑、人民大会堂。老师带我们排队，每人单照了一张照片，这是最珍贵的留影，我一直保存着。从此，我们心里都记下了那一幸福的时刻：1966年10月18日，我作为长阳九中学生代表，在北京见到了毛主席。

这是我一生中最光荣的一件事。50多年过去了，当时的壮观场面和激动情形时时浮现在眼前。同时，不时想起朱老师沿途关爱我们的情景。他虽然是千万个教师中普通的一员，却是我最难以忘记的老师。

2018年11月1日于长阳龙舟坪

杨老师教我唱京戏

初中 1970 级　王新兰

作者简介

　　王新兰，女，1958 年 10 月出生于渔峡口镇。1970 年 2 月至 1971 年 12 月就读于九中，1974 年 7 月宜昌县城关高中毕业下乡，1977 年 1 月参加工作。1987 年 7 月带薪上学，就读湖北经济管理干部学院，1990 年 7 月会计专科毕业。1992 年 1 月调入湖北粮油进出口集团宣昌公司任财务主管至 2012 年 12 月。在学校上学和单位工作期间，多次获得学校和单位系统唱歌比赛第一名和第二名。

　　渔峡口，一个山清水秀的小镇。多少年来，一直是我魂牵梦萦的地方。我的童年、少年都是在那里度过的，那是我人生最美好的岁月。

　　最让我难忘的是九中两年的初中校园生活。那是 1970 年 2 月，我前往九中读初中。在那里，我遇到了此生第一个偶像，那就是杨志明老师。当年的他，朝气蓬勃，英俊潇洒。是他，从繁华的大都市，来到我们这个穷乡僻壤的小镇，让我们这些大山里的孩子，第一次接收到了外面世界的新事物。

　　在那个物质匮乏、精神文化生活稀缺年代，杨老师为我们带来了最为流行的样板戏《红灯记》。从演员、服装道具、唱腔台词，到每场戏的排练，如何把握节奏、咬字、音准等等，杨老师都一一耐心讲解，亲力亲为。尤其让我们感到新奇的是，杨老师京胡拉得有板有眼。早先，我们只是在收音机里听到京胡声，没想到竟能现场目睹杨老师拉京胡，内心里顿时升腾起一种自豪感和幸福感。就是那个年月，我对音乐和歌唱产生了极为浓厚的兴趣。

我那时个儿不高，但精力充沛，学习成绩好，杨老师便选我扮演小铁梅。我好高兴，一来我特别喜欢那身小红花衣服，觉得穿在身上，英气勃勃，好漂亮；二来我也特别喜欢小铁梅的两个经典唱段：《都有一颗红亮的心》《做人要做这样的人》。我第一次接触什么西皮流水、垛板这些陌生而新鲜的名词，杨老师说，你不懂这些不要紧，只管跟着曲谱唱就行了。有时学校演出，或是下乡演出，这两个经典唱段成了我的保留节目。在反复练习这些经典唱段的时候，杨老师教我表演时怎样用情感去表达，记得"刑场见爹爹"那场戏，我是真的唱出了泪水。我当时只有12岁，那么小的年纪，能懂得用情感去表达剧情，可见杨老师花费了不少心血。

　　《红灯记》排成后，除了在学校演出，我们先后在双龙、施坪等地巡演，受到了一致好评。记忆较深的是去施坪公社演出。那天，操场上挂着煤气灯，灯火通明，山村里的乡亲把操场围得水泄不通。杨老师为我们化好妆上场表演，一幕幕演出，一阵阵掌声。演出完毕谢幕，乡亲们仍不舍得离开。当晚返校，我们打着火把，一路上，杨老师特别照顾我们这些年龄小的学生，总是叮嘱我们注意脚下的路，以免摔跤。

　　因为小铁梅饰演成功，作为奖励，杨老师便推荐我到宜昌观摩样板戏，当时是武汉歌舞剧院演出的芭蕾舞剧《白毛女》。这也是我平生第一次以12岁的年纪，在没人陪伴的情况下，走出远门看戏。那次经历对我是一种历练，成年后的独立与坚强，与成长过程中的点点滴滴不无关系。我非常感谢杨老师给予我的锻炼机会。无论是体育课，还是音乐课，杨老师总是用那句带武汉方言色彩的名言"失败是成功之母"激励我。杨老师或许并不知道，他当年这句不经意的口头禅，竟成了我的精神支柱，帮助我战胜了一个又一个困难，走到了胜利的彼岸。

　　　　　　　　　　　　　　2018年10月30日60岁生日于宜昌

初三那年

1980 级　李翠芬

作者简介

　　李翠芬，1969 年 2 月出生于渔峡口镇施坪村。1980 年毕业于施坪小学，1983 年毕业于九中，1986 年毕业于宜都师范，2001 年毕业于湖北大学。曾从事教育工作 5 年，后转行于长阳市场监督管理局工作至今。

1

　　如果说人生是一条长河，那么一定有几道滩，令人终身难忘。九中初三的那一年，就是我这一辈子最难忘的一道"滩"。

　　我从小就是个"齁包"，医学上叫哮喘。中医有一句话："内不治喘，外不治癣。"哮喘是顽疾。

　　记得小时候，有一次，我正咬紧牙关闭紧双眼，等着李永坤医生照我骨瘦如柴的小屁股扎下一针链霉素，这时蓉姐的妈妈背着蓉姐来了。蓉姐一进来便剧烈地咳嗽，她这一咳，就像半夜的鸡叫一样，把我也撩发了，于是我也"咔嗤、咔嗤"地跟着咳了起来。恼火的是二人好像打擂台一样，你方咳罢，我登场，一阵紧似一阵。不多久，我那小脸便紫葡萄一样，涨得吓人。坤医生见状不妙，赶紧给我打了一针链霉素，一把抓起我就往我家跑。后来，母亲说："坤医生是怕三儿（我的小名）在他卫生室一口气上不来哒！"

一直到初中，我仍然气瘘（zhú），冬天更甚，身体也不见长。医生说我已经长成了"鸡胸"，将来恐怕是抻不直了。这可把我爹妈愁得不行，整天长吁短叹。

初三那年的冬天，那才真叫一个严冬。有一天，杨祖辉老师在早操集合时宣布：为了抵御寒冷，学校决定从今天开始，不再做广播体操，全体师生以班级为单位沿操场跑步20圈。没有特殊情况不许请假。

天啦，这不是要我的命吗？我可是走三步路都喘啊！

每天清晨6点半，我上气不接下气地跑在我们班的最后一名。说实在，很多时候，我都想开溜。然而每天晨跑的时候，我身边都会有一个"监工"——胡世德老师都会陪在我身边。胡老师是我的数学老师，他曾经有过患肺病的经历。他给我讲了他患病之后坚持晨跑、最终痊愈的经历。他常常会一边跑，一边和我聊一些生活琐事，帮我放松心情，在我实在扛不住的时候，鼓励我："长跑有一个身体极限，只要扛过这个极限，后面就轻松了。"果然，当我扛过眼前泛黄的那个时刻，反而会觉得轻松了。就这样，一天又一天，渐渐地跑步不再觉得那么累了，气瘘的症状也渐渐消失了。

1983年7月，我中考过了分数线。在填报志愿的时候，我选择了中师。其时我最担心的就是体检。

神奇的是，体检的时候，那个要命的"哮喘"，仿佛一头怪兽，从我的身体里跑得无影无踪。更加不可思议的是，从那以后至今的30多年里，我的哮喘再也没有复发过，没人相信我曾经得过这个病。

及至我人到中年，当上了母亲，开始静下心来学习育儿知识，研究生命成长过程中每一阶段的身体发育和生理现象，我才恍然大悟：原来，我是在身体发育的关键时期，通过较大强度的体育锻炼，激活了自身机体的修复潜能，调集全身的免疫系统，刺激心肺功能强劲再生，这才将困扰我少年时期的哮喘赶出我的身体。

2

都说初三这一年是"火石落在脚背上"。这一年，我也有过类似古人"凿壁偷光"的经历。

中考前的几个月，我常常是早晨5点钟起床，然后去女厕所背单词。这一天，我一如往常，在昏暗的灯光下背诵，远秀老师突然进来了，她绕着我转了一圈，然后一把把我提起来，催我赶快回寝室睡觉。我很不情愿地回到了寝室。课间操的时候，学校领导特别针对早起学习的事，作了指示，表示不赞成学生早起学习，一是不能保障充分的睡眠，难保精力充沛，二是尤其女生单独行动，存在安全隐患。可是第二天早上 5 点钟，我依然胳肢窝夹着本英语书又去了女厕所。然而，当我跨进厕所的时候，发现灯光比往日亮了许多，原来萤火虫般的小灯泡，都换成了 100 瓦的大灯泡。我不禁感叹：老师们真是用心良苦啊！

3

刚进初三不久，我和覃卫红、马拥军等 6 人被选中参加全县举办的数学竞赛。那个时候都镇湾的宝塔中学是本县翘楚，九中则在其次。学校志在必得，把高中部的覃守员老师请来给我们讲了一个星期的代数课。我们也利用一切能挪用的时间，争分夺秒地训练，大量刷题。胡世德老师逐一当面批改，当场剖析答题路径。感觉那不是一场考试，而是一场战争。

出发前，我们被批准回家一趟，向父母表明情况。我妈给了我 2 块钱，本意是以防要交什么费用。那次比赛的地点在桃山，我们住在桃山旅社，旅社门口是桃山服务部。晚上，只见服务人员剁的剁，捏的捏，一笼一笼的肉包子霎时飘来勾人的浓香。我仿佛被鬼魅勾了魂魄一样，实在抵不住那浓香的诱惑，终于走过去买了两个。可是还没回到房间就吃完了。于是那馋虫又在肚子里翻江倒海。索性又回头去买了两个。这两个也是一样，一眨眼又没了，所以又第三次回头。6 个包子下肚，勉强走回了旅社。但是睡在床上依然辗转反侧，满大脑都是包子的香味。实在架不住，只好又去买了两个，这才勉强安慰自己，舔着嘴巴进入梦乡。那个味道，至今依然记忆犹新，只恨不得填了喉咙，缝了嘴巴，生怕那余味跑了出去。

嘴巴倒是尽兴了，可是肚子却吃不消。比赛时，肚子里总是咕咕怪叫，而且伴有强烈下坠的感觉。我请假去了好几趟厕所，最后实在不好再开口请假，索性只好草草交了卷。

自然成绩是一塌糊涂。

古人入我梦，明我长相忆。眨眼间，半生已过，回想那年初三，依旧浪花朵朵。

2021 年 4 月 2 日于长阳龙舟坪

像雨像雾又像风

1982 级初中　覃宏杰

作者简介

　　覃宏杰，1970 年 5 月出生于渔峡口镇渔坪村。1982 年 9 月至 1985 年 7 月在九中初中读书，1991 年 8 月宜昌师专毕业后于渔峡口镇中学教书，2011 年 8 月调长阳职业教育中心教书，现任长阳职业教育中心机电部党支部书记。

　　1982 年 9 月 1 日，我带着父亲的失望，背着木箱、被子，前往九中报名，开始了 3 年的初中生活。

　　父亲为何失望呢？因我在渔坪小学读书，学习成绩一直名列前茅。当时，长阳县重点初中是红光中学，我志在必得。可事与愿违，我在红光中学专场招生考试中，成绩不理想。我苦等了一个暑假，却等来了九中的通知。这让我和父亲都难以接受。在进入学校最初一段时间内，我一直处在一种失落的迷茫之中。

　　我们 1982 级共有两个班，每个班 40 人左右，我分在一班。我当时并没有对新学校表现出新奇，这也难怪：校园内的土坯房破旧不堪，难得见到有水泥的建筑，而且学校离集镇又那么远；再加上当时我那像雨像雾一样的心情。

　　那时候我们的课余生活，多是在操场里"斗鸡"。操场中间，是一棵大垂柳，拴着指挥全校作息的铃铛，后来柳树在一场飓风中被拦腰折断。操场南面是厕所，厕所前是一排整齐的刺柏树，树干笔直，有些像学校的仪仗。一到冬天便会落下满地的刺叶，曾经有人拿它洒在别人板凳上，刺伤别人的屁股。我记忆最清晰的是校园进门处的那一片小柑橘园。秋天，橘园的风景最旖旎，在那个食物匮乏的年代，柑橘园常常让我想入非非。

第一学期考试后，我的成绩依然名列前茅。班主任蔺新华老师便指派我担任数学课代表。

我初中第一任数学老师是胡世德老师。在我担任数学课代表期间，一般是我先将班上同学们的作业本收齐，交到胡老师寝室，胡老师则先批改我的作业，检查我对所学内容的掌握情况，然后让我来批改同学们的作业。正是胡老师对我这种先当学生后当先生的培养方式，让我对数学着迷，因而我的数学成绩一直保持领先地位，甚至我后来成为一名数学老师，也应该得益于这样一段经历。

凡是有本事的老师都有个性。胡老师的爱好是卷的像炮筒一样的山烟，吸起来青烟横怒，辛辣呛人。而物理老师王启寿老师，则是坚持用他那独特的方言上课，他从不说普通话。王老师的家紧邻巴东，他的巴东方言抑扬顿挫，很有感染力，把牛顿、欧姆讲得头头是道，通俗易懂。最厉害的是，物理课后基本没有作业，而且我的物理成绩还不错。因此我十分喜欢王老师的物理课。

20 世纪 80 年代的教育，真正体现了全面发展的办学方针。学生基本没有课业负担，更没有课外补习，让学生自由生长。除了学习，我们更多的是在老师的带领下自力更生，艰苦建校：学校东北面的那栋两层宿舍楼、西北边的教室、西南边的宿舍所用的石头，都是同学们从周围背来的。有同学说背坏了两个背篓，绝对不是夸张。

当时我的个头较小，身体单薄，属于劳力差的一类人。一般情况下，老师会都安排我做劳动考勤记载，或是办黑板报之类的轻松活儿，所以我很难体会同学们劳动的辛苦。但是初二那年的一次转煤炭，则让我记忆深刻。大概有两吨煤炭堆放在校门口，我们班承接了把煤炭转运至伙房的任务。班主任覃建国老师将我们分成两组，意思是让两组形成竞争。我的任务是"上煤"，即用锄头将煤炭扒入撮箕，再倒入同学的背篓里。这是一件苦差事，所以，我便磨磨蹭蹭，偷懒耍滑。覃老师走过来对我说："你劳力不行，但是又不能输给那一组，我来帮你。"这分明就是监督啊！在覃老师的"关照"之下，我哪敢有耍滑头的心思呢。完成任务时，我已累得不成人形了。也正是有过这段艰苦建校的劳动经历，造就了我们这一代人坚韧不拔的品质，让我们在以后的人生中长期受益。

我们的初二，是在老师频繁的调整中度过的。班主任兼语文老师李长锐老师，工作中突然因病去世。建国老师接手任我们的班主任，半年后他又调至镇文教组。最后，是田和平老师从西坪调来救火，接手了我们这个班。城头更换大王旗，一学期三易其师。好在我们那届学生比较听话，一切过渡都很顺利，老师们似乎没有什么烦恼地教书，我们也似乎没有烦恼地读书。

刘郎已恨蓬山远，更隔蓬山一万重。初二期间我有过一次朦胧的"心动"。那是一个来自英山的女生，她叫罗英，她父亲在水文站工作，单位离我家很近。她父亲得知我们是一个班后，特意找上门要我帮助她。在学校，老师也特意安排我和她同桌，我卖力地在学习上帮她，经常告诉她如何解答一些理科难题。罗英长得娇媚可人，尤其是一双胳膊，比新鲜的莲藕还要白。半年后，她父亲工作调动，她也悄然去了一个新的学校。多年以后，当我第一次听到老狼的《同桌的你》时，居然第一个想到的——是她。悄悄地，她走了，正如她悄悄地来。虽然我们相处短暂，也没有什么表白，但是，她却印在了我的记忆里。

上了初三，老师又变了。教语文的是黎学金老师，数学刘诗忠老师，英语李发柱老师，物理周立英老师，化学胡清萍老师。我们也在老师的变换中长大，逐步明白了，要想改变命运跳出农门，唯有努力读书。于是班上的学习氛围浓了起来。我和杨健、袁双全、张开军、赵林国、覃静谊等人开始思考人生，潜心于学习，我们一般课间自学预习，超前完成作业，再主动找老师过关。学习一主动，一切都顺利了。在那段时间里，真的觉得读书是快乐的。

初三，甚至整个初中，我认为我做过的真正违纪的事，是偷柑子。校门口的那片柑橘林，一入秋便硕果满枝，虽然还是青的，却挡不住我们对它的牵挂。在一个月黑风高的晚上，我和覃静谊约好，等同寝室的同学睡着了，我们后半夜下手。可是，当我们蹑手蹑脚返回寝室时，全寝室的人居然都在等待我们凯旋，因此，只好见者有份，每人一个。吃人嘴软，大家自然守口如瓶。几天后老师发现了端倪，但是没有追查谁偷了柑子，而是提前将那批柑子下了树。

　　白驹过隙，3 年青春就像风一样。1985 年夏天如约而至，我们走进了中考考场，完成了人生与九中重合段落。中考结果是，我们这一届两个班共有20%的人上了县一中和师范。考上一中的有：覃宏杰、覃静谊、杨建、张开军、覃玉红、马时都、田开旭、赵晓虹、熊南方、熊勇、覃俊华、李红勇；考上当阳师范的有：赵林国、覃玉琴、李斌、李翠萍、覃玉奉、张俊。从此同学们各奔东西，又开始了新一轮的聚散离合。在以后的许多年里，同学间能见面的不过半数。我经常痴想：如果时光可以倒流，我们重回校园，我一定会把每一天的记忆都刻在石头上。

2020 年 11 月于长阳津洋口

花季在九中

1982 级　田素红

作者简介

田素红，女，土家族，笔名舒虹，1969 年 12 月
生于渔峡口镇枝柘坪。1985 年初中毕业于九中，后
中技毕业，现于长阳自来水公司工作。湖北省作协
会员，中国散文学会会员。作品《获得太少与拥有
太多》入选吉林、江苏省中、小学生课外阅读辅导
教材。著有散文集《岁月跫音》。

　　九中，是渔峡口镇中学的前身，原址在白虎垄覃家祠堂。我出生前和出
生后，这所学校一直都叫这个名字，即使后来改名易址和撤办成其他机构，
也仍然被人们习惯性地用"九中"指代。

　　1985 年夏，我在九中念完初中，然后逃离。我是个成绩糟糕的孩子，严
重偏科，时任学校教导主任的父亲（田克芳），对我特别严厉，所以离开学校
后相当长时间里，我选择性地遗忘这段生活。然而，几十年后，当我从一个
小女孩成长为一个理性对待生活的写作者后，再回望这段青葱叛逆岁月时，
内心却充满无比的眷恋和感动。

　　我的班主任覃远秀老师，年轻，漂亮，优秀。父亲把我放在她班上有他
的私心，希望自己的孩子能够受到更好的管理和教育。可是我并没有如他所
愿，也没有表现出通常女孩子的乖巧、懂事，反而是不爱学习，只对文学、
绘画发生特别的兴趣。一有时间就偷读小说，临摹各种人物花鸟。父亲对我

这样的特质偏好视若无睹，并严加制止，我就愈发地叛逆。父亲多次和覃老师就我的学习状态进行交流后，明显感觉到我上课被点名回答问题的次数增多了，可是这于我却是非常地不情愿，总担心答不上来被同学嘲笑和被老师批评。

有次上语文公开课，教室后面坐满了本校和外校的老师。秀老师点名我阅读一个词语附在课文后面的释义，不知是听错了还是因为紧张，结果我稀泥糊涂地把这个词语所在的段落读了一遍。课后她把我单独叫去，反复叮咛我一定要集中精力，认真听讲，并委以文艺委员的职务。我并没有因为老师的各种鼓励和提携而改变很多，少不更事的我读不懂来自师长们的期冀与呵护，他们眼里的责怨和失望慢慢沉淀为后来人生中助我成长的养分与鞭策，渐渐拨开了曾经的懵懂无知。

初一下学期的时候，我首次遭遇经期。正在慌乱时刻，秀老师来了，她带来了女生用品，详尽地给我讲述了用法和生理期知识，并告诉我以后需要这些用品时一定要找女售货员购买，或者找她帮忙购买也行，还告诉我晾晒的方法。那时候，我母亲在几十里远的一所小学教书，秀老师及时地帮我处理了一个女孩儿初涉青春的紧张与尴尬。除了上好课，她还要给我们这些 10 多岁的女孩子充当家长角色。其时，她也只是个 30 岁左右的年轻妈妈。

黎学金老师也教过我的语文。黎老师讲课最大的特点是绘声绘色，记得有一节新课是学习高尔基的《海燕》，他首先详尽地给我们介绍了作者生活的时代和创作这篇文章的背景，然后学习正文。他声情并茂，激昂澎湃，不时配以肢体动作，张开双臂演示海燕振翅高飞的姿态，尽力让我们从感官上产生身临其境的效果，帮助学生更直观正确地理解文章蕴含的深意。即使这么多年过去，我依然能清晰地记得那节生动形象的语文课。

作文，是语文学习最重要的内容。为了提高学生的写作能力，黎老师想尽办法找来各种文章让我们阅读、仿写和练习，课堂上同学们之间经常相互修改点评。还把历届学生写得好的作文印成小册分享给我们，并多次举办竞赛评选活动。有次我的作文被评为班上最好的五篇之一，黎老师就要我们自己用毛笔誊写好后张贴在教室外面的墙上。每次当我看见有本班和其他年级的同学驻足品读时，心里就涌起一份特别的开心，那是我中学阶段为数不多的高光时刻。后来当文字成为我生命中的一抹亮色，并取得些微成绩时才意识到，岁月中每一个看起来平凡的日子里，恩承了那么多关爱与鼓励，最后都成为奠定你以什么样的方式行走和认知世界而不可缺失的力量与基石。

恪尽职守，耐心善良。这是很多同学对刘诗忠老师的印象。刘老师教数学，虽然我的成绩不好，但对他却记忆深刻。刘老师的课讲得特别细致，对每个同学都非常有耐心，一道题会从各个角度分析讲解，直到你真正弄懂。

20世纪80年代中期，山区电力资源还不丰富，学校会经常停电。白天基本不影响学习，晚上如果停电了，每个同学的课桌上就会立即燃起自备的煤油灯和蜡烛，时间长了，眼睛干涩，第二天会发现鼻子里有很多黑色的絮状东西。有次数学晚自习时，刘老师正在给我们讲解期中考试试卷错得比较多的几道题，突然停电。煤油灯和蜡烛不足以照亮黑板，他就只好给我们挨个儿讲解。好几次刘老师的头发被烤焦，他不时抿嘴吞咽，长时间的舌干口燥，肯定很不舒服，每过一会儿他就把头伸到窗外咳嗽几声，然后继续。可能与父亲是同事的缘故，刘老师对我格外关照，即便是课外或放假时间也要我去问不会做的题。愚笨且又不知用功的孩子总是让老师失望，每次考试成绩几乎都在60分左右。有次考了87分，刘老师就在班上狠狠地表扬我，然而这只是个小概率的喜悦，数理化永远是我的短板。

刘老师的儿子刘书勇调皮聪明，精瘦可爱，我上中学时，他还在念小学。每次放假，学校老师那些比我小几岁多半还在小学读书的孩子们做完家庭作业就相邀一起玩耍。追赶，疯闹，做游戏，孩子们之间也会因为一根跳绳、少记了踢毽子的次数、你的削笔刀没有我的漂亮之类而闹矛盾，书勇经常被揭短的就是夜晚尿床，这件事让他很窘迫。孩子们之间的龃龉，小小的报复，哪里会有太大的恶意呢。转身就忘了，依然是好朋友。然而很多年后听到他因为肾衰竭去世的消息时，大家心里都格外地难受。也许那时他的身体就有了病，因为疏忽，或者医疗条件的限制，并没有及时发现和得到有效的治疗，或者原本就是一种无法治愈的先天性疾病，所以特别后悔，当时就不该嘲笑他。也许他的提前离开，是更为深情的眷念，他相信很多年后那些在九中和他一起长大的小伙伴儿们，会因为他的缺席而更加怀念和珍惜生命中的这一段过往。

大仲马，小仲马，茶花女，基督山伯爵，加西莫多，武松，林黛玉，孙悟空，卖火柴的小女孩……我在鲜于明蜀老师家里第一次见到他们。父亲刚调任九中时，我还在渔坪小学读五年级，最喜欢事就是放学后去鲜于老师家里看小人书。通俗易懂，言简意赅，文字与图画里藏着一个孩子能读懂的道理与喜悦，我被深深地吸引。不仅认识了遥远地域、时间里存在和走过的各种人物，而且还知道世界上发生了很多神奇而又不可思议的事情。小人书让我获得了很多课本以外的知识，可以说在某种程度上，这些小小的画册打开了一个孩子认知世界的全新视觉，启迪了她对未来的无限向往。每次从鲜于老师手里借几本，看完后就又去调换，或者干脆呆在他那里阅读。有时会一起去好几个孩子，鲜于老师总是乐呵呵地招呼我们，倒水，擦桌子，找板凳。九中、鲜于老师、小人书，都是烙在我成长岁月里不可磨灭的符号。

一栋两层的石头水泥楼房，主要用作学生寝室，只配了几套简单的双居室，没有厨房、卫生间，仅有几位老师住在里面。多数老师们都住的是老祠堂的木板砖房、土坯房，或旧教室改用的房子。统一在食堂用餐，但带着孩子或家在学校的老师会自己做饭，只是偶尔去下食堂。他们的收入都不高，很多老师的另一半在农村，即使是双职工，有几个孩子念书的家庭也要承受很重的经济负担。父亲每次领了工资首先就是备足进餐券，他说一家人只要有饭吃，日子就不怕了。有限的收入，合理地分配，父亲的这个消费观念一直影响我到现在。要维系老师们的基本生活度用，保证学校的正常秩序，总得想些办法。学校给每位老师分有一块小菜地，课余时间会看见老师们在地里拾掇、翻土、施肥，种些葱、青菜、豆子。有的老师还在田边、坎儿角弄个笼子养几只鸡。学校大门外有个堰塘，蓄水不深，覃孟会老师的宿舍离得近，就养了几只鸭子。他的女儿覃红霞比我略年长，经常约我去捡鸭蛋，她说她们家的鸭子很奇怪，老是把蛋生在水里。我们各拿一根树棍，沿水边寻找，发现了鸭蛋就用棍子拨到手够得着的地方，收获一些小欣喜。也许蛋原本是生在岸边，因为坡度才滚落到水里去的，不得而知。每次都有收获，有时她还会送我几颗，但我已记不得怎么处理那些鸭蛋的了。

一日三顿，到点就吃，我们这些孩子并没有觉察到大人的难处，倒是为每次要去几百米远的地方上厕所很恼火。出于安全，学校要求同学们夜晚方便时一定要约几个人一起。遇上拉肚子、雨雪天气，或者女孩子经期，上厕所真是件痛苦的事。离得远却让少数几个同学有了可乘之机，有次晚上就寝后，一个男同学躲到那里偷偷吸烟，非常惬意地吐圈圈，还义气地点燃一支递给旁边坑位上的人。两支烟在灯光暗沉的厕所里明明灭灭，米把高的砖墙隔成的单个蹲坑，彼此看不见。心照不宣，无伤大雅，干点明令禁止却又自忖不易被发觉的坏事，满满的窃喜和相互懂得的感觉真好。忽然旁边传出声音："口感不错啊！多少钱一包?"低沉、不紧不慢的语调有些耳熟，完全不像同学间的肆无忌惮。定睛一看，是他的班主任赵万元老师。妈呀！吓得提起裤子就跑。平时就比较调皮，这下可要完蛋了，肯定会叫来家长，甚至被学校处分。第二天早自习一下课，他就赶紧主动去找老师。但赵老师并没有把这件事扩大化，只是要求他把聪明劲儿要用到学习上，并保证一定不可再犯。后来，听说那个同学去了部队，表现特别突出，很快得到提拔。也许宽厚让一个孩子在错误面前格外羞愧，更懂得珍惜人生路上的各种机会。每个老师都用自己的方式爱护着学生。

老师们除了上好课，还带着学生参加各种劳动。植树苗，种花草，栽果树，砌石坎。还定期举办演讲、表演、体育竞技等各类活动，全面提升学生综合素质。迎春花开的时候，我们知道春天正在拥抱每一个人。躺在夜空下的大草坪上，数满天星星，它们是青春期不愿与人语的心事和小秘密。垂柳依依，苹果脆甜，橘园丰硕，宽阔的校园可以嗅到每个季节的味道。篮球，排球，乒乓球，单双杠，跑步，书声琅琅，知识与身体一起成长。历届学生与老师们的共同努力和付出，这里不仅能学到文化课，还被蓬勃、温暖、美好的人文情怀不断滋养，且受益终生。

校舍简陋，物质匮乏，生活艰苦，不时还会摊上几个调皮叛逆的学生，却丝毫不影响老师们的工作热情。勤勉敬业，厚德诚笃，他们始终坚守教师这份职业的良知与品格。也许是习惯性无意识，或者是本就安于清贫乐道，一群单纯可爱的知识布道者，他们是一个地方的荣光垂范，也是一个时代的精神骄傲。

几十年过去，回望岁月深处——鄂西南乡下那所曾叫"九中"的山村中学，会让很多人缱绻怀想，深情记忆。

2021 年 4 月于长阳龙舟坪

九中琐忆

初中 1982 级　覃春燕

作者简介

　　覃春燕，女，1971 年 3 月出生于渔峡口镇。1985
年 7 月渔峡口中学初中毕业；1990 年 7 月湖北商业专
科学校毕业；1990 年 9 月在长阳县纺织品公司参加工
作；1999 年 10 月在宜昌中立会计师事务所上班；
2004 年 5 月任长阳中正会计咨询事务所负责人和湖北
永诚工程咨询有限公司长阳分公司负责人至今。

　　从渔峡口集镇出发，向北，穿过松树林，半小时路程就到了九中。

　　风水先生说，渔峡口是渔网之地、殷实之地，九中就在网把子上，是收
网获鱼的关键所在。诚然，地之所兴，在于人才，九中就是孕育人才的地方。

　　正因为九中风水好，所以先民们把覃氏祠堂建在这里。青砖青瓦，木栋
木梁，历经百年，至今风骨不减。

　　九中校门在东方，每天的朝阳就是从这里洒进校园的。校门边上是一
口大堰塘，水面上漂着一座廊桥，晨雾乍起，浮出一种"长桥卧波，未云
何龙"的景致。堰塘正中翼然一亭，玲珑剔透，一如王勃笔下："飞阁流
丹，下临无地。"不大的堰塘，因了这桥、这亭，生出一种西子湖般的娉婷
婀娜。

　　走过堰塘的廊桥，便是一座隆然凸起的山丘，溜圆溜圆，若一只乳汁丰
沛的乳房。传说这座山是覃氏先祖的坟茔。以山为冢，这是何等磅礴的格局

啊！钟灵毓秀，原来九中之所以人才辈出，却是因了这乳山的滋养和英灵的化育。

山上层层梯田，橘树成荫。这里适合朗读；三五少年，诵读陶潜诗句："采菊东篱下，悠然见南山。山气日夕佳，飞鸟相与还。"领略陶公闲适意境。也适合远眺，看碧绿清江，深水静流，一路东去，慨叹孔子"逝者如斯夫，不舍昼夜"的哲理。

绿色草坪，冲天刺柏，杨柳依依，这是我们的操场。

晨光微曦，当第一缕阳光照进来的时候，少男少女们便已经在操场上迎风起舞。"一日之计在于晨"，青春的早晨，便是在这朝气蓬勃的律动中开始的。

土筑瓦盖，粉墙木栋，一排排校舍，鳞次栉比，氤氲着朴实的地气和自然的灵气。"关关雎鸠，在河之洲。"我们在这里深情地吟咏。"岂曰无衣，与子同袍。"我们意气风发。

"曾经沧海难为水，除却巫山不是云。"沧桑半百，回头，才知道曾经的来处原来最好。想当年豆蔻初蒙，身在宝山不识宝，一心只想早点离开校园，去看看外面的世界。我这些年，去过很多地方，走过很多校园，见过很多风景，这才恍然惊叹母校竟是如此美好。

那时候，我们学习和生活的必需品需要到渔峡口镇上购买。每当周假，同学们三三两两、吆三喝四的，便充斥了小镇的每一个角落。这平日冷清的小镇，也因为我们，而一时生气勃勃。我们的假日，是小镇的节日。

当时学校没有电灯，上晚自习照明都是学生从家里带来的煤油灯。一豆灯火，一缕青烟，一节习课下来，师生们都是一鼻孔的黑烟。煤油也要在镇上去买。我记得我们班的覃远阶同学，打煤油没有容器，便找了一个塑料袋，哪知塑料袋有点漏，于是覃远阶便一路飞奔，半小时路程只用了 10 来分钟。尽管他已经非常努力，但是当他到达学校的时候，煤油已经所剩无几。直急得他面红耳赤，眼泪几乎落下来了。

那时我们穷，学校也穷。学校开大会，鼓励同学们捐木料做课桌板凳。我当时就犯愁了，我们父母是教师，家里一无田园，二无山林，哪来的木料呢？

一次周假结束，刚进校门，便碰到秦玉霞父女俩，秦玉霞背着小背篓在前面走，她爹肩上则扛着一根粗大的木头，分量足有一两百斤。一时间，学生和老师们都惊愕不已。秦玉霞家住在枝柘坪，距学校有三四十里路，而且一路既要翻山，又要越岭，还要涉水，可见这一路飞凡的辛苦——足见父母是何等殷切。

玉梅是我小学的同学。我家就住在父母执教的施坪小学，跟玉梅家相距不远，初中我们又一个班，于是，从九中到施坪的七八里路程，每次都是我跟玉梅相伴而行。这天，我一如往常，收拾好行李，兀自背了背篓，告别父母，到玉梅家去邀约玉梅。我站在玉梅家对面的大路上，如往常一样高声呼唤玉梅。一般，这时候会看见玉梅背着背篓朝我奔来。可是这一天，没有看到背着背篓的玉梅，只听见她远远的朝我喊："春燕儿，你自己走，我不读书哒。"听玉梅一声"我不读书哒"，一时间，我浑身感觉咯噔一下，掉进了一个大窟窿，整个人都沦陷了。那天，我是哭着走到学校的。这一路，我遇到什么人，看见什么事，我都一无所知，只觉得自己仿佛孤独地行走在一片无际的旷野中，没有草，没有树，没有人，没有颜色，没有空气……

九中 3 年的初中生活，是我人生的一个片段，也是我一生背负的行囊。那山，那水，那草，那木，那人……是塞满行囊的乡愁。

2019 年 12 月于长阳龙舟坪

那年少年初长成

初中 1982 级　覃立勇

作者简介

覃立勇，1969 年出生于渔峡口镇渔坪村。1982年于九中读初中。后于武汉、宜昌经商，现居宜昌。宜昌市作家协会会员，在《天涯》《三峡晚报》等报刊发表多篇散文、评论；2017 年担任编剧的电影《挣扎》上映。

人生就是一场旅行，你的肩上始终会有一个放不下的行囊。它装着你少年初长成的感动和青春的记忆。每当你打开它，你会看见曾经冰雪纯真的自己，也会忆起那些同样冰雪纯真的交集；你会感慨，原来你的人生，曾经拥有一片那么宁静的草原和白云！它，就是曾经伴你成长的母校。

1

九中是我初中的学校，距我家只有一两公里路程，那里是我的本家，覃氏祠堂所在地。我第一次走进它，大概是在五六岁的时候。

那是一年暑假。姐姐当时在九中读高中，因为学校距家近，被安排在假期给学校喂猪，她便邀我作伴。

20 世纪 70 年代，学校勤工俭学方兴未艾。九中开垦了几十亩校田，还喂了猪。这猪大多是在下半年元旦期间宰杀。学校这一日，大开筵席。

记得后来，我上中学的时候，也在九中度过了这样一个"肥节"。元旦的早晨，学校起床铃还没响，便听见学校厕所旁边的猪圈里，传来杀猪的喧闹声——一群男声高亢的吆三喝四，垂死的猪儿死喊怪叫。

这一闹，全校的学生都亢奋起来。轰隆隆，轰隆隆，同学们陆陆续续穿衣起床，个个心花怒放——今日学校打牙祭。

元旦这一天，学校上午上课，下午放假聚餐。记得田小平同学，或许是由于过度兴奋，或许是恶作剧，居然将老师用喜庆的红笔，在作业本上批注的"元旦"的"元"字，加上了一个"宝盖头"，把它改成了"完旦"。这一改，让他下午的假期泡了汤——罚站半天。

秋天里，也正是柿子收获季节，我陪姐姐去上学。从我家所在的渔峡口镇上到九中，要穿过一片松林。一走出松林，便有一户土墙青瓦的农舍，这是张必珍老师的家。张老师的夫人刘义群阿姨是一名产科医生，被下放到农村劳动。于是，张必珍老师一家便索性在学校附近寻了这块地方，筑了屋，住了家。

张老师屋旁有一棵柿子树，树龄不高，但那年也开始挂满了果实。

我们经过的那个时候，柿子还在泛青。我生来就是一个好吃包，走到树下，硬要姐姐给我摘几个柿子。姐姐当时也正值青春壮年，"嗖嗖"两下便爬到了树冠上，三下五除二，便揣满了几荷包柿子。我拿起那青皮的柿子就往嘴里塞，一口下去，又酸又涩，直瘆得我把头缩进脖子里。

后来，我们每次经过，依然会揣满几兜柿子回家。姐姐拿石灰水将柿子泡过之后，再吃，便只有清甜，不见了酸涩。

我想，我们摘柿子的时候，她一定看见过，但她从来没有呵斥过。

到了20世纪80年代，我们上小学的时候，刘阿姨便拆了那农舍，随张必珍老师到学校去住了。那时候，我们总觉得刘阿姨像一尊慈眉善目的观音，满脸都是母亲一样的慈祥。

2

上初中后，我也进入了九中。初一的时候，我分在初一（2）班，小学同学方义圣也跟我一个班。

尽管离家不远，按学校要求，我们还是寄读。学校厨房为学生提供了一个大瓮甑，全校学生的一日三餐都在这个瓮甑里。我们家境稍优的，自带大米，淘洗过后，盛上水，把饭盒放进瓮甑，待饭点，饭盒里便有了热气腾腾的大米饭。

学校并不提供菜蔬，下饭菜大多是家里带来的酱豆醺广椒，开饭的时候，把米饭挖一个洞，将酱豆醺广椒往里面一焖，少顷便有了热气。这半热不热的酱豆醺广椒就着米饭，就是一顿正餐，而且顿顿如此。现在只要一提到酱豆醺广椒，我依然会产生一种本能的排斥。

乡下一些家道畸零的同学，则更是恓惶。记得有一个低年级的同学，叫海军，姓什么我不知晓。每顿饭的时候，他只有一块一寸来厚的"苞谷面饭板"。这饭板是苞谷面和水以后，在瓮甑里蒸出来的，趁热还勉强戳得动，稍一冷，便像一块石板，咬也咬不动。海军每天吃饭的时候，并不到寝室里去，因为他没有下饭菜。那死板的苞谷面饭也实在难咽，他便守在水龙头旁边，咬一口饭，喝一口冷水，就像吃药一样将这苞谷饭"打"进胃里。

也不知道海军他现在过得好不好。

方义圣的父亲是粮管所的干部，方义圣又是幺儿子，自然疼爱有加。九中的冬天，教室里寒气彻骨。方义圣的父亲便给他配备了一个火盆，还有不菲的白炭。他的菜蔬除了酱豆醺广椒，还有腊肉和干菜。

我当时与方义圣邻座，自然也搭洪福烤了他的白炭火。

这天，方义圣突然提出在火盆上炖腊肉火锅，我当然是无比乐意。上午4节课之后，便是午饭。趁着第四节课上课的前夕，我们拿了一个装酱豆醺广椒的铁钵，将腊肉、干菜和佐料调制好，放在火盆上烹煮。

上课铃响了，我们一边上课，一边热切地憧憬着中午的腊肉火锅。

随着温度上升，渐渐地，铁钵里的肉汤开始沸腾。要命的是，这水一开，便发出"恰恰恰恰……"的响声，弄得这教室里像一片夏夜的稻田，"蛙声一片"。更要命的是，随着不断的烹煮，那腊肉的香味，很快就肆意地在教室里弥漫开来，搞得满教室香喷喷的。

这必定是闯了大祸。老师当即勒令我们把火盆连同火锅送到教导处去。

张盛柏校长当时正在教导处办公。我诚惶诚恐地把事情原委一五一十地作了坦白，我俩自然地领受了一顿严厉批评。

整整一节课，我像丢了魂似的，满脑子全是懊恼和惋惜——可惜了这香喷喷的腊肉火锅。

下课铃响了，我一脸抑郁地朝食堂走去，满脑子都是那腊肉火锅挥之不去的影子。突然，张校长走到我跟前："你们到教导处去把菜吃了。"我又惊又喜。飞也似的拿了饭盒，邀了方义圣，直扑教导处而去。一进门，那心爱的腊肉火锅正在撒欢沸腾，暖暖的肉香，温泉一般氤氲满屋，潺潺地沁入我们的鼻孔。

九中先前没有电铃，全校师生都听一口铜铃的指挥，这种铜铃也叫"钟"。铜铃的外面是一个倒扣的喇叭，一似葫芦去了底。中间悬一个实称的铃砣，铃砣的底端连接一根绳子。铜铃高高地悬挂在学校大礼堂的挑梁上。打铃人只要与铜铃形成一定的夹角，使用脆劲拉动绳索，铃砣便敲打在钟壳上，发出悠远而洪亮的响声。

当时，我们最不愿听到的是起床铃。起床铃是连续不断而急促的响声，"当当当……"像催命一样，一阵紧似一阵。早上6点钟，星月尚在苍穹，晨鸟尚未啾啾，正是睡得最沉、最香的时候，一阵急促的铃声响起，就像心脏上被人猛然砸了几锤子，让人既惊骇又懊恼。这时候，人人都会诅咒这该死的铜铃。

最喜欢听的是下课铃。然而这铃声最为萎靡。"当——当——当——当——"半天一响，有气无力，就好像被霜打过的菜叶儿。跟同学们那地火一般期待下课的热切，势同云泥。最让人兴奋的，还是饭点时的下课铃，它简直就是一道释放欢乐的闸门。闸门一开，上千学子潮水般涌向食堂，叽叽喳喳，你追我赶。那时候，学校就是一片欢乐的海洋。

3

学校背后，有一户人家，老太太人称"马家婆婆"。马家婆婆个头小，身材玲珑，却有一副好嗓子。马家婆婆的园田就在学校背后的石坎上，田里有几棵橘树，每到深秋，金灿灿的橘子便在枝头诱人地摇曳。俗话说：猫碗里藏不住鱼。九中的大男生，都是见腥不要命的馋猫。所以，橘枝上的果实，总会日渐稀疏。每到这个季节，总会听见马家婆婆那百灵般清脆的女高音："哪个有娘养无娘教的东西？偷我的柑子要烂爪子的！吃我的柑子要烂肠子的！"兴许是这谩骂过于频繁，它的骂声里已经没有了愤怒。她骂一句，拖一板，一字一顿，把这谩骂演绎得如同唱腔，婉婉转转，悠悠扬扬。如此婉约的谩骂，也使得那些"窃贼"们充耳不闻，依然故我。月黑风高的时候，照样会潜入果园，取我所欲，食我所甘。不几日，马家婆婆的橘园就成了枝头零落、叶密果稀的风景。

马家婆婆有一个宝贝孙女，叫秀儿。秀儿标志可人，黛眉杏眼，皓齿齐贝，从小就是一个美人胚子。秀儿没在九中读书，却随着九中一天天长大。渐渐的胸鼓起来了，臀翘起来了，这长大了的秀儿，更是出落得妩媚娉婷，难免让那些高年级自负的大男生们想入非非，这也成了马家婆婆的一块心病。于是，校园的上空每天都会飘来马家婆婆那清丽高亢的嗓音："秀儿呐——你在哪里呀——快回来呀！"声音里充满着关切和不安。久而久之，每当这声音响起，我们便会随马家婆婆一起遐想——秀儿去哪儿了呢？

其实，秀儿哪里都没去。她在田埂上，在树林边；有时摘花，有时牧羊。倒是马家婆婆这呼唤，像一根带光的钢针，悄悄拨开了我们这些懵懵懂懂的少男少女朦胧的春心。

初三时我跟卫林同学一铺睡。卫林是一个唇红齿白的奶油小生，他父亲精于商道，家境优渥，穿着用度十分优越。这样的男生容易得到女生青睐。

有一天晚上，熄灯了，喧闹的寝室寂寂无声。卫林俯到我耳边，谈到了对一位女同学的好感。

他的话像闪电一样，在黑暗中一闪。他说得对呀，原来我内心深处也住着一个妙曼的女孩。卫林没说这个话题时，她老是在我心里若隐若现；当他挑明这个话题时，她就瞬时浮现在我眼前——她，就是我们班的春燕。原来，当我还不知道爱为何物的时候，我"爱"上了她。

接下来，每个晚上我都要和卫林在铺盖里谈论我们的"爱情"。虽然我跟春燕连话都没说几句，但此刻我心里已经认定——她就是我的女神。

放暑假的时候，我精心挑选了一条我喜欢的橘红色毛巾，鼓起天大的勇气，匆匆把它塞到春燕手里。"这是你的！"说完，我逃命似的撒腿就跑。

就这样，我完成了自己荒唐、孟浪、一厢情愿的"初恋"。

前几天，我跟春燕一起吃饭，我问她："你拿到我的毛巾，有什么反应？"

她笑着说："我吓哭了！"

窗外雪花纷纷扬扬，又一年光阴悄悄溜走，我们对九中的思念，却越来越长。

2018 年 12 月 9 日于宜昌

桃之夭夭

初中 1982 级　覃立勇

作者简介

　　覃立勇，1969 年出生于渔峡口镇渔坪村。1982 年于九中读初中。后于武汉、宜昌经商，现居宜昌。宜昌市作家协会会员，在《天涯》《三峡晚报》等报刊发表多篇散文、评论；2017 年担任编剧的电影《挣扎》上映。

　　长阳重点初中红光中学于 1980 年秋创办，1982 年是面向乡下招生的第一年。

　　我跟覃宏杰所在地渔坪小学，隶属于镇政府直接管辖。近水楼台先得月，政府在资源上自然多有倾斜，不论是设备还是师资力量上，大都优于其他小学。

　　记得是小学四年级的时候，我有个同学叫圣儿，从土地岭林场转学到了渔坪小学。当时上体育课，老师教我们打篮球。场上分成两组，一组 5 个同学。哨声一响，圣儿即显现出来自大山的野性，一个箭步便抢到了篮球；谁知他单手托起篮球，风也似地朝篮筐奔去，全然不知这运球是需要一边拍一边走的。自然是一场哄堂大笑——足见当时的林场小学是没有篮球的。

　　1982 年这次红光中学招生，是专门试卷、专场考试。渔坪小学仅仅把平时成绩好的 10 来个学生留下来，参加了考试。其中就有覃宏杰和我。覃宏杰自小学一年级始，一直都是第一名。按说，如果红光中学在渔峡口只招一人，当是舍他其谁。

然而，吊诡的是，这次考试他却落榜了。

所以说，覃宏杰说他在九中报名的时候，心情像"雾"，确有道理。

初中毕业的时候，我也有这样的经历。当年中考过后，招生的录取线是：一中520分，师范510分。我的成绩是537分。但是体检的时候，发现肺部有问题，最后被录取在二中。我至今没有弄懂这个逻辑，一中跟二中同是普通全日制高中，教材一样，课程一样，这身体的好与坏，咋就成了录取的一个标准？

我当时背着箱子、铺盖到二中去的心情，可想而知。

2008年11月12日，央视新闻报道："身高1.2米，体重32公斤，来自中南民族大学工商学院自考助考班会计专业的18岁女生王娟，有幸成为了武汉大学最矮的学生。"健康条件不再是升学的拦路虎。我们依然感到欣喜的是，历史一直都在奔向光明。那片阴云，投射在这片国土上的影子不断缩小，阳光照射的面积正在扩大。只是那时的我，没有这种幸运。

我在九中读了4年初中，初三读了两次。1985年，本来我应该跟覃宏杰一起毕业的，但是，我对我的毕业成绩没有信心，所以就办了"休学"，次年又读了一个初三。

1982年进校的时候，我被分在初一（2）班，班主任是吴远灿老师。编座位的时候，我跟女同学雷正莲同桌。雷正莲来自大山深处的龙坪。那时的我，对异性还处于排斥的年龄。

我们那时候的课桌不是独立的，而是两个位子连在一起。这可能是为了省木材，两人就一张课桌，可以省下4条桌腿。课桌中间有一道隔板，这就把一张桌子分成了两部分。如此，同桌间便有了各自的私密空间。

这些课桌一般都使用了很久，桌面上五花八门。有的正中间有一条深深的凹痕，那是"楚河汉界"。如果同桌关系好，那倒是多余；如果交恶，这道凹痕便成了"鸿沟"。但凡有谁的胳膊肘越过了这条界线，常常会遭到对方的"锤击"（用拳头砸）。

我在小学与覃红群同桌的时候，就为此有过一次"雌雄大战"。我不小心把胳膊伸到了她那边，少顷，"叮咚"一锤，重重的落在我的肘关节上，生疼生疼。我立马还击，一锤打在她的额头上。谁知，这可是撩动虎须了：只见她杏眼如炬，鼻息横怒，10个手指弓成爪状，雨点般劈头盖脸地扑来。我招架不及，一时间满脸上若遭了"猫刑"一般，爪痕纵横。从此以后我便怕她了，任她把半个身子伸过来，我也只能噤若寒蝉。

还有的桌子上，有用小刀刻的名字，比如"张晓红""李建国"等等，都是过去学长们的大名。稍文雅点的，便是刻上一个座右铭，诸如"学海无涯""温故而知新"之类，这种座位，一定是坐过学霸的。

几乎所有的课桌上都有或黑、或蓝、或红的墨迹，因为我们那时候都用钢笔，墨水遗漏是常有的事。

"借一滴墨水"，是我们那个时代特有的趣事。那时候墨水金贵，钢笔都是在家里把墨水灌满了，带到学校去用。要是谁钢笔没有墨水了，就会找要好的同学借一滴墨水应急。二人笔尖对着笔尖，出借的一方将笔胆轻轻一捏，笔尖上便会渗出一滴墨水；借墨水的一方则事先将自己的笔胆捏瘪，待对方墨水出来的时候，松开笔胆，一滴墨水便被吸了进去。如此，笔，又可以写字了。

我跟雷正莲相处，虽然心里还不能接受她，但也不至于交恶。倒是她对我十分友善，常常抓一把瓜子塞给我。我也是来者不拒，实在是那瓜子的香味难以抵挡。

那时候，觉得一把瓜子实在算不得什么。可是毕业后，一次偶遇初中同学田小红，却让我体味到这一把瓜子弥足珍贵。

田小红也跟雷正莲一样，家在偏僻的山村，家境贫寒，衣着寒陋，过早的繁重的家务劳动，使得她们与窈窕无缘。

那是毕业若干年后，一次，我在大街上迎面碰到了田小红。她已是一个有家有室的朴素妇女。老远就看见她冲我甜甜地笑，走到跟前，她从衣兜里掏出一把瓜子递给我，我惊异地伸出手接住，她把瓜子倒在我手心里，见我手掌尚有空间，便又抓了一把，直把我手掌里堆出了一个小小的"山"。那一刻，我感到特别的亲切，特别的温暖。觉得是一个离家太久的亲人，从遥远的他乡给我带来了珍贵的盛礼。

确实，"不识庐山真面目，只缘身在此山中。"那种同学间的亲情，在校园里浑然不觉，等到分别后，回头品味，方知曾经走过的那片风景——才是最美。

有一次是上课前的预备铃响过后，雷正莲已经坐定，我正准备入座。可不巧，我抬脚时不小心踢到了她的臀部，在她裤子上留下了一块灰迹。我当时十分过意不去，于是就下意识地用手在她裤子上为她拍打灰尘。谁知道，霎时间，她脸上像天边的红霞，绯红绯红的！平时那张平凡的脸，一下子面若桃花，娇羞无比。一时间，我平常心中对她的那一点抗拒，也烟消云散，我开始接受这个可爱的少女。

那时，无论是雷正莲还是田小红，正是花季少女年龄，是贫穷剥夺了她们装扮自己的权利。可是，谁又敢说"敢将十指夸针巧，不把双眉斗画长"不是一种超脱的美丽呢?！

"桃之夭夭，其叶蓁蓁，之子于归，宜其家人。"不知是哪两位有福的儿郎，娶她们做了妻子?

2020 年 11 月于宜昌

九中那三年

1983 级　李卫民

作者简介

　　李卫民，1970 年 12 月生于渔峡口镇高峰村。1983 年 9 月至 1986 年 7 月在九中读初中，后考入长阳师范。毕业后在渔坪小学、西坪小学、渔峡口中学任教，2004 年至 2007 年在民族高中任教，后经考试进入宜昌市工作，现在宜昌市夷陵中学教授高中地理。通过学习，现学历为本科，高级教师，多次评为先进工作者，被评为宜昌市骨干教师，被中国地理学会授予"全国先进个人""全国优秀科技辅导员"称号。参与编著《高中新课标学能步步高》《宜昌市自然地理概况》《武汉周边自驾游》等。

　　那是 1983 年 9 月，我来到了九中。

　　从铁大门进入学校，首先是右边橘园沁人心脾的橘花香气让人沉醉，也就开始了 Oranges（橘子）的英语学习。对于英语零基础的初中生，学习英语的难度是非常大的，单词不会读，所以加中文的读法就是迫于无奈的创举，Oranges（标记"为哦润基"），满篇都是自己懂的中文。英语老师是蔺新华老师，把我们带入了一个全新的世界。初中一年级的时间里，我的英语成绩都不好意思说，倒是语文成绩在班上名列前茅。初一的语文老师兼班主任是黎学金老师，他一口字正腔圆的普通话镇住了我们，每次上课他都激情飞扬地朗读，以致情绪激昂的时候，连嘴角泛起的白色唾沫也成了他的标签。

　　开学后，举行了规模盛大的开学典礼，学校领导袁勤灿老师、张泽滋老师的演讲，点燃了我心中烈火：一定要在这花季岁月实现自己的理想，最起码要走出深山，去看看外面的世界。然而这种激情的生命力太短了，农村顽童的本性在慢慢熟悉的同学中蔓延开来。白天老师的管理很严格，劣性无处释放，到了晚上，等查寝的老师走了，那就是我们的天下：有打开手电筒看武侠小报的，有用纸子弹互相弹射的，更有胆大的溜出校园去街上看武打录像的，有半夜学鸡叫引发周边老百姓的鸡一起啼鸣的，当然这些违纪的行为也经常被杀回马枪的执勤老师抓住。白天也玩泥巴手枪、打玻璃珠子等小学生喜欢玩的游戏，我们在初中还继续享受着，经常跑到学校旁边的松树林里玩得不亦乐乎。

每周的劳动课释放了我们充足的精力。初一的劳动任务主要是两大块：一是挖柑橘树窝子，两个人一组，挖一个立方树坑用来栽种柑橘树；第二个任务是给柑橘树施肥，还是两人一组，把厕所的粪水抬到橘树园里，沉重的劳动任务我们干得热火朝天，开心无比。

农村的初中都是寄宿在学校，学校食堂只是把我们用饭盒盛的米面和炸广椒等蒸熟，每天饭前的那节课，心思都不在教室了，眼巴巴地看着打铃的覃佐金老师是不是去牵那个铃铛的绳子。一般情况下，他都会提前5分钟去，同学们也摸着他的规律了。但有次他提前了20多分钟去牵了绳子就是不打，我们就跟着干熬了20多分钟。铃声一响，我们像饿狼似的直扑厨房，拎起一串饭盒回到寝室，打开箱子里的豆瓣酱之类的狼吞虎咽起来，学校还提供懒豆腐，每一组提供一盆。年底的时候，学校还杀几头肥猪，学校师生一起在操场上一起共享杀猪大宴。

懵懵懂懂的初一在稀里糊涂中弹指一挥了，到初二时班主任都换了4茬，也换了很多老师，除了一些德高望重的老教师指引着我们前行，修正我们的劣根性，学校也有一批鲜活的年轻老师感染着我们。地理老师向昌达上课严谨而有趣，徒手画地图也征服了我，上课用的那个唯一的教具地球仪也吸引了我，让我对地理十分感兴趣，如今也是从事着高中的地理教学工作。英语老师秦培柳在给我们上课的时候还坚持着自学，每次我去他祠堂楼梯口的寝室，向他询问问题的时候，他都在读背英语，严谨的学习态度也影响着我们。于是，我的英语成绩也开始提升。物理老师刘平，注重实验操作，为加深对知识的理解，比如教室、实验室的灯光改造，他都大胆地让我们实地操作，放手让我们去做。

课间也不再疯赶打闹了，同学们也仿佛成熟了，开始攒着劲搞学习。对一些成绩好的同学刮目相看，课外活动到上晚自习有一段比较长的时间，用来吃饭、洗澡、洗衣服，我们也开始利用起来看书学习了，操场上除了两块篮球场是水泥做的地面，其他的地方都是厚实的草坪，饭后洗漱完毕，我们三三两两地坐在草坪上看书、讨论习题。夕阳西下，球场上老师们在打篮球，柳树下还有些同学在散步，这样的画面定格在心里很多年了。

课外活动进行的排球赛也是记忆深刻的。每年的秋季排球赛算是学校的盛会了，这样的活动很好地体现了班级的凝聚力，响彻云霄的呐喊加油声在施坪村的山岭上都听得见。在这一年即 1985 年，在日本举行的世界杯大赛中，中古之战是世人注目的焦点，最后中国女排以 3 比 1 获胜古巴，取得四连冠。学校为了让同学们目睹这一盛况，用了一个黑白电视机，在信号及其微弱的情况下，选择一个地势较高的教室为同学们播放。很多同学都是第一次看电视，也是第一次看体育赛事。

初中两年，一些同学建立友谊，也有一些同学产生了矛盾，一副老死不相往来的样子，有些也只是小事的摩擦，碍于面子都不互相说话。同学们就创造了绑架式的"和好"办法，两组人分别把两个不说话的同学"驾土飞机"押到后山的山包下，问他们愿不愿意和好。一般情况下，"梯子"都搭好了，双方就此下楼算了，双方握手言和，皆大欢喜。也有些"犟拐拐"，无论如何用刑，都不表态，也只好作罢。

山包后面的田地里，有很多老师种的白菜、萝卜等，到了秋天，我们都爱去那里背书复习：一方面那边比较安静，适合背书；另一方面，萝卜露出水嫩红白脖儿，很是诱人，有时忍不住偷吃，直到晚自习一不留神打嗝儿，才无情地泄露了秘密。

初二虽不再懵懂，开始了学习，但无奈初一太玩过了，又没有什么基础，成绩虽有进步，但依然不理想。一晃就进入了初三，班主任换成了秦先翠老师，她说你们只有一年就要毕业了，成绩好的话，考上中专，3 年以后就是铁饭碗了。我想着自己从小就跟着母亲在田地里劳作的艰辛，觉得应该发奋学习了。每天早自习上课前，你都可以看见翠老师站在教室门口，一站就是一年，因此我们再也不敢睡懒觉了。后来我觉得时间不够用了，我干脆在起床铃响前一个小时就起床了，在教室里点着蜡烛读书背单词，成绩慢慢进步了，开始进入了班级前 20 名了。晚上的时间也是充足利用，无奈老师要查寝，必须按时归寝，于是，我从学校退出了寄宿，在学校后面的一个亲戚家住宿，下了晚自习回到亲戚家还可以继续学习。亲戚家的孩子和我同龄又同班，正好一起相互学习。同学们午休的时候，我们也不睡午觉，回到亲戚家继续学习；午休结束了，我们用冷水冲冲头、洗把脸就跑进教室，整天浑身像打了鸡血似的，斗志昂扬。

初三我继续担任语文课代表，和老师有更多来往交流的机会，也开始和老师谈心了。谈到未来的工作，翠老师建议我读师范，最有保障，师范毕业了就可以当老师，而且读师范还有国家发的生活费，读高中以后还要参加高考，高考的竞争压力也是很大了，万一高考失利，岂不是还要回家干农活？这是我第一次慎重地和老师谈论我的人生大事，翠老师也很好地给我做了分析，回家后和父母商量后也一致同意。这样我就锁定了目标，学习劲头也更盛了。老师们也是鼓足了劲头，化学老师秦诗芳，每天上课双手都拎着6块小黑板，上面都是他精心设计的题目，这样我们上课的容量就更大，效率就更高。仅初三一年的时间，我们把化学过了四五遍，反复的强化训练，我们的化学成绩上升很快。翠老师最担心我的化学，而中考的时候，我竟然考了90多分。

中考以后，我就在葡坪外婆家避暑，中考成绩的发布也不像现在发达及时，我听到的消息是葡坪的村民告诉外婆的，说我的名字出现在学校大门口的黑板上，说我考上了师范。我听后就坐不住了，一路飞奔跑到学校门口，看见我的名字真的出现在黑板上，我考取了长阳师范。那种金榜题名的喜悦真是让人很兴奋很开心。我们一同考上师范的有：李勇、李万民、李拥民、秦峥嵘、赵皎月、秦春蓉。

2020 年 9 月 2 日于宜昌

花季年华的日子里

初中 1983 级　田俊生

作者简介

　　田俊生，1971 年 12 月出生于渔峡口镇双龙村。1983 年九中读初中，1986 年于长阳一中读高中，1989 年湖北大学教育行政管理专业读书。1993 年宜昌市西陵区党校工作，后任西陵区委组织部副部长等职，现任西陵区教育局局长、党组书记。

　　1983 年秋，我上初中时，学校名已改为渔峡口镇初级中学，但高中与初中同时并存，因九中早已深入人心，我们仍然说是九中学生。初中毕业后，初中部便直接搬迁到了镇上。高中部改为渔峡口农业中学。

　　作为全镇唯一的重点初中，我们村只考取了 3 个人。那年我不到 12 岁，可以说，正进入花季年华。

　　我们班主任杨祖辉老师虽然教体育，带班却是极度负责。每晚自习就来巡查，给我们讲故事。对我触动最深的是"笨鸟先飞"故事，可能因为我那时就懂得"人丑就要多读书"的道理吧。打我生下来大人们都担心我活不了，小时多病多灾，胆小怕事，动手能力差，脑筋笨，无甚言语，与生龙活虎小子们比起来，我是一无是处。深感自己多处不如人，因此一直就记着他的话。记得第一次期中考试，我是年级第二名，却不敢有一丝懈怠。3 年里，我玩命地读书，吃饭没有超过 5 分钟，狼吞虎咽的习惯，至今也改不过来。每天晚上只睡四五个小时，早上大部分时间都是 5 点钟甚至 4 点多钟就到教室，因而我综合成绩一直遥遥领先。许多同学都说我一点儿也不聪明，成绩还这么好，主要是记忆力强。他们哪里知道我是拼了命的。

英语启蒙老师秦权教我们时才 18 岁，风华正茂，是个热血青年，称得上"拼命三郎"。课间 10 分钟也不会放过，逼着差生背单词、读课文，直到上课铃响了，别的学科老师好歹要进教室了，他才会恋恋不舍地走开。发起脾气来吓死人，学生们都怕得要死。在他这种强势推动下，我们第一次考试就在全县排前列。后来教我们英语的培柳老师、发柱老师却温雅得很，他们那种头一甩像艺术家一样的风度，一直让人记忆犹新。

教化学的诗芳老师从师专化学系毕业就带我们，虽然年轻，说话却斩钉截铁。全县统考，他说这题一定会考，那考卷上就一定会出现。物理老师刘平温和得很，讲起课来细致入微。数学老师毛传海曾跟我父亲同过学，画几何图不用三角板也标准得很，他常常替我着急：每次要我上台画图什么的或回答问题，我总是傻乎乎的，不知所以，他都急得直跺脚。带我们历史课的黄长湖老师，有次在车上跟我说起我数理能力差，我是认同的。迄今为止，数学也没能好起来，几个麻将要是成了清一色也数不过来。李顺双老师后来带我们语文，做我们班主任，带到毕业，遇到问题我总是去请教他。我也知道自己那点智商读高中会很吃力，好在父亲坚定不移地给我打气，让我终于走进了一中校门。

说也奇怪，那时的生理卫生课总是只上给女生。没有书也没有电视看，不像现在的孩子们什么都懂。小小少年对青春期变化一窍不通。女生的事倒是有听说过，经常看到女生在小卖部买卫生纸，慌慌张张地往衣服里藏，男生们异样的目光扫过来，女生都羞红着脸急忙逃离。男生是啥变化却没人告诉。记得刚进校不久，小解时看到我们班一男生挤出一些白色的东西，我都替他吓坏了，我说你赶紧去看医生吧，他只是神秘地笑笑。等到不久后学校要组织到镇里去演出，让我们排节目。海华说我们早上去练习一下歌吧。等到去后山时，我发现我没办法唱了，嗓子像灌了铅一样，完全哑了。海华说你咋了，昨天还好好的。我说是呀，又没有感冒，怎么就这样了？演出是不行了，过了许久，清亮高扬的童音嗓子再也没有回来，才有人告诉已进入变声期了，童年已经过去，青春期已经到来。再后来，我明白了那同学神秘的笑是咋回事。

少年情事，也是时有发生。我们班一女生迷上了学校一名年轻老师，表白遭拒后差点弄出人命。早恋的事也总是有，班上也偶有发生，何况还有高中部那么多大哥哥大姐姐们呢。而我们班要算班风很正的那种，拼命学习的是大多数，家里条件好混一混的是少数，大多寒门苦读，想讨得一碗饭吃，也就心无旁骛。只要上中专线，就能包分配、转户口、有工作了，懂事早的人还是多数。

学校那时经常有劳动。在山上种树，挖实验室门口的堰塘，搬煤。有次夜里后面松林失火，高中男生一呼百应，全部热血沸腾地去扑火，战果辉煌得很，受到学校表扬。学校经常组织放电影，我们有时也偷偷跑出校门到镇上去看。县里偶尔也有文工团来演出，只要他们来，看到那些时尚漂亮的演员们，我们总是要兴奋好一阵子。

很多要好的小伙伴儿，再也没有见过面。后来陆陆续续见过几个，也只是少数。多少年过去，很多已经不是原来模样，有的已经想不起来名字来。但那种印象太深，稍作整理，我就能想起那时情形。以至于有次碰到一同学，相坐许久大家都没认识，但从其言谈举止，我越发觉着他就是九中时同学，我便直呼其名，硬是让他愣了半天。

时光飞转，九中远去。无论怎么变迁，九中却永远留在了我的心中。听说那里已经建了福利院，旁边后山已建成廪君陵园景区，风景已是大为不同。虽然多次梦回九中，却是自打离开，就再也没有回去。

有人说，怀念一座城，是因为一个人。是啊，我们想着九中，是因为给我们青春打下烙印的一群人。

2018 年 11 月 3 日于宜昌

启 航 点

高中1970级 李发舜

作者简介

李发舜，1955年生于渔峡口镇高峰村。1968年至1972年就读九中。1977年华中师范大学中文系毕业后留校，主讲古代汉语、中学语文教材教法、高等语文、古代文化常识、古文字学等课程。曾任《汉语大字典》编审、《语文教学与研究》杂志社社长、中华书局《训诂学丛书》特邀撰稿人、《四库全书总目提要》经部项目负责人。2015年退休。出版《方言笺疏》《张居正集校注》《广雅疏义》《广雅疏证校注》等著作。

我于1968年至1972年，在长阳县第九中学读完了初中和高中，总共4年学习时间。那是我人生的启航点，那里的一砖一瓦、一草一木，都让我激动不已。当我在武汉工作和定居后，每次回渔峡口老家探亲时，我都要从公路上走下那段坡地，去痴情地握握九中的手（行道树）、亲亲九中的脸（教室墙），然后一步三回头地离开。

九中走完了她38年艰难历程，于1996年送走最后一届学子，她如同一位生命到了终点的年迈老人，静静地从我们眼帘中悲情谢幕了……我曾不只一次地为她的消失伤心、落泪、哭泣。

老 师

在我记忆中，九中师资力量极强。老师们来自四面八方，有武汉的、南京的、新洲的、湖南的，还有本乡本土的。他们毕业于著名高校，如武汉大学、华中师范大学、南京林学院、湖南大学等，还有许多自学成才的名师。我在九中读书期间，不是一个好学生，调皮捣蛋，被戏称为"五虎上将"之一。有一天下午，正是李静澜老师给我们上语文课。由于他一口浓浓的湖南话，我有些听不懂，所以也就兴趣不大。上课前我就偷偷溜走了，独自一人，跑到一个叫"得米湾"的堰塘里游泳（我当时只会狗刨）去了。李老师上课，眼睛一扫，发现我不在，他立马急了，安排同学们自己看书，他操起一根竹竿，直奔得米湾堰塘。他的判断极其精准，当他上气不接下气地用竹竿把我从水中拽上岸后，两行眼泪一滚就出来了。他的两唇蠕动着说："李发舜同学呀！你啥时候才懂事啊？"我那时真不懂事，只是耷拉着脑袋，连一句"对不起"也不会说，更别谈深深自责了。那时，李老师正是"戴罪之身"，用一片赤诚教我们这些贫寒学子。多好的恩师啊！这哪里是什么坏人呀？今天，我有些懂事了，我用深深自责和愧疚的泪水迟之又迟地向您道歉：老师，我错了！您的诱掖和教诲，我将铭刻终身。

九中正是拥有这样一批品德高尚、功底深厚的名师，才把九中办得闻名遐迩。九中因他们而骄傲，因他们而自豪，也因他们而辉煌。

后来，随着自己读书数量增多，知识面不断拓宽，我逐步地了解了古代的柳宗元、苏东坡，他们是中国古代最优秀的知识分子。他们在遭遇贬谪，人生处于低谷困苦中，仍然关注民生、科学、教育。九中的恩师们，他们就是现代柳宗元、苏东坡。他们把自己宝贵一生，无私地献给了长阳，我永远爱他们。

宿　舍

九中学生宿舍总共两栋，每栋两层。东边的是女生宿舍，西边的是男生宿舍，两栋一字摆开，中间相隔约莫百米左右。

学生宿舍墙是夯土结构，屋顶上是土窑烧制的青瓦，墙全是我们自己建造。个子高力气大男生掌版、杵杵头、拍拍板，个子矮力气小男生和女生就用背篓背土往版栏里倒，有测量学问的老师就负责土墙的四面垂直。这样循环往复，一圈接一圈地往上垒，不到一学期，我们就住进了自己建造的宿舍。那时没有任何质量监理机构和工程合格验收部门测量和验收，但这两栋学生宿舍至今屹立不倒。

宿舍是我们除教室外活动最多的场所。一间寝室一般住一个班。我们班共36人，除女生外全住在一间寝室里。到了晚上，那可热闹呢。入睡之前，正是"寝室文学"盛行的时候。各自先谈老家稀奇古怪之事，然后大荤的下三滥就上来了——班上某某爱上某某了，某某对某某有意，某某追某某……不一而足。如果这晚遇上老师查寝，恰好听得某某同学说黄话，那老师定会把某某叫起，跟他到办公室走一趟。这一去，可能要训到转钟才能回寝室睡觉。"寝室文学"结束后，同学们开始进入梦乡。此时打鼾声、磨牙声、梦话声彼此交响，经久不息。当某一个夜晚，我有心事迟迟睡不着的时候，此时脚臭味、汗臭味、门口尿骚味一起向我袭来，熏得我喘不过气来。还有更残酷的是虱子，它一天都不落地伴随我们4年。那时都是床连床，下面铺着稻草，那正是虱子躲藏和繁殖的好地方。虱子吃了这个吃那个，吃了下铺吃上铺。一直到高中毕业时，我还顶着一头虱子卵。那时，我们这些山区学生，家庭条件极其艰苦。夜晚睡觉，大部分学生没穿短裤，都是裸睡。这在公共场合，确实有失文明。

伙　食

在九中读初中的两年，我们是统一安排伙食——8个人一席，选有席长和副席长。每顿饭的内容只有两项：一木盆玉米面饭，一木盆合渣汤（又称之为"懒豆腐"）。进餐规则是：等待8人到齐，把饭和汤平均分成8等分，然后开始进餐。这样公平用饭和分汤，一般都没有什么矛盾。但在这漫长的两年时间里，还是出现过一件不愉快的事情：有一位同学从渔峡口街上回来晚了，等他气喘吁吁地跑到进餐点，饭、汤早已被瓜分得一干二净了。他又气又饿，怒火中烧，飞起两脚，把两个木盆从坎上踢到操场中央去了。他哭了，此时我们心里也很难过。同情弱者，是每个有良知人的天性。晚餐，席长提议我们7人各自少吃一点，给中午未进餐的同学多分一点，我们欣然同意。那位同学又开心地笑了。从此，我们8人就约定，进餐时不漏下任何一位同学。如果有人有事晚来，我们也按比例给他预留一份。一直到初中毕业，我们8人都友好团结，亲密无间。

高中生活开始了，学校取消了统一安排伙食，改为自己从家带什么吃什么，学校食堂只负责生蒸熟、冷蒸热。我至今历历在目的是食堂的那口大瓮甑，它能容纳下九中全体学生的饭钵。那时炖饭的器具有几种：家庭条件好一点的都用铝合金饭盒和搪瓷饭碗；家庭条件较差的都用最便宜的倒底土烧炖钵。我家里穷，用的是后者。炖钵虽然是土窑烧制品，形象丑陋，但设计独到——上面钵口小，往下逐渐放大。这样设计的好处在于：（1）平稳，不容易翻倒；（2）上面的炖钵底落在下面的小钵口上，丝毫不接触到下层炖钵里的食物，各自相安无事；（3）手抓感好，适合快速起甑。但炖钵也有它的缺点，炖的饭成死板坨，要吃起来口感极差。如果遇到上面有几个蒸红薯的，那乌黑的水流到炖钵里，那饭就更难吃了。高中两年，我大部分时间都是吃的那种乌水泡死板坨的饭。

那时我们虽然年幼，但也与其他物种一样，善于寻求变化。男生宿舍的西北角上，住着一位老太太，我们叫她"马家婆婆"。她的屋前是一面漫坡，面积足足有好几亩。坡田的土质呈浅红色，极适合种植玉米和红薯。每到深秋，村民们收获完那硕大无比的红薯后，那面漫坡地就彻底歇下了。这时，我们男生就像北方飞来的候鸟，密密麻麻地云集到这块地里。我们不是在这儿筑巢过冬，而是在这儿占据有利地形，垒灶煮饭炒菜，改善生活。高峰时期，这里的小土灶星罗棋布，数量达到 100 个以上。小土灶造型各异：有下沉式的，即在地面挖一个比锅小的圆坑，再在前面横向掘进一个洞口。然后上面放锅，前面洞口加入柴火，再取火点燃柴火，即可做饭。也有简易式的，为了省事，把地拍严实，再找三个石头，固定成等腰三角形，然后放上锅，便可运作。还有融入现代元素的铁三脚架，即把三脚架往地上一放，周围找几块砖头一挡，前面留出放柴火的洞口，OK！到了中午或者晚上，那片漫坡地上，劈柴的脆响声，煮菜的水沸声，锅铲的撞击声，燃烧的噼啪声，再加上厨子们的欢笑声，此起彼伏，在漫坡上空久久回荡。虽然一顿饭烧下来，个个灰头土脸，汗流满面，但自己烧的那饭，比瓮甑里的死板坨饭，好吃一百倍。我也筑有一孔土灶，靠近蓄水池，相当精美，正宗下沉式的。我读书一般，但做饭十分优秀。有时我做好了香喷喷的饭菜，很想喊班上的某位女同学来一起品一口，但在那个年代，我不敢哟。这种艰苦的日子，使我想到了一个歇后语，用它来形容我们的磨难，是再也恰当不过：黄连树上弹琵琶——苦中作乐。

那时，生产力水平低下，九中没有自来水。于是，便在东村几公里外的老水井取水。取水方法是奇特的。也不知是何人发明，这位天才设计师果断地使用了木笕和竹笕，把水引进厨房后的蓄水池。有一次，我值班帮厨，恰好遇上水笕端口的水断流了，田师傅便派我去检查供水故障，我第一次全程仔细端详这条长达 2000 米的水笕，原来这是一条悬在空中的袖珍渡槽。从老水井泉口到九中蓄水池落差较大，但阡陌交通、沟渠纵横，要想最大化不占用道路和良田，就必须竹木混用、长短结合、蜿蜒架设。我很快就排除了故障：原来是一个枯树枝砸下来，把水笕接头挪动了。我顺便利用这个机会，仔细揣摩设计师的良苦用心，他设计理念非常先进：顺沟架设，不占田道，与路随行，便于维修；大树底下木片覆之，以免树叶堵塞；水笕底下石柱撑之，以防大风吹覆。这位设计师的导水佳作，如果让他参加评奖，准可评上一等奖。这位天才设计师引入九中生命之水，滋润过无数学子的心田，我要为他写上一笔。

2019 年 11 月于武汉

九中二三事记

高中 1970 级　杜玉萍

作者简介

　　杜玉萍，女，1952 年 2 月生于渔峡口镇。1966 年 9 月至 1971 年 12 月在九中读书，1977 年 8 月武汉大学毕业后于中国地质大学工作，1981 年 1 月调回宜昌，曾在宜昌市电子工业局、宜昌供电局工作。退休前任宜昌供电局用电分局书记。

　　我于 1966 年至 1972 年在九中读完初中及高中。5 年校园生活中的许许多多往事，随着时间的流逝而烟消云散，但有几件事难以忘怀。

到双龙背煤

　　背煤，是学校开展的一项勤工俭学活动，靠师生们用两只肩膀来节省费用的开支。

　　记得第一次是到双龙去背煤。当时很兴奋，因为平时抬头就见到双龙的山脊，但从来没有去过，有一种新鲜感，想去观赏一下风光美景。那一天吃过早餐，我背着背篓兴高采烈地与同学们一起从学校出发，几乎是小跑来到河边。过了河就开始爬坡，坡是越爬越陡，费的力越来越大。因为小时候一直在城市生活，1964 年随爸爸工作调动，全家从宜昌市来到渔峡口后，我才开始学走山路，经常走的路就是从家到学校，又从学校回家。通往双龙的山似一座墙壁矗立在清江岸边，陡峭得几乎站立不稳。生活在山中的同学们，步履敏捷，行如飞燕。我却像一只乌龟，步子总是迈不开，爬到半山腰就气喘吁吁了。我给自己打气，一定不能落后，咬着牙关终于爬上山顶。我长吐一口气，只觉得轻松了许多。视野变得开阔，映入眼帘的是一片略带起伏的长坪，几栋稀疏的土筑瓦盖房屋把人间烟火延续在高山之巅。路变得较为平缓，一直延伸到煤洞口。见到黑乎乎的煤，同学们赤手直接往背篓里装，我的心却打起了鼓。手一碰煤就全变黑了，又没有水洗，怎么办？我犹豫不决，同学们却很快将煤装满了背篓。我只好硬着头皮用手搬煤，装完煤后捡几片树叶擦手，手擦疼了仍是黑不溜秋的。把煤从地上背起来费了九牛二虎之力，因为装煤时把背篓放在地上，只好左腿跪着右腿起蹬，两只手撑着地上的煤块用力，煤矿师傅跑过来帮忙往上扶背篓才把煤背起来。煤显得沉重，压在肩上直不起腰，走路很费力，摇摇晃晃走了一大段路才来到山崖口。往下一看，万丈绝壁不觉心惊胆战，两条腿不停地发颤，不敢往前迈步。班长蔺新华见我害怕的样子，马上从我背篓里搬走几块煤放进他的背篓，并鼓励我不要怕，慢慢走。煤减少了，背上的压力轻了，心理上的负担却重了，生怕走不稳连人带煤一起滚下河。在胆怯不安中像小脚女人样一步一步往下移动，走下河底衣服全被汗水湿透，流出的汗水与其说是累出来的，还不如说是吓出来的。

煤背到学校后，都要过秤。我真不敢相信自己的眼睛，只有十几斤。我非常懊恼，觉得自己费了很大的力不如别人背得多。但转念一想，如果下山时不是蔺班长伸援手，真会把煤背滚到河里去。

第二次背煤时，班长蔺新华特意安排我打扫卫生，或是帮食堂喂猪。我非常感谢蔺班长的好意，但每次都要关照，我很难为情。我暗下决心：别人能背，我也必须学会背。后来几次背煤，我也都能坚持参加。渐渐地，路是越走越稳，煤是越背越多，爬双龙的山，走下河的路，可以与土生土长的女同学一样走路了。

到农村搞宣传

我们学校的文艺宣传，是能弹善拉会唱具有文艺天赋的杨志明老师组织起来的，在整个渔峡口区甚至全县影响很大。

我有幸参加了文艺宣传队，主要是和女生一起跳舞。余祥菊、覃德彬、覃德花、覃先淑等都是骨干力量,我滥竽充数地跟着跳。开始是在学校表演,后来在杨志明老师带领下到农村宣传演出。

到农村演出,我记得先后到了龙王公社的村街大队、龙池大队,枝柘坪公社的先锋大队,施坪公社的漆树坳大队等地方。那时候,渔峡口所有地方都不通公路,每个人都把被子打成背包背着,再带上日常生活用品,翻山越岭长途跋涉到目的地。尽管辛苦,但大家不觉得累,只要一表演节目,所有的疲劳就消除了。

文艺宣传深受群众欢迎。在龙王公社演出时,戏台搭在公社旁边的空地上。来观看表演的人很多,戏台前挤满了人,就连堰堤上也站满了人。当时学校组织的两个宣传队都在这里集中演出,表演精彩,不断赢得掌声。有的节目一结束,台下喝彩声一片。看节目的人是越来越多,后来听说站在堰塘堤上的人被挤到水里去了,从水中爬起来又继续观看节目。

在龙池大队演出,因群众白天要干活,只能选择在晚上。操场当舞台,一盏煤气灯作照明,一丝不苟地表演完所有的节目。节目表演完了,就在生产队保管室的仓库中搭地铺睡觉,两个人合着睡,一床被子垫一床被子盖,往被子上一躺就酣然入梦,蚊虫叮咬也不知道。

到枝柘坪先锋大队演出是唯一爆冷的一次。那天,余祥菊的妈妈特意为我们准备了一顿丰盛的大餐,都吃得特别香。吃饱喝足后,大家兴致勃勃地往先锋大队演出地奔去。到了演出场地,好像只来了两家人。当时属农忙季节,许多人可能是在田中忙碌无时间看演出。再就是通知不到位,由于山大人稀没有接到通知,不知道有演出。看到只来几个人,以为不会演出了。杨志明老师却坚持演出不动摇,表示人再少也要演。同学们看到杨老师态度坚决,个个抖擞精神,认真表演,仿佛是成百上千的人在观看,每一个节目都演得很到位。

到施坪开门办学插秧

学校贯彻"教育与生产劳动相结合"的教育方针,坚持开门办学,培养学生的劳动观念,增强与劳动人民的感情,做到德智体全面发展。

参加劳动成了我们的必修课。印象最深的是,杨志明老师带领我们全班到施坪公社施坪大队三队插秧。

插秧是技术含量很高的农活,我从来没接触过,十分陌生。为了让我学会插秧，班长蔺新华像专家样耐心讲解操作流程及技巧，并以身示范。我只好东施效颦，小心翼翼地拿着秧往泥中插。开始时笨手笨脚，怎么也插不快。因为要左手拿一把秧，右手分秧并用拇指夹着由食、中、无名三指直插入泥里，不能栽成"狗脚秧"，难度大。许多同学是屁股一抬，栽了一排，而我好长时间才栽一窝。要命的是蚂蟥趁人不备，进行偷袭。正专心致志插秧时，突然觉得小腿很痒。扭头一看，几条蚂蟥爬在我的腿上，吓得我几步就跳到水田堤上，用手急扯乱拉，把蚂蟥的身子拉断了，头仍扎在肉中。这时候，同学们异口同声地朝我喊，不能拉，用手拍。我听明白了，就改用手用力拍，果然生效，蚂蟥全被拍落到地上。

　　我用手擦掉腿上的血迹，重新振作精神，迅速回到水田中继续插秧。

2020 年 9 月 6 日于宜昌

耕校长

高中 1970 级　李永海

作者简介

　　李永海，1953 年 1 月出生于渔峡口镇岩松坪村。小学高级教师、会计师职称。1972 年 1 月于九中高中毕业，通过自学获《中小学教师专业合格证书》，国家教育部会计司、国家电教馆教育系统会计函授毕业。曾就职于枝柘坪乡教育辅导组、渔峡口镇教育辅导组、渔峡口中心学校。2007 年 1 月退休。

　　九中是我终身难忘的地方。48 年过去了，每当我忆起白虎垄，九中的老师，九中的同学，耕校长的音容就在我脑海中萦回。

　　覃好耕校长，1930 年生，资丘镇小岩底人，中共党员，一生从事教育工作，曾任渔峡口区教育辅导组组长、渔峡口高级中学校长、长阳县第二高级中学校长、县党校教师。他热爱教育事业，关心学生，平易近人。最让我难忘怀的是他与我们相处的日子。

　　那是 1971 年初，我正读高二，由于我们家庭人口多，全靠父母劳动，收入微薄，我上学学费及生活一度出现了困难。加上我家是上中农，不能享受国家助学金，学费零用钱全靠自己挣。每次放学看见父母疲惫的样子，一见就辛酸。作为家中长子的我，很想为父母分担一部分责任，就有了退学的念头。有一个星期日，我和李永竹同学上学，遇到两个放排的熟人，正好他们缺帮手，我和永竹便帮他们送了一趟短水。从招徕河到泗洋溪，每人给了 2

块钱的工钱。临上岸时姓杨的驾长开玩笑说："怎样，不读书了跟我干。"我二人真动了心，那时种田，一天挣10多分，1角钱的分值，辛苦一天挣1元多，帮人送一趟短水就是2块钱，那是多大的诱惑。

不知咋的，我们想退学的心思被耕校长知道了，他便把我叫到办公室，详细询问我家庭环境，学习生活情况。我也如实汇报了我的真实想法。他听后，语重心长地对我说：困难是可以克服的，人不能只看眼前利益，要把眼光放长远点儿，根据你家庭出身情况，读书的机会来之不易，一旦失去不可能重来。他还给我讲了一个靠知识改变命运，少年励志的故事。耕校长的话，每个字都扣动了我的心弦，从此打消了我退学的念头，并顺利完成学业。现在想来，如果没有耕校长当年的劝阻，我的人生可能又是另一番境况。

转眼就到了1971年秋天。一天，我们高二班劳动课，负责砌教工宿舍后面的一道保坎，班长蔺新华安排五六个同学当师傅，女生捡石头，剩下的男生抬石头。我们刚刚开工，耕校长来到我们工地并大声道："今天我们来一个劳动竞赛，看谁搬的大，跑得快。"同学们见校长到我们班参加劳动，热情顿时高涨，刨的刨，抬的抬，你来我往，不大一会儿，都是满头大汗，耕校长衣服也湿透了，班主任杨志明老师关心地对耕校长说："校长您年纪大，不比了，他们都是金钢铁打的小伙子。"耕校长笑道："不，我今天一定要和他们比个高低。"他又道："我去喝口水，再和他们比。"他到寝室喝了几口水，又来到工地，拿起杠子和我们抬石头，还大声喊起了号子：嗨哟！嗨哟！一声比一声高。同学们也大声喊起来：嗨哟！嗨哟！女生也在旁边帮腔，一时间，号子声、欢笑声此起彼伏，热闹至极。下课铃声响了，耕校长弹了弹衣服上的泥土，拍了拍手掌，边走边说："今天，等你们把我搞起亏了（起亏指累了）。"当年师生同劳动场面我记忆犹新。

1988年冬季，我在枝柘坪小学工作，到县教育局开会，专程到县党校拜访了耕校长。他很高兴，并关心地问起枝柘坪、小龙坪的教育布局，学校负责人及教师配备情况，他说他怀念渔峡口的教育和老师们。他虽然在渔峡口做了些工作，由于当年的经费不足，办学条件改变不大，他深感愧疚。我也一五一十地向他介绍了小龙坪学区、枝柘坪学区、枝柘坪中学的变化，并和他聊起我心中的一个疑团，据说，耕校长当年从渔峡口区教育辅导组组长岗位调任九中校长时，组织上有意让他到双龙公社任党委书记，他说组织上确实找他谈过话，因为他喜欢教书，最后选择了到九中当校长。实践证明他选择对了。在九中几年，是他人生最充实最幸运的几年，他们有一个坚强的领导班子，有一支一流的教师队伍，工作都兢兢业业。他们冲破阻力，克服重重困难，狠抓教育质量，1978 年高考，考取了 5 名大学生，取得了全县第一的好成绩。1979 年他调往长阳二中任校长。聊到兴致处，他从柜子中拿出了县党校高级讲师证让我看（1988 年高级职称在全县为数很少），从言谈中可以看出，他深爱着教育事业，也为长阳教育做出了应有的贡献。

不久，听说他生病走了，可他给我留下的是敬仰和怀念。

榜　样

高中 1970 级　李永海

作者简介

　　李永海，1953 年 1 月出生于渔峡口镇岩松坪村。小学高级教师、会计师职称。1972 年 1 月于九中高中毕业，通过自学获《中小学教师专业合格证书》，国家教育部会计司、国家电教馆教育系统会计函授毕业。曾就职于枝柘坪乡教育辅导组、渔峡口镇教育辅导组、渔峡口中心学校。2007 年 1 月退休。

　　胡世德老师，长阳白氏坪人。民国时候省立高中毕业，20 世纪 60 年代调至九中教书。从此扎根，从教 30 多年直至退休，在渔峡口算是奇迹。

　　他个子不高，双目炯炯有神，脸上总是挂着笑容，走起路来，双手一摆一摆的，有一股雄赳赳的气势。他虽未进过高等学府，不擅长"之乎者也"，无宏篇巨作，也没有惊人事迹，但他是渔峡口教育战线上的叶圣陶先生，小学数学教学权威。除了教授九中学生之外，长期担任培训教师重任。

　　至今，有两件事我铭刻在心。

　　1973 年 8 月，上级要求红耀大队学习大寨建造小平原。于是，大队领导几经筛选，定址四队猫子岭，作为改造地点。由于区水利技术力量紧张，有关部门便借胡世德老师前来帮忙测量、规划，大队抽调我这个回乡知青予以配合。胡老师查看地形后，便向大队书记李发钦建议，说："我的看法是，该地址不适合造小平原，但可根据地形，重新规划测量，换成坡改梯。"胡老师心直口快，如实道来。大队书记见胡老师如此诚恳，立刻采纳了他的建议。

接着，胡老师对李发钦说："你这里搞测量，我看李永海不错。他是我的学生，我了解他。这次行动就由他具体负责，我只协助。"我知道这是胡老师有心抬举我，提高我在乡亲们中的影响力。但那时的我正处于人生迷惘期，同龄人中，有的被招工去了工厂，有的被推荐去了高校，而我还在乡下，今天修路，明天采购，在农田里挥汗如雨。

测量开始后，我用小平板仪绘制地形图，胡老师用皮尺丈量；我测水平线，他扛标尺定点；我制断面图，他用花杆量断面。其实测量最辛苦的是丈量断面，不管沟沟坎坎，穿行在荆棘丛中，每一寸土地都必须走到。恰好那几天，太阳火辣，仿佛空气在燃烧。不一会儿，他的衣服全湿透了。看到胡老师奔走，我喉头发紧。按说，举杆子东奔西跑的应是我，可胡老师为了培养我，硬是让我坐在老师位置上，他甘当帮手。我见天气太热了，担心他受不了，便建议他不必搞那么准确，不好走的地方，用眼睛瞄一下就可以了。没想到，他眼睛睁得很大，说："这搞不得！科学东西哪能马虎？这个数据一定要准确。"在他指导下，我们3天时间完成测量、计算、制图及书面报告。当年冬天，猫子岭坡改梯的战斗打响了，就是按我和胡老师的图纸施工的。

1975年9月，我被渔峡口区文教组聘为岩松坪小学民办老师。由于1976年秋开始，整个长阳教育盲目扩张，小队办红儿班，大队办小学，稍大一点小学戴初中帽，机构增加，教师人数激增，教学质量低下，培训提高教师素质任务迫在眉睫。

1977年寒假，我所在的小龙坪学区，在岩松坪小学集中学习培训。胡老师应覃培清校长邀请（1977年秋小龙坪学区校长是望文江，他未到任，由青树垴小学覃培清校长主持学区工作），来校进行数学教学培训。我清楚记得，报到那天，天公不作美，半夜下起鹅毛大雪，漫山遍野白茫茫一片，连岩松坪这种很少落雪地方也有5寸多厚。一大早，我从罐岭赶到岩松坪小学安排生活。那时我才20多岁，年轻力壮，走雪路也是一步三晃，连滚带爬，赶到学校，浑身是雪。

大家估计胡老师无法到会了，培清校长正准备修改大会议程，想不到胡老师头上冒着热气，准时出现在会场。原来，胡老师一大早顶着大雪，从老家双古墓，溜溜滑滑到了清江边，然后过泗洋溪，爬东村，过渔峡口，再渡石板溪，到岩松坪小学。一路颠簸，吃了不少苦头。我们知道，双古墓至清江岸边，10多里山路，陡峭险峻，背粪的篓子可以从山顶滚下河。民间有个笑话，叫"王三的妈上双古墓，一路走，沿路哭"，说的是行程之险。大雪天，下行更是胆寒，一脚踩空，就有跌落清江之险。

本来这次培训，并不是他的正常工作。高中放了寒假，他正好在家休息，没有必要冒险。培清校长愧疚地说："您如果出了问题，我怎么向九中交待啊。"他笑着说："抬眼一看，在座老师百分九十都是九中学生。你们的困难，就是我的困难。是我当年没有教好你们，我有责任和义务补课。"胡老师的话，说得我们在场的人鼻子酸酸的，学习积极性空前高涨。

两天时间，他对小学数学教材的系统性作了精细梳理，一个章节不落地辅导。在教法上，从怎样备课、怎样用好45分钟，到如何培养学生思维能力，都讲得细致而又实用，连教案模板他都做了精心准备。特别是小学应用题，他从教会学生读题、抓题意、推理、归纳、列式、解题，把他的经验和教学方法倾囊相授，我们受益匪浅。

培训结束后，老师们都依依不舍，含着泪光，站在雪地里列队欢送他。他也是一步三回首，满脸含笑，频频向我们招手致意。

从那以后，胡老师的形象就一直照亮我前行的路。

2018 年 12 月 14 日于长阳龙舟坪

首届高中

高中 1970 级　李永海

作者简介

　　李永海，1953 年 1 月出生于渔峡口镇岩松坪村。小学高级教师，会计师职称。1972 年 1 月于九中高中毕业，通过自学获《中小学教师专业合格证书》，国家教育部会计司、国家电教馆教育系统会计函授毕业。曾就职于枝柘坪乡教育辅导组、渔峡口镇教育辅导组、渔峡口中心学校。2007 年 1 月退休。

　　1970 年春，长阳第九初级中学创办高中班。我们 36 名同学有幸成为长阳九中历史上第一届高中生。

　　我们分别都是经过生产队、大队、公社革委会逐级推荐，才走进神圣学堂。若按公社划分，枝柘坪公社有孙金健、覃德彬、覃先双、鲁德双、覃德亮、余祥菊、杨廷翰、向宏应、邓宗菊、邓恢仲、覃德会、余发山、覃仕平 13 人；小龙坪公社有覃好君、何克珍、王德文、李永海 4 人；龙王公社有龚仁山、覃仕金、覃先淑 3 人；施坪公社有蔺新华、李顺才、李发舜、覃远秀、李建华、覃孟勇、覃事豪 7 人；双龙公社有赵林成、覃平、张祖娥、覃事英 4 人；区直机关有王建伟、杜玉萍、杜玉梅 3 人；巴东有李芬、李友弟 2 人。

　　那时的我们虽走进高中校门，文化水平却参差不齐。我们中间，有在农村接受 2 年贫下中农再教育的初中毕业生，有读完两年半在籍的初中毕业生，还有三分之一同学初中只读了一年半。是"复课闹革命"的号令，把我们 36

人集合在一起，我们成了时代的幸运者。

从跨进高中校门那天开始，艰苦生活就伴随着我们。原来读初中，吃的是大锅饭。按国家规定，中学生以生产队基本口粮为标准，吃37.5斤，不足部分由粮食部门补齐，那时各班轮流到渔峡口集镇背粮食成了一项基本劳动任务。我们吃的是桌席，男女混编，8人一席，草坪上一坐，一桶饭一盆豆浆（俗称"懒豆腐"），标准是每人4两，用小汤瓢每人两瓢饭两瓢懒豆腐。年轻的我们思想单纯，相互体贴。男生勇敢，女生细腻，开饭铃一响，男生冲在前面端饭端懒豆腐。分饭时每次都是女生先动手，她们以吃得少为名，把自己份额悄悄给男生多匀一点，男生似乎从未领情，但都默默记在心里。从高中开始，国家取消了补助，食堂也进行了改革。学生带米吃米，带面吃面，红苕洋芋度年荒，小菜是酱豆、榨广椒、酸菜配上萝卜干，中午学校供应一次懒豆腐，成了我们的营养餐。

班主任是周乃康老师，他读书的学校是南京林学院，给我们教的却是俄语。他身材魁梧，在学生面前说话总是满面笑容，语气委婉。每晚熄灯后，周老师总是站在寝室门口徘徊一阵，待我们睡着后，才慢慢关门，悄悄离去。我们知道，这是班主任职责所在，让同学们尽早安睡，同时也是守护我们安全。

语文老师方宗震是一个清瘦老头，一年四季戴一顶工人帽，挂一副老花眼镜，背有点微驼，给人的第一印象就是一个斯斯文文的学者。我那一点语文知识都出自方老师教诲。他熟悉古典文学，给我们讲授《曹刿论战》《孔雀东南飞》时，讲到激情处总是眉飞色舞，神采飞扬，完全沉浸在故事之中，同学们也常常被他的情绪所感染。

化学老师邓执旺毕业于华中师范学院化学系，在读研究生时被分配到我们偏僻的九中教书。他极像鲁迅先生笔下的"藤野先生"，不修边幅，生活简单，上课时喜欢把教科书卷成一个筒，一边走一边搓，走进教室后把书往裤子口袋里一插就开始上课，一节课下来一不看教材、二不看教案，只有一身粉笔灰，真叫一绝。

数学老师袁勤灿是湖北大学数学系毕业的高材生，长阳教育界知名人士，曾担任过职高校长、教师进修学校教师，当年渔峡口的数学裁判。他在我们1970级学生身上倾注了大量心血。那时由于学制改革，教材不一，致使我们学习层次参差不齐，比如我连因式分解都没学过。为了弥补以前"欠账"，袁老师坚持每天晚自习给我们补课。老师用心教，学生用心学，只一年多时间，我们班数学成绩就跃上了一个新台阶。

物理老师杨燮文毕业于武汉大学，学的是高等物理，典型的理工男，物理知识储备丰富。只可惜，当时教材变味了，所谓物理书，就是《工业基础知识》。这本书物理知识说得少，偏重于工厂生产实验，这种不规范教材，对我们师生来讲，都是一种苦恼。我们毕业不久，杨燮文老师就调回宜都老家去了。

第二任班主任杨志明老师，武汉市人，华中师范大学毕业，支援山区教育来到长阳。他具有大城市人那种特有气质，在教学上是个多面手，什么课都可以代。他有"三绝"：京剧、书法、二胡。我记得高二的某一天正上语文课，隔壁教室高一班杨老师正教京剧《沙家浜》，山里孩子听惯了山歌，第一次听京剧，都被震撼了，课堂还出现了小小骚动。下课铃一响，同学们一涌而出，把高一教室围了个水泄不通。可以说，他的书法、二胡影响了渔峡口一代人，至今一些书法爱好者作品，还有"杨氏风格"。

两年高中生活一晃就过去了，虽是特殊年月的校园生活，但依然为我们成长奠定了基础。我记得高二下学期，方宗震老师带我们到红耀大队体验生活。红耀百姓艰苦创业，于万丈绝壁中凿出一条水渠。返校后，在方老师指导下，由孙金健同学主笔创作话剧《大战梯子岩》，此戏经学校排练后，在渔峡口区三级干部会上汇报演出，深受社会好评。几十年后，当年村支书李发钦说：这部戏是为我们红耀人民鼓劲的好戏。我认为，这是一部正能量的戏，至今仍有教育意义。

2018 年 11 月 5 日于长阳龙舟坪

走出校门

高中 1970 级　孙金健

作者简介

　　孙金健，1954 年出生于渔峡口镇。1972 年 1 月长阳九中高中毕业。下乡知青。1977 年 7 月长阳师范毕业后。先后于县文教局、长阳卫校、县信访办公室、枝柘坪乡、县民政局、县人大常委会办公室工作，主任科员。2014 年 4 月退休。

　　2018 年 10 月，长阳九中（1972~1976 年）高中同学举办联谊会。袁勤灿校长在讲话中提到了我当年写的小戏《大战梯子岩》，心里特别温暖。是的，这篇习作，是我第一次走出课堂，在实际生活中体验所得，至今记忆犹新。

　　那是 1971 年 9 月，高中二年级下学期。学校为了提高我们语文读写能力，多方面开展教学实验。其中，走出校门，面向实际生活学习写作，就是举措之一。我记得，上语文课时候，方宗震老师讲解《人民日报》通讯《记共产党员杨水才同志的光辉事迹》之后，便布置作文，要求我们结合所学课文，用通讯体裁写一篇反映本地先进模范事迹的文章。于是，在班主任杨志明老师和方老师的带领下，我们来到小龙坪公社红耀大队（如今的岩松坪村）访问学习，受到大队党支部书记李发钦和当地群众热情接待。李发钦同志抽出了半天时间，在梯子岩下，为我们讲述了红耀人民奋战 7 年，完成 10 千米水渠灌溉良田的壮举，尤其梯子岩上开凿渠道的英雄行为，我们最受震撼。

这里的施工，是李发钦同志带领突击队员，悬挂在绝壁上，历时 3 月，用铁锤和钢钎挖凿出来的。当时，我看了一眼梯子岩渠下万丈深渊，头昏目眩，胆战心惊。晚上，红耀文艺宣传队为我们演出了文艺节目，内容是赞美修建水渠的模范人物。我们对英雄大战梯子岩有了立体感受。

一个星期生活体验，我们对写好作文充满信心。回校后，我除了完成一篇通讯外，还以李发钦为原型，创作小戏《大战梯子岩》。方宗震老师对此逐字逐句精批细改。小戏经校文艺宣传队排练后，相继在九中礼堂和渔峡口区演出，深受好评。

《大战梯子岩》上演后，时任九中校长覃好耕对我语文学习给予了专门帮扶：要我多读现当代文学作品，并把他藏书借给我看。从此，我阅读视野扩宽了，写作热情更为高涨了。1977 年参加工作后，我坚持写作，向报社投稿。1986 年，《宜昌报》评选我为模范通讯员，还奖励我一本《四角号码新词典》，我高兴了好几天。2003 年，我参加某出版社当代文学作品评选活动，我幸运获得"金书签"奖。

时隔 48 年，回想九中学习，不由感慨系之：当年我们参观的红耀水渠，现已载入《长阳县志》。我们在红耀水渠一次体验式作文，竟然影响了我的人生。从此，我敬畏历史上任何一件小事。

2018 年 12 月于长阳

转 折 点

高中 1970 级　覃德彬

作者简介

覃德彬，女，1953 年 7 月生于渔峡口镇枝柘坪村。1967 年 9 月至 1972 年 1 月渔峡口九中读书；1978 年 4 月毕业于宜昌医专，并于长阳火烧坪公社卫生院工作；1984 年之后，在长阳县妇幼保健院工作，曾任妇女保健科长、办公室主任、副院长、院长、书记等职。获"全国妇幼卫生先进工作者"称号，主任医师职称。2008 年 7 月退休。

说九中是我人生转折点，还得从我小学毕业时一段曲折经历说起。

1966 年，正当我小学毕业升初中的时候，从五峰传来噩耗：当老师的父亲被打成"黑帮"，我因此受到了牵连：一直学习成绩名列前茅的我，被剥夺了上九中读书的权利。我的向往破灭了，这是我幼年人生最低潮的一个时段。在父母劝说下，我只好就读当时枝柘坪刚开办的一所农业中学，即半农半读学校。大约上半年后农中被撤销了，小小年纪的我，干不了农活，父母便商量要我跟二爷爷学裁缝。1967 年"复课闹革命"，我父亲突然被平反，恢复了教书工作，我才有机会进入九中继续读书。

就读九中 4 年中，我特别珍惜。那时生活艰苦，但我觉得苦中有乐。虽说交通不便，要徒步 30 多里山路，背两周生活用品，爬板凳垴、翻罐岭、过石板溪河，天寒地冻，隔河渡水，我从未旷课。虽说年小体弱，在校劳动如背沙、背煤、支农，我从没落下。

现在中学生有三怕：一怕文言文，二怕周树人（年纪小，不懂鲁迅），三怕写作文。我那时也有一怕，可能是阅读少的原因，我一直害怕写作文。记得方宗震老师给我们讲鲁迅散文《一件小事》之后，便结合讲解写记叙文的方法，要我们模仿鲁迅文章，写一篇《一件小事》作文。于是，我按方老师讲的记叙文要点，完成了《一件小事》。这篇文章，讲的是我亲身经历的一件事：一个大雨天傍晚，一位老人光着头淋着雨，从我家门口经过。我毫不犹豫地给老人送了一个斗笠，老人非常高兴，连声说"谢谢"。就这件小事，我还在文中发表了自己看法。现在看来，这篇文章好一般啊，根本就没有鲁迅《一件小事》那样的思想深度。鲁迅赞美的是社会底层一位车夫的质朴和担当精神，而我这篇文章倒是在表扬自己做好事。但方老师并没有嫌弃我这篇文章的稚嫩，却把我的《一件小事》予以点评，并当作范文念给同学们听。方老师此举对我是多么大的激励啊！从此，我再也不害怕作文了。后来我参加工作后，单位许多文件，如规划、总结、报告，甚至国际、国家级大型项目实施方案等，我都能独立完成。还曾撰写过近 20 篇专业论文，有 3 篇在国家级医学核心期刊发表，获湖北省重大技术成果一项，市级、县级科技奖各一个，被同事们称为"笔杆子"。

回忆在九中求学日子，秦尚高校长给我印象很深。他不苟言笑，在同学中威信很高，我既害怕又敬重。有一次放星期天，我们没有回家，几个同学就在寝室旁边搭灶做饭。这事让秦校长知道了。第二天，我们小心翼翼地站在秦校长寝室门口，等待秦校长呵斥发落。可万万没想到秦校长满脸慈祥，态度温和，语气和缓，跟我们讲了搭灶做饭的危险性之后，说："你们再不要这样做了，回去吧。"我当时觉得很温暖，体会到父母鞭子"重重举起，轻轻落下"的包容与慈爱。

总之，九中是我人生的转折点，它奠定了我走向未来的基石。

2018 年 11 月 11 日于长阳龙舟坪

我的三位老师

高中 1970 级　覃好君

作者简介

覃好君，1954 年 9 月出生于渔峡口镇岩松坪村。1972 年九中高中毕业；1978 年宜昌医专毕业后留校任教，主要从事基础医学教学与研究；1997 年武汉大学行政管理专业毕业，教授；曾先后任宜昌医专党委组织部长，三峡大学党委统战部长、宣传部长，政法学院党委书记等职；曾被评为湖北省高校工委优秀党务工作者，系湖北省教育厅思政课督导员。2014 年 10 月退休。

作为一个大山里的孩子，我是幸运的。1966 年秋，我小学毕业考取了初中，因学校停课，我只好回家务农。到了 1968 年复课闹革命，我被推荐到枝柘坪中学读初中。一年半之后的 1970 年，我初中尚未毕业，就被推荐到长阳九中读高中，从而有幸成为九中的一分子。

20 世纪 70 年代初期，虽然生活条件艰苦，但在九中校园里，师生之间情感却是纯朴的，尤其是我们的老师，一个个忠于职守堪称楷模。在这里，我重点介绍 3 位老师。

胡世德老师是我们的几何老师。他讲几何耐心细致，逻辑严密，很受同学喜爱。我上高中时，由于初中几何基础不扎实，知识点掌握不牢固，所以学起来很费劲，成绩不理想。胡老师了解后，专门把我叫到他的办公室，为我"开小灶"。他从最基础的多边形外角之和等于 360°、勾股弦定律等给我讲起，由浅入深地教我几何知识和学习方法。并告诉我学习几何不仅要牢记公式定律，还要善于归纳总结，熟悉常见的特征图形，熟悉解题的常见着眼点。

在胡老师的耐心教导和帮助下，我的几何成绩进步很快。

给我们上语文课的是方宗震老师。他个子不高，儒雅斯文，和蔼可亲，是一位治学严谨的长者。他对我们要求很高，提倡勤奋刻苦、求实认真。这为我日后的学习和工作打下了良好基础。我印象最深的是他指导我写作文。我记得是高二下学期，方老师带我们去红耀大队实地采访修水渠事迹之后，要求我们每个人写一篇记叙文。起初，我信心满满，凭借自己掌握的素材，很快就完成了作文，自我感觉良好。但在接下来的语文课上，方老师对本次作文做了认真点评，对写得好的同学肯定和鼓励，但却没有提到我的名字，令我有点失落。方老师似乎明白我的心思，下课后把我叫到走廊上，亲切地对我说："看来你比较在乎这次作文，这很好。你的作文整体结构还是不错的，但突出问题是叙事不太严谨，且存在一些常识性错误，比如'明月高挂在天上，群星眨着眼睛'，这是不对的。常言说，月朗星稀，既是明月，就不会有群星，这说明你观察事物还不仔细。"方老师一席话，让我十分羞愧。从此，我知道该如何做事、怎样做人。

我们的班主任是杨志明老师，他给我最大的帮助是指导我办墙报。教室东边外墙是一面青色墙壁，那是我们高中年级贴墙报的地方。应该说，那个时代，墙报文化一直是校园文化不可或缺部分，既是政治宣传的需要，也是培养学生的园地。我们的墙报，每月出一期。每期墙报，面积十几平方米，用纸20多张，版面主要由杨志明老师指导把关，包括确定主题，安排结构，选择内容。定稿后就组织同学画刊头，抄写文章。抄写都是用毛笔抄在大张白纸上，要挑毛笔字写得好一点的同学，我是其中之一。抄完之后还要用彩笔写上标题，标题字主要是粗黑隶体及其他美术字，而这大都是杨志明老师亲自动手或指导我们完成。杨志明老师本是数学老师，可他书法、京胡、乒乓球都非常拔尖，深刻影响着我们九中学生。在办墙报过程中，杨老师手把手地教我写美术字。他说："等线体字的特点是结体方正，粗壮有力，稳重端庄，写的时候笔画要横平竖直，笔迹头尾一样粗细。"在读高中两年内，我们共出了10多期墙报。在杨老师亲自指导下，我们出的墙报美观大方，图文并茂，一直是师生围观热议的地方。不得不说，在那时，校园一块色彩斑斓的墙报，融知识性、艺术性于一体，极大地丰富了学校文化生活，起到了潜移默化作用。

常言道：一位好老师，胜过万卷书。当年我高中毕业时并不理解这句话。如今年过花甲，品咂了人生滋味，才深深懂得其中含义。

2018 年 12 月 24 日于北京

梦想在九中萌生

高中 1970 级　覃先淑

作者简介

覃先淑，女，1952 年 11 月出生于渔峡口镇招徕河村。1972 年九中高中毕业，1972 年招徕河中小学任民办教师，1975 年长阳师范学习，1977 年小龙坪中学教书，1981 年招徕河小学教书，1994 年后，先后于夷城小学、渔坪小学教书；2002 年因病退休。

1966 年 9 月 1 日，我父亲用背篓背着木箱和被子，带着我来到了九中。我用父母一年的血汗钱，到初中一年级报名。接待我的老师，便是影响我终身的覃先瑛老师。

先瑛老师个儿不高，慈眉善目，说话声音清亮。父亲在先瑛老师带领下，给我安好床铺就要回去了，我心里一慌，哭了。我从没出过远门，真想跟他回去，先瑛老师便安慰我，说："你能考取中学，说明你学习成绩好；有的同学想读书，还没有机会呢！你既然来了，就要安心读书。如果舍不得离开爹妈，怎么能读书呢？自己的路要靠自己走，父母不会陪我们一辈子。"她说她分管女生工作，有什么困难找她，她一定会帮忙的。先瑛老师的话，我感到好温暖，情绪立刻稳定下来了。

女生宿舍在校区东侧，属土筑瓦盖两层楼，楼下分别是体育器材室、化学器材室、物理器材室。楼上 3 间房，半间是先瑛老师寝室，另两间半是学生宿舍。每个学生床前都有她的身影，每个同学心里都有她的安慰。我记得，她当时一人在九中工作，带着 1966 年出生的女儿宋红文，她既当爹又当妈，虽分管全校 3 个年级女生工作，从没听她说过一句苦和累。她每晚必查寝室，每周必开女生例会，清点人数，检查卫生，样样到位。记忆深刻的是，无论小红文怎么吵闹，她都坚持把工作做完了，才去安抚孩子。她每天起得早，睡得晚。她和所有母亲一样，都爱自己的孩子，但她更关心我们这些学生。每周例会上，她总是与我们谈学习，谈生活，谈未来，鼓励我们好好读书，好好做人。

开学几个月了，先瑛老师成了我的偶像。她教初一（1）班语文，可我就读的却是初一（2）班。我数次下课后，便趴在初一（1）班窗台上，听先瑛老师讲课。从那时起，心里便萌生一个梦想：我要像先瑛老师那样，将来做一名老师。

1966 年 11 月，学校突然通知，初一年级学生一律回原校上课，说是"返校闹革命"。于是，我随潮流回到了原来就读的招徕河小学，上了七年级、八年级。1970 年 2 月，我终于被龙王公社推荐，送入九中读高中，我成为九中第一届高中生。由于多种原因，我底子薄，上课跟不上，好在我们老师全是名师，如袁勤灿、杨志明、胡世德、方宗震、邓执旺、周乃康等老师……他们呕心沥血，硬是把我们丢失的课程补了回来。

1972 年 1 月 18 日，我高中毕业了，背着铺盖卷儿离开九中。回乡途中，招徕河小学秦诗媛校长看见我，便说："和大队及公社有关领导早就研究了，要你去代课。"我当时真是受宠若惊，人生机缘竟如此巧合啊！从此，我就开始了教书生涯，实现了当一名教师的梦想。1977 年我师范毕业后，我终于和我的偶像覃先瑛老师一起工作，在小龙坪中学共事了 5 年。

2019 年 2 月于渔峡口镇

我的父亲

高中 1970 级　向宏应

作者简介

　　向宏应，土家族，1954 年出生于渔峡口镇青龙村。1972 年 1 月渔峡口九中高中毕业，1972 年至 1976 年 4 月生产队劳动，1976 年至 1980 年 10 月公社企业职工，1980 年参加教育工作，经函授进修获中师文凭。小学高级教师。2015 年退休。

　　我的父亲向正年师傅，是渔峡口九中的一名老炊事员，他 1956 年参加工作，最先在枝柘坪小学，后转入十六中学工作，1959 年枝柘坪十六中学和渔峡口十五中学合并改名长阳第九中学，他一直在九中工作，直至退休。

艰辛历程

　　父亲参加工作以前在生产队劳动，一直担任生产队记工员。父亲读过几年私塾，小学文化程度，能写会算，尤其是心算快，记忆力好。当记工员时，生产队七八十号人一周内干的农活他都记得清清楚楚，很少有差错。长期的农村生活，让他看清了生活的艰难，后经人举荐到枝柘坪小学工作。之前有两位村民去干了几天，认为当炊事员低人一等，是服侍人，叫"抽头扶脚"，便自动回家了。父亲却不以为然，坚持干下去。当时的校长张盛柏问他："老向，这工作苦，你吃得消吗？"父亲回答："张校长，我干 3 个月，你们看得上，我继续干，看不上我就回家干农业。"当时枝柘坪小学生活用水紧缺，用木头挖成水槽从农户楼间穿过流到学校水池，时常供不应求。炊事员就要用桶在街上卫生院门前老水井挑水补充，父亲夜晚提马灯挑水。由于他吃苦耐劳，被学校领导看中了，把他留下了。幸运接踵而来，当年就有一个农转非的指标，校领导给他一张转正表，他填好后找到了时任枝柘坪管理区党委书记宋兴龙，签了4个字"同意转正"，一字千金，从此父亲成为一名国家正式职工，开始了新的生活。

爱岗敬业

父亲自参加工作起，爱岗敬业，任劳任怨，从不懈怠。初建的九中百废待兴，设备简陋，条件艰苦。教职工寝室只有一二十平方米的房间，带小孩的家属分一个套间，矮小潮湿，连校长也只住一个房间。厨房条件很差，灶烧煤又无烟囱，煤烟呛得人直咳嗽，有的老师一进厨房闻到煤烟就捂鼻子离开了。一个瓮甑蒸饭，一个瓮甑烧洗澡水，一口大锅用3块砖头搁着烧开水。那时无锅炉，一天要烧两次开水，一次要烧八九十瓶开水，工作量之大可想而知。排污排废条件差，废水要提到操场中间堰塘去倒，3个灶的煤渣要端到很远的垃圾场去倒，那时无板车、无翻斗车，全靠人工端，老师吃合渣要用石磨推……一句话：全靠用力。

父亲把烧过的煤渣残存部分捡回来重烧，节约用煤，这是多年的常事。他常起三更睡半夜，晚上准备第二天的饭菜，半夜起来钩火加炭，还附带打铃掌握全校师生作息时间，确保准时无误，一个小闹钟、一盏马灯陪伴他走过20多个春秋。

1967年五一前后，父亲因手背长了个小包，在卫生院切除，领导批准休息一个星期，请了一个袁师傅代班。由于是生手，不熟悉晚上炉火怎样封火。一天夜晚，小厨房不慎失火了，原来是袁师傅晚上加煤太多，周围没用稀泥炭封好火。半夜过，煤火越烧越旺，点燃了一根靠近炉灶的柱子，火苗顺着柱子往上蹿，穿过屋顶引燃椽角，幸好被夜晚起来上厕所的一位男同学发现，紧急敲响集合铃，部分师生迅速赶来扑灭了大火，才没造成大的损失。为不影响学校正常工作，第二天，父亲就带病提前上班了。

计划经济时期，教职工口粮由粮管所统一搭配供应，有苞谷米、苞谷面、糙米，为了让老师们吃到更熟、更好的米，父亲把米提到农户家用石臼舂熟，长期如此。秦尚高校长说："向师傅，粮管所供应什么米就吃什么米，这样做太辛苦了。"的确，父亲就是一个为别人想得多的人。

几十年的周末、节假日，父亲都很少休息。好多个春节都是在学校过的，没能回家和家人团聚。因为九中的老师来自五湖四海，路途远的老师很少回家，基本都是以校为家。父亲为了让远处的老师生活有着落，从未离开学校，使这些远方的老师扎根九中这所偏僻的山村中学安心教书育人，减少独在异乡为异客的思愁。

每年暑期教师集训，教育组领导总要聘请他掌勺，父亲都能出色完成任务。由于他工作业绩突出，几乎年年被评为"先进工作者"，多次受奖。不过那时重在精神奖励，很少发现金和物资，最多一个笔记本。

精益求精

父亲 20 多年的炊事生涯，他不断学习烹调技术，不断提高厨艺。他做的老面馒头、粉蒸肉、家常炒菜堪称"三绝"。比如做粉蒸肉，先把肉洗净切成块，淋上白酒去腥味，加入豆瓣酱、姜末、蒜末、花椒面反复搓揉，直至面和肉充分混合，腌制片刻使其入味，便上钵入格猛火蒸熟，直至出油而肉不化，让人一见就有胃口。周乃康老师时常称赞父亲做的粉蒸肉好吃，有时还多打一份给儿子卫华带去。

再就是馒头鸡蛋汤。每晚 10 点左右，用大缸拌匀面粉，和上纯老面，使之发酵。每天四五点钟起床揉面、擀面，在案板上反复搓揉翻滚，加适当碱水去酸味。时间揉得越长，面团就越光滑柔软，然后把面团擀成长条，用一块刻下 10 个记号的木板按下印记，切下面团做成馒头，再用猛火蒸 30 分钟左右。由于发酵好，火又猛，馒头背上还裂了一道口子，蓬松至极。趁热吃，还有丝丝甜味，若配上一碗西红柿鸡蛋汤，那真是人间美味。

父亲做鸡蛋汤要先将水烧沸腾，再将配好的佐料和西红柿片加适量食盐倒进沸腾的锅中，后将搅拌均匀的蛋汁由细到粗边拌边朝锅中倒，使之成为小鱼儿形，淋上熟香油，点少量酱油，撒上香葱末，鲜蛋汤成熟便迅速舀起，时间不超过 5 分钟，以防久煮成坨，影响口感。2018 年 10 月同学聚会，1975届马之琳同学多次说九中食堂的馒头真好吃，鸡蛋汤好鲜。

在那个艰苦的年代，父亲坚持用猛火蒸饭，淘清米反复搓，舀米上钵，最多 40 分钟熟透。蒸熟的饭蓬松喷香，从不吃夹生饭，关键是一把火。他的家常炒菜也是可口诱人，总是能让最朴素的食材散发出别样的光彩。

公平用餐

那时候教师进餐一律凭票，计划经济时期教师工资低，物资匮乏，粮油肉尤为宝贵，涉及每个人切身利益。老师买饭买菜，父亲一视同仁，尽量公平公正。那时很少用木甑蒸散装饭，而是实行钵饭制，分别用陶钵炖3两、4两、半斤，先预订，根据各人饭量大小而定。父亲把淘净的米用饭瓢量米依次入钵，3两、4两、半斤各有不同，少的量米平一些，4两或半斤瓢子的堆头略高一些，一轮量完，剩下的米又按等量再加，直到加完为止。我还记得父亲每次问李继参老师订多少，李老师总会风趣地说："我劳动改造的人不是四两就半斤。"

后来为预防添客和有的老师要加饭，父亲就用小木甑蒸少量米饭，保持灵活性。那时进餐实行份饭份菜制，早餐吃馒头一人一汤，中餐和晚餐一荤一素一汤。遇到加餐，父亲格外谨慎，凡是吃鸡、鱼、肉，那就数坨数和片数或用秤称，确保公正公平。凡是盘中有鸡头、鸡脚、鱼头鱼尾的要均匀搭配，凡有这几种的，就要多掺一两坨好鱼好肉。俗话说人不争食眼争食，八九十盘菜摆在案板上任老师挑选，剩下不要的归后勤人员、炊事员买去。

同事情缘

父亲自参加工作以来，先后经历了张盛柏（时任枝柘坪小学校长）、刘佐卿、秦尚高、覃好耕、覃孔安、张盛柏6任校长，好几百名老师，数以万计的学生，历经了九中的沧桑变化。各人的性格和生活习惯各不相同，他均能与领导和老师和睦相处并结下不解之缘。1959年，他调到合并后的九中工作，正处于我国三年自然灾害时期，很多人饿肚子，我们家也不例外。首任校长刘佐卿到我家走访过一次，吃过一顿便饭，那时煮菜用的是棒棒炉子，非常简陋。他回校后和父亲说："我到了你家，你家人热情，但你家困难……"刘校长一米七八的个子，蓄着平头，方脸，上牙包一颗金牙，对人和蔼，有同情心，一手篮球打得蛮好。更难忘的是1959年春节，他批准免费送3斤猪肉给父亲回家过年（食堂残汤剩水喂的猪）。三十团年饭，一家6口人吃这3斤肉格外香，在那个岁月可算得上救命肉啊！刘校长后来调到资丘教育组当组长，很少看见了，但这份情永远记得。

第二任校长秦尚高是榔坪人，中等身材，平时严肃少笑，师生对他有点敬而畏之。他治校严谨，对人严格而不苛求，宽容而不放纵，为人廉洁，遇事敢于担当。1966年"文革"爆发，他受到错误批判，挂小黑板游街，白天弯腰低头挨斗，晚上拖着疲惫的身体回到学校，有时厨房已关门下班，父亲照样给他供应热饭热菜和开水，他心存感激。

父亲参加工作以来，因家庭困难，上有老奶奶，母亲体弱多病，又有3个子女读书，因此他一直享受甲等福利费（45元），每个等级相差15元。那时父亲月工资30多元，带粮价补贴共36元，一家人靠他这点微薄的工资维持生计。有一年，不知何因，父亲在评福利费时只得到丙等15元。秦校长外调回校了解情况后，立马主持召开教职工大会重新再评再审，他在会上说，教职工家庭困难大的，肯搞事的就应该多得，像向师傅这样的人就该多得。结果众人无异议。父亲的福利费一下又回到了45元，在当时，30元钱何等值钱！那可相当于一个月的工资。1970年10月，秦校长又托父亲给我赠送一本《毛主席语录》，并在扉页题字签名。在那红色岁月里，校长能给普通学生送红宝书是很有政治意义的，也是难得的。我仔细思考是为什么，后来慢慢明白了："文革"时期，秦校长遭批斗遭冷落，父亲没为难他，照样在生活上照顾他。

再说父亲和张松高老师的情缘吧。他们共事10多年，彼此结下了深厚的友谊。张老师是湖南桑植人，湖北大学历史系高材生，中外历史娴熟于心，操一口浓浓的湖南口音，说起历史来滔滔不绝。他人很善良，为人和蔼可亲，在长期工作中和父亲成了益友，无话不谈。空闲之余，二人常在一起下棋，张老师的棋技略逊一些，有时输了总要再下几盘，而且幽默地说今天"昏了"，时间一长，他们成了棋友。他们最深的友谊也是在"文革"中结下的。有一天在街上批斗秦校长，张老师被造反派请上台赔罪"消毒"（"文革"中流行语），低着头说他是"保皇派"，幸亏没被架"土飞机"。晚上回校后，张老师气愤至极，便连夜写了几张小字报，准备第二天下街贴出去，他给父亲看了并征求意见，父亲劝告他："老张啊，在这风口浪尖上你搞不得，你若明天贴出去了，你会坐'土飞机'的，你这么瘦弱，经得住一搞嘛？会散架的。我年纪大些，经历的事多些，听我的劝。"张老师听父亲的劝，忍气吞声没贴出去，才躲过一劫。因为前一天我们的物理老师杨燮文被造反派架"土飞机"，眼珠都快要被挤出来了，幸亏杨老师有一米七几的个儿头，身体好，无大碍，但他心中一辈子记得。

1968 年 5 月 1 日，袁勤灿老师喜得贵子，故取名袁五一。满月后，袁老师陪夫人韩启秀送五一回资丘娘家探亲，父亲安排我护送师娘。一天，袁老师背着小五一，我扶着师娘步行到淋湘溪。由于山洪暴发，河水猛涨，清江河的水涨回到淋湘溪口进去几十米，大路无法通行，只好从偏山绕道，爬淋湘溪半山腰七十二步台阶，犹如一架云梯。台阶内侧是绝壁，外侧向下望全是汹涌的溪水，发出震耳欲聋的轰鸣声。人往下一望，头晕目眩，毛骨悚然。袁老师背着小五一，在前面登石阶汗流浃背，我扶着师娘小心翼翼地在后面爬天梯。师娘当时身体还未完全康复，眼睛半睁半闭不敢向下看，我让她走在里面，我在外面护着她，生怕有半点闪失。下了天梯是一片柑橘园，雨后天晴的"糍粑路"，一走一扯鞋就掉了，真是难走。偶尔还换袁老师背一会儿孩子，就这样磨磨蹭蹭，直到下午 6 点多才到资丘街上。袁老师的岳母热情招待了我们，至今记忆犹新。这既是难忘的师生情，更重要的是父亲和袁老师的同事情缘吧。

父亲和杨志明、周乃康老师长期共事，情投意合，关系融洽，这些老师因工作调走了，但情谊依在。1971 年秦校长调回榔坪后给父亲来过一封信，意思有三：一是重温一起共事之友情；二是告知他父亲去世了；三是说身体情况，秦校长幽默地说自己是"破罐子经熬"。

张松高老师调到榔坪中学后，于 1974 的 12 月 9 日和 1975 年 5 月 18 日分别给父亲来过两封信，字里行间充满同志间的深情厚谊，告诉他到外地工作思家之情，有独在异乡为异客之感，急于想回老家湖南。在信中特别关心我们姐弟妹三人的前途和成家之事。1971 年，张老师任教育组长期间，多次推荐我姐民转公，读书、招工，都因大队书记从中作梗未果。姐姐结婚，张老师托人带来两条高级枕巾，令人感动。

遗憾的是张老师回湖南不久因病去世，我们得知悲痛万分。苍天为什么这样无情和不公啊？

父亲和方宗震、胡世德老师同事多年，又是同龄人，更是尊重关心他们。方老师和湖南籍李静澜老师有胃病，一点辣椒都不吃，每次炒菜先给这两位老师炒清淡的盛起来，再炒众口味的菜。

1980 年父亲退休。我参加教育工作较晚，历经坎坷总算有了一份稳定的工作。时任校长覃孔安非常关心支持我，一再对父亲说，必须先解决儿子的工作问题，再才是个人成家问题。儿子 30 岁结婚也不迟，包括教育组罗举政、覃德铭组长都对我以极大的关心和支持。

1982 年 9 月，我在长阳师范进修。一天，在宋校长家做客，宋校长和先瑛老师热情招待了我，那天吃的是武汉板鸭，喝的是枝柘坪的苞谷烧，还有曾祥焱校长同桌进餐。席间宋校长向曾校长介绍我是九中向师傅的儿子，曾校长说他多次听覃好耕校长说过九中教工食堂有个好炊事员，好耕校长说他若有权力，就会把向师傅调到西湾二中去。那天我临走时，先瑛老师还借给我一床棉絮和 5 斤油票。

杨志明老师在九中工作了 15 年，1980 年调到长阳师范，他给父亲写过两封信，在 1980 年 9 月 15 日信的首行写道："向师傅，您好！15 年的老相识和长辈一旦离别了，是格外想念的。"杨志明这种公认有才的老师，连续写信给我那当炊事员的父亲，这应算是一段佳话。

父亲在九中工作的 20 多年，与九中老师们结下不解之缘，和他们结下了深厚的感情，受到了文化的熏陶。他尊重知识，尊重人才，仰慕老师的才华，他不懂书上的数理化，却对老师讲历史谈政治颇感兴趣。俗话说近朱者赤，二十几年他无形中学到很多知识。父亲生前喜欢看书读报。一次，他在报上看到"我国与阿尔巴尼亚两国人民休戚与共"，问我"休戚与共"是什么意思。我其实也是似懂非懂，连忙去问恩师方宗震老师才弄明白，像这样的事情还有很多。那时没有汉语词典，只有听老师讲解后死记硬背。

父亲退休后，我给他订了两本杂志《名人传记》《炎黄春秋》，他很喜欢看。他常对我说他的工作很辛苦，看这些好书，可以了解很多历史，增长很多知识，精神上很轻松、很充实。

关爱子女

父亲平时对子女要求很严格，但他非常关爱我们，注重子女的培养，舍得为我们花钱。妹妹最小，花钱一直不够节约，有时父亲让她给家中带回的钱，在路途就用了一半，但父亲从不吵她，只说以后用钱要学会节约。20 世纪 60 年代中期，拖鞋上市兴起，妹妹要钱买了一双海绵拖鞋，母亲说一个女儿家拖鞋趿袜像什么，硬是用刀给剁成了两截。她哭着要，父亲又给她买了一双，母亲再也不说什么了。

姐姐小时头上长了个小包，后来化脓了，在医院用刀子划了挤脓，但未挤干净，父亲不怕脏，用嘴硬是把脓吸干净了。

1959 年闹饥荒，国家公职人员可带一个子女农转非吃商品粮，我刚好碰到这个好运气。7 月的一天，父亲从学校拿回一张农转非审批表，回来找大队干部签字盖章，最后批准供粮标准为 22 斤。这真是天大的喜事，帮助我们家度过了三年饥荒。

1959 年正月初二漫天大雪，父亲吃过早饭，脚穿草鞋包上棕，上牛庄沙河买 100 斤糖萝卜（当时 3 元钱），当天返回，目的是解决一家人的饥饿，真是辛苦至极。想起来心酸，父亲却很乐观。

父亲对家人舍得花钱，自己一辈子却省吃俭用，不抽烟、不喝酒，只喝点淡茶。他 68 岁生日那天，我给他买了一个新保温杯，他舍不得用，至今已成了一个遗物，让人产生一种睹物思人、触景伤情的忧伤。

工作中的烦恼

在 20 多年的工作中，父亲有苦有乐。一是烧开水无锅炉，近百瓶开水全靠一口锅烧出来，个别老师一个人一天用七八瓶开水，老师刚提走开水，家人又来上水了，家人走了，保姆又来了，开水哪里去了？原来不是喝完了，而是用来洗衣服了。生活用水搞完了，这样一来别的老师就难得用上开水了。

二是开饭铃一响，若偶尔煤火不顺气，饭熟就还差几分钟。老师们一下围上来，父亲就显得严肃紧张，特别自责。特别是早餐，俗话说早饭一条绳，捆住满屋人。学校尤其显得更为突出，作息时间严格。

三是极个别老师不及时送回饭钵。一攒三四个在寝室影响炖饭，父亲很烦恼，但从不和老师发生正面冲突。

1970 年秋发生了这样一件事，"清理阶级队伍"后把"右派"老师覃福民遣送回家。一天下午，全校师生在大礼堂召开"批斗覃福民大会"，秦校长突然通知父亲也要参加大会。父亲一听懵了，历来大会活动他都不参加，只参加例会学习。父亲觉得不妙，对校长说，我去参加大会了，下午三四十人开饭怎么办？还有那么多菜要整出来。父亲一口拒绝，秦校长也不好再说什么，这一次父亲抗赢了。但他思考问题究竟出在哪里？原来是"文革"时，覃老师根本没上讲台了，学校安排他看水砸煤给父亲帮忙打杂，他的寝室又在楼上紧挨着父亲的寝室，秦校长误认为他俩走得近，没划清界线，所以秦校长就"将"了父亲一军。因为秦校长为覃老师摘"右派"帽子写过材料，说他脱胎换骨，改造得很好，因有人反对而没摘掉。"文革"中秦校长受了气，挨了批斗。后来父亲和秦校长交心，父亲说，覃老师虽然是"右派"，但还在学校劳动，没处理回家，我应照样给他供饭供水。若宣布处理他回家，我就停止供饭供水了。我们之间只是工作关系，没有私人关系。秦校长认可了。这事说来也与我有关，父亲为了心疼我，把地下的寝室让给我睡，免得蚊子臭虫叮咬，才引起这样一场误会。后来我反思：那么多同学都能在大寝室睡，我为什么不能睡？读几年书就搞了这点特殊化，吃饭和同学们一样 8 人一席，席地而坐，面饭懒豆腐。

永久的怀念

1980 年，父亲退休了。学校把他留下来又多一年工作，搞了一年传、帮、带，直到 1981 年才离校。父亲常对我说，他参加工作时是张校长，退休时又是张校长，不知是巧合还是缘分。在和张校长共事的日子里，每天全校亮灯最早的是小厨房和张校长办公室，熄灯最晚的也是小厨房和张校长办公室。

1995 年，父亲生病了，前后住了 3 次院，但终因医治无效，于 4 月安详地走了，我们一家人悲痛欲绝。住院期间，有领导、老师、家长、学生代表、村民、医护人员等都来看望他。去世后，由于父亲在家劳苦功高，他的灵柩在家停放了 3 天，亲朋好友、邻里乡亲前来送葬，挽联花圈摆满一屋。

父亲弥留之际，给我说了 3 件事：一是想看看香港能否回归祖国；二是姐姐工作能否转正；三是想看看一班孙子孙女考学读书的情况，再就是放心不下我母亲，叮嘱我们要好好照顾她，他走后无牵挂。

现在，我可以欣喜地告诉父亲的在天之灵了：香港回归祖国了，姐姐工作转正了，一班孙儿都有碗饭吃了，都在城里买房成家了。母亲已 94 岁高龄，衣食无忧，我退休后专门在家照料她，一直陪伴在她身边。父亲得知当含笑九泉。

时过境迁，物是人非。"撼怀旧之蓄念，发思古之幽情"，我们对父亲的怀念却是永恒的。我愿以此文纪念父亲诞辰 96 周年，再以此文弥补纪事中有关炊事工作这一空缺，奉献给《九中纪事》。这也是我撰写此文的初衷。

2018 年 11 月 13 日于枝柘坪

在九中的日子里

高中 1970 级　余发山

作者简介

余发山，1952 年 7 月出生于渔峡口镇同盟大队。1970 年 2 月至 1972 年 1 月渔峡口九中读高中；1977 年河南理工大学毕业留校任教，教授、博士生导师；1998 年起历任河南理工大学电气系主任、电气工程与自动化学院院长，获全国模范教师称号。完成国家自然基金等项目 20 多项，获省部科技进步奖 5 项，出版专著教材 8 部，发表论文 80 多篇。任教育部自动化专业教学指导委员会委员，中国计算机仿真机分会副理事长，中国煤炭自动化专业委员会委员，河南省自动化学会常务理事。2017 年退休。

我于 1972 年 1 月在长阳县第九中学高中毕业，离开学校后再没有机会回过学校，距现在已经 46 年了。我时常思念在母校日子里的人和事。

1

我是枝柘坪大山里一个祖祖辈辈都是农民的孩子，快 9 岁时才上小学。这是因为小我两岁的妹妹需要我照看，待她 7 岁时一同上学。初到学校，小学老师见我就问，你几岁了？怎么才上学？会认字吗？几经"面试"，最后直接从三年级开始读书。读到五年级时学制改成 6 年，读到六年级时因"文革"又读了一年，实际小学读了 5 年。小学毕业时，老师突然说我被枝柘坪中学录取了。我高兴地将这消息告诉了家里，我爸说：上个小学就行了，跟我学木工吧。但我坚持上了初中，到初中二年级时，九中开办第一届高中，我有幸选入九中学习。成了全区推选的 36 名同学之一，从此与九中结下了不解之缘。

九中坐落于渔峡口后山顶上方圆二三百米左右的小山坳中，校园南北坐落着两排主要建筑，北边分别是食堂、男生宿舍和女生宿舍；南边分别是教室、老师宿舍、办公室，东边是礼堂，中间是运动场。站在九中朝西北看，可见一个大山坡，向南看是刀劈的山崖，下面是碧绿的清江，江边就是渔峡口镇，当时区政府所在地。

我们班同学全部住校，吃的是自己从家里带来的粮食，每天用碗装好送到食堂蒸笼里蒸，然后再取回来，夹着腌菜吃。那年代只要有吃的，不分粗粮细粮，吃得都很香。不少同学，红薯出来吃红薯，土豆出来吃土豆。每两周回家一次，用背篓背粮到校。枝柘坪同学翻越罐岭，就像赴京赶考一样，艰难得很。到了秋收季节，我们经常找老乡借农具，到学校附近地里捡粮食，如没挖干净的红苕或没收干净的苞谷。住的宿舍也很简陋，土质地面，地上还有坑。一个大屋子有十几个上下床，房门关闭不严而透风，门也没有锁。大冬天里睡觉只露出一个脸，别提有多冷。条件艰苦，可当时我们并没觉得有多苦。艰苦生活锻炼了意志，为我们人生奠定了第一块基石。

2

1970 年秋季前后，九中成立了渔峡口中学课外科技活动组。活动组下设竹木工艺组、编织组、生物有机肥研究组、民族乐器演奏组等。我们班的能工巧匠们都被发动起来。我家祖辈是当地小有名气的竹木铁器匠人，父母一直把我当传承人培养，我从小学到了一些技艺，加上我爱动手，理所当然成了科技活动组骨干。有两件事，我记忆犹新。

一件事是做教具。袁勤灿是我们的指导老师。有一次，他讲了如何求圆柱体体积方法，$V = \pi r^2 h$，根据求体积原理，我做了一个求圆柱体体积的教具，即将一个木质圆柱体多次通过圆柱中心线锯成若干个橘子瓣一样的三棱片，理论上锯成无穷片，然后将其正反交错叠放成一个长方体，这个长方体的长为圆柱体长 h，宽为圆柱体的半径 r，高为周长的一半即 $2\pi r/2 = \pi r$，则：这个长方体的体积为长宽高相乘 $V = \pi r^2 h$，这也就是圆柱体的体积。利用这个教具讲解如何求圆柱体体积的方法，一辈子都不会忘记。

另一件事是做有机肥。在生物有机肥开发方面，主要是教化学的邓执旺老师，他带领我们参与他的生物菌种培养研究。他用一些瓶瓶罐罐，里面盛着土，接上菌种后，进行培养，土里长出一些小毛毛，邓老师说这就是环保生物有机肥。说实在的，我当时并不觉得怎么好。但现在看来，这是多么有意义的研究啊。

这些课外科技活动使我受益匪浅。我不仅学到了老师勤奋敬业精神，同时极大提高了我对科学实验的兴趣。这正是我后来上大学毫不犹豫选择机电类专业的主要原因。

3

龙口是位于渔峡口沿清江上游通往小花坪的一个隘口，是由人工于悬崖峭壁上开凿出的人行通道。那时，渔峡口上游没有公路，人们出行全靠步行，物资和粮食靠人力肩挑背扛。这个隘口远看就像一条在喝清江水的龙头，人行通道就从龙的口中穿过，当地人便称这个隘口为龙口。由于龙口离清江水面较近，一旦清江涨大水时，龙口就会被淹没，从而就阻断了唯一的交通要道。

1971 年秋，我在九中读高二。学校要下乡做宣传工作，其中一项任务，就是在农户外墙上，用红土书写标语，如"自力更生，艰苦奋斗"等，这就需要采挖红土。经打听，招徕河对岸一个叫大河坡的地方有红土。学校派我和另外一个同学去挖红土，我们带上干粮背上背篓就出发了。不巧，我们刚出发不久，就开始下雨，我们硬着头皮，在大河坡取了红土，匆匆返回。此时，河水暴涨，急流汹涌。我们来到招徕河渡口，因清江涨水停止摆渡。我们找到开船师傅求情，他找了几个壮汉帮忙撑船，才把我们渡过河。

过河后，我们冒雨到达龙口时，河水已将龙口全部吞没。我们只好往回返，哪想到，没走几步，回返的路也被淹了。前面是咆哮清江，后面是悬崖峭壁，我们走投无路。江水不断上涨，我们只好揪着茅草，往身后的悬崖高处爬，爬进一个崖缝，缩成一团取暖。第二天天亮，江水退了，龙口露出来了，我们才背着红土，穿过龙口，顺利回校。

学校将我们龙口遇险一事写成了新闻稿，长阳县广播站随即广播。我至今还记得，那篇稿子标题就是《夜宿龙口》。

2018 年 11 月于河南焦作

杨老师与首届高中班

高中 1970 级　余祥菊

作者简介

余祥菊，女，1953 年 11 月出生。1966 年 9 月进入渔峡口中学读书，1972 年 1 月高中毕业，1975 年 6 月参加工作。先后在施坪公社、小龙坪、龙王总支委员会任书记、渔峡口镇任党委副书记、妇女主任等职。1986 年 9 月至 1988 年 7 月中南民院学习。1988 年 9 月调县农业银行工作，曾任工会主席等职。2008 年退休。

2018 年金秋十月，渔峡口九中校友联谊会在清江花园酒店隆重举行。已 80 岁的杨志明老师健步登上讲台，就像当年一样，绘声绘色、幽默风趣地给我们上了一节数学课。再一次聆听他讲课，我的思绪回到了 50 多年前……

1966 年，我在枝柘坪小学毕业，进入长阳九中读书，中学 5 年幸运地遇到了一批优秀老师。年轻的杨志明老师给我们留下了特别深刻的印象。他英俊潇洒，浓密黑厚的头发，从额头向上往后梳着，整洁泛亮；一双浓眉大眼，炯炯有神；他声音洪亮，富有磁性，讲课唱歌都优美动听；他常穿夹克衫，仪表端庄，总是精神焕发的样子。杨老师是武汉市汉口人，从小受到良好教育，加上天资聪颖，华中师范大学数学系毕业。1964 年分配来到长阳，经过一年基层劳动和"社教"历练，被安排到最偏僻的九中当老师，从此扎根于这块贫瘠土地，安于清贫，淡泊名利，把一生无私奉献给了长阳的教育事业。

他不仅术业有专攻，数学知识渊博，而且是多才多艺的中学全科教师，文史理化、音乐体育、琴棋书画、吹拉弹唱无所不能。从初中到高中，杨老师曾教我们数学、语文、体育、音乐，还担任我们的班主任。杨老师把课堂教学演绎成了一门综合艺术，板书图文并茂，工整美观，语言综合简洁，重点突出，教法新颖多样，引人入胜。抽象严谨的数学教学，杨老师形式多样的方法，直观通俗、幽默雅致的数学语言表述，十分自然地激发起学生学习兴趣，让我们形成理性思维，感受学习数学的快乐，听他讲课是唯美的艺术享受。

在九中，杨老师是学生们崇拜的偶像，书法、京剧、乒乓球、京胡技艺在学校乃至渔峡口独领风骚。学校、区直机关和周围农村的外墙上，到处是杨老师写的红色巨幅标语，渔峡口区公所大门两旁青砖墙上，他用红油漆书写的"四海翻腾云水怒，五洲震荡风雷激"两句毛主席诗词，笔势雄伟，字体方正，苍劲有力，直到清江库区搬迁前仍然清晰醒目。供销社"发展经济保障供给"、粮管所"备战备荒为人民"等单位宣传标语都出自他的妙笔。学校大礼堂、教室、办公室都挂着他用隶书、楷体写的毛主席语录和励志名言匾牌。受杨老师培养影响，不少九中学生成为了书法爱好者，出身社会后，有的写字还带有"杨氏"风格，有的成了书法造诣很深的人，被誉为当地的一支笔，如李顺忠、覃孟福、覃好君、覃德田等。

杨老师杰出的艺术才能，令文体特长生们为之倾倒。他京胡拉得琴音似语，扣人心弦，美妙动听；京剧唱得有板有眼，字正腔圆，韵味十足。80寿辰宴会上，他自拉自唱《红灯记》选段"临行喝妈一碗酒"，还是那样铿锵有力，透出正气凛然的气势。他的到来，九中文艺体育活动呈现出全新景象，校园文化生动活跃。我们在九中，学校文体活动总是由杨老师策划组织，尤其是普及样板戏，他功不可没。九中排演的"样板戏"远近闻名，多次在全县文艺汇演中获得好名次。有文艺爱好的学生，在他培养辅导下，有机会上台锻炼，艺术潜质得以发挥。王新兰扮演小铁梅，成了当地小有名气的"童星"。我们班李建华、王建伟饰演李玉和，手举红灯演唱形象俊武。许红唱完"手捧宝书满心暖"，全场掌声雷动，经久不息。许红、覃事习后来考取了县文工团，成了专业演员。学校组建毛泽东思想宣传队，杨老师编导排练的节目既有时代特点又接地气，亲自带队到双龙、西坪、龙王冲等地演出，为文化生活贫乏的农村传播精神文明，广受好评。我小时候性格内向，文体活动参加少。九中5年，我逐渐成为一名积极参与者，这要感谢杨老师有意培养。第一次上台表演，是区里开万人大会，在临时搭建的露天舞台上，代表九中新生唱了《毛主席的话儿记心上》，尽管表现拘谨，却是一次锻炼，提高了自信心，终身受用。

时隔40多年的校友联谊会上，耄耋之年的杨老师，身体硬朗，精神矍铄，同学们心情激动，师生之间似乎有许多话要说。会后，应我们班同学邀请，杨老师又与我们小聚相叙。他对九中首届高中班37名学生，竟能一一准确叫出名字，还如数家珍，清晰回忆起一些同学的特长和优点，让我们心里涌出一股热流，感到格外亲切。2年高中生活再次清晰呈现在眼前……

1970年春，我们37名同学经大队、公社、学校择优选拔，成为九中第一届高中生，杨老师是我们的班主任。虽然只有一个班，却是九中历史上极有特点的一届：学生名额是九中创办12年最少的；学生来源构成特殊，有参加农村劳动两年的社会青年，有在九中读了三年半的应届初中生，有各公社中学只读了一年半的学生，还有巴东县李友弟和李芬两位同学，他们住地与长阳接壤，为上学方便，分别在长阳枝柘坪和招徕河小学毕业考入九中；同学中年龄大的21岁，小的14岁；女生少，只有11人；同学文化知识水平参差不齐，由于教材不规范，数学有的因式分解都没学……尽管如此，在覃好耕校长领导下，杨老师和科任老师一道，竭尽全力将我们带成了九中极具特色的班级。

1. 刻苦学习的班级

我们上高中时，全国大中专学校已停止招生4年，毕业后要回农村。受"读书无用论"的影响，有同学感到前途迷茫，认为学不学都一样。杨老师为了提高我们对读书的认识，真是绞尽脑汁，苦口婆心，反复讲学好知识的重要性，列举从古到今刻苦读书改变命运的例子，还以自己读书的亲身经历，教育我们胸怀远大目标，不负青春时光。他常用"少壮不努力，老大徒伤悲"启发激励我们好好学习。中学生本来就充满梦想和抱负，懂得了知识就是力量，书是人类进步的阶梯，我们就像扬起了理想的风帆，竞相奋力驶向知识彼岸。同学们你追我赶，形成了良好班风，学习氛围浓厚。通过刻苦学习，有的同学成绩相当好，如李发舜、余发山、赵林成、覃远秀等同学。李发舜诙谐幽默，爱好语文，悟性好，孔子"论学六则"老师领读一两遍之后，启发大家思考，问"学而时习之，不亦说乎？温故而知新，可以为师矣"怎么理解？他举手回答，用白话文解译出来，意思清楚，老师连连点头，大家都向他投以敬佩的目光。为了把作文写好，孙金健、向宏应平时注意多读、多记、多写。孙金健留心观察，注意积累素材，因而会写通讯类题材文章，在开门办学活动中，他创作的《大战梯子岩》作品被排练成节目演出，反响良好。向宏应爱看课外书籍，阅读广泛，像《三国演义》《上海的早晨》《林海雪原》这些小说他都读过，积累了词汇，说话写作文语言精练。赵林成、覃德亮努力熟读课文，加深记忆和理解，上语文课认真听讲，注意力集中，积极回答老师提问，分析中心思想、段落大意、写作特点准确恰当。他们善写作文，有的被当作范文，有的刊于墙报专栏。余发山脑筋灵窍，逻辑思维能力强，善思考爱钻研，是班上理科尖子。他的数理化练习做得让人赏心悦目，在平面直角坐标系画椭圆、双曲线和抛物线，既规范又美观。考试成绩一般在一二名，常被老师表扬。杨廷翰喜欢物理课。他不善言辞，像个闷葫芦，但特聪明，对物理课感兴趣，高中毕业后学开拖拉机，尤其无师自通学会机械修理，这主要得益中学物理课基础牢固。数理化知识具有连贯性、系统性，刚入九中，李永海、覃好君数学几何基础知识不扎实，他们在袁勤灿、胡世德老师帮助下，掌握了学习方法，刻苦钻研。课余时间，总是主动找老师补课，将一些难懂难记的公式、定理先背下来，再通过推理论证，归纳总结，融会贯通，结合多做练习，举一反三，进步很快，到高二时数学几何成绩已跃居前列。

在九中，艰苦一直如影相随地磨炼着我们，刻苦成了同学们的共同行动。班上多数同学上学路途较远，家住枝柘坪、双龙、小龙坪的回家背粮食来学校要大半天。有的家里缺主粮，背的还是红苕洋芋，早晨从家里出发到学校已精疲力竭。我和覃德彬常回忆上学途中洪水阻隔绕道跋山涉水的艰险情形，清楚记得有好几次翻越罐岭到了清江石板溪渡口，江水奔腾咆哮盖过了江中的磨盘石，船不能开渡，只好折身从岩松坪涉过溪河，沿着少有人行走的崎岖陡滑山路，手脚并用，穿荆棘抓草丛揪树枝攀悬岩爬上庄坪，再从峡西沱过清江。一身汗水一身雨泥，饥肠辘辘、困乏疲惫地一路前行去学校。尽管上学艰辛，但并没有阻挡我们求学的意志和读书的热情。星期天到校后，坚持上晚自习，复习功课，生怕落下学习。

那时我们姐弟4人上学，家庭负担重，父母曾有不供我读书的想法。为坚持学业，我一方面用心学习，一方面利用假期在渔峡口街上找活儿做，到粮管所补口袋、清江河背沙，自己挣钱补足学费，靠刻苦读完高中。高一开学时，李发舜没有按时到学校报名，杨老师徒步跋涉10多里山路，到施坪公社高峰大队，找到正在放牛的李发舜，动员他上学读书。当得知他们兄妹7人，家庭贫困，无钱供他上学的情况后，杨老师耐心给他父母做工作，还通过其他渠道帮助解决困难，将他接到学校读完高中。对于杨老师恩情，李发舜一直心存感激。

2. 团结友爱的班级

杨老师当班主任坚持"管而不死，活而不乱"的管理原则，特别注意选拔培养班干部，让勤奋学习、正直秉公、乐于助人的同学进班委会，起引领带头作用。我们高中阶段，班委会成员有蔺新华、赵林成、李建华、覃事英等人。杨老师谆谆教导，班长以身作则，班干部率先垂范，同学间形成了团结友爱、互相帮助的良好风气。蔺新华是班长，他处事稳重，为人宽厚，说话不紧不慢，好像打好腹稿了才发言一样，而且有主见，尤其乐于帮助同学。一次从渔峡口河底往学校背沙的劳动中，张祖娥不慎膝盖受伤，当时鲜血直流，不能走了，我们都不知所措，蔺新华放下肩上背篓，说赶快送去医院，毫不犹豫将她背起一路小跑，直到医生包扎止住了血，把药弄好后，班长又和我们一起将她扶回学校。他乐于助人的事情很多，一次我上街买学习用具回校，开饭时间已过了好一会儿，急急忙忙往食堂跑，刚过堰塘，正好碰着班长大步朝我走来，将一个饭钵递我："这是你的吧？"我一看没错，连声向他道谢。班长是个细心人，时间久了，我们班同学饭盒（钵）他都能认出。校内校外劳动他主动拣重活干，同时不忘帮助他人。有一次班长带我们在庄坪三队抢收，任务是收割已成熟的大豌豆（扯大豌豆），快到收工时间了还有半亩地没完成，为了不留"尾巴"，队长将任务到人，每个同学面前三路扯完就收工，个大力强的很快就上了前，我们个小力弱的远远地落在后面。眼看天要黑了，身体冒汗心里冒烟。班长自己完成任务后，又返转来帮我们，在他的带动下，已完成自己任务的同学一齐上来，很快将那块地庄稼收完，我们一起趁天未黑回到了学校。

1971年4月30日，李作汉老师爱人何老师在渔峡口医院分娩，难产大出血，生命垂危，学校紧急动员师生献血，献血抢救何老师生命的4人中，我们班有蔺新华、余发山、覃孟勇3人。

1970年秋，学校开学了，蔺新华还未到校上课，杨老师很着急，问有没有知道情况的，鲁德双、余发山、覃德亮主动要求去接他。去时，蔺新华正在地里收苞谷梗子，对他们3人说："我知道迟到掉课了，可我没办法，母亲多病不能下地干活，父亲一人忙不过来，我要把梗子全收回去，牛过冬才有草料。"见他家困难，3位同学用大半天时间和他一起，将地里苞谷梗子收割完毕，晚上才与蔺新华一起回学校。那年冬天因长期雨雪天，学校快断煤了，当时要到双龙去背，因山高路滑，没有让女生去。男同学回来后，女同学争着帮他们提热水、洗衣服。张祖娥平时特别勤快，热心做好事，男同学劳动或是运动过后的汗衣服、泥鞋子她都乐意帮忙洗，而且洗得很干净，杨老师表扬她是我们班学雷锋活动积极分子。杜玉萍、杜玉枚俩姐妹是商品粮户口，家在渔峡口街上，而我们家在偏僻农村，但她俩丝毫没表现出优越感，相反，她们真诚友善，把我们当姐妹，常邀约去她家玩，我们乐得去蹭饭打牙祭。回想起来，实际上她们4姊妹全家6口人，靠父亲不高的工资生活，家境也不是很好。王德文是我们班的"开心果"，他机敏活泼，爱说爱笑，因个子小座位总被安排在前排。杨老师知道王德文家庭情况，父母供他读书不容易，因此特别关爱，常与他谈心，以父亲般的慈爱，循循善诱讲各种道理，要求他潜心读书。王德文接受能力强，学过的俄语说得十分流畅，还是同学中的象棋高手。他乐意与大家交朋友，也乐意接受帮助，后来学习大有进步，成为大家喜欢的同学。有一次我把课文中的"迁徙"读成了"迁徒"，课后他神秘地将"徙"和"徒"写在一个纸条上，以考我的语气问："读错没有？"我仔细一看，还真有区别，一查字典，不仅读音不一样，释义也不同，虽然不好意思但心里很服。后来我对这样的字就比较注意了。这件有趣的往事我至今忘记不得。

3. 活动丰富的班级

为了提高学生综合素质，把我们培养成德智体全面发展的接班人，杨老师根据学校安排，在班上组织建立各种课外活动小组，要求我们根据自己兴趣爱好和特长，积极参加各项活动。我们班成立了篮球、乒乓球、文艺宣传、乐器演奏、生物化学和手工制作等小组。覃仕金、鲁德双、龚仁山、李芬当年是篮球主力健将，他们个子高、腿长，弹跳奔跑动作敏捷，在球场驰骋的身影煞是矫健，一到比赛，会吸引许多同学观战助威。篮球小组还吸收了一些女生，记得开展训练活动，杨老师将我们排成弧形队伍站在投篮线以外，教三大步上篮，他在篮下一个人一个人传，我们一个挨一个接球投篮。女生在篮球方面没什么优势，有的球来了往旁闪，有的接不住球，有的抱着球跑，有的象征性投一下，在男同学看来根本不是打球的样子，但经过一段时间训练，我们还是有很大提高，锻炼了胆量，增强了体质。爱好乒乓球的同学课间15分钟都会挥拍鏖战一局，李发舜、向宏应、覃萍、孙金键、龚仁山都是高手，1971年渔峡口区乒乓球运动会在九中举行，李发舜获冠军，向宏应获季军。覃萍曾经代表学校参加宜昌女子乒乓球锦标赛，获得过名次。覃好君、李建华、赵林成、覃德亮字写得好，写作能力强，是宣传组主要成员，墙报专栏编辑。在杨老师指导下，我们班墙报办得图文并茂，极具特色，是九中校园文化的一大亮点。余发山、覃德彬、何克珍、邓忠菊等同学沉着心细，是化学实验组成员，在邓执旺老师指导下，参与"五四〇六"菌肥实验，掌握了制作方法，回乡后在农业学大寨活动中，积极推广应用，为粮食增产做出了贡献。余发山、杨廷翰、覃德会被誉为我们班的"能工巧匠"，他们心灵手巧，会篾工、木工，是手工制作组成员。余发山制作的求圆柱体体积的教具，九中使用了许多年，他用竹篾给同学做的烘篮，隆冬时节带给我们的温暖至今难忘。杨廷翰自制的木头冲锋枪用墨水刷黑，可拆可卸，形象逼真，看上去像真枪一样，军训时同学们好生羡慕。手工制作小组里，女生发挥针线活儿特长，踊跃交作品，记得邓辉仲还上交了一双用美术线精心制作的鞋垫。我们班文艺演出开展活跃，覃先淑大方活泼会跳舞；李建华、王建伟会唱歌形象好，还是李玉和扮演者；龚仁山、覃事豪、鲁德双会拉二胡、吹笛子。他们都是文艺小组重要成员，课余时间悠扬动听的琴声、笛声、歌声此起彼伏，校园一派生机盎然。总之，在杨老师组织辅导下，同学们各显神通，班级活动丰富多彩，极大地丰富了校园生活，充分发挥了学生特长，提高了学生综合素质，增强了我们社会适应能力，这可能是现在学校应试教育无法比拟的。

4. 奋发有为的班级

1972年1月，我们1972届也是九中首届高中班毕业了。因为在九中打下了文化基础，树立了正确的人生价值观，具备了吃苦耐劳、百折不挠的精神，回到农村，在接受劳动锻炼的过程中，同学们继续奋发努力，成为有为的社会青年，受到各级党组织重视和培养。也许是时代使然，我们这一届学生非常幸运，几年时间里，先后有21人被基层党组织推荐上大学、中专学校读书，有31人参加工作，其中教师10人，医生7人，担任行政领导职务的7人，取得副高以上职称8人，大学教授2人。一个高中班，81%以上的学生走出农村参加工作，在三十几年的工作历程里，初心不改，自律自强，没有一人因违法乱纪而受处理，其中不乏成绩斐然的成功人士，这可能是九中历史上绝无仅有的。

蔺新华读高中前已在农村劳动过两年，吃苦耐劳，积极向上，党组织对他印象好，高中毕业就被推荐到宜昌师范读书。他和覃远秀、覃先淑、覃先双师范学校毕业后，一直在渔峡口教书，为家乡教育事业奋斗了一生。鲁德双回农村后受重点培养，很快入党并担任枝柘坪公社东红大队党支部书记，后又被推荐到上海交通大学读书，分配到709所从事科学研究，后调回长阳担任行政领导。杜玉萍武汉大学毕业，分配在中国地质大学工作，调回宜昌后，曾任宜昌市电力局劳资科长、伍家分局书记。李顺才华中科技大学自动化控制专业毕业，分配到西安1020研究所工作。王建伟、赵林成、覃德亮参加中国人民解放军，转业后安排工作。王建伟任宜昌市民政局科长、副局长、正县级调研员，2011年曾获湖北省"劳动模范"称号。赵林成在宜昌市纪委、市人社局任科长、纪检组长（正县级）。李友弟回乡后开始在大队茶场劳动并代管财务，后任公社兼职团干，1974年被推荐到恩施师范读书，后又在恩施教师进修学院进修，在水布垭泗淌中学、清太坪中小学任英语、数学、化学老师。覃好君、覃事英、邓忠菊、杜玉枚、覃仕萍、覃德彬、何克珍等被推荐上宜昌医专，毕业后分配在各级医院，成为受人尊敬的医生；其中覃好君留校任教，主要从事基础医学教学与研究，被评为教授，先后任宜昌医专组织部长、三峡大学统战部长、宣传部长、政法学院书记，曾被评为湖北省高校工委优秀党务工作者。覃德彬、覃事英分别提拔为县妇幼保健院院长和书记，先后取得主任医师职称；杜玉枚调该院任儿科副主任医师；邓忠菊调县人民医院任妇产科副主任医师。覃事金在县化肥厂工作。我从农村提拔从事行政工作。李建华、覃事豪、胡远烛在工商财贸部门工作。同学们在各自领域事业有成，不少人成为出类拔萃的佼佼者。李发舜于1974年就读华中师范大学，毕业后留校任教，主讲古代汉语、高等语文，著有《方言笺疏》《广雅疏证校注》等书，学术上有成就，是知名学者。2017年杨老师80寿辰宴会上，他代表学生所致贺词，情真意切，言词优美，在《文学教育》刊登发表。余发山在焦作矿业学院（现河南理工大学）毕业后留校任教，1996年评为教授，2004年评为博士生导师，主要从事自动化方面的教学科研和博士硕士研究生培养工作。1998年起历任河南理工大学电气系主任、电气工程与自动化学院院长，2010年获得全国模范教师称号。完成国家项目20多项，获省部科技进步奖5项，出版专著8部，发表论文80多篇。

彩虹总在风雨后，历经苦寒梅自香。离开母校踏入社会，不少同学经历了艰辛曲折的人生道路，尤其一辈子在基层工作的同学，他们工作条件艰苦，待遇低，面对困难、挫折一路走来，实属不容易。民办教师曾是"普九教育"的重要力量，李永海、龚仁山、覃德会、覃孟勇等同学回农村后，长期担任民办教师，在待遇很低的情况下，为家乡义务教育做出了贡献。龚仁山在当地中小学当了20多年民办教师，承担着繁重教学任务，还在龙池、柳山小学担任校长多年，每月拿着13元工资，到1995年最高工资才88元。这种困境持续了24年，他也坚持了24年，以顽强毅力克服各种困难，兢兢业业工作，踏踏实实做事，将自己宝贵青春年华，无私奉献给了山区学生，最终迎来人生转折。1996年通过层层考试和考核，转为公立教师。李永海当民办教师期间，树立信心，坚持函授自学，取得"中小学教师专业合格证书"和会计师职称，转为公立教师后，在渔峡口教育辅导组工作至退休。覃德会在青龙小学任民办教师12年，后回村当村主任，在改革开放奔小康的道路上，虽然辛苦，却走得认真踏实，有他自己的快乐和成就。我从1975年至1978年是"亦工亦农"干部，即户口在生产队，财政核定每月工资37.5元，扣留20元交生产队记工分，实际领17.5元。记得当时到县城开会来回车费是8元，所以在单位财务会计那里总是一个借账户，但我没有因此而懈怠，总是以极大热情认真工作，背着年幼女儿常年下乡驻点，与农民同吃同住同劳动，一干就是11年。向宏应工作之路尤为艰辛曲折，1976年进入社办企业，曾在双龙煤矿井下采煤3个月，后来厂领导看上他有文化、人灵活，安排当采购员。他在龙王陶器厂当过营销员，在渔峡口农具厂管过生活后勤，不管在哪个单位，干一行爱一行，坚定执着，受到领导和同事好评，后被吸收为正式教师。何克珍、覃德彬、覃事英、杜玉枚、邓宗菊在乡镇基层医院砺练多年，调武汉或县城工作后初心不忘，拼搏进取，成了各自岗位暗香若梅的专家、骨干。同学们以磐石般不可动摇的决心和毅力，将人生道路上的艰难困苦转化成不屈进取的精神和行动，倍加珍惜工作机遇，始终不渝自强不息，坚韧地砥砺前行去实现着自己的价值，今天已经可以为我们无悔奋斗的人生而骄傲。

学生因老师成才，九中首届高中班同学在校时刻苦努力，有理想，参加工作后拼搏奋斗，有作为，这是老师们呕心沥血教育的结果，恩师们为长阳山区教育事业所做出的贡献将永载史册。

2019年3月于长阳龙舟坪

磨 炼

高中 1970 级　龚仁山

作者简介

　　龚仁山，1952 年 1 月出生于渔峡口镇龙池村。1968 年 3 月至 1972 年 1 月就读九中，1972 年 11 月从事教育工作至退休。曾任过小学教导主任、校长等职，多次荣获县镇优秀教师称号。

　　时光荏苒，岁月不居，转眼间我就进入了古稀之年。我常常因自己没有为社会有所作为而羞愧，但我又常常因自己能够为山区的教育事业坚守一辈子而自豪。每当自己在工作中取得一些小小的成绩，受到领导表彰时，就情不自禁想到九中。

　　1968 年秋，我到九中读初中时，余以安老师是学生食堂的炊事员。一天的晚饭时间，我独自在操场徘徊，他遇见我，问我怎么没吃晚饭。我告诉他：带的粮食吃完了。当时，一个星期的粮食就是红苕和斤把苞谷面。他听后，二话没说，就到教工食堂用自己的餐票给我打了一碗饭，饭上还有一些小菜，端到操场递给我，让我吃了。并说："你如今正长身体，不吃饭怎么行。"我狼吞虎咽地吃完饭后，将碗递给他时，看到的是他慈祥的面容和同情的眼神，蓦然间就禁不住流下了感激的泪水。

　　第二天早餐时间，余老师又到教室找到我，给我送来了几张餐票和 2 斤粮票，让我自己到教师食堂打饭吃。那时，每个教职工一个月的生活标准只有 27 斤粮食，我深知余老师对我的接济是从牙缝里挤出来的。后来，余老师让我利用星期天背脚，还特地给我联系了渔峡口粮食和茅坪酒厂，也就是从渔峡口粮食背苞谷或稻谷壳到茅坪酒厂。当时背脚也可以从渔峡口供销仓库往招徕河或龙池供销社转运百货，而给粮食背脚除了每百斤货物有 8 角钱的工资外，还有 4 两粮票。这个"4 两粮票"对我是有着巨大诱惑力的。

在我的同学中，多数同学的家庭都很困难，而我找到了"生财之道"的消息也不胫而走。很多同学找到我，要我给他们分一杯羹。我不假思索地同意了，因为我觉得一路有几个同伴，可以相互关照，要比单干强得多。到现在我还记得背脚队伍的几个同学：马于平、李友棣、覃事金、覃事豪等。

如果说余老师对我的生活关照及自己坚持背脚是我读完九中的生活保障，那么，老师对我的悉心教诲和严格要求就是我能掌握一定本领的关键。

当时，杨志明老师除了教我们数学，还教我们音乐课。他组织了一个校乐器队，主要学习二胡和笛子，我也有幸成了队员。那些家庭状况较好一些的队员都有自己的乐器，像覃事雄、覃事豪兄弟有自己的二胡，鲁德双有笛子，而我什么也没有，非常渴望有一把二胡。我回家后，就用竹筒、蛇皮、钢丝、马鬃自制了一把二胡。由于工艺粗糙，拉起来老走调，杨老师怕我半途而废，就鼓励我："只要刻苦努力并坚持下去，琴技会提高的。待你掌握一定的本领后，我把我的二胡让你拉。"我还依稀记得，大概不到一学期的时间，我就拉上了杨老师的二胡，学校每次进行文艺演出，我都是伴奏成员。这也是在我后来的教师生涯中，学校开展文艺演出，我都能独自进行伴奏的缘由所在。

难以忘怀的还有杨祖辉老师。我在九中一直是校篮球队员，杨老师几乎每天课外活动都带领我们进行传球、运球、投篮训练。有一次训练传球时，杨老师传来的球不仅猛，力度也大，打在了我的鼻子上，很快鼻血就流出来了。杨老师给我用冷水一洗，止住了，还用纸给我堵上，并要求我继续训练。正是在杨老师的严格训练下，我们篮球队的同学全部"练"掉了身上的懒气、娇气，个个生龙活虎，勇猛异常。在九中 4 年，校篮球队在杨老师的带领下，每次到县参赛都能取得较好的成绩，这与杨老师的严格训练是分不开的。同时，也为我在学校能够胜任体育课奠定了坚实的基础。

离开九中后，承蒙学校领导及当地干部厚爱，我成为了一名民办教师，一干就是 24 年，而且多年的月薪不足 20 元，很多时候还要在家里背粮食，我硬是凭着在九中磨炼出来的意志坚守下来了。24 年后，我有幸转成了公办教师，我没有骄傲过，依旧用九中老师严格要求我的态度严格要求学生，把教学质量搞上去，不误人子弟。否则，我就对不起九中。

2020 年 12 月于渔峡口镇

难忘九中

高中 1971 级　谷忠菊

作者简介

谷忠菊，女，1955 年 6 月 15 日出生于渔峡口镇枝柘坪村，1973 年 1 月九中高中毕业，1979 年参加工作。先后在渔峡口区公所、枝柘坪乡政府、渔峡口镇政府从事行政工作。2010 年退休。

我是 1971 年 2 月被枝柘坪公社前进大队推荐到九中读高中的。经过两年学习，我于 1973 年 1 月顺利拿到毕业证。我成了谷氏家族第一个高中生。

难忘之一，老师的教诲。我是在爷爷婆婆溺爱中成长的，养成了不爱动、怕吃苦坏习惯。上九中第一件事：每天凌晨要出操，可我就是起不了床，尤其是上体育课，我最不愿参加。一次，体育课是练习投篮，同学们一个个欣喜雀跃，唯独我一个人坐在石坎上观摩。体育老师杨志明（他的主课是数学）走到我身边，笑着说："要想把谷忠菊请到篮球场上打球，太阳要从西边出来。"我回答说："我，我不会呀！"杨老师严肃地说："你是学生，当然不会呀，但不会就要学啊，何况你很聪明，只要用心做，没有做不好的。"老师的话，既是批评又是鼓励，我再也坐不住了，马上加入投篮行列。

从那时起，老师的话成了我的座右铭，它影响了我一生。学校组织各种活动，我都勇于参加。我记得，学校举办"五七展览"，我还当了解说员，受到观众称赞。毕业回乡务农6年，我当过民办教师，当过治河和公路建设民工，也当过大队共青团和妇女工作领导，不管是做哪项工作，我都能用心去做。1979年3月，我被选上省妇代会代表，出席湖北省第四届妇女代表大会。同年4月，我进入了国家公务员队伍。

参加工作后，我在渔峡口区公所、枝柘坪乡政府、渔峡口镇政府工作了31年，我先后做过计划生育工作，当过妇联主任，任过党委副书记，分管农业、农村、党务、宣传、群团等工作，主持过人大日常工作。我始终坚持用心做事，曾多次被地、县有关部门评为先进工作者。1992年，我第二次跨入洪山礼堂，出席了湖北省第六届妇女代表大会，还被县委评为优秀党务工作者，县人民政府授予"十佳乡镇干部"称号。

难忘之二，同学的激励。我进九中后分在高一（2）班。说来也巧，我们二班二组，有一个奇特现象，就是学习氛围好，学习尖子多。我们这个组，个个上进，你追我赶。如果谁要是考试差一两分，那下次考试非追上来不可。他们是黄友光、覃德田、李顺智、黄长科，这些人中，既各科均衡，又各有所长：黄友光特长数学、黄长科特长语文、李顺智特长化学、覃德田特长书法。他们一直是我学习的榜样。我不甘落后，有时也会给他们一个惊喜。记得有几次他们在讨论数学题时，始终解不出答案，我在他们讨论基础上，单独思考，解出了答案。大家高兴极了，后来还给我取了"数学专家"绰号。

难忘之三，同学的友谊。我那时个子矮，身体胖，力气小，做事力不从心。在日常生活中，常常得到秦先花、高仁香、覃秀英、刘宗菊、王孟菊、姜新凤等姐妹们帮助。有一次，我们到清江南岸的庄坪墩上背煤，在清江过渡船上，人多船晃，杨先文同学背篓里一大块煤炭掉下来，正好砸在我右手上，顿时鲜血直流。坐在我身边的秦先花，连忙放下背篓，一把抓住我右手碗，握住出血手指。等到船靠岸后，立马把我送到卫生院处理伤口。

高中毕业45年了，这些事就像发生在昨天。也许就是这些琐碎小事，培养了我的人生观，让我沉稳地走到了今天。

2018年11月于渔峡口镇

那两年的情

高中 1971 年级　黄友光

作者简介

黄友光，1954 年出生于长阳县渔峡口镇招徕河村。1971 年 2 月至 1973 年 1 月读高中；1973 年 4 月于汉阳横龙机修厂工作；1978 年 8 月华师毕业分配至湖北工业大学工作；1985 年任湖北工业大学科技开发公司经理，1996 年后于劳动就业管理处、劳动服务公司等部门任职。2014 年退休。现任湖北工业大学老年合唱团团长。

我是渔峡口街上长大的，1971 年 2 月进九中读书。

我父亲是店员，母亲是地主，在那个讲出身讲家庭成分的年代，我却依然能感受到老师和同学们的温暖，至今难忘。

1971 年春季开学时，我分在高一（2）班。我们的班主任兼语文老师李作汉，是一个儒雅的戴着眼镜的老师。他是武汉大学中文系毕业的高材生。我的家庭成分复杂，他却果断地宣布我为班上文体委员，不仅让我担任班干部，在语文学习上，特别注重培养我。我记得刚开学时间不长，我们学校师生去施坪挖断山水库劳动。挖断山是一个山岭，施坪大队打算通过在岭上修建水库，解决所属生产队农田灌溉问题。那天，我们在工地上，有的挖土，有的推车，一个个挥汗如雨。回学校后，李老师要我们围绕这次劳动写一篇作文。我写出来后，李老师对我的作文进行了大篇幅改动，并要我重新抄写一遍。接着，他还将我的这篇作文当作范文，在班上宣读。后来我才明白，李老师并不一定是认为我这篇作文写得如何好，而是把我当典型改造，通过经他大动手术之后的作文，教我和班上同学如何描写，如何议论，如何抒情。

我之所以写李作汉老师，还有一个重要原因，就是我与他共同经历了一个惊心动魄的事件。大约是在1971年春末，他爱人何家禄老师在渔峡口区卫生院分娩，由于是双胞胎，产后大出血，情况万分危急。覃好耕校长要求高一、高二男生到渔峡口医院验血、输血。经过检验，我和高二年级的蔺新华、余发山等几位同学血型与何老师符合，我们当即都献了血。由于当时医疗条件和水平有限，何老师不幸去世。听到消息我们都很震惊。第二天我去医院，看望李老师和何老师的父亲。何老师父亲我从小就认识，何伯伯一见我，喊了一声"小黄"，就悲痛地哭了，我也泪流满面地安慰何伯伯。何家禄老师生的是两个女儿。李作汉老师告诉我何老师生前喜欢云和鹰，因此两个女儿一个叫山云，一个叫山鹰。此后不久，李老师就调走了。两个女孩现已都长大成人，并都参加了工作。

1972年春上，我向校团委递交了入团申请书，这是我第三次写申请书了。前两次没通过，尽管没有人告诉我，但我明白是什么原因。我们那时高中是两年制，眼看在校时间不多了，我想在学校解决入团问题。没想到，上学期快结束的时候，我的入团申请得到批准。父亲、母亲知道消息后，都为我高兴。这事过去好多年了，我才从当时的校团委副书记朱昌容同学那里得到了答案。原来，当时校团委书记是食堂管总务的余以安，他食堂工作忙，团委实际工作由朱昌容同学负责。据昌容同学说：讨论我入团时有过争议，分歧是我母亲成分不好。昌容同学据理力争，说了两条理由：一是友光同学能够推荐到九中读高中，这本身就说明母亲成分并不影响他入团。二是友光学习好、劳动好、纪律好，这就够了。经昌容同学一番解释，团委一致通过。于是，昌容同学拿着一批同学的入团申请表，到渔峡口区向分管组织工作的田美贤同志汇报，得到了田的支持。

我父亲的老家是汉阳县（现在的蔡甸区），我高中毕业后就下放到原来的汉阳县。临走时，我去渔峡口区文教组调取我的学生档案回汉阳，我忍不住看了学生档案。最让我震撼的是九中学校对我的评语。我一看字迹，才知道我的鉴定是我同组张泽勇同学写的，他最后一句结论性意见是："该同学是一个德、智、体全面发展的优秀学生。"热泪一下子模糊了我的双眼。这种鉴定，对处于阶级斗争时代背景的我，是非常可贵的精神支撑。这档案跟着我走到了今天，我想到的不仅是这几句客观公正的话语，而是九中师生坚持真理的良心。

2018 年 11 月 3 日于武汉

一本书支撑我的人生

高中 1971 级　黄长科

作者简介

黄长科，1956 年 3 月出生于渔峡口镇沿坪村。1973 年 1 月渔峡口九中高中毕业。1974 年 12 月应征入伍，在某高炮团指挥连雷达站服役。其间就读于郑州高射炮兵学校雷达修理专业，毕业后先后任团、旅雷达技师。1986 年调回县人武部，历任保密员、秘书、副主任、主任等职。1996 年转业县纪委，历任纪委常委、办公室主任、主任科员、副县调研员等职。

"书是灌壮榜（壮榜为土家语，形容愚笨的人）的药"，我一生都信奉这句话。

从上初中开始，我就喜欢看书，尤其喜爱武侠小说、言情小说，哪怕是被列为"禁书"的特殊年代，我也敢冒着被老师没收的风险，躲在被窝里偷看。

1971 年春，渔峡口区茅坪公社沿坪大队罗书记来到我家，告诉我正月十八去九中读高中。那个年代是没有什么入学通知书的，读完小学，还不知能不能读初中，读完初中也不知能不能读高中，全凭大队书记一句话。

我如期前往九中报名。说实话，九中我并不陌生，初中我是在这里上的。读完一学期，只因当时正闹"文化大革命"，老爸怕我耽误读书，便委托叔叔把我转到西坪中学完成了初中学业。

我分在高一（2）班。最初的语文老师是李作汉，因其妻分娩去世后，他便离开了九中。张盛柏老师、李继参老师先后接任了我们的语文老师直至毕业。那时，我语文功底较好，张老师特别器重我，委任我为语文课代表。有一天，下课后我刚走出教室，张老师在背后轻轻地拍了下我的肩膀，轻声说："长科，你作文还不错，再多加强些语法和修辞的学习就更好了。"

他这句话我记在心里了。于是，我中午请假，来到渔峡口街上一个小书店。站在店外，我一眼就看见了一本《语法与修辞》。摸摸口袋，仅剩5角多钱。这可是我剩下几天的饭钱啊，买书了，剩下那几天饭就没着落了。书不买吧，又万般不舍。哎……犹豫良久，狠狠心还是买下了那本我一心想得到的书。剩下几天的炖饭钱，我只好找在食堂工作的黄师傅借，才没饿着肚子。

那个年月，工具书是极缺的，不像现在连小学一年级就有教辅书。有了这本书，我如获至宝，课余我都去翻翻，看看，好的例文用笔划上横线，经典字词牢记心中，并在每次作文、课堂提问中试用。日积月累，语言表达和文字表现能力有了长足进步。高一下学期，九中作文竞赛中，我的《笨鸟先飞》一文被选编在油印的校刊上，我高兴了好久。

1974年我应征入伍，当了雷达兵。按照惯例，每年春节期间各班都要出几个文艺节目，这活儿理所当然的摊到我们4个新入伍的高中生头上。

上级说了就是命令，其他两个河南籍战友，或多或少还能哼上几句豫剧和地方小曲，对于没有任何文艺细胞的我，可愁坏了，一夜难眠。

好在战友覃事矿提醒了我：你不会演，你不是会写吗？去跟站长说说，搞个诗朗诵。找到站长一说，他爽快地答应了："行，你写一个，连部通过了就算你完成任务。"

中午，战友们都午休了，我趴在铺板上开始了我的创作。记得写了4页多纸，内容记不全了，开头几句还记得：标题是《雷达兵之歌》："战斗警报已经拉响，油机员送电雷达紧急开机，环旋的天线布下天网，严密监视着战区空域，捕捉敢于来犯的敌机。警惕的目光凝视着荧屏。报告，一号手发现目标。锁定目标，扇形搜索，战长发出战斗命令。01，0054，012，一号手报出了敌机来犯的方位和距离。8001，9512，1413，大型机两架，小型机4架，高度07，二号手测出了敌机的高度、机型和架次。打开地面敌我识别系统，迅速识别是我是友还是敌机，战长再次发出操作命令。9058，5822，1817，标图员将敌机诸元急报到'前指'……"这首诗指导员居然批准了，并安排两位战友出演朗诵，结果引来全场掌声。现在看来这根本算不上什么诗，为何受到战友们欢迎呢，我想可能是内容比较接地气吧。

1986 年，调回县人武部从事机要工作。一次自荐，我开始了"笔杆子"生涯。记得那是 1986 年征兵结束后，各乡镇上报征兵情况，部里要写工作简报。秘书写了三四稿，领导总没通过。当时不知什么原因促使我来到政委办，我主动要求试试。结果，写好简报后交给政委，政委稍作修改就签批"同意下发"。临走，他说："好，看来你适合干这个秘书。"一句话，定位了我 30 年的职业。

1996 年，县人武部收归军队，按照军官服役条例，因超龄，忍痛脱下穿了 22 年的军装。分配到县纪委，任常委、办公室主任，还是做文秘工作。有一次要开总结大会，会务组加班完后吃饭喝酒。我跟跟跄跄回到办公室，同事说："黄主任，清理材料时发现少了一份大会主持词。"我当即叫来打字员，说："我说你打。"不到半小时便完成任务。纪委工作 20 年，我大多是书写公文，在中央、省市纪委的《党风与党纪》《纪检监察信息》等刊物上发表过不少"豆腐块"文章。

高中毕业 40 多年，我没有大起大落。每当我回忆一生走过的路，我就忍不住涌出感激之情：感谢九中，感谢张老师，让我认识了书，积累了能量，定格了我的人生。

2018 年 12 月于长阳龙舟坪

迟到的歉意

高中 1971 级　黄长科

作者简介

黄长科，1956 年 3 月出生于渔峡口镇沿坪村。1973 年 1 月渔峡口九中高中毕业。1974 年 12 月应征入伍，在某高炮团指挥连雷达站服役。其间就读于郑州高射炮兵学校雷达修理专业，毕业后先后任团、旅雷达技师。1986 年调回县人武部，历任保密员、秘书、副主任、主任等职。1996 年转业县纪委，历任纪委常委、办公室主任、主任科员、副县调研员等职。

她走了，想为她写点什么，但她平凡得无从着墨。但与她那浓浓的师生情、同学谊，特别是因误解应对她说一声道歉不抒发出来，深感自责，总觉得连上天都不会原谅自己。

她叫李长娥，是我渔峡口九中高中 1971 级的同学，九中校友群的群主。微信兴起于 2011 年。我这个半老汉，又有点半"科盲"，虽一直用的是智能手机，但仅限于接打电话，最多发个短信。直到 2013 年，儿子给我下载了微信。不几天，就有了李顺智、黄友光等几个好友。这样点对点私聊了个把月时间，记不起是哪位把我拉入了群，群主是李长娥，当时群内只有八九个同学。几经联系，逐步发展到 30 多人，直至今天的 200 多人。在群内她像个大姐姐，关心和呵护每位同学的情感，时不时发个红包让大家争抢着乐。在这个平台上，同学们像阔别了几十年的亲人，相互交流别后几十年的人生轨迹，分享人生旅途中的喜怒哀乐。

2015 年 5 月，九中 1973 届师生联谊会在渔峡口镇举办，有 90 多名师生参与。渔峡口镇委高度重视，十分关心，委派值班副书记王宏垚致词，并全程参与；委派原镇人大主席团主席、退休干部覃德铭为我们导游，讲解白虎垄、香炉石等景点的历史、典故和传说，参观九中旧址。联谊会上同学们自发地争相发言，载歌载舞，就连我这个五音不全的也在覃孟福同学"起哄"的带动下，也斗胆点唱了一曲，虽有他鼎力助唱，但一曲终未唱完还跑调千里，洋相百出，但特别的开心。不知咋的，身为群主，联谊会的积极倡导者李长娥同学却没有参加，很长一段时间我还心存不解。

2017 年 11 月，杨志明老师 80 寿诞，委托张泽勇和我协助操办。参加杨老师 80 寿诞宴会的有各届同学 30 多位。寿宴形式别拘一格，载歌载舞，诗唱朗诵、萨克斯、二胡独奏和二人合写寿联争相献艺，事后酒店经理拉着我的手说，你们到底是文化人，我见证各类酒宴数千，唯有你们办的既有特色又相当隆重。这次李长娥同学来了。由于她是远来客人，又有她老公陪伴，吃饭时我就和她同桌。席间桌上菜很丰盛，但我发现她很少动筷，几乎只吃了一碗米饭。散席后我问她："吃好没？饭菜怎样？"她微笑着答道："饭菜蛮好，蛮合口味。"这时，她老公把我拉到一边悄悄地告诉我："她不能吃辣的。你知道吗，上次在渔峡口聚会，那时她刚好查出得了结肠癌，而且已是晚期，要化疗，还动了造口术，排泄完全失控，全靠造口袋，出门特不方便，就没能参加，为此她不知流过多少泪。这次杨老师 80 寿诞，她说再难一定要去，一是师恩不能忘，二是能和阔别 40 多年的同学们见见面，她已错过了一次，这次绝不能再次错过了。"听到这，我心一阵酸疼，我为上次她未能参加联谊会而对她产生不解而自责、内疚。

2018 年深秋，渔峡口九中 1972 届至 1976 届师生联谊会在长阳龙舟坪清江花园隆重举行，参加师生 90 多人。李长娥同学在他老公的陪伴下如期赴会。后听她老公介绍：来长阳前她正在深圳化疗，为了减少长途的劳顿，化疗一结束，他们就提前中转了一站，回到老家荆州等候。长娥对他说："对于这种身体状况的我，能有机会和同学们见一面就一定得去，见一面，少一面，我不能给我人生留下任何遗憾。"返程送她去车站，临上车前，她对我说："我身体一天不如一天，这群主就由你来当吧，这个群是同窗两年兄弟姐妹的家，一定不能散。"几经推辞，我含泪答应了她。

联谊会后的 11 月份，她和老公带着一双女儿、孙儿、孙女自驾来了长阳。我和爱人陪同他们到果子岩游玩了一天，期间我感觉她好像对景点的一山一水、一草一木特别爱恋，有时我们走了好远，她还驻足在那观赏。快天黑下山时，她还是那么恋恋不舍。第二天游清江画廊，由于我们有事不能相陪，只好帮她请了位导游。游玩结束，她坚持要宴请我们。席间她说："这两天虽然有点累，身体好像有点吃不消，但特开心。哎！要是时间允许，我真想回趟渔峡口，看看生我养我的故乡，看看教育培养我的九中。这次回去后，我一定要写一篇《九中纪事》征文，算是对我深爱的母校添一块砖瓦吧。"临别前，她一再叮嘱我：今后无论什么时间，在什么地方举办同学聚会，千万要记得通知我一声。

哎！天知道，这次离别竟然成了诀别！她最后一次来长阳是向故乡告别，也就是我们土家人说的"辞路"。她回去大概两三个月后，群里再也没见她冒过泡了。我也没太在意，一天我爱人突然说："长娥退群了啊！"我还不信，当我打开 1973 届同窗群一查，她真的退群了。再看九中校友大群，也退了。拨她手机，竟无法接通了……直到今年 4 月份，才从高仁香同学那里惊悉，李长娥同学去世了。

辞群主、退校群、断联系，用心良苦啊！她是不想惊扰各位同学，就这样悄无声息地离我们而去。她走了，但却给我们留下了许多许多……我祈祷天堂的你，一定要接受你同学这迟来的道歉。

2020 年 3 月于长阳龙舟坪

中学生活小记

高中 1971 级　李顺智

作者简介

　　李顺智，1954 年 2 月出生于渔峡口镇施坪村。1968 年秋至 1973 年春于长阳九中读书；1976 年 6 月至 1984 年 10 月在渔峡口陶器厂工作，任厂长；1984 年 10 月之后，先后在渔峡口镇、资丘镇工作，曾任副镇长、党委副书记、正科助理。2014 年 3 月退休。

　　1968 年秋，正是我小学毕业升初中之际。那时实行的是推荐选拔制度，我因出身富裕中农家庭，就没有选拔上初中。小小年纪，待在家中闷闷不乐。时隔半月之久，突然喜从天降，我接到学校通知，可以上学读书了。后来得知：原来是我所在大队有一名同学，上学几天犯了错误，被退学了。学校缺了一个名额，经学校与大队协商，这个名额就落到我头上了。我真是喜极而泣。接到通知第二天，我就背着行李来到了我向往的九中，从此开始了我的中学生活。

　　那时，初中学习生活是艰苦的。从吃的来看，两个星期回家背一次苞谷面（约 4 斤多）。苞谷面不够，土豆收获了就背土豆，红薯收获了就背红薯。每餐用 1 两苞谷面拌上红薯或是土豆，送到食堂蒸熟后充饥，餐餐如此。每学期需要上交学费和伙食费，尽管只有几块钱，家中也拿不出来。我只好利用星期天当运输工挣钱交学费、买学习用具。有年冬季的一天，为了挣学费，我与一批同学约定，从茅坪饮食店转煤到渔峡口服务部（实质就是一个餐馆）。我记得这次行动中，有覃事豪、李友弟等11位同学。为了减轻体力劳动，我们就把煤炭先转运到巴王沱，然后再把煤炭转上船，人随船而上，扬帆起航，顺风直上，很快就到了渔峡口方家渡口。没想到，峡谷里突然刮起大风，把桅杆吹断，船瞬时就倾覆了。一船人和煤全部落入水中。会水的覃事豪、李友弟同学把不会水的同学一个一个救上岸。我是一个"旱鸭子"，一直用手紧紧抓住船头的一根绳索，等待救援。过了一会儿，覃事豪、李友弟几位同学游过来，把我从水中救上岸。天气寒冷，我险些丢命。

1971年3月，我跨入高中阶段学习。学校把我编在高一（1）班，一个月之后，又把我调到高二（2）班学习。在高中两年中，我的记忆是，在忽视教学年代里，学校却能排除一切干扰，只做不说，狠抓教学质量，真是难能可贵。学校在覃好耕、张盛柏、袁勤灿等老师领导下，在杨志明、方宗震、胡世德、邓执旺、周乃康、李作汉、李继参、杨祖辉、覃先瑛等老师们的努力下，实行一月一小考、期末一大考，考试成绩由初中阶段的优秀、良好、及格、不及格的等次改为百分制计分，并张榜公布。高中阶段，我学习偏向理科，数、理、化、俄成绩较好，而语文成绩很差，特别害怕作文。李作汉老师便耐心辅导我，让我有了提高。到了高二，我们的学习积极性更高，部分同学出现了你追我赶局面，如黄有光、张泽勇、黄长科、覃德田、谷忠菊及我，无论哪位同学到办公室找老师询问问题，我们这几位同学都要赶去听，生怕耽误了学习机会。每次考试成绩出来，我们这几位同学就要互相攀比，如果谁少了几分，心里就不是滋味。力争下次考试赶上来。现在看来，这种学习上的攀比并不是嫉妒，而是一种向上的力量，一种青春的比拼和闪光。

2018年12月28日于渔峡口镇

针 叶 柏

高中 1971 级　李永赴

作者简介

　　李永赴，1954 年 9 月生于渔峡口镇枝柘坪村。1973 年 1 月九中高中毕业，1973 年 3 月参加教育工作，1985 年取得教师资格证。小学高级教师。执教 41 年间，多次获得乡、校"优秀教师"称号，2017 年 9 月获教育部颁发"乡村教育荣誉证"。2014 年退休。

　　1971 年春，我背着铺盖卷儿，和几个同学一起，沿着羊场小道，翻罐岭，下岩松坪，过清江，跋涉 30 余里，前往九中报名。

　　大山深处九中校园，地势平坦，绿树成荫。寝室、教室、礼堂、教工宿舍及办公场所，分布四周，唯中间有一个偌大操场，矗立着 10 棵宝塔似的针叶柏，好像列队卫士，守护着我们校园。

　　那一排针叶柏高、直、绿。那种绿，凝聚了它所有精力，一年四季，呈现着细微不同层次的绿，装点着校园。

　　在春天的阳光下，针叶柏是料峭春风中菠菜般的绿。它随着阵阵春风，不断摇曳着绿。空旷操场上，300 多米长环形跑道，茵茵吐绿的草地上，同学们在老师带领下，跑步和队列训练。池塘边，垂杨枝条，随风飘拂，群燕从树梢上掠过，构成了一幅天然水墨画。

　　若是夏日，针叶柏呈现的是翡翠般的绿。无论火炽阳光对它的炙烤，还是高粱地里知了聒噪的袭击，它全然不顾，总是沉稳地吐着绿，散发着阴凉。我每天从针叶柏身边走过，总要驻足仰望，顿觉给我莫大力量。

夏去秋来，针叶柏呈现的是一种深绿。白天，秋高气爽，它注视着每位学子求索的脚步；夜晚，清月洒辉，它守护着校园每一刻的安宁。当冬天脚步噔噔逼近，那排卫士意识到形势严峻，它呈现的又是一种墨绿。它的内心，早已燃起绿色火焰，等待着凛冽寒风和皑皑白雪的到来。

寒风呼啸，大雪纷飞，校园满目萧条，那排针叶柏枝条上挂着凌勾子（方言，冰条），当雪花飞来时，凌勾子又成了棉花条，但树干枝桠依然吐着绿。匆匆上课的人们，不经意望那柏树，忍不住惊叹：还是那么高，那么直，那么绿。绿得深沉，绿得义无反顾，坚守着自己的岗位。

一晃几十载过去了，我当然不会忘记可爱的校园，不会忘记老师的教诲，不会忘记亲密的同窗。然而，我更不会忘记那排针叶柏。

2018 年 11 月于渔峡口

泪别九中

高中 1971 级 李长娥

作者简介

李长娥，1954 年生于渔峡口镇岩松坪村。1973
年 1 月毕业于长阳九中；1979 年结婚嫁至当阳；
2003 年随孩子南下，于深圳居住。2019 年因病
去世。

我是 1971 年 2 月被保送进九中读书的。

我的家成分不好，是富裕中农。那个年代，成分不好就如同泰山压顶，
人就抬不起头来。在涉及升学、当兵之类，能够改变命运的机遇面前，都要
受到排挤。我在双龙公社光辉中学读初中时，由于学习自觉努力，品学兼优，
我的老师们顶着莫大压力，力排众议，打破了"唯成分论"的咒语，坚持推
荐我进入九中上了高中。如今，人生已过大半，蓦然回首，这才真正领悟到
"一日为师，终身为父"这句话的深刻含义。原来，我的老师们是以拳拳父母
之心，视我为己出，帮我夯实了人生的第一块基石。

我们家姐弟 4 个，靠我母亲一个人挣工分养活。虽然我父亲在林业局工
作，每个月有 45 斤粮食，但是除去了他自己的生活用度，也基本所剩无几。
我家乡双龙的水田少，加之大集体生产效率低，家里每年分得的稻谷十分微
薄，只能在来客和过年时才能吃上大米饭。我在学校，每星期的粮食是 5 斤

苞谷面，外加一些红薯、土豆，全都是粗粮。这也只是刚刚能够度命的光景。

当时我二爹在湖北林业开车。那时交通不方便，二爹几年才回家探一次亲。在我高二那年，二爹回来了，他特意跑了几十里山路，专程到九中来看我这个李家的"小秀才"。临走的时候，他塞给了我5元钱。那个时候5元钱不是一个小数目，可以支应一个家庭几个月油盐用度；它对于我，就更是一笔不菲的财富了。我把这5元钱视为珍宝，天天揣在兜里，从来不舍得动它。半学期过去了，它依然原封未动地陪伴着我。

我们家离九中有十几里山路，中间隔着清江河，我们每半月都要回家背一次粮食。河边有一块大石头叫"四方石"，当河水淹过"四方石"的时候，渡口就停航了。有一次星期六，又该我们回家拿粮食了。天上下着大雨，河里洪水滔滔，咆哮的江水淹没了四方石。尽管已经停渡，我却依然期望雨能停下来，水能退下去；因为我只有回家拿了粮食，下个星期的生计才有着落。我在岸边苦苦等了大半天，天快黑了，雨却丝毫没有停下来的意思。我又饿又怕，心想，今天肯定是回不去了，怎么办呢？后来，我想到我有个叔伯的姑姑住在东村，离渡口只有几里路。于是我便在天黑之前，顶着风雨投奔到了她家。第二天我那好心的姑姑又给了我半个月的口粮，这才让我度过了这场危机。人在绝境中抓住伸来的援手，那是雪中送炭的感动。我当时哭了。

在九中2年里，我和同学们在同一个瓮甑里吃饭，在同一个教室里学习，在同一个操场上嬉戏，在同一片蓝天下成长，在同一片屋檐下编制人生的梦想。我们这些来自五湖四海同龄人，因为我们共同的母校，最终成为了至亲的兄弟姐妹。高中毕业那天，我们全年级举行告别宴会。宴会上，同学们相互留言，相互赠送纪念品，相互留下家庭地址，相互许下不忘两年同窗的诺言，会场上弥漫着浓浓的依依惜别的气氛。宴会结束了，分别的时刻就在眼前，两年的朝夕相处，从此天各一方。此刻，感情的闸门轰然打开，所有的同学都抱在一起放声大哭，千言万语都化成了"莫道前路无知己，西出阳关无故人"的彻骨悲恸。这一幕，40年来，一直像一张永不褪色的底片，深深地印在我的脑海里。

2018 年 12 月于荆州

五味子

高中 1971 级　秦先菊

作者简介

　　秦先菊，女，1953 年 1 月出生于渔峡口镇招徕河村。1971 年 2 月九中读高中，1973 年 9 月任民办老师，1984 年 9 月辞职。2015 年组建"招徕河农民歌舞团"。2022 年出版《长阳渔峡口民歌选》。

　　在我们招徕河山坡上，溪沟边生长着一种中药，叫"五味子"，它有辛、甘、酸、苦、咸等 5 种味道，是我们那里中医的常用药。我曾经喝过五味子茶，就是一种酸酸苦苦的味道。我之所以写"五味子"，是因为我的生活有点像五味子。

　　1971 年 2 月的一天，我离开了招徕河学校，前往长阳九中报名读高中。那天出发之时，望了望我生活了 8 年的学校，不知为什么，眼泪就不听话地"唰唰唰"流了下来。我第一次懂得了什么是"五味子"味道。

　　先说苦味。那是 1964 年（具体是哪个月，我记不清了）的一天，我那时读小学三年级。龙王公社村街大队在招徕河学校开大会，临开会时，学校校长望文江让年纪比我大的同学把我带出学校去玩。我当时才 9 岁，也不知道是什么意思。事后得知，这一天，我父亲被村街大队宣布为投机倒把分子（后统称为坏分子），这天正好开他的批斗会。学校领导担心我年纪小，接受不了这残酷事实，不让我看父亲挨批场面。当天回家后，母亲哭着说："你爹经常在清江河里放排贩运木料，这是不允许的。你以后在学校要小心些。"从此，我沉默寡言，埋头学习。

次说甜味。到了初中一年级，遇到了我毕生最感恩的人，她就是龙王公社文教干事兼招徕河中小学校长覃诗媛。我埋头学习，各科成绩较好，引起了她注意。有一天，她把我叫到寝室，说："毛主席说过，出身不由己，重在政治表现。你只要政治上努力上进，靠拢团组织，学校照样会重视你的。"从此，我除了注重学习外，积极参加文体活动，得到了同学们的拥护。初二下学期，我双喜临门：在诗媛校长支持下，我光荣加入了共青团组织，年底我被她力荐到九中读书。

再说酸味。这个酸味，不是心酸，而是离开了最疼爱我的覃诗媛校长的难舍之情。临走时，我向她告别，她却笑着说："你去读高中，这是公社对你的信任，你好好学习就行了。回来了，我们还不是照常见面嘛。"其实，我也懂得这个道理，可当时心里就是过不了这个坎儿。2017年9月，我去探望77岁高龄的诗媛老师，她说："为了你入团上学的事，我当时顶着方方面面的压力，现在看来，我的坚持是对的。"她的话音一落，我的眼泪一下子就涌了出来。

后说辣味。这个辣味，应该说是一种忐忑不安。对我这样一个马上跨进九中大门的中学生来说，一向敏感多疑的我，还能遇到像覃诗媛那样慈祥如母亲的校长吗？

到了九中，才知道当时是贫下中农管理学校。一天，学校领导成员袁勤灿老师通知我，晚上参加学校一个会议，并嘱我代表同学发言。原来，是贫下中农代表方成世主持召开会议，学校领导覃好耕、袁勤灿等老师都在会场。轮到我发言时，我便大胆地讲话，具体内容记不清了。我只注意到，我发言时，方成世代表、学校领导和老师都听得非常认真。第二天，校领导覃好耕、袁勤灿表扬我说："你昨晚发言很好。"

此后没几天，学校便宣布学生会成员，我记得高一年级有朱昌容、李顺智、马于平、王孟菊、我。有同学说，龙王公社来的学生好厉害，有4个人进了学生会。同时，朱昌容和我还进了学校团支部。到了高二年级，我有幸担任副主席，依然是团支部委员。

两年九中生活事实证明，我并没有因父亲的成分受到任何影响。我永远感谢九中，它以博大胸怀接纳了我。

由于自己出身不好，我就格外同情那些出身不好的同学。高二（2）班黄友光同学学习好、劳动好、文体好，因母亲成分原因多年来未能加入共青团。想到他的遭遇，我更思念当年覃诗媛校长。如果不是她，我肯定是另一种命运。现在可以说，当时初中加入共青团，那可是一件了不得的事。我进高中之所以得到学校领导信任，就是因为初中时便入了团，这就等于进了红色保险箱。所以，那次讨论黄友光入团会议时，副书记朱昌容发表自己意见后，我说："黄友光同学一贯表现好，这符合毛主席说的重在政治表现。我同意昌容同学意见，支持友光同学入团。"我说完这些话后，心里像是舒了一口气。

2018 年 11 月 8 日于招徕河村

九中那两年

高中 1971 级　宋发春

作者简介

　　宋发春，1954 年 11 月出生于渔峡口镇。1973年 1 月九中高中毕业。大专文化。1975 年 7 月参加工作。先后在渔峡口供销社、资丘区委办公室、县委老干部局、县人大办公室、县政府办公室、县委办公室工作。2014 年 12 月退休。

　　我是 1971 年 2 月进入九中学校读高中的，2 年的学习生活让我至今难忘。

　　刚进入学校时，可能是过去学制不一、师资力量各异，导致我们学习成绩参差不齐。于是，学校便每天晚上在大礼堂补习初中文化课程。每天我都准时去补课。记得有一次胡世德老师讲课时说过一句话，他说：学好数理化，走遍天下都不怕。而且还告诉我们学习方法，并介绍他读书时候是怎样刻苦、如何学习的。这些我都铭记在心，成为我的学习动力。

　　打这之后，我学习更加用功。每次上课时候，我都认真听老师讲课，眼睛始终盯着老师和黑板，思维跟着老师讲解走。上语文课的时候，绝不去想数学课问题，更不去赶做练习。每次练习作业布置后，我首先想的是要弄懂、消化老师讲的课程内容，先独立思考，的确弄不明白再去请教老师和同学，而不是急于完成任务交卷。不管是哪门课程练习，都尽量做到字迹工整，卷面整洁。记得那个时候，老师批改作业时对答题正确而且书写得好的同学，都会签上"好"或"很好"，以资鼓励。我每次练习都尽力争取老师给签上"好"字。当时我有几门课程练习，还拿去大礼堂参加了作业展览。

我家住枝柘坪公社李天尧大队十小队，是渔峡口最偏远的地方。每次上学要背着粮食，走近30千米山路，翻山越岭，早上从家里出发，傍晚才能到达学校。遇到下雨天还要绕道走，因为河水上涨，石板溪渡口会封渡，只能走覃家河渡口才能过江。夏天，顶着烈日，先要从山上走下坪里，然后爬罐岭，过岩松坪，经石板溪渡口过清江河，再走大花坪至渔峡口这一段路。因路上多数是石板路，路坎边也是光石头，就像在蒸笼一样，热得人喘不过气来。

那时家里特别困难，父亲在外工作，母亲一人带我们几姊妹，工分挣得少，粮食分得少，不够吃，每年都是前吃后空，一般春节过后就要借粮了。每次回家背粮食，母亲都要提前为我准备。有一次回家没粮食了，只好去自留地收割小麦，可小麦不磨成面粉在学校没办法吃啊，只好背了小麦到枝柘坪粮管所去换大米。当时值班人叫邓辉彩，他听了我的困难后，马上给我兑换了大米，我感动得半晌说不出话来。其间，我在龙王公社工作的张泽辉叔叔家里背过红薯；龙王公社工作的黄兆启叔叔给过我20斤粮票。他们3人的义举一直温暖着我的心。

由于生活贫困，在家里一般就带一点酱豆、碎广椒、萝卜干之类的小菜，可不到一个星期就吃完了，好在学校食堂中晚餐每8个人有一盆懒豆腐。学生自己炖什么吃什么，炖多少吃多少，我多数时间都是一钵苞谷面饭。尽管如此，每次开饭铃一响都是一路小跑冲向食堂。在穿的方面也很将就，衣服能补就补，穿一条3个补巴的裤子是比较洋气的。读高二的时候，我的婆婆用自己纺纱织的那种粗白布，一尺多宽，给我做了一件对襟衣服。我找教化学的邓执旺老师请教后，花0.11元钱买了一包染料，把衣服染了一下，可是染粉有点少，衣服染得灰一块白一块，但我还是把它当作新衣服穿了。

2年高中学习结束了，尽管学习辛苦，生活艰苦，但我好想继续读书，可按当时规定，必须回乡务农，满两年后再推荐选拔读大学。可是我一直没有等到这一天。至今没有读正规大学，成为终生遗憾。

2018年11月19日于长阳龙舟坪

忆 九 中

高中 1971 级　覃德全

作者简介

　　覃德全，女，1955 年 4 月出生于渔峡口镇枝柘坪村。1973 年 1 月九中高中毕业；1975 年任民办老师；1978 年考入长阳师范读书；1980 年在津洋口中学任数学教师；1990 年调入长阳县一中工作。2010 年退休。

　　1971 年 2 月，我有幸进入九中读高中。至今回想起来，有几件事印象深刻。

　　那时，我住渔峡口区枝柘坪公社，离九中有 30 多里地。每次上学从家里出发，我最怕的是要翻越门前高山——罐岭。在我年少心目中，罐岭就像喜马拉雅山一样高，离太阳很近。

　　我怕罐岭有如下因素：一是环境因素。枝柘坪与巴东、五峰交界，四面环山，中间是一条小河，两旁是狭长平原，盛产稻米。早在大革命时期，贺龙领导的红三军就在此整编。我从小喜欢在河堤上奔跑，却很少爬山。二是负重因素。因为上学山高路远，我们每两周才回家一次，这就需要背半个月口粮，如大米、苞谷面、红薯、土豆、咸菜等，合起来 20 多斤，现在觉得不算太重，但当时总觉得是个极大负担，特别是爬上坡，不一会儿，就直喘粗气。爬上罐岭以后，接着要走 15 里下坡到清江河边，从石板溪过河以后，还要顺着清江走 7 里地,再爬约 3 里的崎岖上坡,才到学校。每次上学,无奈极了,苦不堪言。有一次,因畏惧翻山越岭,不想上学,在家里磨磨蹭蹭的,耽误了上学时间。父亲也是老师,对我的情绪明察秋毫,他没有粗暴地批评我,而是帮我背着粮食,送我到罐岭,叹了口气说:"走路看好脚下。"

到了九中,它打开了我的视野,让我目睹了高中老师的风采,他们是袁勤灿、杨志明、李作汉、邓执旺、方宗震、胡世德、周乃康、李继参等。这些老师大多毕业于名牌大学,有武汉大学的、华中师范大学的、南京林学院的。有的虽然不是名牌大学毕业,但他们学识渊博,功底深厚,教学经验丰富,深受学生爱戴。方宗震老师个儿不高,说话轻声细语。可他上课却极为认真,课堂用语简练,板书工整。有一次,方宗震老师在大礼堂讲话,他声音不大,但字斟句酌,成语连篇,赢得同学们阵阵掌声。难能可贵的是,他还配合当时形势,给学校文艺宣传队创作文艺节目。我们当时也不知其创作水平究竟怎样,但至少他的带头示范,影响了一批同学。袁勤灿老师虽然是学校领导成员,但他始终坚持在教学第一线。他上课最大特点是,特别会抓重点,三言两语,就能让学生明白原理。1977 年长阳县准备高考,县教育局特地请他给全县高三老师上辅导课,引起轰动,说渔峡口来了一个数学老师好厉害,课讲得真好。

说实话,我小学毕业那年,正值 1966 年,此后虽然读了两年半初中,但我的基础知识太差了。到了高中,教材不规范,除了语文、数学、俄语三门主课外,物理成了《工业基础知识》,化学成了《农业基础知识》。我的班主任是杨志明老师,他是华中师范大学毕业的,主修数学。他多才多艺,哪里需要哪里上。他带过数学、美术、音乐、体育,甚至还临时给我们带过一阵子语文课。杨老师是从大城市武汉来的,面对穷乡僻壤,他没有愁容,没有怨言,只有一腔热忱,一股子使不完的劲。他备课一丝不苟,课堂幽默诙谐,善于与学生互动,一节课下来,黑板就是一块漂亮的板报,我们在享受中结束。从此,我对学习数学的兴趣提高了。1978 年高考,我也是因为数学有优势才被录取到长阳师范就读。也是因为热爱数学,我师范毕业后成了中学数学老师。

2020 年 12 月于湖南长沙新翰高中

百花盛开春满园

——记九中文艺宣传队

高中 1971 级　覃盂福　秦馥香

作者简介

　　覃盂福，1954 年出生于渔峡口镇沿坪村。1973年 1 月九中高中毕业；1978 年参加工作，先后在枝柘坪乡文化站、长阳县文艺创作室从事群众文化和专业文艺创作工作。2005 年因工伤退休。创作有舞台剧本专著《山村舞台》，入选宜昌市委宣传部精品扶持项目，由北京团结出版社出版。

　　秦馥香，女，1955 年 9 月出生于渔峡口镇招徕河村。1973 年 1 月九中高中毕业；1978 年定居于巴东县下治坪村，现居宜昌。

　　每当与九中的校友们相聚聊天，提及当年九中校园文艺这个话题，立马像喝了一壶浓烈甘醇的"遍山大曲"，一个个眉飞色舞，笑谈当年文艺故事，沉浸在幸福情景之中。

几乎每位师生都知道，当年九中校园文艺，尤其是 20 世纪 70 年代初期，堪称百花盛开。这与杨志明老师的无私奉献分不开。

杨志明老师出生在大都市武汉，家与武汉民众乐园、武汉京剧团相比邻。耳濡目染，受到良好艺术熏陶，琴棋书画、吹拉弹唱门门在行，二胡、京胡、竹笛、钢琴，无所不能。特别是一把京胡拉得炉火纯青，更有一口高亢嘹亮、铿锵委婉的京腔京韵让人五体投地。正是有这样一位多才多艺的老师指导，校园的文艺活动才蓬勃展开。那时候，除了学校成立文艺宣传队以外，每个班级也成立文艺小组，每班都配备一名宣传委员，为校园文艺的繁荣奠定了组织基础。

校园文艺最大的亮点是京剧样板戏。记得是 1971 年上学期，杨志明老师率先在"革命文艺"课堂上教唱京剧，我们是第一次听说西皮流水、二黄、散板等京剧曲牌，都觉得很新奇。随后，他组织文艺宣传队，正式排练样板戏。教演员们学习京剧演唱的咬字、发音，以及人物性格的把握，剧情的体验等。每个唱段，杨老师都言传身教，并亲自拉京胡伴奏，一支训练有素的队伍日益发展壮大。

首先排练的是《红灯记》，之后相继排练了《智取威虎山》《沙家浜》《海港》《龙江颂》等选场和选段。

在学习和排练过程中，造就了一批优秀文艺人才，他们成功地塑造了各类人物形象。如李建华饰演的李玉和，王家淑、覃事英饰演的李奶奶、沙奶奶；许红、王兴兰饰演的江水英和小铁梅，黄友光演唱的少剑波选段《朔风吹》，覃先堂演唱的《打虎上山》，均以一定艺术水准吸引了观众。

饰演反派角色的同学似很出色。如王建伟在"赴宴斗鸠山"那场戏中，把鸠山刁钻险恶阴险狡诈的形象演绎得入木三分，以至在龙王公社演出中，遭到台下群众的石块攻击。还有许夏鸣、李发舜、鲁德双、何升金、李顺金、李顺阶等同学，在剧中饰演的匪兵、叛徒、特务、宪兵等反派角色，均很出彩。

学校排练样板戏的消息不胫而走。随后，校文艺宣传队走出校门，进入社会。先后于龙王公社、双龙公社、施坪公社、渔峡口街上等地向社会公演，还到茅坪公社 607 队慰问演出。1971 年下半年，校宣传队作为渔峡口区代表队赴县汇演，取得二等奖的好成绩。样板戏普及活动中，陈少南、李建华、李发舜曾被县文工团相中，离专业文艺工作者仅一步之遥。

校宣传队成立之初，还注重了乐队的组建工作。覃事雄、覃事豪兄弟的二胡，黄友光悠扬婉转的笛子，还有鼓锣钹镲、梆子铃铛一应俱全，基本适应了当时的需要。

学校宣传队的影响和良好的社会效应，受到区委高度重视。校文艺宣传队多次被邀请为区三级干部会议作专场汇报演出。

为把校园文艺工作推向新的高度，校长秦尚高在全校师生大会上郑重宣布，成立业余文艺创作组，由语文教研组长方宗震老师、孙金建同学、秦德亮同学等组成，秦德亮任组长。创作组的作品，大多以本地先进典型为素材，接地气，深受观众欢迎。方宗震老师创作的相声《家乡新貌》，反映的是全县农业学大寨先进典型施坪三队的变化；孙金健创作的小戏《大战梯子岩》，反映的是岩松坪修建水渠的感人事迹；秦德亮创作的表演唱《好榜样》，反映的是学校开门办学中的好人好事等，在多场演出中，笑声不断，人气爆棚。

校园文艺发展如火如荼，精彩不断涌现。李永赴、钟爱萍、秦馥香等同学演出小戏《追报表》《一支麻》《小会计》，朱昌容、许红表演的小戏《换种》，刘世武等演出的小戏《送柴》，李顺崇的故事《在河堤上》，覃孟福参加宜昌地区群艺馆举办的故事培训班之后，回校后演讲的故事《七叶一枝花》，都赢得观众阵阵掌声。黄友光、余祥菊表演的对口词《枪》，赏心悦目。长辫子姑娘金和玲演唱的京剧《小常宝》，清纯可爱的形象让人记忆犹新。李永敬演讲的《两个脚盆的故事》，憨态可掬，把观众逗乐得前仰后合。还有杜玉萍、覃好君、秦德彬、李琳、田太习、许敏、向昌莲、秦先菊等同学无论是语言节目还是舞蹈，都光彩夺目，熠熠生辉。

宣传队在下乡演出活动中，还有很多故事。有一次，队员们从高峰背柴回校后，不顾劳累，匆匆吃过晚饭去施坪演出。高仁香因在山路上穿烂了仅有的一双布鞋，又不能赤脚参加演出，杨志明老师闻讯后，当即用自己的工资给高仁香买了一双解放鞋，才随队去演出。刘世武、陈绍南等人演出的小戏《送柴》，因怕现场没有道具，为不影响演出效果，硬是每人挑一担木柴从九中到施坪，途中捆柴带断了几次，木柴散落一地，累得几个人大汗如雨，最终咬紧牙关准时赶往剧场。

1973 年 1 月，九中代表队赴县参加全县首届农村中小学文艺汇演。许红、覃事训、覃星萍、李长珍、李顺忠等人，演唱《龙江颂》唱段《百花盛开春满园》；黄友光、覃孟福表演了方宗震老师创作相声《山》；陈绍南、覃事训山歌对唱《太阳一出满山红》；李琳、秦馥香等表演的快板剧《送宝书》等节目，都受到评委高度肯定和观众热烈掌声，斩获优秀创作奖和表演奖。九中代表队演出的巨幅剧照，挤满文化馆两大版宣传橱窗，为渔峡口人民和九中争了光。

学校文艺宣传队成了培养人才的摇篮。覃事习、许红、覃孟喜等同学成了县歌舞团的专业演员，事业上都有很好的建树。他们每当回忆自己人生的进步，都始终不能忘记九中的老师。

是的，历史永远不会忘记为繁荣九中文艺做出贡献的老师们，他们是刘佐卿、余发胜、余家驹、覃福民、杨志明、覃先瑛、覃晶等老师。

2020 年 8 月 28 日于长阳

往事并不如烟

高中 1971 级　覃孟福

作者简介

　　覃孟福，1954 年出生于渔峡口镇沿坪村。1973 年 1 月九中高中毕业；1978 年参加工作，先后在枝柘坪乡文化站、长阳县文艺创作室从事群众文化和专业文艺创作工作。2005 年因工伤退休。创作有舞台剧本专著《山村舞台》，入选宜昌市委宣传部精品扶持项目，由北京团结出版社出版。

窃　书

　　孔乙己说："窃书不能算偷……窃书！读书人的事，能算偷么？"当年在九中读书，我就窃过一次。

　　我属于学习严重偏科的人，数学考试从不及格。有一次，我得了 50 分，不料杨志明老师竟在全班表扬我，说这 50 分是我独立得到的，值得肯定。我窃喜了好一阵。不过语文课我从不含糊。一个年级两个班，每次考试成绩都名列前茅。我的语文成绩好，与我爱好文学有关，具体点说，就是我喜欢读书。

　　记得小时候，我特别愿意放牛，因为牛吃草的时候，我可以躺在蓑衣上看书。好几次看书忘形，牛吃了生产队里的庄稼，我被父亲扇耳刮子、不给吃饭。没有煤油，我就点油亮子看书，竟烧了头发。

　　大约是 1971 年上学期，我的沿坪老乡黄长科同学，偷偷借给我一本苏联作家的小说《一位女老师的笔记》，可这本书在那时属于封、资、修的毒草。因传看中被巡视午休的老师收缴，随即我被好一阵批评。好在我家庭成分是贫农，才没有酿成严重后果。

江山易改，本姓难移。嗜书如命的我，偷偷瞄上了学校图书室，无奈图书室从未开放，大门紧锁。从此我患了心病，老是想溜进图书室，一探究竟。皇天不负苦心人。有一次，学校翻修图书室，把一屋子书胡乱堆到了教工宿舍的二楼杂屋里。经过几次踩点，有一天星期六学校人少了，我便蹑手蹑脚推门进去，挑了几本砖头厚的书，塞进裤腰里。夺命狂奔，溜回寝室。打开一看，原来是《播火记》《红岩》《烈火金刚》，6本书竟有3本相同，虽然有点沮丧，还是为成功作案没有被抓现行而欣慰。

尝到甜头，书的诱惑让我决定再干一票，只等时机。有一天，大扫除轮到我收拾语文教研室，趁人不注意迅速上二楼杂屋里的书架上，拿了几本书，有《刘勰与文心雕龙》《现代汉语修辞手法》《关于中国现代文学》，这几本书对我这个"情窦初开"的文学爱好者来说，无疑是天赐，我如获至宝爱不释手，对我后来的文学创作还真有不少帮助。这些书至今还陈列在我的书架上。

从那以后，我再也没有做过如此缺德之事。如今回想起来，依然羞愧不已。

铁笔蜡纸

正如很多同学都记录过的，杨志明老师除了教我们数学以外，他还有一个绝活，就是刻蜡纸。杨老师用铁笔钢板刻印的考试试卷和歌单，横平竖直，就像打印的一样，我爱不释手。我找到杨老师说想学刻蜡纸，杨老师欣然答应。

于是，在煤油灯下、课间操中、晚自习里，杨老师铺好蜡纸，亲自示范，手把手教我如何掌握基本要领和方法。

刻蜡纸是一种技术活。这活看似不难，但技术含量还是很高的。首先要认识钢板，要把握好板面的纹理走向，铺好蜡纸，找到角度并均匀用笔才行。刻写中，铁笔运用力度很重要，轻重缓急要把握好。刻轻了印不出来，刻重了易破纸，印出来的字一塌糊涂。当蜡纸上刻错了字需要修改，取一根火柴划燃后吹灭，将火柴头迅速均匀烤化周围的蜡将错字覆盖，然后重刻。假若一不小心烤穿蜡纸，再补一块。但这种情况下一般都废弃重刻。在杨老师指导下，我还可以将破了的蜡纸补救如初。

为了掌握刻蜡纸的技术，我抽时间苦练。课外活动时，他人集体活动，我却在刻蜡纸；晚自习时，别人做作业，我也在刻蜡纸。经过刻苦练习，终于，同学们手中的资料也有了我的手迹。

后来参加工作，我便大显身手了。1974 年 7 月，九中暑期教师集训，我被杨老师找去为老师们刻印各种资料，每天 4 张蜡纸的任务，每张蜡纸 5 角钱工资，每天收入 2 元钱，这是我出师后赚到的第一桶金。还可享受老师们同等伙食的免费待遇，还有幸吃到鲜香的蒸牛肉，简直爽到极致。遗憾的是，那时候我不懂人情世故，竟忘了给尊敬的杨志明师父送一杯茶水，至今还很愧疚。1975 年在西坪基建连的时候，西坪中学覃守政老师请我为学校刻资料，每张蜡纸工资上涨到 8 角，比干体力活强许多，甭说心里多高兴。

1979 年至 1985 年，我在渔峡口区文化站工作期间，那时机关根本没有打字机，更甭说什么电脑打印了。机关只有一个叫胡兴刚的会刻蜡纸，区直那么多机关都找他，忙不过来。政府办公室的肖昌海听说我会刻蜡纸，便抽调我到政府办公室帮忙，于是我就成了一部活体刻印机。每年区镇召开党代会、人代会及各种会议，我总是没日没夜为其赶印文件等资料，往往几度手指出血到伤愈成茧，我都毫无怨言。仅凭这一点，我还被破例评上了先进工作者。

1982 年我被抽调到县文化馆工作，几乎包揽了文化馆所有音乐资料和其他辅导资料的刻印任务。还忙里偷闲刻印了一些电影歌曲，如《三笑》等，到电影院外面叫卖赚钱，换回了不少白面馒头。1986 年我调到县专业文艺创作室，我兼任编辑、刻印、装订、发送机关文学刊物《小草》的工作。所有文字资料、插图都出自我一支铁笔，完成后送县印刷厂装订，最后发至全县乡镇文化站和业余作者。

时至今日，我还保存着完好的油印机箱子，里面装满着美好的回忆，也储存着我对杨志明老师的由衷感激。

老水井

说到九中往事，我最难忘的是哺育我长达 4 年之久的老水井。老水井位于东村，距离学校约 2000 米左右。学校取水的方法是木笕引流，流进学校厨房后的蓄水池。一想到老水井，我就忍不住激动。于是，写下数句，以释其念。

老水井

故乡的槐树脚下有一口老水井，
老水井的水清澈见底，甘醇清凉。
长满青苔的青石台阶，
像一本厚重的书，
珍藏着关于水与生命的史诗。
没有人知道你的年龄，
从老辈子的记忆里，
你来到村里已经很久很久，
很久很久，
你就是九中学子圣洁的乳娘。

小时候家里没有镜子，
常挑着木桶到井边梳妆。
捧起溢于指间的柔情，
洒在少女满月般的脸庞，
桐油木桶在水里打个转，
激起一圈圈的粼粼波光。
光波荡碎了老槐树苍劲的身影，
抖落一井槐花的馨香。
桶里盛满了儿时的梦幻，
像一汪沁人心脾的琼浆。
你哺育多少学子从山里走向山外，
从成功步入辉煌。
你是山民们心中的泉，
你是同学们心灵的窗。

如今

杉木觅早已变成不朽的传说，

老水井被遗忘在野外的一片荒凉。

晚霞红着脸躲进夜幕，

伴随你的，

只有蛐蛐儿、蝈蝈呢喃的梦呓，

蟋蟀单调的低吟浅唱。

唯有萤火虫夜夜从蛙声里飞来，

守候着井中天街里，

那轮瘦弯了腰的月亮。

2020 秋于紫荆台

校园建筑与风水文化

高中 1971 级　覃孟福

作者简介

覃孟福，1954 年出生于渔峡口镇沿坪村。1973年1月九中高中毕业；1978 年参加工作，先后在枝柘坪乡文化站、长阳县文艺创作室从事群众文化和专业文艺创作工作。2005 年因工伤退休。创作有舞台剧本专著《山村舞台》，入选宜昌市委宣传部精品扶持项目，由北京团结出版社出版。

地处长阳边陲的渔峡口得米湾是白虎垄覃氏宗祠所在地。这里海拔约 360 米，四面青山环抱，绿树成荫，冬夏春秋，瑞气升腾。1958 年长阳第九中学在这里奠基典礼，为长阳教育事业竖起了一块引人瞩目的丰碑。

大凡修造者都要讲究建筑风水，何况学堂乎。凡到九中参观者，无不为这平坦幽静的美丽校园所感动。我认为，设计者无论是有意还是无意，校园建筑方正大气，其理念符合《周易》风水学说。校园占地面积 40 余亩，坐南朝北。左边是一坡青翠欲滴的松林，由弹花坳蔓延而下直奔清江河畔，右边蜿蜒突兀的黄栗岭自上而下拥围西厢，北面一座花栗木山林呈天然屏障抵御北风侵袭，南面有方圆数里高 10 余丈的虞君陵，形若巨龟，雄镇其后，典型的左青龙右白虎前朱雀后玄武之地相。

校园的设计布局更是讲究五行干支、阴阳平衡、天人合一原则。学校首脑教导处定位在白虎垄覃氏宗祠，青砖黛瓦，金壁红柱，雕栏画栋，古香古色，庄严肃穆。左右为教工宿舍和食堂，门前果树鲜花，一条宽大笔直的石径直通校园操场，千余平方米的绿阴草地平坦开阔，宽大的跑道将整个操场紧紧环绕。草地中央一口巨大的藕塘，清波荡漾，岸柳成行。风水学寓为金盆洗脸、银盆栽花。由教导处放眼开来，觉出何所谓门对青山龙虎地，户纳绿水凤凰池。这莲池既彰显幽雅的人文景观，更具有潜在的消防作用。

穿花径出，环顾整个校园布局，无不体现平衡、对称、连贯、呼应之象。两栋宽大的教室分东西厢并排而建，教室高大空旷，几净窗明。窗外数十根青砖檐柱一字排列，沉稳庄严，立地顶天。两教室正对面左右两栋男女学生寝室，西边连7间学生大食堂，东首是雄伟的大礼堂，学校年有庆典、演出、大会等重大活动都在这里举行，经风雨数十载，演绎无数绚丽的人生精彩。这里走出了无数的贤人达士，造就了一批批社会有用之才，可谓山清水秀生贵子，龙真脉正出贤人。

更让人叹为观止的是校园的饮水工程，取源于五六里地外的天然洞泉——老水井，在没有现代建筑材料的当年，完全采用杉木人工凿成水笕，沿途用木柱石墩架设，越沟跨壑，穿林绕道，引入学校水窖，源远流长。观整体建筑风格，无不暗藏风水文化玄机。

寒过暑往，春去夏来，历史的篇章翻去了九中昔日辉煌的一页。然母校的神韵风貌，一砖一瓦一草一木，留给了学子们难忘的眷恋，仅以此文聊诉情衷。

2018 年 12 月于枝柘坪

飒爽英姿五尺枪

高中 1971 级　向昌莲

作者简介

　　向昌莲，女，1954 年 2 月出生于渔峡口施坪村。1973 年 1 月毕业于长阳九中；1974 年宜昌卫生学校毕业后参加工作，先后于渔峡口、鸭子口、贺家坪等卫生院及长阳中医院工作。2009 年退休。

　　"飒爽英姿五尺枪，曙光初照演兵场。中华儿女多奇志，不爱红妆爱武装。"一曲嘹亮激越的歌声，让我重拾九中校园的难忘记忆。

　　我记得 1971 年在九中读高中时候，学校曾一度开展了学工、学农、学军活动。我印象最深的是学军。学校老师和贫下中农宣传队一声令下，要求同学们自备一支木头步枪，便于学军课。学军内容也很简单：一是队列训练；二是持枪训练。校园阅兵那天，操场上，齐刷刷 200 多条枪同时举起，很是威武雄壮。记得最酷的枪，是高二年级杨廷翰同学的冲锋枪，乌黑的螺纹枪口，枣红色的枪托，可拆可卸的枪带、枪托、弹夹，斜背在肩上好酷，简直可以以假乱真，引得一帮男生争相抚弄，摆姿造型，欣喜若狂。

　　这些枪的材质各有千秋，有松树的、有樱桃树的、有夜耗树的，甚至还有用一块木板锯成的，可谓五花八门。质地全是木头，背带大都是帆布裤带的。要说舞枪弄棒一般都是男生的专利，女生都只会挑花绣朵。但当时学军是教学改革，是一门重要学科，谁都不能轻视。学校里连班组都改成连、排、班建制，学生会主席称连长，各年级称排，各组称班，都是部队建制。

我的编制在二排。随着贫宣队教官一声口令，同学们一个个挺胸亮格，手持各式武器，开始各种训练：预备、提枪、卧倒、低姿匍匐前进、突刺、肩枪。有模有样，一丝不苟。记得有个男生动作不到位，还被教官踢了一脚，同学们都不敢做声。操场上整齐划一的步伐，震耳欲聋的喊杀声，此起彼伏，俨然一支训练有素的正规部队，随时可以上前线保家卫国，只差一身军装了。

有一次，学校突然实行夜间紧急集合。半夜 12 点左右，一阵紧急集合铃把同学们从睡梦中惊醒，连长赵林成同学在操场上用土喇叭喊道："带枪紧急集合！"同学们慌乱中穿好衣服，拿上枪，"咚咚咚"下楼集合。忙乱中，我从架子床上铺滑倒在楼板上，小腿擦了一块皮，忍着痛一颠一跛赶去集合，结果还是迟到了，被连长呵斥了一顿，却没敢吱声。解散后归寝后，一位室友偷偷告诉我，今晚可能还有第二次紧急集合。这可是军事机密呀，我感激地点点头，和衣而睡。果然半小时后铃声大作，同学们在一片抱怨声中乱成一团，我却健步如飞，第一批赶到集合地点，竟被现场表扬了一番，心里美了好一阵。

训练中，教官总是说："平时多流汗，战时少流血。"这成了我们学军时的座右铭。因此，我们的裤子磨破了，鞋子跑掉了，膝盖磨伤了，谁都不敢请假、逃课，军训是要计入成绩考试的。一个个累得红了脸，大汗淋漓，脸上却洋溢着骄傲的笑容，都仿佛觉得自己就是一个兵了。

训练结束，随着"一、二、三、四"的口令，"飒爽英姿五尺枪"的歌声响起。过去这多年了，那雄壮的歌声仍久久回荡在我的记忆里。

2018 年 11 月 30 日于长阳龙舟坪

我的政治生涯从这里走来

高中 1971 级　朱昌容

作者简介

朱昌容，1951 年 12 月生于渔峡口镇招徕河村。大专文化。1973 年 1 月毕业于长阳九中。1975 年 5 月提拔为渔峡口区茅坪公社党委副书记；此后，先后任职于渔峡口公社革委会副主任、管委会副主任，枝柘坪乡党委书记；县计划生育委员会党组书记兼计划生育委员会主任、县人大常委会科教文卫委员会主任等职。任职期间，计生工作曾受到省委表彰。2011 年 12 月退休。

　　1951 年 12 月，我出生在一个偏远的小山村——渔峡口区龙王公社窝淌大队八生产队。家大口阔，生活贫瘠，劳力缺乏。10 岁才发蒙读书，幸运的是，从小学到高中毕业，一直担任年级班长、学生会干部。家境贫寒促使我刻苦学习，以"三好"学生的标准当好排头兵，1970 年在招徕河读初中时，光荣地加入了共青团。

　　1971 年春节后，大队党支部通知我到渔峡口九中读高中，我当时既高兴又焦虑。高兴的是我家祖祖辈辈没有人读过这么多书，焦虑的是要交 3 元钱的学费。我母亲找生产队长借钱，却遭到指责："这么大的儿子，还读什么书？读书也是劳动，不读书也是劳动，要回来参加劳动偿还生产队的缺粮款了，就是生产队有钱也不能给你借。"我妈回家含泪跟我述说着，我当时劝解父母："不要紧，只要你们允许我读书，我自己去学校报名跟老师讲明情况，暑假回来挣钱再缴上，你们只要一个星期保证我两升高粱面就行了。"真没想到，当年九中给我评了6元助学金，交了一年的学费。

我记得刚进九中，学校领导就对我委以重任：高一时是学生会副主席、校团委委员；高二时就是团委副书记。这对我产生了重大影响，锻炼了我的组织领导能力，提高了口头表达能力，这是书本上学不到的知识。

比如在高二这一年中，团委书记余以安老师管理总务工作量大，他便把团委会日常工作交给我处理，给了我极大锻炼。如开展团组织活动，指导每个班发展团员，严格发展程序等，让我初步学习了领导方法。

更可贵的是，由于我负责共青团工作，这就给了我接触渔峡口区委组织委员、区团委书记田美贤同志的机遇。有一次，我把九中如何加强团组织建设的情况做了专题汇报，得到他的肯定和表扬。后来多次到区里，报批同学入团审批表，他很快就审批了，无一退回。他肯定了我办事认真负责的工作态度和实际的办事能力。

可能正是田美贤同志对我有较深入的接触和了解，1973年1月高中毕业后，他曾3次带县委组织部人员跟踪考查我、培养我。

第一次是1973年上半年，我在修建渔峡口至招徕河的公路上当民工。我记得是5月份的时候，区里两位干部来工地考察我，恰遇某负责人说："此人文不像个秀才，武不像个兵，做事头去腰不来，还需要锻炼。"尽管这次错过了提拔机遇，但我的生活依然发生了改变。8月底，因大队中心小学缺老师，龙王公社文干招徕河中心小学校长覃诗媛老师推荐我当民办老师，我便在学校教了两个月书；不久，渔峡口区委组织路线教育工作队，把我抽出来当工作队员，分配至我们大队最边远的生产队。这个生产队只有10个农户，离大队部10千米。工作队主要任务是摘掉连年吃供应的帽子。我便背着被盖住进农户，带领社员在巴东高山换洋芋种，在农技部门换小麦种，第二年春粮增产了6000多斤，摘掉吃供应的帽子。

第二次是1974年。这年4月我加入了党组织，任大队民兵连长兼基建连连长。同年6月，县委组织部派员第二次来窝淌大队考察我。可是，龙王公社党委分管党政群的副书记不同意我为考察人选，却推荐另一名团干部作为考察对象，这就与区委意见相左而形成了僵局。事后，县委组织部只好发文批准我为大队党支部副书记，但龙王公社党委却并没有宣布。1975年我被提干后，参加茅坪公社整理档案时，我才发现任了一年窝淌大队党支部副书记的文件，而我们全大队的人都不知道。

第三次是 1975 年 4 月。当时，县委大规模提拔不脱产党委副书记在本公社任职，我又被区委纳入考核对象。公社党委又推荐了一名团支部书记同时考核。考察组一行 7 人在我所在大队花了 3 天时间，凡是我工作过的生产队都进行了走访，老百姓对我评价很高。考察组向龙王公社党委做了汇报，最终以少数服从多数的原则通过了对我的考核，但会上个别领导对我提出了一个问题，考察组只好重返窝淌大队调查取证。就这样，考察组直接带我到渔峡口区卫生院体检。组织上考虑我在本公社任职不变，便提拔我为茅坪公社不脱产党委副书记。

1975 年底，在区委带领下，各公社在施坪大队人造平原工地上整党整风，我才知晓龙王公社党委个别领导"卡人"状况，区委组织委员田美贤同志为我受了不少委屈。

几十年过去了，但一提到九中，我心里就倍感温暖。没有九中，我可能就是另一种命运。

2019 年 3 月于龙舟坪

九中轶事

高中 1971 级　马于平

作者简介

　　马于平，1953 年 10 月生于渔峡口镇龙池村。1973 年 1 月毕业于九中，初在粮食部门工作，之后以承包工程为主。现居宜昌。

　　学生时代许多事情大都淡忘了，唯独九中求学经历刻骨铭心，挥之不去。

来自老师的入校之恩

　　1971 年 1 月我接到了大队书记的"去九中读书"的口头通知。上九中读高中是我的愿望，但却高兴不起来。因为父亲早就放出话来，初中毕业后在生产队劳动挣工分。我父亲年老且又患支气管炎，长期不能劳动，靠母亲挣工分养家糊口确实吃不饱。正当我因不能上九中而在家闹脾气时，初中班主任覃先瑛老师来到我家耐心细致做父亲的思想工作，向他讲读书多学知识的重要性，即使再苦再累再饿也要让马于平把高中读完。后又有物理老师覃先弟、数学老师覃孔伦等多位老师采用车轮战术做父亲工作，父亲的"钢口"虽不那么硬了，但也没明确表态让我去读书。

　　真正对我踏进九中校园起决定作用的还是刘廷光老师。

刘老师是我小学的数学老师。老家资丘，因工作原因迁来龙池定居，和我是邻居。他非常清楚我家庭状况，去九中读书确有困难，为了能让我上九中，他竟然做出一个惊人之举，每月资助我 2 元钱，寒暑假除外。一年按 10 个月算，按月领取，并嘱咐我要克服一切困难读完高中。殊不知，刘老师家境并不富裕，月工资不足 40 元，上有 70 多岁老母亲，下有 1 岁多和 3 岁多的两个女儿，爱人是"半边户"，从工资中拿出二十分之一来资助我是需要很大勇气的。刘老师始终信守承诺，按月发给，两年从不间断，直至我高中毕业。

后来我才得知，刘老师不仅对我有资助，对其他买不起作业本、笔墨及交不起学费的学生也多有资助。

没有覃先瑛老师耐心细致地上门做工作，没有刘廷光老师的解囊相助，我是进不去九中校园的。

众人接力的救命之恩

高一下学期的一个星期天，一大早我便带上脚背打杵，顺便带上夜里烧熟的红薯，在龙池供销社背上 100 多斤橡籽米，乘船到招徕河供销社交货。之后在码头上背桐油至供销社，桐油 180 斤一桶，共 20 桶，4 角钱一桶，由 2 人完成。那时我 17 岁，正长身体也长力气，180 斤背在肩上走平路也不咋的，爬上坡开始也能承受，但到最后就不行了。从码头到供销社有近 300 米上坡，感觉比二万五千里长征还要长，180 斤似有千斤重，豆大的汗珠把草鞋都湿透了，但为了挣学费，咬紧牙关，终于在下午转完了。虽说浑身像散了架，却顾不上休息，捧一捧河水，吃上两个冷苕就匆匆往学校赶。刚走到大花坪就觉得肚子有点疼，之后疼痛加剧且上吐下泻，走到峡西沱已站立不稳，那段上坡是手脚并用爬上去的。在爬完上坡还有约 50 米的路段时，再也没有力气了，仰躺在地，眼望着稀稀拉拉的星星，残月照在我身上，我感觉末日就要来临，前路是黑暗一片。后来，自己都不知道是怎样跌跌撞撞爬到了覃远政书记家墙角。他的夫人发现了我，将我扶到堂屋坐下，倒了一杯开水，并迅速喊了黄友光的表哥杨承杰。承杰哥在政书记家用手摇电话打到九中，学校正值周乃康老师值日，周老师接到电话后，将已熟睡的黄友光喊醒，要他带上几个同学把我接回来。黄友光带几个同学来接我，他们扶的扶，抬的抬，到九中时已是下半夜了。我刚躺下，周老师就赶来了，摸了摸我的额头，并问我吃了什么做了什么，我一一作答后。周老师沉默良久才对我说：很可能是天热中暑了。之后他就回寝室找了些药品给我服下，又送来一杯红糖水，走之前还嘱咐我不要动，明天给找医生。

第二天上午，周老师把渔峡口卫生院的赵万泰医生找来了，赵医生诊脉后，说是食物中毒（过夜的冷苕）和中暑引起的脱水，并说严重者会死人。

此时我才知道为什么当时站立不稳，一点力气都没有了。赵医生给我开了两副中药，周老师立马随他到渔峡口卫生院，自费1块多钱给我把药抓回来，亲自熬制让我口服，一副药后便有了些力气，并逐渐恢复了健康。

周老师的悉心照料，让我感动至今。可以这样说，周老师及众多老师无微不至的关怀成了我读完高中学业的动力。

同学的爱心让我度过了春荒

1971年四五月份，正值青黄不接，家里揭不开锅了，但我又不想辍学回家。一个星期天的下午，我带着几斤苕和一瓶碎广椒来到学校。炖饭的时候，黄友光见我饭钵里只有两个苕而没有苞谷面，问是怎么回事。我如实向他讲了家里断粮的困境。他当即给我炖了一钵米饭，并找来我们同学中关系要好的覃孟林、李发舜同学，让他们给我想办法。黄友光当即给了我10斤粮票，覃孟林、李发舜同学承诺下周给我带苞谷面。第二周，覃孟林给我送了10斤苞谷面，李发舜也给我送了一口袋苞谷面，少说也有10斤。3个同学的相助让我度过了难熬的"春荒"。

离开九中快半个世纪了，虽无成就也没改变农民身份，但我用在九中学到的知识，为往后的打工生涯奠定了基础。在工程建设中所涉及的工程管理、测量和工程预算知识完全得益于九中。是九中让我学会了吃苦耐劳，也是九中让我懂得了父母般的师爱，更是九中让我铭记同学间的情谊。

九中是我为人处事的标杆，是我人生征途的动力。

2020年12月于宜昌

难忘的记忆

高中 1971 级　覃先堂

作者简介

　　覃先堂，1954 年 10 月生于渔峡口镇梁山坝村。1975 年入党并参加工作。大专学历。先后任枝柘坪公社党委副书记、渔峡口区委副书记、招徕河乡党委书记、西坪乡党委书记、枝柘坪乡党委副书记、县交通局副局长、县安委会办公室主任、县燃化局副局长、县煤炭行业办公室主任等职。2014 年 10 月退休。

　　1971 年 2 月至 1973 年 1 月，我在九中学习和生活。短短 2 年，留给我终身难忘的记忆。

吵着上学

　　我出生在枝柘坪公社先锋大队七生产队，祖上都是地道的农民。我这一代兄妹 5 个，我排行老大，全靠父母双手讨生活。

　　1971 年 2 月大队通知我：我被推荐上高中了。得到这个喜讯，全家人既兴奋又苦恼。

　　我们祖上三代全是文盲，而今出了一个高中生，全家人高兴。但是我家的境遇，又让父母犯愁了：学费哪里来？老大上了高中，家里重体力活谁来干？那时弟妹还小，父母又长年生病，我这一走，家中缺了这个得力帮手，困窘的家境岂不雪上加霜啊！思前想后，最后父母终于痛苦地决定，不让我上学了，要我留在家中帮父母劳动。

听了这些话，我的心一下子冷到冰点。这可是农家子弟告别"面朝黄土背朝天"命运的唯一机会啊，我不甘心！从那一刻起，我就开始与父母闹，天天吵着要上学。母亲流着泪对我说："儿啊，不是做父母的心狠，而是实在没办法呀。一家人连饭都快没得吃了，还怎么读书啊。"后来，大队李书记上门给父母做工作，他表示大队可以帮助解决一些困难，我本人也表示所有的学杂费用以及去来的车船费用，一律自己在假期打零工挣钱解决。经过这一波三折，最后父母终于妥协了，我实现了继续读书的愿望。

庄坪背瓦

记得第一次勤工俭学，是从背瓦开始的。那是一个明媚的春天。星期六一大早，吃过早饭，背上在得米湾表兄家里借来的背架子，便和同校的学弟陈勇一起渡过清江，赶到施坪公社庄坪大队一组瓦厂。陈勇的父母都在渔峡口区财税机关工作。陈勇本身并不差这一点零钱，只是父母对陈勇要求甚严，要以劳动锻炼来磨炼他的意志。活儿是陈勇的爸爸联系的，任务是给渔峡口粮管所运输瓦片，每运 100 匹瓦付 1.2 元工钱。

很快我们就在庄坪一组瓦场与覃队长取得了联系，并且在瓦场工人师傅的帮助下，依次将瓦片装上了背架子。我装了 100 匹，陈勇装了 80 匹。瓦片，宽 4.5 寸，长 5 寸，每块均重在 8~10 两重不等。这样算下来，我背的重量约 100 斤左右，陈勇的重量约 80 斤了。说实话，对我们这些在农村长大的孩子而言，百八十斤重不算什么，但对于生活在机关单位的陈勇来说，还是相当为难的。

我与陈勇一前一后，顺着陡峭狭窄山路艰难前行。汗水渐渐湿透衣服，两腿也开始打战。好不容易，我们三步一杵，五步一歇，到达了峡西沱渡口。可是，陈勇实在是累得不行了，他一脚踏空，背架子上的瓦片重重的摔在码头的礁石上，瞬间 80 匹瓦就破损了 30 多匹。陈勇的眼泪夺眶而出。我一边安慰陈勇，一边默默地帮他清点剩余的瓦片，重新装点起运，鼓励他继续前行。

我们终于到达了渔峡口粮管所。然而，这两三千米的路程，我们竟然走了 4 个小时。当然 1.2 元工钱也顺利地拿到了。虽然辛劳，但是，拿到钱的那一刻，其喜悦无以言表。1.2 元，不算多，但是它肯定了自己的价值，坚定了自己的信心。从此以后，我就利用周末时间，先后跟随我表兄，在双龙的锁凤湾背煤到林业站；从枝柘坪转运粮食到茅坪。用自己的劳动报酬，应付着纸笔墨和其他费用的开支。

借宿乡亲

1971 年 5 月下旬，阴雨连绵，河水暴涨，山体被雨水灌饱，道路泥泞不堪。按照学校要求，我们必须在星期天赶赴学校。我与同伴们如往常一样，背着装满半个月粮食和日用品的背篓，在大山中坚难跋涉。背篓外面用一块破旧的油布连头包裹着，脚上穿着心爱的晴雨解放鞋。我们爬板凳坳，翻罐岭，下岩松坪，历经 3 个小时，终于赶到"石板溪"渡口码头。然而，眼前的一幕使我们大吃一惊，江水咆哮，白浪滔天，磨盘石早已被淹没。磨盘石被淹，是禁航的标志。老船工说：这个渡口昨晚就已经停渡了，现在你们唯一能渡的通道只有沿江西行，逆流而上，到招徕河对面的覃家渡口。稍作停留后，经与几位同学商量，最终我们接受了老船工的建议，直奔覃家渡。

雨仍然没有停下来的迹象，我们的衣服基本湿透了。又经过 3 个多小时的艰苦跋涉，终于到达了覃家渡口。然而老天爷又一次捉弄了我们，因为从椰坪河来的洪水与清江的洪峰叠加，在覃家渡形成巨大的洪流，使我们涉险过江的想法再次破灭。当时唯一的选择，就是找老乡借宿了。经与当地几户老乡联系，最终得到了谭姓老乡的接纳。他们夫妻二人 50 多岁，身边有个小女孩。听我们说明来意后，这位慈祥而善良的老妈妈答应了我们的请求。说实话，在当时，我们一个个像雨中的落汤鸡，浑身上下没有一处是干的，真的和乞丐没有什么两样。他们二老忙前忙后，并不嫌弃我们，为我们找了鞋子换了，并生火为我们烘烤衣物，还为我们准备了可口的晚餐：饭桌上有土家苞谷饭、懒豆腐、传统辣子酱、腊肉炒青椒、土豆片儿。在困境中能吃到这样的饭菜，我们感觉特别有味儿。

这一夜，我们睡得特别香，一天的辛苦和疲劳在睡梦中荡然无存。泛涨的江水也在一夜之间逐渐消退了。

第二天早上，我们提出用大米抵偿昨夜的饭钱和住宿费，老人说什么也不要，拉拉扯扯好几个回合，就是不收。那一刻我们真的泪目了。

1979 年，我调往招徕河乡任党委书记，第一件事就是拜访这对慈祥的老夫妻。他们早已淡忘了 8 年前的慷慨义举。我买了礼品表示了我最诚挚的敬意，然而，有什么样的礼物能报偿这天高地厚的恩情呢！

2020 年 10 月 20 于宜昌

烛　照

高中 1971 级　覃孟林

作者简介

　　覃孟林，1954 年出生于渔峡口镇双龙村。1961 年于双龙小学读书，1973 年 1 月九中高中毕业回乡务农；1979 年于五峰县国营后河林场当工人，1980 年任林场党支部副书记，1985 年任林场场长，1990 任五峰县林业局局长，2003 年任宜昌市林业局三峡野生动物园总经理。2014 年退休。

　　引子：一个在暗夜中摸索的人，能被蜡烛照耀，是幸运；倘若能伴你走向光明，则是神圣。

　　我是 1966 年 9 月进入九中读书的。恰好这一年"文革"爆发，我只上了几个月的课，就回到了农村，踏着父母的足迹，"日出而作，日落而息"。那时的我，双肩实在太孱弱了，在生产队里跟不上大人的节奏，只能做一些赶雀子、晒粮食之类的轻松活儿。当然，工分也挣得少，大人一天 10 分，我则只有五六分。

　　尽管摊上了"面朝黄土背朝天"的命运，但我依然热爱读书。那个年代，可阅读的书籍少得可怜。农闲的时候，我会翻看一些旧报纸和已经发黄的杂志。有一次，我在一本揉得跟腌菜一样的科普杂志上，看到一则红苕育秧的文章。文中说，育秧的种苕需埋在 60 厘米深的土层里，土壤上面覆盖薄膜，这既可以保温，又可以保湿，种苕发芽很快。以往，生产队传统的育秧办法是，将种苕浅埋在五六厘米的土层里，苕种往往容易被初春的余寒冻坏，以至于功亏一篑。因此，为了确保育秧成功，多半采取延时推后育秧的办法。两相比较，书上深埋育秧的办法，可以将育秧期提前 10 来天，为夏季红苕扦插赢得更充分的时间，获得季节上的主动。于是，我就按书上说的方法试验，结果，居然成功了。队长便把我的工分提高到了 8 分。这让我第一次体会到了知识的价值。一种求知的朴素欲望，在我内心悄然萌动。

1971 年，农村推荐适龄初中毕业生到九中读高中，我有幸忝列其中。

因为初中文化底子薄弱，初进高中的一段时间，我根本听不懂老师在讲什么。做作业也都是"两眼望青天，双手摸白纸"，我心里急得跟猫抓一样。当时，所有的科任老师中间，语文李继参老师是最和善的一个。于是，我便壮起胆子，向李老师倾诉了我的苦恼。李老师安慰我："你们这一届学生，多数是从农村推荐来的，文化底子参差不齐，听不懂课的不只你一个。你不要急，我来想办法。"

于是，李继参老师便邀约数学老师胡世德、化学老师邓执旺，给我搭起了补课的"小灶"。从此，我每到课余时间，便轮流到 3 个老师那里补习功课。功夫不负有心人，半年下来，我便赶上了班上的学习节奏，能听懂老师讲课、能顺利完成作业了。

语文课上，我写了一篇题为《可爱的双龙》的作文，获得李老师肯定。李老师把它作为范文，贴在学校的墙报上。我参加工作后，还将这篇文章投寄给《宜昌报》，居然刊载于《宜昌报》的副刊上。

高中两年，我们依然从事一些农业生产活动，主要是在校园内砌梯田、建橘园。其时，县农业局给九中捐赠了 300 棵柑橘苗，树苗在资丘区的田家坪公社。田家坪距九中足有 100 多里。学校鼓励学生主动报名到田家坪转运树苗，可是最初报名的只有同班同学黄友光一人，然而 300 棵树苗足有 100 多斤，显然，黄友光一人不能胜任。这时候，李继参老师找到我，说："希望你跟黄友光同学一起去，这对自己也是一次极好的锻炼。"

100 多里路，每人肩上七八十斤，其艰辛不言而喻。我和黄友光两人，爬坡上岭，涉河渡水，徒步 3 天，才将这些树苗背回九中。

岁月不居，时节如流。1973 年 1 月，我们结束了两年的高中生活。临走的时候，我专程来到李继参老师的寝室，与老师话别。李老师从书架上拿出一本《中国通史》，送给我："孟林啊，离开学校后，不要丢掉书本，还是要多读书。毛主席说过的，没有文化的军队是愚蠢的军队。"

离开校园，我回到了故乡，依然重操旧业——在生产队参加劳动。不过，这时候我有一个称呼，叫回乡知识青年。

毕业后不久，区里组织"回访"高中毕业生活动，李继参老师分到我所在的双龙乡。一到双龙地界，他向领队的区委副书记刘杰明同志建议，来到我的家中，并向刘书记介绍了我，给刘书记留下了深刻印象。

就是因为有李老师的举荐，1974年4月，我光荣地加入了中国共产党。1975年，我们大队的老书记因病不能坚持工作，公社秦先平书记便动员我接替其重担。1979年，因为我在大队书记任上的出色表现，我被五峰县林业局招工，成了一名林业工人。

1987年，我被五峰县委组织部选拔为预备干部。当时提干的指标是6人，却有12人参加选拔学习。最后，我以文化课考试第二名的成绩成功当选。当时考试的内容主要是语文（一篇作文）、历史和时事政治，历史的答案都在那本《中国通史》里面。由于我平时已经养成了阅读的习惯，时事政治也是得心应手。

如今回想起来，是李继参老师的谆谆教诲，像温暖而明亮的烛光，照亮了我前行的路。

2012年3月7日于宜昌

教材的记忆

1971 级　张泽勇

作者简介

张泽勇，1955 年 10 月出生于渔峡口镇先锋村。1962 年施坪小学读书，1973 年 1 月九中高中毕业，1978 年华师毕业并参加工作。先后于宜昌市一中、宜昌市高等工业专科班、宜昌市委组织部、三峡晚报社工作，曾任湖北日报传媒集团三峡晚报总编辑、党委书记、社长等职。中国作协会员，高级编辑，宜昌市作协主席、名誉主席。三峡大学、中南民族大学文学院客座教授，获"湖北省委省政府中青年突出贡献专家""中国晚报界杰出贡献社长"等称号。在人民日报、光明日报、文艺报、长江文艺、芒种、朔方、长江丛刊、芳草发表散文、小说、评论作品；散文作品在人民日报、长江文艺获奖；出版《绿园集》等 7 部著作。2015 年 10 月退休。

1968 年 9 月，我进长阳九中读书，开始了长达 4 年半的中学时光。对于九中我并不陌生。我姐姐泽滢、大哥泽汉、二哥泽沛、三哥泽浒都是九中学生。记得二哥在九中读书时，我曾来学校玩过，还在校园内的货郎摊上，买过《一支驳壳枪》的连环画。但我没有想到，轮到我上学时，竟然没有教材。

教材问题

那一年我 13 岁。少年不知愁滋味，对没有教材这种致命问题从未思考。如今回想，才找到了答案。原来，教材正是"文化大革命"的重要对象，

1966 年前大、中、小学教材全部停止使用。以《语文》为例，其内容一般为六大板块：毛主席作品、老一辈革命家作品、现当代作家作品、古典作品、外国文学作品、语文基础知识。按照当时"教育革命"标准，这六大板块，除毛主席作品、语文常识外，其余四大板块都有问题。

没有教材，课堂如何运转？带着这个疑问，我曾向省教育厅编史志的朋友请教，他回答是，那时教材以各县市为单位自行解决。果然，我在旧书市场上淘得一本秭归县某革委会编的"小学五年制试用课本"《语文》（第三册，1968 年 8 月编印），尽管这是油印本，但它透露出一个无可辩驳的事实：各县市教育部门根据当时主管部门的要求，是有自编教材行为的。我们长阳是否编写了教材？我还没有找到实物。据杨志明老师回忆，1966 年下半年，因"文化大革命"爆发，师生投入运动，学校课程运行陷于停顿状态。1967 年 10 月 14 日，中共中央、国务院、中央军委、"中央文革"小组联合发出《关于大、中、小学校复课闹革命的通知》后，学校才开始复课。当时，没有教材，担任数学老师的他，就根据"文革"前老教材上课，个别内容有所增减。物理化学等理科因不涉及阶级性，大都按这个模式处理。语文课，除毛主席诗文外，主要是人民日报反映英模人物事迹的通讯。政治课和历史课合并，其内容是毛主席著作和党内路线斗争史。我就是那个时候，知道陈独秀、罗章龙、瞿秋白、张国焘等历史人物的名字。

没有教材状况一直持续到 1970 年上半年。我记得，本是数学专业的袁勤灿老师，还曾给我们这一届初中生带过政治课。他在我的作业本上写的"学习态度好"，圆溜溜的字迹，至今记忆犹新。

新教材问世

时光进入 1970 年 9 月，我们终于有了湖北省统编教材。也就是说，初中毕业最后一学期，我们有了久违的新书。当时学制是两年，由于我们正赶上升学时间调整，由秋天改为春天，故初中阶段就多读了半年。

我敲定教材时间是有依据的。先说一个人证吧：1978 年 8 月，我从华师毕业后，被分到宜昌市一中当老师，教的就是语文。教研组长柳定祥老师恰好是我师兄。他告诉我，1970 年春，省教育厅责成各地区教育局抽调师专和部分县市一中老师编写中小学教材，宜昌地区负责《语文》，襄阳地区负责《政治》，荆州地区负责《物理》，郧阳、十堰、黄冈、孝感、恩施各负责一门学科。书编完后，统一以"湖北省中小学教材编写组"名义，由湖北人民出版社出版。这就是省编教材的由来。柳老师有幸参加编写组，他在组内专写基础知识。据他回忆，当时编写时间紧，必须确保下半年使用新教材。

再说物证：我通过旧书市场收集到的20多本初高中教材，大多数学科是1970年7月第一次印刷出版，个别学科及高中教材是1971年、1972年出版。此后，每年均有修编和增删。白纸黑字的教材，尤其书上的"编写说明"，与柳老师说法高度吻合。

1977年，为迎接恢复全国高考新形势，所有中学各显神通，补充学习内容，补充的依据是1963年人民教育出版社的权威教材以及报刊时文。1978年的九中，总结了1977年的高考教训，一举夺得全县第一名。与其说是学生的胜利，不如是说是老师的胜利。我以为，对于学校而言，教与学的矛盾，教是主要矛盾。有好老师就是好学校。要不，如今莘莘学子，为什么一窝蜂要去美国的哈佛、耶鲁？无非是那里拥有世界一流师资。

1978年9月，省编教材停止使用，全国使用教育部统编教材。这套教材，是教育部于1977年组织来自全国各地的200名专家，在参考美国、英国、法国、德国、日本等中小学教材基础上编写的，尤其是数学、物理、化学等学科，吸收了现代科学新成果，如数学首次吸收了"微积分"知识，物理增加介绍人造卫星、半导体、激光、核能等新技术，还渗透了近代物理学中一些重要观点；地理高中教材中，第一次以"人地关系"这条主线来贯穿地理环境的各个要素，从而使我国中小学有了一套相对稳定的经典教材。

我原以为，我们初高中外语课学的都是俄语，哪想到，在我收集到的省编教材中，居然还有英语，这就表明我们湖北省各地市中学的外语课并不是统一的。现在推测，可能是20世纪50年代中苏友好，学俄语视为主流，而英语人才相对较少。也许就是这个原因，影响了我们的课程设置。

教材的成色

现在看来，当时省编教材内容明显受着时代局限，不可避免地刻着一些历史印记。如当时对一些学科称谓发生了变化，除语文、数学、外语、地理外，其他学科，均有改动。政治改为"毛泽东思想教育课"，音乐改为"革命文艺"，体育改为"军体"。为了片面突出"联系生产实际""为工农兵服务"，物理改为《工业基础知识》，化学改为《农业基础知识》。在这两本书中，物理部分讲"三机一泵"（拖拉机、柴油机、电动机、水泵），化学部分讲土壤、农药、化肥，生物部分讲"三大作物（稻、麦、棉）一口猪"。好在 1973 年修订教材时，一律恢复了传统称谓。称谓改变，标志着回归了常识，理性与良知开始占了上风。

受时代局限的教材还有外语。我记得从初中开始就学习俄语，高中毕业时俄语内容有"汉译俄""俄译汉"，说明了我们当时俄语教材的深度。4 年俄语学习中，我几乎每次考试都是 100 分，可惜当时教材内容仅停留于政治口号层面，日常生活用语极少，以至于 2002 年我随新华社出访俄罗斯，一句俄语也用不上。

令人称奇的是，以前我只听说作家朋友熊平有一首诗曾入选中学语文。这次我在追踪教材时，果真见其真容。这首诗题目叫《金桥》，1974 年 9 月入选初一《语文》第二册。作品通过解放前独木桥遭遇到解放后水泥桥巨变的对比，颂扬人民公社是金桥的主题。这篇作品首发于 1970 年 12 月 26 日的湖北日报。对作家来说，其作品能入选中学教材，难免心潮澎湃。熊平曾先后于远安、宜昌医专、宜昌日报社、律师事务所等处供职，饱经沧桑，酷爱写作，如今八十有五，欲结集出书，要我为之作序。我与他聊起此诗时，他唏嘘不已。痛感作品要经得起历史和时间淘洗，并非易事。

另一种教材

屈指一算，我小学四年级时"文革"就爆发了，于是，我开启了"野味读书"模式。所谓"野味读书"，是作家孙犁自嘲说法，不像鲁迅等现代作家那样，有机会诵读古代经典。孙犁当年在白洋淀打游击，没有成套书读，只好东借一部，西淘一本，随身携带，有空就读，不能自拔。

我的小学同学，小名顺儿，高我一届，其哥是公社通讯员，家里藏书不少。许是意气相投，惺惺相惜，他总是慷慨借书。有的书，今年看了，明年又借。整整 4 年，我在学校没有书读，从他那里得到了补偿，阅读了当时流行名著：《红旗谱》《播火记》《青春之歌》《红日》《林海雪原》《红岩》《苦菜花》《烈火金钢》《野火春风斗古城》《三家巷》《苦斗》《铁道游击队》《战斗的青春》《欧阳海之歌》等；古典小说《红楼梦》看不懂，但从父亲那里看了《三国演义》《西游记》《水浒传》；从小学班主任袁承柏老师那里看了浩然的《艳阳天》；从小学语文老师张兴祝那里阅读了《新儿女英雄传》，还从亲戚那里，读了竖版的《钢铁是怎样炼成的》，以及通俗小说《说岳全传》《大明奇侠传》《说唐》等。

那时候，阅读是悄悄进行的，白天不敢看，只好晚上读。有时为抢读一本书，竟通宵达旦。桐油灯的火苗烧着头发也不足惜。而阅读的主要情节，一是战争场面，二是爱情片断。脑海里总是暗恋着两种人物：一种是保尔、冯德强这样的刚毅少男；一种是冬尼娅、杏莉这样的柔美少女。他们活跃在我的精神世界里，伴随着我一天天长大。

"野味读书"纯属误打误撞，是上帝为我开启的另一扇窗。那个里头，没有唐诗，没有"四书五经"，但它依然抚慰了我在校无书可读的精神苦痛，拯救了我那混沌而又迷茫的灵魂，秘密地绘制了我的生命图案。正是那个年月，微弱的文明之光，宿命般的以润物细无声的姿势，洞穿了我那原罪般的蒙昧状态的地狱之门，而我却浑然不知。

2019 年 5 月于宜昌

方老师教我刻蜡纸

高中 1972 级　李发俊

作者简介

李发俊，1956 年 7 月出生于渔峡口镇高峰村。1974 年 7 月毕业于九中。1974 年 12 月应征入伍。1978 年 3 月至 1979 年 12 月在中国人民解放军高射炮兵学校学习。1980 年至 1987 年在高炮 63 师 627 团 1 营 3 连任雷达站长。1988 年 1 月转业到宜昌市人民银行，历任思想政治办公室副主任、主任，货币金银科长，纪委副书记等职。2016 年 7 月退休。

1972 年秋天，我前往九中读高中一年级。

开学不久的一天，方宗震老师把我叫到教学楼二楼的房间里，交给我一块长约 30 厘米、宽约 15 厘米、厚约 1 厘米、重约 2 公斤的一块灰黑的钢板、一只木杆铁芯的笔和一叠蜡纸，让我学习在钢板上刻字，并在蜡纸上刻字的示范。

我们上高中的时候，没有打字机，没有电脑。需要文字材料，都是先把一个一个汉字刻在蜡纸上，然后，用油墨滚筒，一张一张印出来，然后装订剪裁，发放出去。

看着老师熟练的笔法和刻出来漂亮的文字，心里既激动又紧张。激动的是，可以有机会跟着老师学本事；紧张的是，万一学不会，怎么向老师交代呢？惶恐之际，老师殷切的眼神鼓励了我，暗下决心，不能辜负老师的信任，一定要完成任务。

从高一开始，我就参与团支部的办墙报小组。当时，学校突出政治的氛围比较浓厚。每逢重要节日来临之前，除了组织相应活动，还要挑选语文水平比较高的同学，以九中学生会、九中团委或各班团支部的名义，单独或联合办墙报营造氛围。当时经常参与办墙报的同学有：一班的许夏鸣、李永敬、李顺从，二班的方世平、李发告等。可能方老师是语文教师的原因，每次办墙报，都几乎能见到他的身影。他有时还到现场进行具体指导。在这个过程中，我和方老师逐渐熟悉。

在办墙报小组里，论写字，我不如李永敬、李发告；论画画，我不如许夏鸣、方世平。我自我感觉做得比较好的，就是每次办墙报都从头至尾参加，活动结束时，能主动把颜料、纸笔收拾整齐，归位放好。方老师之所以把刻蜡纸的任务交给我，可能是对我做事态度的一种认可吧。

从接受老师学习刻钢板的任务开始，除了上课，我把所有时间都用来练习。刚开始，手里的笔就是不听使唤。本来想写一"横"，写出来的却是一"提"；本来想写一"竖"，写出来的却是一"撇"；用力小了，深度不够，用力大了，又把蜡纸刺穿了。在经过大约两个星期的刻苦练习之后，终于将第一篇完整的文章刻到了蜡纸上。

我惴惴不安地将刻好的蜡纸交给方老师检查。方老师先是双手将蜡纸举到透光处，看了一会儿，又将蜡纸平铺到桌子上，用食指在蜡纸上边滑动边指出存在的问题：哪里笔力不够均匀，哪里用力太过，哪里文字排列不整齐。还教我书写标题，如何处理标题与正文之间、段落与段落之间的间距。又从办公桌上找出一本《美术字》的书，让我学习参考。

老师的指点，增加了我的信心，促使更加刻苦地练习。白天没时间，就晚上挑灯夜战，手腕写酸了，就活动一下继续坚持。有时甚至利用星期天的时间刻写。经过一段时间的努力，逐渐掌握了蜡纸书写的基本方法。有一天，方老师来到二楼那个房间，教我如何将蜡纸固定在丝网上，如何调制油墨，如何使用滚筒。也就是在这一天，方老师把高中年级优秀作文选编《九中习作选》的编辑工作任务交给了我。

《九中习作选》的产生过程大致是这样的：高中各年级将写得好的作文分别交给方老师审核把关、统稿定稿。我负责编排、刻写、油印、剪切、装订，然后分发到各班。两学期，大约编辑了3期。由于时间久远，所编辑的内容绝大多数都忘记了，只记一首小诗《我是一棵小树苗》的其中两句："我是一棵小树苗，贫下中农把水浇。"作者是 1975 届的何明花同学。

过了一段时间才知道，我担任的是渔峡口中学学生会编辑的职务，学生会还有其他成员，包括田振鹏、李永敬等几位同学。这一段经历不仅仅让我初步掌握了刻蜡纸、编期刊的技巧，更为重要的是开阔了视野，增强了自信心；培养了大局意识、责任意识；锻炼了不讲条件，不惧困难，坚决完成任务的意志品质；尤其是培养了我对细节的关注能力，这对我踏入社会、适应社会、指导工作等都起到了积极作用。

1974 年 12 月，我应征入伍。在 1975 年春节之前，新兵集训结束刚下连队，就接到办春节专刊的通知。我鼓起勇气，主动投了一篇《欢天喜地迎新春》的稿件，承担了组稿、书写、美化等工作，得到连队领导的好评。结果在进行新兵分班的时候，被分到当时科技含量最高的指挥仪班，并从那里考上军校，成为一名基层军官。

1988 年，我从部队转业到宜昌市人民银行工作。第二年，领导安排我编辑《中国人民银行宜昌市分行组织史》。这项工作对我来说极具挑战性，除了环境不熟、人员不熟、业务不熟之外，最大的困难是要搞清楚从新中国成立直到 1988 年，一共 39 年时间的组织架构和人员组成，时间跨度大。面对参考资料奇缺，没有现成模式，没有编辑经验，时间要求紧等困难，在高中当编辑的经历再次给了我勇气。为解决资料不全的问题，除了查阅行内有限的资料、文件外，花大量时间去宜昌市档案馆查阅武汉分行、宜昌市委、市政府的原始文件；还到武汉、恩施、利川、五峰、兴山等外地实地走访当年的领导和退休职工，收集了大量的第一手材料。经过大半年的努力，圆满完成了任务，并得到领导肯定。

眨眼之间，我从渔峡口九中毕业已经 45 年了。回首往事，最为幸运的是，从跨进学校的第一天起，就得到了方老师和许许多多其他老师的教诲、帮助、培养，为我的人生之路提供了源动力。

2019 年 9 月 20 日于宜昌市

成长的摇篮

高中 1972 级　李永敬

作者简介

　　李永敬，1953 年 12 月出生于渔峡口镇高峰村。1974 年 7 月毕业于九中，1975 年 7 月参加工作之后，一直在渔峡口镇政府工作，曾任渔峡口区委组织干事、渔峡口区组织委员、渔峡口区委副书记、渔峡口镇镇委副书记等职。于 2013 年退休，退休后参与《宜昌村情大调查》《全国第二次地名调查》采集编写工作。

　　1966 年秋，我从渔峡口小学考入九中读初一，因"文革"爆发，我便回家参加农业生产；1972 年 2 月我被施坪公社推荐到九中读高中；1975 年 7 月，我被县委聘为渔峡口区委组织干事。多年组织工作的经历告诉我：九中，不愧为我们成长的摇篮。

　　1974 年底，长阳县委给渔峡口区委分配招聘区、社干部 7 名，由村推荐，公社审查，县委组织部和区委进行考试考核。1975 年 4 月，县委正式批准九中余祥菊（1972 届）为枝柘坪公社党委副书记，覃先堂（1973 届）为枝柘坪公社副书记，朱昌容（1973 届）为茅坪公社党委副书记，田振鹏（1974 届）为施坪公社党委副书记，李永敬（1974 届）任组织干事，还有李长槐、覃士柱是九中的初中毕业生，分别在小龙坪公社和双龙公社任党委副书记。

　　1979 年 7 月，县委给渔峡口公社分配选拔干部 3 名，通过同样程序，由村推荐，管理区审查，报公社党委和县委组织部考试考核，1973 届谷忠菊、

1974 届宋发智和覃事训被招聘为行政干部。

1980 年 2 月，县委分配给渔峡口公社 1 名干部招聘指标，1973 届的杨德权招聘为双龙管理区主任。

1984 年，全县实行机构改革，设区建乡，渔峡口区设置 5 乡 1 镇，乡镇干部极度匮乏，区乡干部缺编严重。为适应改革的需要，同年 2 月，县委给渔峡口下达 5 名区乡干部招聘指标。在广泛调查研究的基础上，县委组织部和区委在全区范围内招聘了秦德枚、毛兴华、覃勇、马之仙、赵英俊 5 名区乡干部，他们都是 1978 届至 1982 届的九中高中毕业生。

1984 年 10 月，县委根据宜昌地委的指示通知，招聘一批区乡干部，县委给渔峡口区分配招聘名额 34 名，其招聘条件是：高中毕业生，在大队和生产队任职两年，有一定的工作能力和社会经验，带头发展商品生产的带头人。10 月 4 日，在长阳九中进行招聘书面考试，共 201 名同学参加，全部为九中高中毕业生。当年九中的老师都是文化课的考官，共分 6 个考场，由县委组织部阎昌清、樊秀金同志亲临考场，区委领导全部参与选拔人才。文化考试结束后，按文化考试的高分满分 120 分，往下取到 78 分，初选 40 人，县委组织部和区委考核组分 6 个组到各乡进行调查考核。经过本月的工作，最终从 1973 届到 1982 届九中高中毕业生中招聘杨先文、罗贤仉、田祥伟、张长荣、覃守莲、覃宁轩、覃远茂、田大甲、田振文、覃月香、张玉姣、覃万银、覃全、童万新、胡敏、李泽望、覃勋清、覃事家、李永武、李长周、向常清、杨德成、陈登福、覃孟锦、马时庚、左邦全、陈之新、苏良平、覃守宣、杨如鹏、覃事明、李长早、秦德海、秦培海 34 名同志为乡镇行政干部，充实到区乡领导班子和乡镇机构工作。

同年 10 月，县委组织部又给渔峡口区下达招聘 15 名区乡企业干部指标，其招聘条件与乡镇干部一样。区委非常重视，成立了招聘机构，在县委组织部和人事局的指导下，对 51 名九中毕业的高中毕业生组织了文化考试和调查考核，最终招聘了 1973 届以来的高中毕业生李顺智、葛兴灯、袁丹武、谷自望、张祖润、覃好福、张远龙、徐友清、杨丹云 10 人。两年后，李顺智、袁丹武、张远龙、谷自望被县委组织部转为行政干部，其他人员仍从事乡镇企业工作。

同一个月中，县委组织部和县财政局下达渔峡口招聘 6 名乡镇财政专管员指标，其招聘条件与第一批行政干部的招聘条件一样。区委成立招聘专班与县财政局一起到 6 个乡组织考试考核，招聘了 1980 届九中高中生张仕清、张泽洁、罗贤林、覃守群、赵年鹏、覃松山 6 人为乡镇财政干部。

时光荏苒，转眼间到了 1991 年春。县委组织部给渔峡口镇下达招聘 2 名乡镇干部和 2 名经管员的招聘指标，招聘条件必须是在村任书记村长的人员。经过严格考核，1977 届覃事剑被招聘为渔峡口镇副镇长，赵林盖招聘为经委副主任，覃守运招聘为经管站副站长，张学平为双龙办事处秘书。

由于机构改革，枝柘坪从 1987 年就单独设立乡，枝柘坪乡当时招聘了 1973 届校友覃佐友为乡纪律委员，1978 届校友李长坤、李长保为乡直机关工作员。

40 多年来，长阳九中毕业生步入到乡镇干部岗位近 100 名，为当地经济发展和各项社会事业都做出了贡献。

2021 年 4 月 7 日于渔峡口镇

九中那些事

高中 1972 级　覃从娥

作者简介

　　覃从娥，女，1956 年 9 月出生于渔峡口镇枝柘坪村。1974 年 1 月于九中高中毕业，1978 年 7 月毕业于长阳师范。先后在西坪中学、施坪小学、枝柘坪小学、花坪小学等任教。小学高级教师职称。2011 年退休。

　　我每次回沿坪老家路过九中时，我都要把车开进九中院内，带着儿孙们在九中院内走走，边走边指点着对儿孙们说，这里当年是教室，是爷爷奶奶、爸爸妈妈上课的地方；东边是女生寝室，西头是男生寝室；你们看，那儿是厨房……说着说着，眼泪就会情不自禁地流淌下来，一种莫名其妙的惆怅油然而生。

　　1972 年春，怀着求学梦，我来到了向往已久的九中读高中。那艰辛而又快乐的校园生活，难以忘怀，挥之不去。

　　起床铃响了，同学们都端着脸盆，装上洗漱用具，陆陆续续走出寝室，来到西边厨房排队领水。水是由各班选派的同学轮流值日分发的。那时九中的水源不够充足，特别是一到秋冬，水就不够用了。这时，老师就会安排全校学生去西边沟里端水。我个小体弱，出发时盛得满满的一盆水，一路晃晃荡荡，端到学校时连半盆水都不到了，还把裤子、鞋袜淋了个透。那时厨房的燃料煤和柴大多是同学们背的。有一次，我们去茅坪白岩煤厂背煤，我身单力薄，背30来斤就气喘吁吁，累得精疲力竭，还受到劳动委员批评，心里特别委屈。最有趣的是，上午和下午最后一节课，下课铃一响，同学们简直是一次百米冲刺，一齐涌向食堂，仔细翻找着自己饭盒。等我们这些女生走到食堂，找到饭盒时，那些冲刺在前的男生们早已涮锅洗碗了。

那时出早操也是一景。大多时间，我们是绕着跑道跑步，跑步结束后就做广播体操。跑步时同学们恶作剧可多啦，你推我一把，我递你一拳；你拽下我衣角，我踩下你脚后跟，什么小动作都有。还记得，那时外语老师为了巩固外语学习成果，出操齐步走时，领着我们用俄语边走边高呼"发展体育运动"等口号。

那时教材也在改革，除语、数、外等3门课外，物理改为《工业基础知识》，讲的例子是武汉长江大桥。化学改为《农业基础知识》，普及的是"5406""920"等肥料知识以及来杭鸡等农业科普知识。记得那时晚自习照明是没有电灯的，每个教室配有一盏煤气灯。每位同学还自备了一个煤油灯，条件好的，买的是那种带风罩的炮台灯；多数同学是用墨水瓶，加一根灌满灯芯的铁管，套上"穿眼钱"自制的。煤气灯有时被个别淘气同学用弹弓击碎了，教室里顿时一片漆黑，胆小女同学就一片尖叫。

我的班主任是物理老师覃先弟，他平易近人，关爱学生。有一次，他对我说："从娥，各方面表现都不错，但你还要进一步努力，争取早日加入团组织。"正是在他鼓励下，我光荣加入了共青团。2017年春，获知先弟老师因心脏病不幸去世消息，心里特别难过。从此，人间少了一位优秀物理老师，天堂里多了一颗星星。

2018 年 11 月于长阳龙舟坪

我眼中的袁老师

高中 1972 级　覃孔彪

作者简介

覃孔彪，1958 年 5 月出生于渔峡口镇东村。1974 年 7 月九中高中毕业，1980 年长阳县师范毕业后即到长阳一中工作。2018 年退休。国家首批"中小学正高级教师"，湖北名师，湖北省特级教师。中国化学学会会员，湖北省化学学会理事。曾获"湖北省中学化学奖""国家级课题研究先进个人"等表彰。发表教育教学文章 200 多篇，60 多篇文章获奖；主参编教学参考书 8 部；著有《草根集》等 4 部著作。

1

第一次见到袁勤灿老师是 1970 年 3 月 1 日。那天，我拿着有施坪公社东村大队签章的推荐证明到九中报名。地点是在九中教工食堂旁的一间小屋，除了报名登记的老师外，旁边站着有一位老师，他中等个儿，说话语速很慢，他问我话，我答了什么，也记不清了。但我记得他拉着我的手，看到我手背上有冻疮以及打猪草时留下的洗不掉的黑色瘢痕时，我很难为情，他却对登记的老师说，这是一个苦孩子。事后才知道他是袁勤灿老师，是学校教导主任，教数学。

我住东村，一直跑学，没上过早读与晚自习。上学期间，我早晚都要在家里做事，或打猪草，或割楂子（烧火土肥之用），或做早饭。读初一开学后不久，一天，我打早工在放牛场摘葛叶（喂猪的草料），摘满了一背篓，不料忘了时间，害怕迟到，就直接背着猪草到学校，并拿出一个生苕边走边啃，算是早餐。正在这时，袁老师从渔峡口街上上来（后来得知，师母在渔峡口服务部工作），知道我没吃早饭，进了学校，叫住我，在教工食堂拿了两个包子，硬塞给我，我推辞不脱，一边吃一边流下了热泪。

我小时候家里困难，吃不饱，身体发育迟，个子很小。但我却爱打篮球。袁老师本是数学老师，他篮球打得特别好，尤其擅长传球与投篮，因此我们常在篮球场上相遇。有一次，我穿了一双布鞋，其中有一只鞋子已裂口，由于接球右脚用力，布鞋一时爆裂飞走，我站立不稳，摔倒在地。袁老师当即停止打球，离开了球场。不一会儿，他拿着一双崭新的球鞋送给我，说：你穿上试试。我顿时心里一热，感激得不知说什么好。那时，我家庭困难，做梦都没有想到，我能穿上球鞋。从此，我坚持苦练篮球，后来读师范，进一中，居然成了校队的主力队员。

2

袁老师最擅长的当然是他的数学课。他讲课最大特点是通俗易懂，能让我们很快掌握重点，解决难点。凡是听了袁老师数学课的人，都有一种恍然大悟、豁然开朗的感觉。

1977 年恢复高考，县教育局特地抽调袁老师在县大礼堂给社会青年补数学课，700 多考生引起轰动，大街上盛传：渔峡口来的数学老师好厉害，课讲得太好了。

袁老师曾代过我两个时段的数学课。一段是初中，一段是高一下学期。他讲课朴实生动，我喜欢听，所以我的数学成绩较好。我记得初中升高中举行全区统一考试，全区共 6 所初中有 3 个考生获得 100 分，我是其中之一。

可能是我数学成绩好的原因，给袁老师留下了深刻印象，他竟然成了改变我命运的人。1980 年上半年的一天，袁老师与时任县一中的校长宋兴宏老师聚会，宋校长曾是他宜昌二高的同学，他要袁老师向他推荐一名实验员。袁老师便想到了我。他说：县师范马上要毕业的覃孔彪，是我的学生。这个孩子吃得苦，学习成绩好，可以当你们学校的实验员。这年 7 月，我便分配到县一中当实验员。实际上，一进一中，我就承担了很重的教学任务，实验员倒成了兼职。此后，我通过不间断地学习和深造，2008 年，我有幸成为了湖北省特级教师。

3

在一中工作期间，由于工作关系，因当时一中化学实验需要得到厂矿企业的支持。我与在化肥厂当化验员的高中（低一届）同学马芝林频繁接触，并产生爱情。但其中也多有波折与阻力。马芝林同学找到了袁老师（当时袁老师在长阳师范工作），征求意见，袁老师说：我是看到这个孩子长大的，他从小吃过苦，待人真诚，好学上进，是一位好小伙。

可能是袁老师的如实介绍，也许是我对马芝林的真诚相待，1984 年腊月，我和她走进了婚姻殿堂。如今，我们风雨同舟，一同走过 36 年，依然笃定爱的承诺。

2006 年 5 月，袁老师满 70 岁。一天，我约上在城关工作的曾是九中的学生 12 人在津洋口聚会，算是祝贺袁老师生日。这一天，我们在他家里打了一天牌，喝了两顿酒，也回忆当年往事，他笑着说："过去，我们老师年轻，既严格，也随意，还得请同学们多多包涵啊！"

袁老师的话，让我们一个个眼圈都红了。

2020 年 12 月于湖南长沙新翰高中

影响我涂鸦的老师

高中 1972 级　覃孔彪

作者简介

覃孔彪，1958 年 5 月出生于渔峡口镇东村。1974年 7 月九中高中毕业，1980 年长阳县师范毕业后即到长阳一中工作。2018 年退休。国家首批"中小学正高级教师"，湖北名师，湖北省特级教师。中国化学学会会员，湖北省化学学会理事。曾获"湖北省中学化学奖""国家级课题研究先进个人"等表彰。发表教育教学文章 200 多篇，60 多篇文章获奖；主参编教学参考书 8 部；著有《草根集》等 4 部著作。

我在九中读初一时，杨志明老师在课堂上；提到"一本书主义"，说很多人将这作为一辈子追求的目标。到底是在什么语境下说的，是有意，还是无意；是肯定，还是否定，我记不清了。但确实在我幼小（12 岁）的心灵中埋下了种子。也不是说当时就有什么计划，而无形之中引导我在初、高中有限时间里，除了完成少得可怜的学习任务外，我自主做了两件事：一看小说，二办刊写批判文章。

对杨老师的这样一句话记得这样深，缘于对杨老师的崇拜。2014 年暑假，渔峡口在进行教师暑期培训时，邀请我去就教师的素养与教研论文的写作与他们做一些交流。我就讲道，在 20 世纪 70 年前后，将渔峡口人印象最深的人排序，第一是毛主席，第二可能就是杨志明老师了。杨老师也就是一个普通教师，可见，一个人具有较高的综合素质是何等重要。

杨志明老师是武汉市人，华师数学系毕业。大学毕业时因正值知识青年上山下乡，所以就直接分配到宜昌的"西伯利亚"——长阳县第九中学（渔峡口）。第一次见到杨老师，我还在读小学，是在一次群众集会上。在渔峡口小学大操场上，聚集了几千人，学生以及区直单位群众等分块席地而坐。会前，各部门要唱歌，当中学的学生唱歌时，一个个子很大、蓄有大背头的年轻老师站到了前面，拿着一根小棍棍，手舞足蹈，摇头晃脑（当时不知道这叫指挥），感到特别稀奇。后考到了初中，一进学校，就认得了他叫杨志明。还因他很特别，注重仪表，走路昂首挺胸，穿着干净平整，与其他老师都截然不同。

实际上，我在渔峡口中学读了4年半书，只知道杨老师是武汉人，什么大学毕业，是什么专业，根本不知道，那时也不兴讲这些。甚至不知道数学是他的看家本领。我在初中阶段与高中阶段，他都教过我数学，但都只教了一段时间（不到一学期）。记得高中是教视图，学后，他指导我们几个学生画的一些三视图作为学校的教学挂图。原因是当时学校师资不全，杨老师成了万金油，随时处处救火。他直接给我带过的课就有写字（楷书、美术字——宋体、黑体、缕空、阴影等）、俄语、音乐、体育等，到今天还记得我当时一个"马步架掌冲拳"的动作做不到位，他还用脚给我纠正了一下。

杨老师在渔峡口影响最大的，是在一个穷乡僻壤普及京剧样板戏。杨老师爱好唱歌，善表演，尤其对京剧情有独钟，京胡拉得有板有眼，段子唱得字正腔圆。加之那时其他一切文化活动与文艺形式都被封闭了，广播中与屏幕上除了样板戏，没有其他。这正好符合杨老师的特长，实际上当时在渔峡口真正懂得京剧的人很少，杨老师便成了全校甚至全区的辅导老师，以致8个样板戏的大部分段子我们都会唱。一些农村排练样板戏的节目也请他去当指导，记得我就看施坪演过《智取威虎山》，渔坪演过《红灯记》，枝柘坪演过《沙家浜》，唱段都是请杨老师去教，非他莫属。每每集会演戏，不管有没有安排，最后都要在群众起哄要求下由杨老师执京胡，唱几段京剧，唱得最多的就是我同班的同学王新兰等。到现在，我们每天在晚饭前后，都能听到从杨老师的宿舍里传出的铿锵有力的京胡声。

杨老师的第二个影响就是乒乓球。杨老师酷爱体育，篮球、排球都打得有模有样，据他自己说，读书时，足球也爱好。尤其是乒乓球，动作潇洒，擅长小球，诡计多端。那时渔峡口每年都举行全区乒乓球运动会，连社会上也参加。每次场地的布置，连乒乓球台的油漆、边线都是杨老师亲自做。自然，也出了不少乒乓球人才，在长阳拿个好名次是经常的或是必须的，如我的同学陈勇、秦建波就同时得过湖北省少年乒乓球的冠亚军。当时说"山里飞出了金凤凰"，这与杨老师的训练与影响是分不开的。

杨老师的第三个影响就是写字。那时候，无论单位还是家庭，外墙上时兴书写毛主席语录和标语，尤其都要用美术字或是楷书书写。所以，我们在初中时就开了一门写字课，当然是杨老师教，一般的宋体、黑体、斜体、见架、结构、收缩、平衡、变化等基本要领我们都从他学得，并且还能到生产队去写。但是，在渔峡口镇上或是一些单位的标语、牌匾都是请杨老师亲自去写的。因为，他是公认的权威，单位都以他的书写为荣。我记得毕业的时候，同学们都排着长队，请他签名题词留念，其实都是想保留他的字迹，日后当书法范本练习。

杨老师上课非常注重语言与板书。语言的精练与轻重缓急、抑扬顿挫可称典范；板书更是一绝，他在黑板上从不多写或乱写一个字，上课时，必须把黑板洗干净，一节课下来，黑板上留下的就是一块板报。杨老师的行书写得非常好看，尤其是点画写得有力且变化非常多，后来我才逐步体会到从他的字中折射出的职业素养与人文修养，数学讲究点、线、面、体，数形结合。圆、椭圆、抛物线、双曲线等都是符合一定规范的点的轨迹。人的一生就是一幅图画，也是由点、线、面、体构成，如果我们注重把每一点做好，则人的一生就可以圆满。那时，买不到（或没听说有）字帖，每一期（一个班每一个月一期）办刊，我们都要想方设法能否请杨老师写一篇字（文章），到下一次换刊时将这一幅字小心揭下来，几个同学一分，拿回去照着临摹。因此，耳濡目染，当年渔峡口的学生，写好字成了一种自觉的习惯与风气，且字都写得不差，并都带有杨老师的痕迹（如我们学校的覃守员、张少清老师等）。

杨老师能粗能细。按想象，具有上述特长的大武汉市人，似乎应是个弱身文秀，纤纤公子，但却不然。那时，物资匮乏，杨老师每每假期从武汉返回，采购带回的日常生活用品就是两大包，100多斤，从资丘下船后，到渔峡口，75里山路，大半天就自己一人挑到，当时，不通公路，个人的事也不兴请人。学校勤工俭学，造梯田、烧石灰，开石场、抬石头，杨老师总是赶重的捡，我们都感叹："杨老师好大力气!"一双大手，抡了大锤，又可马上拨弄丝弦，真是不可思议的事。

我读高一时，一进校，写了一篇作文《驳"国民经济停滞不前"》，现在想起来，当然是胡说八道。语文史思新老师安排李发诰同学用大白纸誊写挂在教室前面作为范文，并逐段讲评，使我受到不少鼓励。当时，是我研墨，李发诰用毛笔抄写，我就在心里暗下决心要将字写好。后我们全班到施坪支农半个月，回来办了一个油印的集子作为汇报总结，我写的一篇文章《女队长》安排成开篇之作，杨老师亲自刻写并配了女队长覃世先的素描头像，我们才知道杨老师的绘画功底也非常好，这也是我第一次将作文变成了印刷品。为广泛宣传与展示学校的办学成果，我们学校在渔峡口中学到渔峡口镇街上之间的路上筑了一大堵土墙，作为宣传园地，学生也能为将自己的文章写到这面墙上而自豪。在有一期上，我写了一篇《队长的胳膊》，是写我们生产队的一个记工员的，按辈分他还低我一辈。因那时的文化生活极度贫乏，所以这上面的文章有很多社会上的人看并传诵。因此，这个记工员还在家里专门为此请我吃了一顿饭，这也可是相当我作文第一次得的稿费。

杨老师后来被调到长阳师范执教，再后到长阳一中，又从班主任，到年级主任，到工会主席。从培养中师生全面发展，到开展职工丰富多彩的文化活动，杨老师本身的多才多艺，如鱼得水，发挥得淋漓尽致。

2019 年 12 月于长阳

恩　师

高中 1972 级　覃孔彪

作者简介

　　覃孔彪，1958 年 5 月出生于渔峡口镇东村。1974 年 7 月九中高中毕业，1980 年长阳县师范毕业后即到长阳一中工作。2018 年退休。国家首批"中小学正高级教师"，湖北名师，湖北省特级教师。中国化学学会会员，湖北省化学学会理事。曾获"湖北省中学化学奖""国家级课题研究先进个人"等表彰。发表教育教学文章 200 多篇，60 多篇文章获奖；主参编教学参考书 8 部；著有《草根集》等 4 部著作。

　　校友海哥在回忆九中的文章中，提到邓执旺老师。说也奇怪，当天晚上，我便做了一个梦，梦见了我敬爱的邓老师。我一直想写一点记忆邓老师的文字，但总不敢写，觉得不能完整写出邓老师精神。海哥的文章给了我力量，给我注入了催化剂。

　　海哥说邓老师形象有点像藤野先生，的确如此。藤野先生不大注意外表，不修边幅，但在学问上，却是非常严谨的。

　　邓执旺老师正是如此。

　　我最初接触邓老师，并不是他上化学课，而是在初一下学期，他给我们上代数课，好像讲的是因式分解。开始语言有些听不清，但慢慢就习惯了。他讲课非常仔细，板书如瘦金体的书写骨架，一酙一酌，从不潦草；数学知识讲得浅显易懂。

　　到初二时，他就给我们上化学课，当时课本叫《农业基础知识》，实际上就是一些与农业生产有关的化学常识。但邓老师却教得非常认真，特别是当做菌肥"920"与"5406"（严格意义上说，这应该是生物知识）时，就看出了他的严谨。他自制了接种箱，接种时箱内开始用煤油罩子灯熏烤杀菌，操作时，净手、消毒一连串程序非常严格细致，邓老师亲自演示并指导我们做，这并不是马虎的老师能够完成的。

到高中时，学校开始注重抓质量，邓老师自编讲义，给我们补充讲了很多化学知识，如化学平衡、缓冲溶液等，还想办法做化学实验，以提高我们学习兴趣。有一次，他给我们做"钠与水反应"实验，非常刺激。那个时候，能够做一个化学实验，就像看一部精彩电影一样。结果，实验做完以后，邓老师忘了带酚酞，便出去找。同学们余兴未尽，方世平同学（只有他敢做，因他是老师的儿子）就上前又切一大块钠放入水中，再让同学们饱了一回眼福。邓老师来后，看着我们笑了（这是极少的，邓老师一般在课堂上不苟言笑）一下，说："你们又放了一块吧？"当时，我们就觉得邓老师好厉害，心里纳闷：邓老师怎么知道的？他看得透浓度？

那时九中化学课都是邓老师一人带。因为化学这门学科特殊，学化学的要学普通物理、高等数学。学物理的要学高等数学，学数学的也要学普通物理，唯独他们都不学化学，所以，化学教师可以客串数学、物理，而数学、物理教师很难客串化学。并且，在学过的知识当中，化学是最容易遗忘的。那时，九中初中、高中共有 5 个班开化学课，邓老师就非常忙，所以，我们几个化学成绩稍好的同学就成了他的助手，比如帮助改作业、改试卷、洗仪器之类的简单事情。一次中午，邓老师上街有事，便喊我、柳昌举与马时阶 3 人在他寝室里改高一的作业。他抽屉里放满了叶子烟，柳昌举便卷了 3 根，他与马时阶抽得津津有味，并也给我点上。我知道，这是为了封口，我只好跟着抽。结果醉了，下午在厕所里呕了半天涎水。这得感谢柳、马二位同学以及邓老师叶子烟，我这一辈子没有沾上抽烟习惯。

大凡对一个好老师的要求应该是知识面广，综合素质高，专业知识强。但要做到全方位都优秀是很难的，"艺多不养家"，所以，对老师大体又划分为两种：一种是复合性老师，经常所说"万金油"；另一种就是专业性老师，常言说"术业有专攻"。邓老师就是属于专业性老师。在我所接触过的化学老师中，对于经典的基础化学知识，他就是一部活字典。我一个中师生，能到一中，从最基础事情做起，遇到邓老师这样恩师，是我一生的机遇与骄傲。

邓老师粗看起来不修边幅，不苟言笑，大大咧咧，这只是外表，其实他内心是非常细腻的。教学一丝不苟，实验细致入微，从不马虎。我在一中当实验员时，他说，平时其他事可懒散随便一些，但实验必须干净整洁，井井有条，实事求是，不弄虚作假。他还很会生活，在吃的事情上，从不亏待自己，并且会做出很多大菜，色、香、味俱全，这是很多人所不知的。他也有理想与追求，在1980年45岁时加入了中国共产党。所以，邓老师真的要比鲁迅笔下的野腾先生要丰满得多。

1990年，55岁的邓老师将化学教研组长位子移交给我，我当时32岁。说实话，我们的好多学友32岁已经有了大学问，或成了大干部了，而我则诚惶诚恐，如履薄冰。因我天资愚笨，基础薄弱。但冲着邓老师的信任，还是得"赶鸭子上架"。而邓老师也并没有一甩手就当掌柜，他是扶我上马，又送我一程。那种无私与真诚是我终生难忘的。这也直接影响我以后对待青年老师的态度，邓老师怎样待我，我就怎样待青年老师。邓老师退休后，还非常关注化学组发展，有一次，李妈（师母）对我说："昨晚听王校长说化学组做得好，老邓好高兴，还多喝了一杯酒。"2009年，我51岁，我将当了19年的教研组长一职，移交给了杜德三老师（也是邓老师的学生）。杜延续了邓老师作风，整个化学组成为长阳一中最具人气、科研最完整、各项教学竞赛得大奖最多的教研组。

我也在工作中做出过一些小小的成绩，得过几个虚名。这实际是我站在邓老师肩膀上摘取的。我所说这些并没有半点炫耀之意，而是对邓老师的一个交待。2013年，我的2本拙作《草根集——教育教学》《草根集——入诗入化》付印后，恭恭敬敬送给邓老师，我在扉页上写道："尊敬的邓老师，请您给学生批改作业。"邓老师非常高兴，便把他的一套前苏联化学家罗蒙洛索夫的《无机化学》送给了我，他知道我非常喜欢这部著作。这部书对于中学基础化学来说，简直就是一套百科全书，现已绝版，里面布满了邓老师的心得批注。邓老师将他法器与秘诀传给了我，我如获至宝，便请人重新装订、修整。如今，此书我已藏于书橱，成为镇室之宝。

邓执旺老师1935年4月25日出生于湖北省新洲县。初中毕业后，读的中师。1954年凭着扎实功底考取华中师范大学化学系，1958年毕业。先后在华师农场、华师一附中工作。1962年来到长阳，在九中任教。1979年先后调至长阳西湾高中（原二中）任教。半年后调入长阳一中工作，1995年退休。在邓老师 37 年教育生涯中，在渔峡口工作了 18 年，他把青春献给了渔峡口人民，他自己也成了渔峡口人。到一中后，仍然关注九中。九中撤销前，每年都有考生到一中参加高考，带队老师与学生来后，总是在邓老师处落脚。邓老师生活上关心，并要我与他一起给考生辅导化学。后来邓老师年纪大了，我接过了邓老师关心渔峡口学生的接力棒。车钱佐米，每个星期天煮一大锅肉，洗一大筐菜，学生来了坐流水席。这也是受邓老师影响。

邓老师 60 岁时，我们全组老师将他送回家，并给他送了一面当时最时兴蓝玻匾，上书"光荣退休"，寓意邓老师一生光明磊落、光鉴照人。女老师给他收拾房间，整理书籍上架，男老师安镜，其乐也融融。他 70 岁和 80 岁生日时，我都前往探望。

邓老师一直身体尚好，平时几乎没得什么病，连每年体检费都给学校省了。但一查出来就是大病。2017 年 12 月，邓老师持续腰疼，小药不愈，便到宜昌中心医院一查：肺癌晚期，已经扩散。胸外科主任胡旭专家（九中初中毕业，一中高中毕业），当即通知邓老师在宜学生前去探望，给邓老师送去了温暖。

2018 年 6 月 8 日，邓老师 83 岁生日。当时，邓老师已处于弥留之际。我与马芝林买了鲜花，又去看他，并给他祝贺生日。我对他说："您 84 岁过了，就没有问题了，一定要坚强，相信奇迹会出现的。"邓老师非常高兴，睁开一直闭着的眼睛，朝我们微笑，表现出了对生命的渴求。

天地不公，天命难违。3 天后，即 2018 年 6 月 11 日 19 时 36 分，邓执旺老师离开他心爱的叶子烟、高粱酒、东坡肉，丢下了我们这些学生，永远走了。

我当即在学生群、同学群、朋友圈中发了我的一首小诗，作为讣告：

> 沉痛悼念邓执旺老师仙逝：
>
> 别离新洲援长阳，
>
> 又行九中再西疆；
>
> 培育桃李满天下，
>
> 魂留巴土美名扬。

追悼会上，一中领导老师来了，昔日同事来了，长阳学生来了，宜昌学生来了……赶不来学生也都发来唁电。

敬爱的邓老师，学生永远记得您。

2018 年 11 月 18 日草拟于海南

九中寻踪

高中 1972 级　覃孔彪

作者简介

　　覃孔彪，1958 年 5 月出生于渔峡口镇东村。1974 年 7 月九中高中毕业，1980 年长阳县师范毕业后即到长阳一中工作。2018 年退休。国家首批"中小学正高级教师"，湖北名师，湖北省特级教师。中国化学学会会员，湖北省化学学会理事。曾获"湖北省中学化学奖""国家级课题研究先进个人"等表彰。发表教育教学文章 200 多篇，60 多篇文章获奖；主参编教学参考书 8 部；著有《草根集》等 4 部著作。

　　早就听说渔峡口在得米湾修了廪君广场，建了廪君墓，很有气势，是渔峡口著名旅游景点，但我一直没有去过。虽然我老家相隔得米湾很近，由于多年带高三，基本没有假期，加之处于上有老、下有小阶段，琐事也多。母亲跟随我们生活后，回去时候更少。九中没撤销前，回去后总是到母校看望老师。九中撤销后，我再也没有回去了。

　　2012 年高考结束后，县教育局抽调我参加中考巡视，我被分到渔峡口。这是我第一次作为"钦差"返乡，我想，我这次要好好探望久违的母校了。

　　沿着渔峡口小学门前公路斜上，翻过松树包，沿得米湾上行，便见廪君广场。按说，一个乡村能够修建如此大的广场，在我看来，这是一件了不起的事。走过广场，过一牌坊，便是台阶。向上仰望，直通九中。拾级而上，大约有几百步，就到尽头。有一八角亭矗立，亭中有大钟，亭后是石碑，碑后便是廪君陵。陵墓左侧是碑廊，上有名人诗联与题字。绕过陵墓之后，便是我们的九中，现在是敬老院。物变人非，过去痕迹依稀残留，但我心头顿时升起一阵怅然。

1970 年 2 月到 1974 年夏天，我在九中完成了初高中学业。后来，我尽管读了师范，但我依然认为，我在九中学到的东西更多。

我常常想，我们读初中是幸运的。当时各个小公社都办初中，师资力量、教学条件与九中是无法比拟的，而我却是在九中读书，心中自然就有几分自豪。1970 年以后，学校排除一切干扰，坚持上课，狠抓质量，以至于我 4 年半内大有长进。特别是 1977 年，国家恢复高考第一次考试，渔峡口就爆出冷门，处于最边缘九中，全县上线率居然第一，震撼全县。原因有两点：一是九中坚持认真教学，质量为先；二是人才难得，拥有强大师资，语文老师方宗震、数学老师杨志明、物理老师覃先弟、化学老师邓执旺都是各科领军人物。这个毕业班老师组合即使是现在一中，也没有如此强大。所以，当时长阳流传"前理后文"说法，即前河理科老师厉害：以九中袁勤灿、杨志明、覃先弟、邓执旺，二中的几个数学老师为代表；后河文科老师厉害：以十中郑秀梓、三中金道行、吴新祥等老师为代表。1977 年高考一结束，长阳一中恢复为重点中学，袁勤灿、杨志明、覃先弟、邓执旺等老师便马上调往一中，覃先弟老师任物理教研组长，邓执旺老师任化学教研组长。我一个中师毕业生，能到长阳一中当实验员，完全是经袁勤灿老师举荐、邓执旺老师接纳并倾心培养分不开的，真是师恩难忘啊！

从渔峡口老街上行 1000 米，一个小盆地尽收眼底。学校以覃氏宗祠两层小楼办公室为中轴线，左右是教工宿舍，前面是左右两排教室，再往前是操场，围绕约 250 米环形跑道，中间是大堰塘，堰塘岸边是青青杨柳。操场北面是两排学生宿舍，操场东面是大礼堂，西边是篮球场。球场靠北坎上，便是食堂，后迁到礼堂东面。整个布局合理有序。虽然都是平房或两层土木结构，但精致，赏心。我毕业后多次到学校，漫步于校园之中，教室里书声琅琅，微风吹拂，柳条依依，清波荡漾，令人流连忘返。我经常向别人吹嘘九中之美，言谈之间，自豪得很。

可现在，九中没了。开始是九中改为农业高中，渔峡口便在镇旁边择地新建初中，并逐步与九中脱离。后全县高中统一调整布局，职业中学全部迁至县城。九中这一办学圣地，便人去楼空。应该说，如今渔峡口初中与小学，在地理位置上，是无法与九中相比的，真是令人惋惜。

于是，我把这种惋惜心情表达于此：九中始创于 1958 年，职业高中 1996 年迁移合并为县职教中心（初中仍在镇上），历经 38 年。刚好，我是 1958 年出生，到 2018 年整整 60 岁。

写到这里，我忍不住热泪直涌。

2012 年 7 月草于长阳，2018 年 11 月改于海南

三件宝

高中 1972 级　覃孟成

作者简介

　　覃孟成，土家族，1956 年 2 月出生于渔峡口镇赵家湾村。党员，本科学历。1976 年入伍，中校正营。1998 年转业到县工商局工作。2011 年任宜昌市工商局副调研员。2016 年退休。

　　我说的三件宝，不是传统意义的纸、笔、墨，而是当年九中学生生活学习不可替代的常用器具：即背篓、饭盒、煤油灯。

背　篓

　　长阳山大人稀，道路崎岖狭窄，"背"是人们主要搬运方式，背篓是各家各户必备的生产生活工具。我们学生普遍使用的背篓类型，习惯称为小背篓或花背篓，能装一斗苞谷。

　　1972 年 1 月，大队书记通知我去九中读高中，父亲高兴极了，就请来篾匠为我做背篓。几天工夫，花背篓就做出来了：篾丝纤细，轻巧玲珑，尤其是腰部，织有黑白相间方块图案，很是醒目。父亲说：你上学要背粮食去，放学要背书本回，劳动要背柴背煤，背篓是少不得的。

　　果然，我上学以后，背篓作用之大印证了父亲的话。

背篓是我生活物资运载工具。每次上学时，我背篓里装的是：大米或高粱面、洋芋、红苕、咸菜和雨具。放学时，就背着晚霞、背着星星、背着喜悦与收获回家。我在九中读高中两年半时间里，它总是与我风雨同舟、星夜兼程、苦乐与共的不离左右。两年来，上学往返行程几千里，背运生活用品超千斤。每到周末放学时，各班同学背起背篓一起走出寝室，在校园里形成东西两条背篓长龙，甚是壮观。

背篓是我们勤工俭学的劳动工具。校园正中有一个大堰塘，虽有养鱼种藕和消防作用，但也有卫生及安全之患。学校决定，用土石将其填平。于是，同学们便用背篓，从几百米以外山上背来土石，把堰塘一点一点填上，其工程量，达千余方。从我进校起，食堂用的煤炭全是我们学生用背篓运输的。每学期，我们总有一两次，跋山涉水，从茅坪过河，到几十里以外双龙公社背煤炭。同学们为按时按量完成任务，有的天不亮就出发，在途中加快速度，渴了就在路边溪沟里捧口水喝，累了就把背篓靠到路边的土坎石墩上歇息片刻。自己完成任务后，又折回去接替或帮助有困难的同学，力求做到不损失一斤煤炭、不掉队一个同学。

背篓还是我们挣学费的工具。有少数同学，利用周六、周日或课余时间，或为建筑工地背砖背砂，或为供销社运送商品货物，一次能挣得 2~3 元钱，以弥补生活学习之需。

饭　盒

当时，九中学生中 90% 以上是农业户口，各生产队的主粮杂粮搭配比例不同，学校不便统一供应饭菜，所以，学生必须自带口粮、自备饭盒，学校只提供冷蒸热、生蒸熟的加工服务。

我有一个不新不旧的铝合金饭盒，从初中一直用到高中。这样的饭盒，在九中校园属时尚用品，深受同学们青睐。它简洁大方、干净卫生、轻便美观、经久耐用。有的饭盒使用时间长了，表面已坑坑洼洼、麻麻点点、划痕累累，但这并不影响它的使用价值。有的同学为了提高在取拿饭盒时辨认速度，防止拿错，便在盒盖上做醒目标记，如刻印姓名、拴小饰物、捆绑各色小带儿，等等。有少数同学虽没有铝合金饭盒，但也一定拥有陶瓷的或土钵的饭盒，总之，饭盒是我们生存的又一武器。

每到开饭时，同学们快步来到厨房前，自觉排好队，依次进入厨房，走到摆满饭盒的案台边，迅速辨认自己饭盒后就自行离开，秩序井然。厨房里烟雾缭绕，瓮甑里热气腾腾，各种味道袭来，沁人心脾。

有的同学端起饭盒，一个冲锋跑进寝室，打开箱子，把藏了好久的咸菜挖两勺放到饭盒里，然后坐在床边，吃得津津有味，直到最后一粒米时，还意犹未尽。有的饥不可待，边走边吃，走回寝室时，饭已光、盒已空。饭后，把饭盒简单洗刷后，再装上下顿的食物，送到厨房里，搁到案板上，由工友师傅搬到瓮甑里加热蒸熟。

有一次，因老师拖堂，我去迟了，进厨房后，没有仔细辨认，端起一个饭盒，打开盒盖就吃起来，当快要吃完时，一个女生气喘吁吁地跑来，说你端错饭盒了，还说她自己的饭盒是有记号的，但说好说歹，她都不愿意吃我那盒饭，弄得她一顿饭没吃，我却节省了一顿饭。这件事羞愧得我好长一段时间。即便现在想起此事，依然脸红发烧。天冷时，同学们把饭盒或紧握手中，或揣进怀里，或紧贴脸庞，抱盒取暖，感到很享受。

饭盒虽小，但它能量不小，是它持续不断给我们补充热量，确保我们有充足体力和旺盛精力投入学习。

煤油灯

20 世纪 70 年代，渔峡口山区照明主要就是煤油灯。

煤油灯制作方法简单，利用废弃小玻璃瓶（墨水瓶或药瓶），先在瓶盖上钻一个小孔，再用薄铁皮或牙膏皮卷一个毛笔粗细小管，将棉线贯入管内，把装了棉线的小管通过瓶盖孔插入瓶中，再注入煤油并拧紧瓶盖就成了。少数家庭经济条件稍微好点的同学，也有使用罩子灯的，这在当时属于高档灯具了，它具有防风和调控亮度作用。

随着晚自习铃声响起，同学们纷纷走进教室，各自坐到座位上，小心翼翼端出自己小油灯，"哧啦"划根火柴，点燃油灯，霎时，幽暗教室渐渐明亮开来。豆粒般小火苗像个刚刚能站立、学步走路的小孩儿，晃晃悠悠，眼睛一眨一眨的，光亮忽明忽暗。离灯远了吧，看不清书上文字；离灯近点吧，它烟雾大、味道重，时间一长，鼻孔就变成了小煤洞。即使这样，同学们学习积极性丝毫不减，教室秩序安然。

我清楚记得，一次冬天晚自习时，我们班主任兼语文老师史思新老师，戴着高度近视眼镜给我们补习语文。不一会儿，不知道是谁打开了一扇窗户，一股冷风扑进教室，把所有灯全给吹灭了。胆小女生惊叫，调皮男生跟着起哄，教室里顿时一片混乱。骚动片刻之后，还是班长悄悄地关上了窗户，又相继响起"嚓嚓嚓"划火柴声音，油灯亮了，教室恢复了平静。晚自习结束后，同学们一手端着灯，一手为灯挡风，小心翼翼、轻手轻脚回到寝室。

简陋小油灯，微弱小火苗，不仅照亮我们教室和寝室，照亮我们心房，也照亮我们前程。

1976年3月，我参军以后，先后在北京、南京上过3年半学，在中央党校在职函授3年，转业后又在地方县市党校多次参加培训，对那些学校、老师、同学、高楼等没有深刻印象，唯独九中三宝，让我刻骨铭心。

2018年11月15日于宜昌

背脚岁月

高中 1972 级　覃诗章

作者简介

　　覃诗章，1957 年 9 月出生于渔峡口镇枝柘坪村。1974 年高中毕业后应征入伍，1983 年转业到武汉工作。先后在武汉市自来水公司、武汉市公用事业管理局、武汉市交通运输委员会工作，分别任干事、公用局宣传部副部长、交通运输委宣传处处长、《武汉交通》主编、党办主任等职。2012 年调任武汉公交集团党委副书记、纪委书记。2018 年 1 月退休。

　　背脚，是我们长阳山区农民的一个职业，即把货物堆放在背篓或背杈上，全靠人力徒步"搬"到目的地的一种运输方式。小时候，见我们生产队几乎所有大人都给供销社背盐、背油或其他货物，并不觉得有多累多苦。可轮到自己背脚时，才真正体会个中滋味。

　　我的背脚史始于九中。1972 年 2 月，经过推荐，我前往九中报名读高中。我家住枝柘坪公社前进大队，离九中有 30 多里山路。每次徒步上学，就是一次考验。我上学第一件事，就是要自背两周粮食去学校。正常情况下，去学校都要爬板凳凹，翻罐岭，经过"山路十八弯"下到石板溪渡口，然后坐木划子过清江河。可有好几次，我们上学遭遇大雨，河水猛涨，石板溪口，滩险水急，白浪滔天，码头封渡。于是，我和同学们便从岩松坪过小河，然后攀爬河对岸悬崖峭壁间的小路，经庄坪，再循着羊肠小道下山，至峡西沱，坐木划子过河。按说，对于当时我这个 15 岁少年来说，每次背上 20 多斤粮食和生活用品，本来不算什么。可是，远路无轻重，如果背上这些东西，翻山越岭，长时间行走，却显得异常沉重。我每次上学，路上总要用个大半天，经常走到学校后累得连话都不想说。我当时就想：背脚这碗饭，可真不好吃啊！

到了学校，我没想到的是，我和同学们的背脚生涯才刚刚开始。当时背脚的主要项目就是给学校食堂背煤。可以说，这是九中历届同学的传统。我们那时背煤，一般都在双龙公社。双龙公社在清江南岸，平均海拔达 1500 多米，距我们学校有 30 多里路。我从小生长在有"小平原"之称的枝柘坪，很少行走如此险峻的山路。当时有民谣为证："路有尺把宽，上山如爬竿。遇到悬崖处，哪敢朝下看。一旦脚踏空，不亡也得残。"在没有公路的年代，老百姓世世代代与背篓打杵为伍，延续着肩挑背驮的日子。尽管道路陡峭，好强性格的我，背上满满一背篓煤，小心翼翼下山。回到学校，衣服总是湿了又干，干了又湿。

学校背柴背煤，回到家也重复这样的故事。正因为枝柘坪是个小平原，仅有几亩山林都被砍得光秃秃的，只好到李天尧或大龙坪背煤。有一次，我爹安排我和大姐去大龙坪背煤。到大龙坪要上板凳凹，经瓦屋场，走山背河，再爬上两个板凳凹高的大龙坪，才到煤矿附近。一个单程也是几十里。我大姐背的脚背子，上面放一个装粮食用的大圆篮子，她背了足足 100 多斤。我背的是普通背篓，那次好像背了七八十斤。经过几个小时的"爬行"，我们在回来的路上到了瓦屋场附近。那会儿，我累得实在不行了，就地耍赖，我把装着煤的背篓往地上一靠，不再走了。就这样，我原地等了近两个小时，直到大姐把她的煤背回去后又返回来，把我背篓的煤背回家。大姐满头大汗，艰难前行，我蔫蔫地跟她身后。这件事至今还让我心痛。

我家兄弟姊妹多，幸亏生活在盛产稻米的枝柘坪，没怎么挨饿。可那时，没有任何经济来源，要想用几角钱甚至几分钱，一点门路也没有。家里用钱全靠卖鸡蛋和大米才能获得。上高中以后，我身体日渐结实，就暗下决心，自己挣学费。那时，渔峡口到枝柘坪不通公路，所有除粮食外的生活资料全靠背脚佬运输。于是，我从高一开始，就真正地成为了背脚佬。每到周六放学，我就和几个男同学到渔峡口供销社，找那里的同志要盐货。我每次都背100 斤，翻越罐岭，到枝柘坪都天黑了。记得有一次还没爬上罐岭，我右脚草鞋的耳子断了，走路时一拖一拖的，后来我干脆扔掉，赤脚上阵，坚持背完全程。100 斤盐的"运输费"是 2.02 元。那时 2.02 元，对我们一个中学生来说，是多么可观的收入啊。

背脚生涯，一直持续到我高中毕业。当时我可能并不觉得，是背脚经历磨练了我吃苦耐劳的意志，是背脚岁月练就了我勇于担当的精神。

1974 年 12 月，我高中毕业后不久就应征入伍。刚到部队，被安排在指挥连电台当报务员。报务员训练时间长强度大，特别是发报训练，非常辛苦。手指在电键（俗称铁榔头）上不停敲打，打呀打，指头打破了，继续打；敲啊敲，指头流脓流血了，还要继续敲，那个疼劲儿简直无法形容，直到流脓流血处长成老茧后，疼痛感才会消失。就这样日继一日，年复一年，敲打了 3 年，我终于成为部队的技术能手，还参加大军区比武获奖。

1983 年 1 月，我转业到武汉。人生地不熟，部队"手艺"用不上了，靠什么适应地方生活？我见单位急需写作人才，我就给自己下死任务：每天必须完成一篇千字文。经过几年努力，单位领导和同事居然把我当成"笔杆子"了。1985 年，有幸成为湖北省杂文学会会员，同年被《湖北日报》聘为特约记者。几十年来，先后在报刊发表新闻、评论、杂文等稿件 2000 多篇。

2012 年初，我从武汉市交通运输委员会处长岗位提拔到武汉市最大国有企业——武汉公交集团任高管。公交集团拥有 3.4 万名员工、1 万多台车辆。面对如此庞大企业，我没有退缩，而是忠于职守，扎扎实实做好分内工作，如加强企业组织建设，加强员工思想政治工作，加强干部队伍建设尤其是年轻干部培养等，受到同事肯定。

追根求源，我感谢当年背脚岁月。

2018 年 11 月 18 日于武汉

中学拾忆

高中 1972 级　张美英

作者简介

张美英，女，1957 年 12 月出生于渔峡口镇枝柘坪村。1974 年九中高中毕业。大专文化。1976 年参加工作，在枝柘坪小学教书并担任数学研修组长；1990 年任枝柘坪小学校长兼学区区长；1992 年任命为县级首批骨干教师，枝柘坪乡第三届人大代表，长阳土家族自治县第五届人大代表；2000 年枝柘坪中学任语文研修组长。小学高级教师。2012 年 12 月退休。

我的家祖屋在回龙坳。我 6 岁开始读书，直到初中毕业，我的足迹一直围于枝柘坪盆地，从没踏出过半步。直到 1972 年 3 月，我接到渔峡口中学入学通知书后，我才有机会走出枝柘坪。

因为是第一次出远门，上学细节始终铭记心头。父母头天晚上帮我收拾好背篓，里面装有换洗的衣服，两周的大米、小菜，还装着我那早已展翅高飞的心情。

我们一行有 4 人，我、覃从娥、罗少柏、罗玉阶朝学校进发。我们女生脚步慢，少柏说："你们两个女生在前面，大家就按你们走的速度走吧。"于是我和从娥就走在前面，他们两个男生断后。

一路上尽是早春风景：桃花开了，杏花开了，不知名的山花都开了，正如白居易所说："乱花渐欲迷人眼，浅草才能没马蹄。"我们一路谈天说地，不知不觉到了王家渡，眼前的清江水碧绿碧绿，像一块巨大的祖母绿宝石。

微风吹来，江水泛起白白的浪花，像一片百合花的海洋。

"你们几个是要过河吗？一看你们几个就是九中的学生，来，快上船，今天不早了。"和善的船老板慈眉善目地招呼我们。

宽阔的清江，小小的木划子，我们一时不禁心里开始打战。在船老板的帮助下，我们手牵着手小心翼翼爬上了小木船。船儿摇摇晃晃地劈开碧绿的水面，桨声欸乃，船帮上卷起阵阵波浪，几只水鸟被船儿惊起，倏忽飞入灌木丛中……"到了，下船慢点，船动人不动。"景还没看够，船就已经到了对岸。

从招徕河到龙口是一段公路。我们走啊走，在平坦的公路上重复着单调的步伐，不一会儿，腿子就开始有些酸痛，背篓也越来越沉重，肚子里也在咕咕叫唤。怎么办呢？休息会儿再走吧。于是我们就在一棵桐树底下放下背篓，开始休息。少柏和玉阶坐在石头上帮我们看背篓，我和同学覃从娥背靠着背，头挨着头呼呼大睡起来。等我们醒来的时候，太阳早已落山了。

我们马上背起行李，气喘吁吁地直奔学校而去。从得米湾穿过小松林，眼前赫然出现一个盆地。宽阔的操场绿草茵茵，一排排刺柏宝塔般刚劲挺立，几棵杨树摇曳着鹅黄的枝条，一排排整齐的校舍在夕阳下深沉矗立。这就是我梦中向往的九中校园。

那时年轻，最期待的事就是学校开饭。铃声一响，同学们以百米冲刺速度，涌到厨房前的平台上，站好队，值日生一队一队地把我们放进厨房。厨房里，同学们一个个弓着背、睁大眼睛，像扫雷一样搜寻着自己的饭盒。有一次，我和从娥、仕英两位同学，围着厨房案板找了好几个回合，眼看案板上饭盒快拿完了，厨房要关门了，我们还没找到我们的饭盒。我们3个心急如焚，眼泪都要掉下来了。这时忽听后面传来一个声音："你们的饭盒在窗台上。"转过头去，人已经不见了。我们疑惑地走到厨房的窗台前，一看，果然是我们饭盒。打开盖子，一股香喷喷的热气扑面而来，饭盒里泡满了浓浓的懒豆腐。这种温暖一直深深地拷贝在我记忆里。

还有一件事至今难忘。有一天晚自习下课后，我们回寝室休息。可我们几个怎么也睡不着，于是，我、钟爱萍、覃卫平3个便爬起来，坐在床上唱起了样板戏，唱的是《智取威虎山》常宝的唱段，唱到最后一句"飞上那山岗，杀尽豺狼"，因为陡然拉高8度，难度很大。我们3个就抢着说：我高得起来！我高得起来！正准备扯起嗓子喊，外面突然传来了皮恒玉老师的声音：

"你们哪个喊得最高呀？啊？"我们立马"轰"的一声倒在床上，拉紧被子，蒙着头，大气都不敢出。我心想，这下可遭啦。"今天是哪几个高喊的，明天去找我，是哪几个人我都清楚。"老师丢下这句吓人的话，便走了。

皮恒玉老师个子不高，略胖，满脸的温柔与慈祥。第二天我们3个老老实实地去找了皮老师。老师见了我们，笑着说："休息就要好好休息，精神好才能学习好，记住这两条就行了。"我们本以为会遭遇一场雷霆之怒，谁知竟是温柔的阳春白雪。我的心放下来了，只觉得全身暖暖的。

2018 年 12 月 7 日于渔峡口镇

忆 恩 师

高中 1973 级　田太习

作者简介

　　田太习，女，1957 年生于渔峡口镇双龙村。1975 年九中高中毕业，1975 年至 1978 年 7 月在双龙中学任民办教师，1978 年 9 月至 1981 年 7 月在广西邮电学校读书，1981 年 7 月到长阳邮电局参加工作。2012 年 10 月从长阳电信公司退休。

　　1973 年 9 月，我被推荐到九中读高中。

　　当时，我背着一口木箱、一床被子和一个星期的口粮，揣着一颗充满憧憬而又惴惴不安的心，来到学校。

　　我没想到，在这里，竟遇到了我终生难忘的老师。

　　皮恒玉老师，中等个儿，是一位 40 多岁的中年人。她的头发似乎有些花白，圆脸，短发，因为耳朵听力问题，她已不上讲台了，学校就安排她打铃、收发、组织学生办墙报以及女生工作。按说，她的琐事够多的了，可她的阳光还是照射到了我身上。有一次，她到我们女生寝室走访，柔和的目光望着我，问："田太习同学，你每天吃得饱吗？"我心里大吃一惊，皮老师为什么问我这个问题呀？说实话，我当时家里很穷，每次回家背的口粮，就是洋芋、红苕、苞谷面、榨广椒等，有时难免没有算准，出现短斤少两状况。没想到这个细节，竟被皮老师观察到了。有一次，皮老师还特地为我送了一饭盒大米，我有幸吃到了只有过春节时才有的大米饭。1977 年年底，我在双龙中学任民办教师，皮恒玉老师得知我当年高考失利，说："今年高考失利不要紧，我知道你读高中时成绩很好，相信你一定会考取大学。我希望你到我家里来复习，我管你吃和住。"皮老师的话，犹如春风扑面。没想到我九中毕业两年了，皮老师还惦记着我，对我抱有多么大的希望啊。1978 年 7 月 20 日至 22 日，我毅然决然参加了高考，虽然只是考取了广西邮电学校，但皮老师对我的关爱，一直温暖至今。

语文老师方宗震个儿不高，常常戴着眼镜，像私塾老先生一般，在办公楼门前，踽踽独行，形单影只。上课时，他声音不高，甚至有些中气不足，但他的课堂用语特别简练，改作文的批语画龙点睛，对我的口头表达能力和写作能力影响极大。由于我是在"文革"期间上的小学和初中，那时教材不规范，课时不规范，我基本没有学到什么知识。自从遇到方老师上语文课后，才逐步学会如何说话，如何作文。我因为爱好唱歌，就被班主任指定为文艺委员。有一次，学校组织文艺晚会，校团委要求各班必需有文艺节目，我感到一筹莫展。这时，方老师主动找到我，说："太习，你如果要让你班上的节目出彩，最好结合学校实际，自创一个文艺节目。"于是，我在他的指导下，编写了一个说唱节目《大战白虎垄》。方老师对这个节目反复修改，经他之手，《大战白虎垄》豪气凌云，金句频出，好似梯田上的吐穗苞谷一样抢眼。结果，我班排练的这个节目，引起全校师生共鸣，在此次文艺表演中大放异彩。透过经久不息的掌声，只有我明白，这个节目，其实是方老师的形象思维，在白虎垄上的激情演绎，是方老师的智慧花朵，在教学舞台上的热烈绽放。

屈定禄老师是一个"拼命三郎"而永远不知疲倦的人。我观察，他是柿贝人，宜都师范毕业后，回乡当过民兵连长，由九中最初的总务主任、团总支书记，后来任渔峡口区文教组长，于茅坪、双龙、枝柘坪、柿贝等公社任书记，乃至担任资丘镇副镇长等领导职务，全凭着苦干实干闯天下。当时在学校里，他教的是我们的物理课。那时的物理讲的是"三机一泵"（拖拉机、柴油机、电动机、水泵），而屈老师曾在乡下开过拖拉机，这既是他的专业，也是他的专长。他既有理论的武装，又有实践的积累。因此，黑板上呈现出的不再是冷冰冰的机器，而是田野里拖拉机的欢叫，加工厂柴油机的轰鸣，水电站电动机的高速运转。总之，那时的物理课迸发的是实用主义的火花。

莫看他一脸"凶相",走路一阵风,但他内心世界是柔软的。因我比较喜欢物理,他就对我特别关心,时常找我谈话,鼓励我读书上进。此后,我的各科成绩提高很快。1974年,我被评为全县模范共青团员;1975年,我高中毕业后,时任渔峡口区文教组组长的他,专程上双龙做工作,让我成为双龙中学的民办教师;之后,又派我到宜昌师专进修,并选我参加县、市、省农村文艺演出。1996年10月,得知屈老师任柿贝公社党委书记,我和几位同学前往柿贝去看望他,他鼓励我们好好工作。我们离开柿贝时,他给我们每人送了一口袋板栗。

如今,离开九中45年了,但老师们的形象却灿若晨星,依然明亮如初。

2020年10月12日于长阳龙舟坪

杨林老师

高中 1973 级　覃孟锦

作者简介

　　覃孟锦，土家族，大专文化，1957 年 2 月出生于渔峡口镇赵家湾村。1975 年 7 月渔峡口第九中学高中毕业。1976 年至 1984 年在赵家湾村土坡小学、凹口小学教书；1984 年 10 月至 1987 年 10 月任双龙乡政府秘书；1987 年至 1992 年任枝柘坪乡政府经贸办主任，移民办主任；1992 年春于枝柘坪派出所、渔峡口派出所工作；2017 年 2 月退休。

　　1973 年春，我用一个织花背篓装着红苕、土豆、玉米面，来到九中报到。第一次见面的，就是高一（2）班班主任杨林老师。

　　杨老师高个儿，短平头，肩宽背直，嗓门洪亮，话虽不多，却一脸严肃。他的形象和举止有点儿像我的严父。不知怎的，我这种平时有点儿"坐不住，不守规矩"的学生，看了一眼班主任，心里就有点儿发怵，甚至有些神不做主。

　　他瞄了我一眼，问："你叫覃孟锦？"

　　我说："是的。"

　　紧接着，他的第二句话竟然与我父亲送我出门时说的一样："要使劲儿读书哦，在学校可不能搞坏事，将来才有发展前途哦。"

　　我的心里顿时一惊，难道我脸上写着"调皮"二字吗？

　　杨林老师教我们的是俄语课，他的一口俄语非常流利。每节俄语课要结束的时候，他总是要点一名学生站起来，用俄语对话，检验他的教学成果。由于我有点儿畏惧班主任，上俄语课时不敢分心，因而我"听、说、读、写"都做得很认真，每次都是对答如流，挑不出毛病来，他总是表扬我。那个窃喜的兴奋劲儿，至今还历历在目。可惜，时至今日，我只记得个别单词。其余的俄语单词和句子，都还给杨老师了。唉，不怪杨老师，是我没用，不长记性。

说他像严父，这是我发自内心的评价。一次在校园篮球场上，我与初中班的一个捣蛋鬼不期相遇，我揍了他，被捣蛋鬼状告至班主任那儿。于是，我就被杨林老师叫到他的办公室，整整站了一个中午。杨林老师脸色很不好看，并严厉地批评了我，大有恨铁不成钢之态。我低着头，老老实实地听着，一动不动。

他问："你错在哪儿？"

他看我不敢辩解的样子，说："想好后，书面检讨交给我，上课去吧。"

现在想来，他的确是一位善良的班主任。他不想继续惩罚我，也不愿我不吭声而影响课堂学习。

莫看杨林老师一脸严肃，他也有一颗柔软的心。在高一（2）班上，我、许刚、覃宁权、李长建等都是篮球队员。有一次，我们高一班与高二班的篮球队比赛，我在冲撞突围时伤了腿，走路一瘸一拐的。杨林老师见了好心疼，他立刻去给我买药，教我怎么吃。晚上查寝时，走到我的床前，查看我的伤，问："还疼不疼。"我心里一热，说："不疼。"赶忙用被子盖住了自己的眼睛。

现在回忆这些点滴小事，我忍不住写下这几句话：

老师大名叫杨林，

滋润后生细无声。

三尺讲台传真理，

甘当春蚕丝方尽。

2020 年 9 月 6 日于长阳渔峡口镇

我的班主任

高中 1974 级　张长荣

作者简介

　　张长荣，1958 年出生于渔峡口镇双龙村。1976年 7 月长阳九中毕业。1978 年参加双龙管理区工作队兼黄栗树大队会计。1984 年参加干部招考并录取。曾任渔峡口镇副镇长、小龙坪乡副乡长、乡长、枝柘坪乡会计、渔峡口镇纪委副书记、双古墓党总支书记兼办事处主任、渔峡口镇财贸总支书记、农委总支书记、镇财政专管员、镇安办监察员、镇计生专干等职务。2018 年 12 月退休。其先进事迹于2018 年刊于《中国人口报》，题为《张长荣：为民服务的"跑腿官"》。

　　1974 年 7 月，我在双龙公社光辉中学初中毕业后，于暑假快要结束时接到了渔峡口高中的入学通知书。我当时真是欣喜若狂。我常听别人讲，九中不仅校园美丽，老师也大多是国家名牌大学的毕业生，能有幸在那里学习，这难道不是前世修来的福分么。

　　报名这天，我和父亲早早来到学校。我就像走进了大观园，领略了校园里的草坪、花木、池塘、房屋。我在新生入学名单上找到自己所在的班级是高一（1）班后，就到办公室找班主任报名。见到班主任后，出于崇敬和仰慕，我对他审视良久：中等身材，着一件白色的 T 恤衫，一条蓝色的长裤被洗得开始泛白，偏分头发略带蜷曲，脸呈长形，浓眉下的两只眼睛不是很大，却闪着光，给我的印象是严肃间又闪现着慈祥，说话的声音不是很大但隐藏着威严，普通的言行举止里让我觉得闪耀的全是渊博的知识。下午，我们全班同学各自找好座位，整整齐齐坐在教室里等待班主任编座位和提要求。

班主任进教室后，首先自我介绍道："我叫覃先弟，是枝柘坪人氏，大家都是乡里乡亲的，我除了给你们当班主任，还教你们的物理课。望大家一定要遵守纪律，好好学习，多掌握文化知识，将来在农村这个广阔的天地里才能更好地为贫下中农服务……"随后，先弟老师就指定了临时班干部，最后也给我封了一个最小的官——发煤气灯小组的组长。

煤气灯虽说比不上电灯，却比用墨水瓶做的煤油灯还是强多了，在灯下搞学习跟白天差不多。我的工作主要是保管好煤气灯，在早晚自习前将灯发亮，还要防止窗外来风将石棉灯泡吹坏。每天起床后，其他同学上早操，我就在教室发煤气灯，晚自习前也要早早地将灯发好。这样，我就有了比其他同学多享受在灯下看书的先机。那时要看的书也是少之又少，只能看一些不被批判的小说。班主任见我如此爱学习，就送给我了一套高中教材，还告诉我不懂的地方就问他。

见到课本后，我如获至宝。因为学校已有好几年没有发过课本了，上课时间全部是搞劳动。劳动任务主要是在白虎垄上开梯田，再就是下乡支农。我们隔三差五就到施坪住队劳动，一去就是一个大周，在教室里搞学习的时间可谓寥寥，故早晚自习就是我们看书学习的最佳时间。

一天，施坪公社的领导和石板溪电站的电工师傅来校找班主任，说发电机出了故障，请班主任去帮忙修理。班主任二话没说，就带着我们煤气灯小组的4人作为他的助手来到电厂。修毕，在回校的路上，我们就建议班主任想办法把石板溪的电拉到学校去——电灯较之煤气灯既亮又方便。回校后，班主任立马找覃好耕校长商量此事，校委会全力支持。就这样，学校在班主任的指挥下，经过全校师生的共同努力，全部装上了电灯。从此，煤气灯在九中退出了历史舞台，我这个"灯长"的"官"也随之遁于无形，学生搞学习的条件几乎就是跨越式进步。

当时，学生除了天天搞劳动，还要挤出时间批"右倾翻案风"，如果经常看书，也会遭到批判。有一次，班主任私下让我到他寝室去一趟，我也正有几个数学题要请教。班主任给我讲完题目后，轻言细语地对我说："现在风声很紧，看书要注意场合，我的寝室门很少上锁，你要看书就到我寝室里看吧。"就这样，我的大部分高中课程是在他寝室里完成的。

当时的高中学制只有两年，一眨眼间就毕业了。我离开九中后，几乎无时无刻不在思念对我恩重如山的班主任，即便想到九中去看望他都特别难——生产队请假很难。我家住在双龙，想出行又被清江所阻。一次，先弟老师到双龙家访，我闻讯后，走了好远的路，总算找到了我的恩人，将他接到我家里。我们全家人觉得先弟老师能来家里，真是蓬荜生辉，连到生产队上工都没有去了，母亲和姐姐就忙着做饭，父亲陪客，我就找关系到供销社开后门打了一斤酒（当时白酒是计划物资）。席间，酒过三巡后，班主任又谆谆告诉我，不要放弃学习，一定要有真本领才能为贫下中农服务，才能接受祖国和人民的挑选。

功夫不负有心人。1977 年 12 月，全国进行了"十年浩劫"后的第一次高考。在渔峡口区，报考人数不下千人，全是社会青年，多数是"老三届"。出人意料的是，我竟然还上了个中专线。虽说因某些原因没有被录取，但我的成绩上去了，我非常满足。这都是班主任让我努力学习的结果。双龙管理区的领导也觉得我是一个有本事的人，在 1978 年春提拔我任大队会计。1984 年，我闻讯招考行政干部，我专程到区组织部门报了名，准备应考。成绩揭晓后，我取得了前 20 名的优异成绩，并经过考核和面试后，我光荣地成了一名行政干部。

回顾自己的人生轨迹，如果没有先弟老师给我赠送高中课本和要我好好学本领的鼓励并长期辅导，我的命运就不可能发生改变。基于此，我常常觉得无法回报先弟老师对我的恩情。

2017 年深秋的一天，我出差到当阳，返程经过宜昌时，专程去夷陵高中看望老师。一打听，痛悉先弟老师已经去世，我的眼泪禁不住就落了下来……

后来，每当恩师走进我的灵魂，我就仰天祈祷——愿先弟老师在天国里幸福。

2019 年 2 月 20 日于渔峡口双龙

难忘的九中

高中 1974 级　许　红

作者简介

　　许红，女，1961 年 1 月出生于渔峡口镇。1975 年九中读初高中，1975 年 12 月至长阳县文工团工作，后调入宜昌市三峡工行、武汉市工行直至退休。工作期间曾在首都北京、湖北武汉、宜昌等地主持过多场大型文艺晚会。曾获全国文艺比赛二等奖，全国金融系统文艺比赛一等奖，湖北省文艺比赛、宜昌市文艺比赛一等奖、二等奖，长阳县"三八红旗手"等称号。

住　读

　　一般来说，住渔峡口街上学生，不需住读。但我觉得新奇、自由，就吵着要去九中住读。于是，我背着一个小箱、一个脸盆、一床被子，便开始了住读生活。

　　高一班女生宿舍很大，在二楼最里面寝室，有十几个床铺，靠墙围成一圈，中间并排放箱子，每床睡两个人，我第一次过这种集体生活，很不习惯。寝室里臭虫咬人，全身长满了疙瘩；夏天蚊子多，睡觉时手握一件衣服不时挥舞，才勉强入睡。最考验人的是半夜两三点钟同学们起来上厕所。那时没有电灯，每人有一个手电筒。为了发挥电筒最大效应，先是一个人起来邀伴，紧接着一个、两个，全部同学都躁动起来了，喊人的、趿拉鞋子的、咳嗽的，就像鸦雀窝里捅了一棍，叽叽喳喳。紧接着，上厕所大军开始涌向厕所。最恐怖的是，寝室楼板并不紧密，人在上面走，楼板就会发出叽叽叫声，人多势重，半夜三更楼板声音格外大。我本来容易惊醒，整个晚上睡不了几小时，如此折腾一学期，人瘦得不行。好在我能吃，男同学用的大饭盒，我能吃下满满一盒。半学期下来，我过了臭虫关、蚊子关、嘈杂关，渐渐适应了住读生活。

独　唱

进初中时，我才12岁，又瘦又矮，因为喜欢文艺，便被老师挑选进入学校文艺宣传队。宣传队是人才济济的地方，个个都有特长。有的会乐器，有的擅表演，而我却喜爱样板戏。课余时候，杨志明老师喜欢在他宿舍门口拉京胡，时常要我唱上一段，唱得不对地方他总会一一纠正。就这样，我在杨老师辅导下，京剧唱得有模有样了。

要放寒假了，期末考试、结业典礼、杀猪会餐……学校一片繁忙。然而，学校最大亮点，就是文艺演出。一般是每个班出几个节目，哪个班演得好，或者哪位同学最出彩，全校瞩目。每位老师、每个同学都明白，文艺演出其实带有竞赛性质，直接影响所在班声誉。我们班指定我出一个节目，演唱京剧《龙江颂》主角江水英的一个唱段"手捧宝书满心暖"。一说要我代表全班演出，我又激动又紧张，这可是个大舞台，我能唱得好吗？同学们喜欢我的演唱吗？晚会开始了，舞台前面挂上了两个煤气灯，把礼堂大舞台照得雪亮，全校同学黑压压地坐满了整个礼堂。我要上场了，我的心怦怦直跳。此时，杨志明老师京胡拉过门开始了，我大踏步走上舞台，开始了人生第一次独唱："手捧宝书满心暖，一轮红日照胸间……读宝书耳边如闻党召唤，似战鼓催征人快马加鞭。"最后一句是高腔，我和杨老师琴声是那样合拍。一曲唱罢，全场响起雷鸣般掌声，一浪高过一浪。可惜我没有备选曲目，只能给同学们鞠躬谢幕。

1975年年底，长阳县文工团招考演员，我有幸成为专业文艺工作者。此后，我去北京、武汉等大舞台演出，但没有一次像九中大礼堂演出那样，刻骨铭心而终生难忘。

球　赛

我们九中每年都要参加全县中学生篮球比赛。九中男子篮球队全县有名，不是第一，就是前三，而女队总是成绩不佳。像我这样长得如此瘦小的女孩子，居然也是女队队员，可想而知我们女队实力。有一年，我作为九中篮球女队替补队员，参加了全县篮球比赛。几天下来，男队稳居第一，而我们女队却只能和另外一个成绩最差的队，打最后两名排名赛，打赢了，倒数第二，打输了，倒数第一。虽然是最后两名比赛，赛前，杨祖辉老师还是做了慷慨激昂战前动员：要认真打，打出我们的精神。我们所有队员有着极强集体荣誉感，像争夺冠亚军一样上场了。经过疯跑、抓刨、推揉、拼抢，打到最后3分钟，我们还是少对手一分，此时场上已呈胶着状态，双方队友们个个累得半死：满脸通红的、苍白的、汗流浃背的、勾腰哈气的，已没了人形。我这个替补队员急得手心冒汗，只恨自己没有三头六臂，助队友一臂之力。此时，杨祖辉老师突然说：换人，许红上。我吓出一身冷汗：这个时候，我这种技术差、毫无拼抢能力瘦秧子能够上场？上！杨祖辉老师看出了我的慌乱，不容置疑说。我只好硬着头皮上。上场后，我跟着一群人奔过去、跑过来，眼看着就要吹全场结束哨音。突然，在我们篮板下，有队员传我一球，我想也没有想，往篮板上硬投。似乎天助我也，球居然进去了！球刚一进去，全场结束哨音响起，赢对手一分。我们紧紧抱在一起，欢呼跳跃，就好像得了冠军似的。杨祖辉老师高兴得咧着嘴笑了。

养　猪

我一生中只养过一次猪，那是在九中读初二的时候。那时候很穷，不像现在每天都能吃肉。于是，每个班都要养一头猪，放寒假时统一宰杀，集体会餐。我是在父母工作单位里长大的，从来没有养过猪。当时班上决定，为了方便周日也能喂猪，需要住得近的同学帮忙，我便成了班上养猪员。

猪圈在我们学校篮球场北面，所有猪圈一字排开，每个猪圈约8平方米，每班养一头猪。每周两节劳动课，是我们打猪草的时间。我们把芫儿长、刺盖、构叶、蒿子、青菜边皮等等猪草采回，堆在教室角落里。课间时间，我们先剁好猪草，再往猪桶里加水和米糠，搅拌好后送给猪吃。还要经常给猪圈换窝，打扫清洁。我们班养的是一头小黑猪，经过精心饲养，小猪仔慢慢长大了，小猪仔渐渐认识我了，听我话了。每次喂猪食，我都要摸摸小猪的头，和小猪讲话。几个月过去了，小猪成了这一排猪圈中长得最好的一头猪，它粗壮结实，油光水滑，连厨房黄师傅都夸这个猪儿长得"乖"，班上同学们隔三差五也要去参观。可天有不测风云，头一天好好的一头猪，第二天居然死了。我好伤心，在猪圈里哭了。班上调皮男生开玩笑说：许红的猪弟弟死了。厨房黄师傅觉得这个猪长得肥，居然给猪放血，把肉吃了。直到现在，我都想不明白，猪是咋死的呢？

2018 年 11 月 8 日于宜昌

广播室

高中 1975 级　胡　苏

作者简介

　　胡苏，女，1962 年出生于渔峡口镇。1977 年毕业于长阳九中。后于渔坪大队 5 队插队劳动一年。1978 年考入长阳县师范学校读书。1980 年从教；1985 年后，先后于宜昌师专、湖北教育学院读书；大学毕业后，任教于县教师进修学校、龙舟坪中学和县一中。2017 年退休。

　　1975 年秋，我进长阳九中读高中。

　　我从小喜欢听广播，并且时常模仿播音员播音，因而我的普通话在小伙伴中算是说得好的。没想到，小时候的爱好，让我高中时派上了用场。我上学不久，老师就通知我，每周去广播室播音。

　　记得高一时候，和我一起主持广播室工作的，是 1974 级的许红姐姐。广播室稿件内容，主要是反映学生德智体全面发展先进事迹，尤其注意播发学生"学工、学农、学军"成果稿件。

　　广播稿件由各年级筛选上来，由广播室审查，拿不准的交给张盛柏老师终审。广播室设在学校办公室楼上。依稀记得前面一间是播音室，里间是张老师办公室。那是一栋二层小楼，位置处在整个学校南侧，它的东边是教师宿舍。我的印象是，除了集中开会以外，老师们都是在自己宿舍里备课、批改作业。那二层小楼，早先是覃氏宗族祠堂，青砖灰瓦，木梯，走上去楼板还一颤一颤的。

张老师那时带我们政治课。他个儿比较高，戴一副眼镜，儒雅得很。夏天里，他总是穿白色衬衣，着深蓝长裤，一位干净清瘦知识分子形象。张老师不苟言笑，我每次去送稿审查，总是很紧张，心想老师肯定是很严厉的人。总算还好，不知是我任务完成得好，还是张老师宽容，我还没有受过张老师批评。

广播室内最值钱的是一架老式唱机，以人工摇动给它储存动力。劲足时候，唱机正常工作；动力不足时候，唱机转动慢了，广播里歌声就有气无力。第四节课下课以后，同学们忙着站队取饭，我们就得飞也似的奔向二楼广播室，先是抓紧给唱机上劲，播放一首歌曲，然后便是开场白："渔峡口中学广播室，现在开始广播。"接下来便是播送各年级稿件。

广播室也有搬到外面时候。1976 年冬天，学校决定把前面山包上的白虎垴改造成梯田，让它成为我们的学农基地，同时为学校增加粮食和蔬菜，以改善师生生活。白虎垴是一个杂树丛生、石头遍布的圆形小山。那时冬天，北风呼啸，寒气逼人。许多农村同学穿得单薄，有的连像样的棉衣也没有。为了激励师生劳动热情，学校决定把广播室搬到劳动现场，按现在的话来说，叫现场直播。

我和许红姐姐置身现场，播出内容是同学劳动竞赛中的先进事迹，字数不多，内容简短，体现新闻的现场感与及时性。为了活跃气氛，还有一些稿件是诗歌，甚至还有三句半。现场直播的效果，有立竿见影作用，鼓动性特强。同学们一听广播，干劲冲天。他们砍杂树，挖石头，砌田坎，没有丝毫怨言，整日里欢声笑语不断。我心里充满感动：劳动真是可以锻炼人，改变人。

不久，许红姐姐因姣好容貌和文艺天赋被招到长阳县文工团去了。广播室新来一个初一年级学妹覃俊娥，她长得漂亮，活泼开朗，是跟着父亲从山东来到渔峡口的。她普通话纯正，声音清亮，与我搭档播音，一直持续到1977 年 6 月高中毕业。

两年广播室播音，不仅提高了我普通话水平，更是培养了我的语文兴趣。后来，我读长阳师范、宜昌师专、湖北教育学院，选择的都是中文专业。毕业后，我从事的职业，也是中学语文老师。

2018 年 11 月 15 日于长阳龙舟坪

我在九中当"校医"

高中 1975 级　秦彩玉

作者简介

秦彩玉，女，1959 年 4 月生于渔峡口镇招徕河村。1975 年 9 月至 1977 年 7 月就读于渔峡口高中。现居宜昌。

我是 1975 年秋季进渔峡口高中就读的。初到九中，立刻被宽广的校园、高大的楼房迷住了。特别是听别人介绍，给我们代课的老师大多来自名牌大学，有的还是大学的高材生，心底里就升起一种自豪感。

开学后，我越来越强烈地感觉到，九中真是适应学生学习的圣地：没有熙熙攘攘的行人，没有车辆飞驰的喧嚣。美中不足的是，学校距集镇相距有 2 里多，周围没有卫生室，师生一旦偶染小疾，需到集镇卫生院就诊。

可是，令我们没有想到的是，开学的第二个大周，学校就决定开设医务室，并且让一年级（1）班和（2）班分别安排 2 个学生（每班男女生各一名）到渔峡口卫生院进行为期半个月的医疗培训。高一（1）班是我和覃业柱同学，高一（2）班是田卫民和秦德英同学。

培训期间，我们 4 人都非常刻苦，每天都跟着医生到病房学习，生怕漏掉必备的医疗常识。主讲医生在讲授医疗知识之时，还告诫了不少为医之道，如"医者仁心""医生不明，暗箭伤人""救死扶伤"等，在我幼小的心灵里，深深地打上了为医者"人命关天"的烙印。

学校医务室在学校办公楼前面的一间办公室里。学校采购的药品也不少：简易的药架上摆满了祛痛片、安乃近、阿司匹林、十滴水、青霉素、链霉素、紫药水……医务室的值班方式是一天2人，两组轮换，我和德英同学一组，课间坐班，归寝铃响才离开。由于培训时间较短，诊断是不会的，通常是学生说病，我们发药。

我们这4个"半吊子医生"，很少参加劳动。那时的劳动课，大多是班主任带着我们在白虎垄上砌梯田，"医生"就在医务室值班，加之一身白大褂的穿戴，还真有点儿医生模样，让不少学生羡慕。

有一天，正是午睡时间，我在医务室值班。一个女同学火急火燎地跑来告诉我："皮恒玉老师感冒了，让我来喊你给她打一针。"说完，又匆匆回了寝室。

听说要给皮老师打针，蓦然间一种恐惧笼罩了我的心。打针我们是学过的，在医务室也给同学打过，可给老师打针还没有试过手。加之皮老师又是主管女生工作的，女生平时就很敬畏她，谁有胆量在她身上扎针？正当我忐忑不安不知所措时，先前喊我的同学又来催了。看来"是祸躲不脱"，只有硬着头皮去。

当我抱着针剂和针盒子来到皮老师的寝室后，见她躺在床上，闭着眼，额头上还搭着一条叠成方块的湿毛巾。我断定：皮老师重感冒了。

一进屋，皮老师就对我说："昨天回汗了，有点发烧，头也有些晕，先给我打一针看看效果，假如没有效就去卫生院。"皮老师刚一说完，我就鼓足勇气对她说："皮老师，您还是请别人打吧，我有些害怕。"说这话时，我不敢看皮老师，眼睛盯在自己的脚前，声音非常小，几乎只有自己才能听见。皮老师笑着说："你别怕，赶快兑药。"我兑药时，使了很大的力气才稳住发抖的手。准备就绪后，我正要打时，不听话的手又抖起来了。见此情景，皮老师轻声细语地对我说："彩玉，你大胆地扎吧。我喊一二三，你就扎针，动作要快。"我别无选择，只得鼓足了十二分的勇气，在皮老师喊完"三"时，猛地一下将针头扎进了她的肌肉，慢慢将药剂往前推，脸上的汗珠全滴在皮老师身上。当我从皮老师身上拔出针头时，几乎是四肢无力了，费了好大的劲才坐到椅子上，半天动弹不得……

第二天，不是我值班，上午第四节课的下课铃一响，我刚出教室，皮老师就将我带到医务室，让我再给她打一针，还说昨天打一针后，感冒好多了。一切准备就绪后，立马就开始打针了。说来奇怪，昨天的那种紧张心理不复存在了。第三天皮老师没再打针，而是专门到女生寝室，面带微笑告诉我，她的感冒痊愈了。此后，我发现皮老师对我的态度发生了微妙的变化，对我像是格外亲热。有一次，还硬塞我一个馒头，我心里倍感温暖。

从这以后，我在医务室的两年时间里，每次给老师和同学们打针时，再也不紧张了，我总是想起皮老师那信任的眼神。

到了高二学期，学校分别开办了一个"赤脚医生专业班"（简称赤医班）和一个"畜牧兽医专业班"（简称兽医班），学制一年，以解农村应急之需（这两个专业此后再也没有招生了）。生源是应届初中毕业生推荐读高中之后的没有着落的同学，指标分到各大队后，再由大队推荐。渔峡口公社革委会还抽调了专职医生和兽医为学生授课。在赤医班授课的是马金文、李孝乐（卫生院时不时还派一些医术较为高明的医生前来授课）等医生，马金文是赤医班的班主任；给兽医班授课的有覃守柱、覃守刚。覃守刚是兽医班的班主任。学校虽说为这两个班开设了政治、语文、数学、劳动等课程，但主要学习的是专业课。

学校来了专职医生，医务室先前的学生"校医"的工作就少多了，师生来看病或是打针大多都找医生，我们主要做一些发药、换疤子纱布之类的小事，当然，医生偶尔不在学校或是带学生劳动去了，医务室的主要工作还是由我们承担。值得庆幸的是，医务室来了医生后，还利用闲暇时间教了我们不少医务知识及保健常识，让人受益终身。

高中毕业回乡务农后，虽没有机会从事专业的医务工作，但我在当时农村医疗条件较差的年月，有时还派上用场：周边的大人小孩生病后，给他们送一些常用药；需要打针时，我也会勇敢地去打上一针，受到村民的欢迎。

2020 年 9 月 28 日于宜昌

九中校址搬迁始末

高中 1975 级　覃业朝

作者简介

　　覃业朝，1959 年出生于巴东县水布垭镇。1977
年 7 月九中高中毕业，1980 年毕业于巴东县师范学
校，1985 年至 1988 年在恩施教院进修中文专业。
1990 年调渔峡口重点中学任教。湖北省作家协会会
员。1991 年开始发表文学作品。短篇小说《忏悔》
1993 年刊于《文艺学习》，同年 10 月，该文在中国
文联、《文艺学习》杂志社联合举办的"走向 21 世
纪文学创作研讨会"上获三等奖。曾为《语文教学
与研究》的特邀撰稿人。已出版《巴国故都风情》《巴国故都漫笔》散文集。
参与过《长阳县志》编修。现撰写并主编《渔峡口镇志》。

　　在山区，就校址而言，能与渔峡口高中（九中）媲美的，还真不多见：
东边是灯星岭，西边是渔坪小学，北边是杂花生树的漫延坡，南临白虎垄，
中间则是一块面积超过百亩的坪埫——九中所在地。早在 20 世纪 40 年代，
时任中华民国渔峡口区区长（又称团总）的覃少辅家族（其父覃文正为覃氏
族长）花巨资将此处购买后，修建了白虎垄覃氏祠堂，将先前的宗祠从蛮家
湾迁于此处。1958 年，长阳县文教科及渔峡口人民公社在渔峡口开办第十五
初级中学（开办不久，与枝柘坪十六中合并改为第九中学），竟独具慧眼地将
校址定于此处。

　　九中的校址究竟好在何处？要知道，在"一山未了一山迎，百里不见一
里平"的渔峡口集镇周边，要找一块盆地般的风水宝地，除了此处，再无第

二。它距集镇约 1000 米，远离了街道的喧嚣，使学生能在空气清净、花香四溢、曲径通幽的环境里学习生活。九中能够人才辈出，除了有高水平的师资及勤奋刻苦的学生外，与有适合学生学习的安宁环境分不开。

1970 年，九中升格为高中，初中依旧招生，九中遂成为一所集高中、初中于一体的学校。1984 年，渔峡口高级中学（九中）撤销，更名为"渔峡口农业高级中学"，简称"农高"，面向全县招生。渔峡口初升高的学生按考分的高低分别录取在长阳一中、长阳二中（校址西湾，后迁往桃山，更名为"长阳县民族高中"），第三批才是"渔峡口农高"。农高依旧和初中部并存。1986 年，渔峡口区委、区政府、区文教组在集镇新辟校舍，修建了一所重点初中，名"渔峡口镇初级中学"，简称"镇中"。镇中招生后，九中依旧设有"初中部"，即"普通初中"。

1986 年，办了两年的"农高"，终因渔峡口的偏僻无法满员招生而撤销，长阳土家族自治县教育局将其更名为"渔峡口职业高级中学"，简称"职高"，开设果林、烟草两个专业班，面向全县（椒坪、大堰不在之列，因两处亦有职高）招生。"职高"依旧因偏僻，艰难地开办到 10 年后的 1996 年，县教育局在津洋口集中修建了职高，名"清江职业高级中学"，渔峡口职高停招，学校更名为"渔峡口镇第二初级中学"（镇中同时更名为"渔峡口镇第一初级中学"），但负责将职高 1995 年所招学生送至 1998 年毕业，同时招收全镇初中一年级学生，初一学年结束后，转入第一初级中学完成初二、初三阶段的学业。

2000 年秋，渔峡口镇第一初级中学、渔峡口镇第二初级中学两校合一，位于原镇中的渔峡口镇第一初级中学更名为"渔峡口镇初级中学南区"，位于九中的渔峡口镇第二初级中学更名为"渔峡口镇初级中学北区"。照旧招收全镇初一学生。这种模式的招生，有效地解决了学生择校的矛盾。

可是，2000 年之后，许是"普九"高峰已过，生源下降，南区基本能容纳初中 3 个年级的学生了，渔峡口镇人民政府、渔峡口镇教育站于 2002 年 5 月将北区撤销，并入南区，学校再次更名为"渔峡口镇初级中学"，结束了九中的办校历史。

九中撤销后，除了几位退休教师居住外，基本处于荒芜状态。此时，镇初级中学虽说勉强解决了学生的教室、宿舍、浴室等设施，但教师的住房压力非常大。县教育局、镇中心学校（2003 年渔峡口镇教育站撤销，将渔峡口镇初级中学更名为"渔峡口镇中心学校") 与渔峡口镇人民政府协商,将镇政府建在中心学校东边相距不足百米的渔峡口镇福利院与九中交换,原福利院全部改成教师住房,镇政府将福利院迁往九中。

自此,"九中"二字逐渐淡出了人们的视野,取而代之的是渔峡口镇福利院。

其实,无论九中的更名,还是撤销,只是一个空间变化概念,实质上,渔峡口的初中学校始终都在,无非是 2002 年之前在山上,2002 年之后在山下。

2019 年 11 月于渔峡口镇

我的老师

高中 1975 级　覃业朝

作者简介

覃业朝，1959 年出生于巴东县水布垭镇。1977 年 7 月九中高中毕业，1980 年毕业于巴东县师范学校，1985 年至 1988 年在恩施教院进修中文专业。1990 年调渔峡口重点中学任教。湖北省作家协会会员。1991 年开始发表文学作品。短篇小说《忏悔》1993 年刊于《文艺学习》，同年 10 月，该文在中国文联、《文艺学习》杂志社联合举办的"走向 21 世纪文学创作研讨会"上获三等奖。曾为《语文教学与研究》的特邀撰稿人。已出版《巴国故都风情》《巴国故都漫笔》散文集。参与过《长阳县志》编修。现撰写并主编《渔峡口镇志》。

在渔峡口高中求学期间，所经历的许多事情大多都忘却了，可那些教我知识、关心我生活、让我学会做人的众多恩师，一刻也没有从我记忆中消失过：谆谆的教诲，常在耳边萦绕；亲切的笑貌，亦常在眼前浮现。其中，尤以张盛柏老师为甚。

他对学生总有一颗仁爱之心。

他从教数十年，对那些违纪学生连重话都不曾说过一句。若遇调皮捣蛋者，总是将其请到办公室，不罚站，还泡上一杯浓浓的香茶递给学生。然后才轻言细语地询问情况，不时还发出爽朗的笑声，使人相处如浴春风。作为学生，哪里是在受批评，倒像张老师多年不见的稀客。于是乎，违纪者被感化了，在羞愧难当之际立马起身立正，向老师认错，还定保证。从此，循规蹈矩，奋发向上。

最使我难忘的一件事是刚进高中不久，我这个巴东籍的学生在九中求学，人地两生，于是萌发了转到巴东县清太坪高中的想法。一天中午，我大着胆子去找张老师，并将想法和盘托出。张老师听后，沉思良久，神情颇显严肃，问我的第一句话竟是："你到哪所学校近些?"我未加思索地答道："渔峡口。""近多少?""少说也有30里。"得到"30里"的答案后，张老师没再提问了，将头微微抬起，眼睛望着天花板，过了一会儿，才将那张慈祥的脸转向我，并对我说："一个十五六岁的孩子，每次上学要多走几十里路，太不可思议了。何况求学是没有地域之分的，在哪里读书都一样。我看你还是不要转了，往后有什么困难只管找我，我这里就是你的家，你看行吗?"我听后，心里的所有疑虑顿时烟消云散，很爽朗地答道："行，只是给您添麻烦了。"

从那以后，每当遇到困难时，我倒很少去找张老师，但出入张老师寝室的频率倒非常高了——看他的藏书（当时是书荒高峰期）。这为我后来的写作之路，奠定了坚实基础。

在学校，张老师关心我成长；我毕业后，他关心如故。

1990年暑假，我从巴东县一个学校调渔峡口镇任教。一天上午，我在相关部门将粮油、户口等关系申报完毕后，来到被烈日炙烤的街道欲找便车回招徕河。不经意间我突然看到张老师。张老师那时退休多年，常住东村。久别重逢，似有无限感慨。张老师问道："听说你调渔峡口了，真的么?"我有些拘谨地答道："是的。"张老师听后露出微笑，随即问道："分在哪所学校?"由于工作调动的权力在当时的教育组，加之刚调来，领导还没来得及分配，我亦只能对张老师说："还不清楚。"接着，张老师语重心长地告诉我："按你的条件应该进镇中工作。你可能还不知道，镇中是全县教学质量一流的一所重点中学，你只有在镇中工作，才能发挥你的特长。"我们站在树荫下，根本没有顾及蒸笼般的炎热，张老师擦了一把额头上的汗水后似有所思地说："你刚进渔峡口，多数人对你不了解。这样，你到我家去休息一会儿，我找熟人推荐你。"下午，我和张老师来到渔峡口镇中学校长家，向他介绍我的语文功底，尤其还擅长写作、书法等特长。校长被张老师冒着酷暑、推荐人才的精神所感动，爽朗地答应帮忙。这就是我从巴东县调进镇中工作的由来。

由于长期爱好读书，我慢慢萌生了创作小说的念头。1991年春，我创作了一篇题为《赵老头》的短篇小说，工整誊写后竟不知投往何处。蓦然间，我想到了恩师张老师，就带着稿子找他老人家。他看完稿子后，非常高兴地说："这篇稿子已达到了发表水平，我马上寄给《三峡晚报》，请我在那里工作的儿子帮忙处理。"时隔不久，我的拙作走向宜昌，刊于《三峡晚报》文艺副刊。这是我的小说第一次变成铅字。当时，我高兴得简直就要跳起来。后来，我创作的多篇小说和散文作品，都能在《三峡晚报》上发表。散文《我和〈林海雪原〉》在《三峡晚报》发表后，被《读者文摘》转载。因为这些成绩，2016 年 12 月我终于加入了湖北省作家协会。

2010 年 6 月 24 日，我敬爱的师长张盛柏老师因病医治无效而与世长辞。我忍受着巨大的悲痛写完悼词后，泪水早已将稿纸全部浸湿。其间，除了伤心还有惶恐：在今后的人生道路上一旦遇到坎坷，又去找谁？

2020 年 3 月于渔峡口镇

高中小记

高中 1975 级　唐万宪

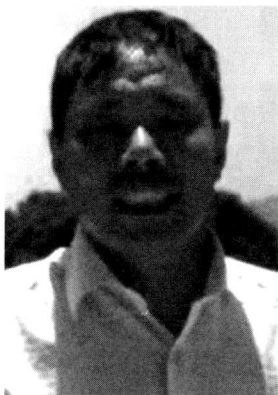

作者简介

唐万宪，1960 年 1 月出生于渔峡口镇招徕河村。1977 年毕业于九中，1980 年 1 月毕业于长阳师范学校。先后在渔峡口镇的岩松坪小学、板凳坳小学、枝柘坪中学、招徕河小学、渔峡口中学、渔坪小学教书。1990 年 12 月高等教育自学考试专科毕业。1998 年 3 月获得县教育局颁发的骨干教师证书，2000 年 4 月获得宜昌市教委颁发的小学语文学科带头人证书。从教 39 年，现在渔坪小学教书。

1975 年秋天，我从招徕河中小学被推荐到九中读高中。当时，我们高一年级是两个班，每班 45 人左右，我被分在高一（1）班。

我印象最深的是语文老师史思新，他个儿高大，虽然眼睛高度近视，但讲课声音洪亮，颇有激情。是他让我知道什么是记叙文、议论文，还教了不少的文言文。比如他讲荀子《天论》、柳宗元《捕蛇者说》的场景，至今还历历在目。在讲《天论》的时候，他说，什么是"天行有常"呢？天，就是大自然；行，就是运行；常，指常规、规律。大自然的运行有它一定的规律。他每讲一个字，就在这个字下边打一点，并在这个字上面写上注释。一直到今天，我好像还能看见当时那些粉笔字的位置和模样。

覃先弟老师的物理课，我们是既喜欢上，又害怕上。他的物理课把我们带进了一个又一个神奇的世界，让我们大开眼界，兴奋不已。同时他又是一个教学非常严谨的老师，在上课之前，总要检查我们对上节课所学知识的掌握情况。有些知识点没记住的，这节课休想坐着听课。因此，每到物理课时，我都有一种莫名的紧张，总是要把上星期学过的定理、公式，在脑子里迅速过一遍电影，心里才踏实，否则先弟老师会让我站着加深记忆。

我记得，我们刚进校的那一年，即1975年至1976年，开门办学时间特别多。我们的课堂，多在校外。公正地说，开门办学有利有弊。所谓利，就是说结合专业知识学习，还是有收获的。比如袁勤灿老师带我们去施坪三队搞土地测量，让我们掌握几何方法；邓执旺老师教我做"5406"菌肥，一来解决农民肥料问题，二来让我们理解化学知识；周乃康老师和农技师周武川教我们果树嫁接技术，在东村嫁接了万棵温州蜜橘。这些举措，对我们掌握和巩固课堂上知识是有利的。所谓弊，就是把开门办学当作纯粹的劳动课，而且时间之长，让我们确实感到痛苦。比如农忙时节，我们要去施坪支农，和当地农民同吃、同住、同劳动，每次都是一个星期或者十天半月。我们还在张家坳背煤炭、背石头、烧石灰，再把烧好的石灰背到学校。在这个过程中，我的手指被砸伤、腿上被擦破皮，这倒没有什么，只可怜我们学习时间一天天变少了。

1977年夏天，我们结束了高中生活，回乡务农。我原以为，我们这些学生同以前校友一样，要么推荐选拔上大学，要么就是一辈子务农。没想到这年的12月，我和同学们突然被通知参加考试。当时负责招生的覃孟保老师说，你是高中毕业，可以报考大学。我说，我虽说是高中毕业，但我们从小学就没有好好读书，基础知识太差了，只能考中专。事实证明，我的选择是正确的，我们有不少同学报考的是大专，结果只有我考取了中专。

1978年3月，我接到了长阳县师范的录取通知，我从此得到重新学习的机会。一晃到了9月，我同届同学胡苏、李发楚考取了长阳师范，我们的数学老师袁勤灿也调到了师范任教。在远离九中一年时间里，我们能在县城相遇，这时才真正体会到"他乡遇故知"的惊喜。

2018年12月8日于长阳渔峡口镇

九中生活片断

赵万梅

作者简介

赵万梅，女，1959 年 2 月出生于渔峡口镇柳山村。1977 年 7 月九中高中毕业。现居黄冈武穴市。

1975 年 9 月我有幸进九中就读高中。在当时的时代背景下，能够进高中学习挺不容易——1975 年，渔峡口区推荐高中的比例是三比一。也就是说，还有三分之二的初中毕业生不能读高中。因此，我非常珍惜这一难得的学习机会。

由于自己的刻苦努力，我在班上的成绩比较好，毛笔字也写得还算工整吧。在当年没有教材的年代，经常帮学校和班上刻蜡纸，还掌管油印机的印刷，尤其是学校和班级办专刊的时候，我都是不可或缺的一员。记得有一次，全县教育工作展览会在九中召开。会议召开之前，学校安排每个班级办一期宣传专刊。高二（2）班是班主任杨志明老师指导主办的，我们高二（1）班是班主任史思新老师指导主办的。专刊办好后，学校进行质量评比。平心而论，杨老师指导办的专刊，无论刊头、标题还是文章的誊写都远远超出高二（1）班的，可最后评选的结果，高二（1）班的专刊竟然获得了一等奖，高二（2）获得的是二等奖……我当时非常高兴，言语间不时流露出得意。史老师见状，私下对我说："老师们评比时，都认为高二（2）班的专刊应该获一等奖，是杨老师力举我们班拿一等奖的。当杨老师知道是你一个女学生能够办出这样的专刊实在难能可贵，为了激发你的兴趣，鼓励你今后把专刊越办越好，杨老师大度地让我们班拿了一等奖。"我才恍然大悟，为自己的一时得意而感到羞愧。

有一次，我得了重感冒，躺在床上动弹不得，同学们报告了班主任李碧君老师。李老师立马组织学生准备将我背到卫生院。负责女生部工作的皮恒玉老师知道后，对李老师说："赵万梅的病我来用小方法治疗，不需到卫生院。"接下来，皮老师就给我熬了一大杯姜糖茶，并要我趁热喝下，然后把其他同学的铺盖给我加了几床，让我发汗。过了一会，我真的流汗了，而且是大汗淋漓，被子都要湿透。约莫过了个把钟头，发汗应该是结束了，皮老师将我抱到她的寝室，擦干了我身上的汗，还给我换上干净被盖后，让我继续躺在床上，对我说："很快就要好的。"说来神奇，当天我的感冒还真好多了。

在九中就读期间，音乐老师是魏平老师。我在龙池中学上初中时，她就是我的老师，我们几乎是同步来到九中的，只不过她是老师，我是学生。因为"老关系"，她时常让我给她抄歌曲、做教案。由于我的家乡柳山与巴东县毗邻，说话有很浓的巴东味。有一次在课堂上，有人竟然学我说话。魏老师见状，火了，指着那个同学厉声说道："你的话标准，怎么没有推广成普通话呀？广播电台怎么没请你去播音呢？"这时，我偷偷看了一眼那个学我说话的同学：羞赧地低着头，似有无限的悔意。此后，再也没有同学学我的口音乃至说我"巴东腔儿"了。

到了高二下学期，正值1977年春天，学校狠抓教学质量，史老师就安排我和覃业朝同学刻蜡纸油印语文补充教材。我们利用课余时间刻写了荀子的《天论》、司马迁的《陈涉世家》、柳宗元的《捕蛇者说》、苏轼的《石钟山记》、诸葛亮的《出师表》、李白的《蜀道难》、白居易的《琵琶行》《长恨歌》等大量古诗文。史老师要求我们熟读并背诵，还要能翻译，特别是文言实词和虚词的用法必须记牢。这些知识让我受益终身。出身社会后，我虽没有靠这些古诗文吃饭，但在我辅导孩子学习文言文上，还是起了大作用的。

1977年7月高中毕业后，我回乡务农。渔峡口公社住柳山大队的干部安排我任生产队会计，算是重用我了。毕业不久，县政府要招一名会写字的打字员，覃好耕校长亲自带着县干部来柳山对我考察，并决定录用我。遗憾的是，大队书记以生产队缺会计为由，把我扣下了。尽管这次工作机会失去了，但覃好耕校长的"伯乐"精神，让我感动，终身难忘。

成年后，我远嫁黄冈武穴市。虽说"独在异乡为异客"，可在九中所学的知识和为人之道让我受益终身。在武穴，每到逢年过节，除了给街坊邻近写对联外，我还在大街上书写对联出售。遇到他人有难，皆是竭尽全力帮扶。同时，我也用九中老师教育我的方法去教育我的儿女，让他们学业有成。

2020 年 10 月于黄冈武穴市

我的九中

高中 1975 级　田卫民

作者简介

田卫民，1959 年出生于渔峡口镇龙池村，后移居枝柘坪孙家冲村，祖籍资丘后坪。1977 年高中毕业于九中。曾供职长阳农行、长阳信用联社、宜都农行；现供职于中国农业银行三峡分行。

1975 年 7 月我于枝柘坪中学初中毕业，能进入九中进行为期两年的高中学习，得感恩我的班主任李发鹏老师。他拿上招生表，到大队革委会好说歹说，才争取到"同意"两字，也就是这两个字，改变了我的人生。当我拿到录取通知书时，不敢相信自己的眼睛，我揣着录取通知书彻夜不眠。

1975 年 9 月 1 日，我怀揣录取通知书，带上日常用品，两周口粮 12 斤大米和小菜（榨广椒、酱豆、腌菜），11 元学杂费和 2 元零用钱，还有一床棉被，用木箱将所有东西（棉被装不进去）装上，将箱子和棉被放在背篓上用一根棕绳捆绑固定，背上这些东西，便独自上学去了。那年我刚刚 16 岁，近 20 千米的路程足足走了 5 个小时。

走进校门，有老师把我带到了一栋土墙屋一楼的一间房内，屋内放了 8 张床，4 张床一拼分两块放在房子中央，上下两层，两人合伙一床，可住 32 人，全班男生在这间寝室里面一住就是两年。两栋寝室之间是一块菜地，菜地后面是厕所，右边的那栋土墙屋一楼是老师宿舍，二楼是女生寝室，女生寝室是一块禁地，两年来我们男生从来没有上过这个楼。男生寝室正对面是初中部教室，女生寝室对面是高中部教室，之间是一片草地。草地上有一些垂柳，把草地点缀得美丽。课余时间，同学们三三两两在草坪上晒太阳、玩耍。草地周围是跑道，早上以班为单位，围绕跑道跑数圈，再上早自习。教室后面，有几间老师宿舍和办公室。东边是礼堂，穿过礼堂便是厨房，西边是篮球场，球场四周有许多木梓树，球场外是猪栏，球场土坎上是化学实验室和总务室。校园南面的小山凸叫白虎垄，老师带领同学们将整个白虎垄建成了层层梯田，栽上了苹果树，种上苞谷、黄豆、红薯等作物。远远望去白虎垄像一座宝塔，屹立在校园的南面，守护着校园，呵护着学子，塔顶方正，站在上面可观望九中全景，也可看四面群山。

　　九中缺水。冬天枯水季节，水贵如油。每天早上，同学们手拿盆子，排着长长的队伍领水，厨房里的田师傅一瓢一瓢地给同学们分发洗脸水，不知是田师傅与我同宗，还是生性善良的缘故，他总是带着微笑，时常还多给我一瓢水，我心存感激。同学们将水端回寝室，匆匆洗刷后，再去做早操。我们几个懒惰的男生，有时也为了多睡几分钟，懒得去领水，便"发明"了"干洗法"洗脸，用干毛巾将脸擦擦，算是完成了洗脸任务，便走到树阴暗处插进跑步的队伍。各栋房子之间，都有"三合泥"铺成的道路连接，雨季在校园内行走，脚不沾泥土，有点当今水泥路面的感觉，在当时已十分奢侈了。春日校园内有樱花、桃花、梨花、月季、木梓花交映盛开，花满校园，生机盎然。我们这一届是幸运的，环境、条件不断改善：刚开学时，上晚自习用自备煤油灯照明，远远望去像烛光晚会，人影晃动，琅琅书声；没过多久，学校配置了煤气灯，十分明亮；第二学期学校购回了发电机，教室寝室都用上了电灯，虽然说电压不稳，时明时暗，时亮时停，但也有了现代化的影子。

　　我们这一届是幸运的，遇到了德才兼备的老师。

　　杨志明老师，带着一口浓厚的"汉腔"，他那才华横溢的气质，倾倒了所有学子。他给我们上过除化学以外的所有课程，他是个全能老师，高中的数理化、语史地、体音美都如数家珍，学校的文艺晚会，他拿出用"布袋子"装着的二胡演奏起来，把我们带进了美妙的音乐世界，让我佩服得五体投地。他激情四射的男子汉气魄，不仅是女生们心中的偶像，也是男生追随、模仿的榜样。

邓执旺老师，穿着朴素，时常不刮胡子，上课时始终穿一件"对襟子"外套，一排布扣整整齐齐，他抽叶子烟却不用烟袋，手工卷成的两寸长短的叶子烟，像一根古巴"雪茄"叼在嘴上，悠然自得，吞云吐雾，形似神仙。上课时，将教本和备课本都放在上衣荷包里，却并不拿出来照本宣科，一系列的化学分子式都倒背如流，十分精准，从来不出差错。一些化学分子式在课本中哪章哪页都能准确说出，令人佩服至极。我高中毕业后，再也没有接触过化学方面的东西，所学的知识全部退还给老师了，"H_2O"也仅仅留住了一个"O"。

覃先弟老师与我是同乡，家住枝柘坪公社前进大队，因姓"覃"的老师较多，都叫他"弟老师"。他的物理课教学地位后来在宜昌市也是数一数二的，我不仅敬佩他，也十分感激他。1977年我在家备战高考，他主动在我老家土墙屋里耐心地辅导我物理复习，并对我填报志愿进行了精心指导，可我不知天高地厚地高报了志愿，名落孙山也就在情理之中了。

李必君老师，1米8的个头，圆盘大脸，朝气十足，男子汉的气质，在他身上得以完美表现。经常穿一件"华中师范学院"汗衫，让我耳目一新。他是我的俄语老师，听说他是华师俄语专业毕业的，让我敬佩不已。他上俄语课时特别强调：不能用汉字注音，同学们都遵师嘱，认真读写，专心背诵。偶然有一次，我看见他桌上的俄语课本，几行俄文下面有一些汉字，初看像译文，细看又不知所云，第二天俄语课后，我才恍然大悟。高中毕业后再也没有接触过俄语，而又"白手起家"改行学英语，而今我的俄语仅仅留下歌曲《东方红》俄语版的汉字注音"瓦斯多拉列，双这无拉斯罗"（东方红，太阳升）。英语也就只剩"白手"了。其实这并非老师的错，也非学生的错，而是那个时代给我们带来的一些痛苦的回忆。但是，李老师那种认真负责、任劳任怨的工作态度，真诚待人的品质，豪爽的性格，影响了我终身。我的老师都是我的偶像。

还有许多老师的名字和模样始终在我脑海中萦绕：袁勤灿、方宗震、周乃康、张泽滋、杨祖辉、赵星平等等，在我心目中都是德高望重、博学多才、终身不忘的良师。

我心中的圣地

高中 1977 级　覃月瑛

作者简介

　　覃月瑛，女，1962 年 8 月出生于渔峡口镇双龙村。1977 年 9 月至 1978 年 7 月在渔峡口九中读高一；1978 年 9 月至 1979 年 7 月在长阳县一中读高二；1979 年 9 月至 1981 年 7 月在宜昌工校读中专；1981 年 9 月至 1983 年在长阳县火电厂从事技术工作；1984 年至 1986 年在长阳县计委从事国土规划工作；1987 年至 1994 年在长阳县燃化局从事统计、财务工作，于 1992 年取得中南财经大学自学专科学历；1995 年至 2004 年在长阳煤炭运销公司先后从事主管会计、工会主席、副经理等工作，于 1998 年获得中级会计师职称；2005 年自主创业，成立长阳隆兴会计咨询公司；2016 年退休。

　　九中，这似乎很久远的两个字，却又那么近切。它不仅珍藏着我们曾经求学的那段美好的时光，更承载过我们青春岁月的梦想。

　　1977 年，我初中毕业。那一年，恰逢全国恢复高考，各地都开始重视教育。初升高也进行了改革，由原来的推荐选拔改为半推荐半考试。我有幸迈进了九中，成了九中的一名学子。

　　初到九中，首先映入眼帘的是一栋栋排列整齐的房子。房子依操场地势而建，远看像一个大大的"U"字，怀里拥抱着宽阔的操场。操场四周绿树环绕，树并没有那么高大，却郁郁葱葱。整个学校，房树相间，静谧而美丽。

　　我们这一届共有 6 个班。开学大约一个月左右，学校通过摸底考试，编了一个快班。我有幸忝列其中。这个班的各科任老师都是学校的骨干精英。

我们的班主任是杨祖辉老师。杨老师是体育老师，生得一副孔武的体格，不怒自威。无论在哪里，只要有杨老师在，立刻就会鸦雀无声。

其实，杨老师也有一副柔肠。记得有一次，杨老师带领我们几个去桃山参加一个考试，回来时由于没有赶上到渔峡口唯一的一趟班车，我们只好从桃山沿小路徒步返回。从桃山到九中，行程足有 15 千米。我们一人一包行李，加之又饥又渴，跋涉十分艰难。杨老师拿出他随身携带的饼干，分享给大家，还轮流地帮我们几个瘦弱的同学扛行李。一路上他不断问候每一个同学，给我们讲励志的故事，带我们唱歌，鼓励我们坚持前行。15 千米路走下来，虽然疲惫，但是大家心里都暖融融的。

那时，有一句最流行的口号：学好数理化，走遍天下都不怕。

数学是田杰丰老师。田老师高大清瘦，温文尔雅。田老师讲课逻辑非常严密，而且深入浅出，循循善诱。不论是抽象的概念和具体的公式，只要经田老师讲解，同学们都能快速掌握。

记得在学三角函数时，我试着用另外一种方法解答当时遇到的一道难题，田老师看后说，这个解法涉及的内容还没学，先放一放。我本来以为田老师把这事儿忘记了，哪知下课后，田老师很快找来相关书籍，不厌其烦地教我解答了那道题，并在课堂上对我积极思考、拓宽思路的学习方法给予了肯定和鼓励。从此，也让我爱上了数学。

我从事财会工作几十年，用到最多的是数学，对数字的敏感，对数字的喜爱，都得益于牢固的数学基础，得益于老师们的辛勤付出。

物理是覃先弟老师教的。覃老师上课基本不拿课本，感觉他大脑里储藏着一本厚厚的物理书。他讲课既生动有趣又通俗易懂，特别是图解，至今让人记忆犹新。到如今，每当我坐在车上，看到窗外那一排排后退的树木、房屋，就会想起覃老师讲授的相对速度及参照物的知识点。

化学是邓执旺老师。邓老师简朴、严肃，长相和衣着都酷似鲁迅先生。邓老师平常寡言少语，但他一走进教室，就像发生化学反应般地变了一个人。一上讲台，邓老师立马眉飞色舞，口若悬河。同学们见到邓老师，也像见遇到了催化剂，异常活跃兴奋。那时候，我们的化学课，就是一场热烈的化学反应，老师教得开心，我们学得快乐。

天地转，光阴迫。眨眼间，高一就结束了。那年暑假，县一中举行选拔考试，我与另外 4 个同学成功考入县一中，结束了九中的学习阶段。

挥手自兹去，萧萧班马鸣。这一别就是几十年。2007 年春，我和二哥（我上一届的九中学生）去渔峡口办事，专门去看了九中。2021 年 1 月 2 日路经九中时，再次下车去看了九中。虽然那里已不再是学校，但是，那些老师、那些同学、那些往事，却永远永远地留在我最美的记忆中。

2021 年 3 月 22 日于广州

职高记忆

高中 1992 级 李 勇

作者简介

李勇，1976年2月生于渔峡口镇高峰村。中共党员。1995年7月渔峡口职业高级中学毕业，1998年7月湖北咸宁教育学院毕业后参加工作；先后于枝柘坪中学、渔坪小学、渔峡口初级中学任教，现从事财务工作；曾获得县级师德先进个人、优秀班主任、县级优秀后勤工作者等称号。

1989年9月至1992年7月，我是在渔峡口镇初中完成学业的。当时，我激情满怀，踌躇满志，老想着要创造奇迹，考上最时髦的省部级中专，最差也要考入长阳县一中。然而事与愿违，我的中考成绩粉碎了梦想。我怀着无比失落的心情，于1992年9月，走进了渔峡口职业高中。这所被人们习惯地称为"九中"的职高，太阳还是那个太阳，月亮还是那个月亮，但学校培养人才的重点发生了重大改变。虽说也是向高校输送人才，但更多的任务，就是面向农村培养农业技术人才。当时有3个高中班，6个初中班。

高一的生活，简单而"快乐"。一群中考失利的或没失利的小伙伴，并没有带着一个什么崇高的理想走到了一起，于是简单的快乐应运而生。课堂上，能为找到老师讲课时的些许失误，一群人能在一起议论好几天；哪次作业能逃出老师的"魔掌"，也能成为某同学向他人炫耀的资本；学校教学楼墙根下，一群穿着半旧衣服的半大小子，沐浴着冬日的暖阳，在玩着"挤油渣"

的游戏。

按现在的话说，我们当时还有些混沌，好在我们的老师却忠于职守，成了我们人生道上的引路人。

我的班主任是王启寿老师，一个在我印象中很神秘的人。他中等身材，年纪不是很大，但脸上已有岁月刻下道道痕迹。他生性乐观，常常发出爽朗的笑声，很能感染人。可他一旦严肃起来，却有一种莫名的震慑力。我记得有一次上政治课，政治老师在台上歇斯底里地整治纪律，台下同学们置若罔闻，不该说话的依旧说话。这时，门缝闪过一束黑影。当大家发现这个黑影就是王老师时，班上立刻鸦雀无声。王老师还有一个特点，就是善于贴近生活讲物理课。这种把抽象化为具体，把书本知识变为生活知识的教授法，让我很快掌握了物理常识。正因为如此，我的物理成绩在班上总是名列前茅。

黄长汉老师是我们果林专业的科任老师。他是一个非常儒雅的人，不仅专业方面的理论知识丰富，还有着丰富的实践经验。我们在他的带领下，在学校里的小山包上从事着柑橘的实践研究。可以这样说，当时"九中"上高校的人不算太多，但培养的柑橘人才不少。如今，岩松坪椪柑能够销往全国，走向世界，与当时的职高培养的柑橘人才分不开。

"独立寒秋，湘江北去，橘子洲头。看万山红遍，层林尽染；漫江碧透，百舸争流……"这是我们的语文老师张泽凤老师，在给我们讲《沁园春·长沙》。"走上三尺讲台，教书育人；走下三尺讲台，为人师表。"说的就是他。他是我人生中难得的好老师。在初中时，他是我的班主任；到职高时，他是我的语文老师。我记得，到职高最初的日子里，我这个落榜生情绪有些低落。泽凤老师似乎知道我的心思，他鼓励我说：初中遇到挫折不要紧，到了职高以后，只要不放弃，继续努力学习，考取大学仍然是有机会的，关键是在于自己的努力。从此，他总是肯定我的每一点进步。我的钢笔字总是写得不好，他叮嘱我，写字可看出一个人的学风，要脚踏实地地练习。从此，我老老实实地写字，尽量把字写得工整一些，好看一些。这种习惯，不知不觉渗透到我的各科学习之中。有一次全校比赛，他挑选了我的作品参赛，并且取得了好的成绩。说实话，我的字还不算好，但我知道，这是泽凤老师在为我的学习态度鼓劲。

到了高二以后，我们似乎都长大了，学习越发有了紧迫感。尤其到了高三的日子，我们完全摒弃了高一时的"快乐观"，学习都很认真。大家心里明白，我们的未来可能少有人考取大学，但都不愿虚度时光。在启寿老师、泽凤老师等老师的鼓励下，我的学习劲头越来越足，学习成绩越来越好，我有幸与麻池的彭涛同学，留在争取考上高校的队伍里。这支队伍只有我们两个人，但我们并不孤独。我记得距离高考只有两个月时间，我俩挑灯夜战，夜以继日查漏补缺。终于，天道酬勤，1995 年 7 月高考，我考取了咸宁教育学院，以曾是中考落榜生成功地逆袭高校，捍卫了渔峡口职高坚韧的本色。

2020 年 9 月于渔峡口镇

附录：花名册

一、九中历届校长名单和任职时间

姓　　名　　任职时间
刘佐卿　　1958~1962
秦尚高　　1962~1972
覃好耕　　1972~1979
覃孔安　　1979~1980
张盛柏　　1980~1984
袁勤灿　　1984~1990
覃建国　　1990~1992
覃守富　　1992~1995
张泽凤　　1995~2001
吴克金　　2001~2002
毛兴凯　　2003~

二、九中历任教导主任名单和任职时间

姓　　名　　任职时间
李发鹏　　1958~1962
张少陵　　1962~1969
袁勤灿　　1969~1974
田开平　　1974~1975
杨　　林　　1975~1981

田克芳　　1981～1987

葛兴坤　　1987～1991

张泽凤　　1992～1995

黄长汉　　1995～2003

（初中部）

刘　平　　1985～1990

杨廷美　　1991～1993

未设置　　1994～1995

张祖军　　1995～1997

未设置　　1998～2002

刘　军　　2003～

三、九中历届教职员工名单

（以进校时间先后为序，共**208**人）

（一）1980年以前进校教职员工名单（共88人）

刘佐卿	李发鹏	刘晓光	刘道兴	刘必俊	李绍玉	樊孝海	王　永
李怀元	李长金	郭炳新	余发胜	余家驹	方宗震	方秉玉	胡世德
胡文科	覃　晶	覃孟玉	曾庆祥	曾凡芝	张必珍	周乃康	史思新
邓承业	李传绪	陈廷发	董大伦	覃道勋	覃道芝	李德芳	韩复三
尹善堂	邓清仪	秦尚高	张少陵	袁勤灿	李静澜	覃福民	邓执旺
张松高	柳步云	杨燮文	瞿南先	杨志明	覃先瑛	覃好耕	覃孔安
朱新华	余以安	张盛柏	李作汉	何家禄	李继参	杨祖辉	覃先弟
黄宝珍	李发莲	覃远秀	叶荫棠	魏　平	覃孟会	张仕成	吴远灿
赵兴平	田立中	许启祥	屈定禄	王元春	牟少谦	田开平	李必君
皮恒玉	杨　林	张泽滋	田克芳	李广汉	王启寿	邓辉友	黎学金
李发柱	赵万元	鲜于明蜀	李永吉	覃先觉	田杰锋	覃孟保	覃先翠

（二）1980～1990年进校教职员工名单（51人）

李长锐	覃先双	毛传海	蔺新华	李作槐	赵高龙	覃先佐	覃事雄
田和平	梅元华	覃孔舜	覃好彦	李顺琼	李永茂	覃孟倞	李作聪
田太平	刘诗忠	覃孔伦	田祥清	覃莉亚	周立英	覃守员	覃诗芳
赵俊时	胡庆平	张兴焕	向昌达	覃培柳	张祖华	田兴翠	李顺双

黄长湖	赵廷菊	葛兴坤	覃万玉	覃 全	赵丽群	邓辉尚	徐海南
余祥新	邹应枚	张 俊	饶祖凤	卢进喜	谭丽红	黄长汉	田玉晶
曾国柱	李万明	熊永翠					

（三）1990 年以后进校教职员工名单（61 人）

李 斌	覃建国	覃守富	柳洪英	李 勇	龙俊洲	李晓宜	张泽凤
覃建华	覃卫军	袁凤清	覃东代	邓兴福	覃东燕	张云芳	柳洪兰
李卫东	方继英	李金花	柳开龙	王义群	覃章成	段绪华	杨廷美
覃春容	周兴翠	李玉玲	向玉华	覃奇志	覃玉红	覃孟平	刘 军
覃新珍	李红霞	覃仕芬	黎俊霞	林贵东	张祖军	覃照琴	李发楚
郑 兵	李拥民	覃春年	周 刚	张泽浒	覃全阶	田爱平	李 鹏
余仕娥	王述敏	秦常青	方正俊	覃守平	陈凤芸	左江容	张兰芳
覃蓉芳	田丽兰	曹红顺	刘艳丽	覃俊义			

（四）厨师工友名单（11 人）

| 田大任 | 黄家新 | 向正年 | 侯春亭 | 李佑斌 | 覃孟寿 | 向昌学 | 刘维凤 |
| 覃事福 | 赵万章 | 覃群林 | | | | | |

（以上为李长钧提供）

四、部分年级学生名单

1. 初中 1958 级（186 人）

覃孟魁	覃世文	覃好双	覃孟美	覃德斌	覃小云	覃守慈	覃好斌
覃世庚	覃守珍	覃孔前	覃守忠	覃自运	覃先翠	覃先桃	覃先珍
覃德月	覃先柏	覃先容	覃孔兰	覃孔玉	覃德莲	覃培廷	覃培养
覃培清	覃德振	覃培育	覃德高	覃远民	覃远龙	覃远祥	覃孔能
覃孔尧	覃先锁	覃培炯	覃孔新	覃先文	覃孔峡	覃先弟	覃彩云
覃彩霞	覃德清	覃士龙	覃德朝	覃菊枝	覃世珍	覃守池	覃培嫦
覃少柏	覃培仙	覃培永	覃先春	覃孔容	覃孟均	覃好言	覃德会
覃士红	覃书操	覃守元	覃好富	覃好朋	覃自琅	梅运书	张盛汉
张兴云	张泽茂	张泽华	张泽华	张泽普	张泽渊	张泽胜	张盛炎
张盛年	张德新	张念鑫	张效知	张启华	张少忠	张宏威	张盛元
张盛华	张兴之	张克桂	张盛贵	杨庭生	杨庭贵	杨庭菊	杨儒海
杨儒华	杨正荣	杨传会	杨祖烈	杨文泉	杨先娥	杨祖梅	李永读

李发喜	李长美	李作荃	李延定	李永建	李章博	李少兰	李章润
李发伦	李永生	李发训	李发炯	李传美	李章俊	李章科	李章福
李永庆	李发玲	李顺才	李顺洪	褚帝嫦	褚帝学	肖昌银	何明芳
柳昌模	柳洪英	柳昌芳	柳昌志	柳昌学	谭德顺	谭德春	邓正国
徐家兴	秦德美	侯贵玲	汪应林	段绪中	龚光兰	汪中荣	王义国
王元春	王兴坤	王乾山	王乾乐	彭天佑	彭天秀	吴正清	吴泽云
苏兆文	苏贤凡	苏兆翠	黄凤英	黄全英	罗远清	罗祖德	罗佑成
罗远清	罗佑臣	谢生文	谢文生	谢士玉	蒋胜安	郑世炳	吴述槐
吴克煜	廖昌荣	朱常俭	何士权	马金花	马时广	陈少松	朱家国
龚喜庭	樊小川	段绪珍	陈思梅	刘光顶	刘如喜	周晓兰	黄家杞
周立双	田兴康	左官文	左帮福	方宗荣	秦诗群	余宪俊	向述元
秦先琳	褚绥俊						

（杨儒海　覃孟魁　覃世文　褚帝嫦　张盛汉　李永读等提供）

2. 初中 1959 级（85 人）

田太芬	夏国英	张长翠	胡昌平	高德翠	覃旺翠	覃玉兰	张泽滢
秦培尚	覃孔榕	覃菊芝	秦德梅	段喜珍	覃守华	覃孟容	李广汉
李发灿	李长宣	李长富	周祖云	彭立权	向述远	秦德昆	秦德彩
张泽远	周祖才	黄玉成	张宏巍	覃孔教	万年伍	覃孟乾	熊端海
张盛柳	张宏勇	张盛涛	余良梅	高林菊	覃仕翠	李永菊	李德菊
姚朝举	周世严	覃彩霞	覃好新	周仕炎	覃　鑫	覃先群	张泽远
李俊英	陈长美	向克俭	李永会	覃先鑫	张盛银	覃望翠	覃自香
管克忠	夏绍定	覃世桂	余良枚	覃玉兰	陈宜书	罗贤秀	胡祖财
方少池	胡世东	覃孟珍	熊端秀	苏兆纯	秦书海	肖传德	覃孔能
熊效云	陈学珍	李顺秀	黄长寿	李顺娥	张盛忠	马正清	覃孟友
李长银	覃守现	吴克兴	吴逢兵	饶序堂			

（李发灿、周仕炎等人提供）

3. 初中 1964 级（103 人）

李章荣	谢厚福	罗培荣	张盛仁	张泽吉	周运培	刘德凤	王光新
田太森	田明良	田习成	田太德	田克春	田克山	张炎福	汤远东
陈代翠	覃好珍	覃诗旺	覃诗财	李平阶	覃先春	李长炎	付道一
邓淑媛	傅道英	李永良	李长钧	杨德田	杨祖翠	曾凡池	毛传海

肖美林	洪忠苑	覃好文	付先成	赵高德	赵万章	夏绍全	李顺恩
朱代新	李永文	覃德荣	侯贵润	覃英雄	李发莲	李琼秀	黄文成
田少林	张长寿	张祖莲	马时媛	李永定	李顺芝	朱昌元	梅元华
柳洪超	赵高飞	黄云洲	杨祖凤	曹升阶	吴遵富	覃红霞	覃晓淑
覃柏阶	覃先芹	覃春茂	覃先浩	覃孟平	覃培清	覃好龙	覃先朝
覃孟彦	覃守国	覃远会	覃德桂	向昌厚	覃远文	张伦义	陈厚纯
覃德钰	黄长海	覃德强	田振明	田祥鹏	田真海	朱应学	周世福
温承寿	覃德贵	覃士富	覃好烈	覃远双	覃远民	田振阶	胡友文
覃远清	张祖林	张祖志	谭从先	谭从全	陈贤文	许先进	

（覃培清等人提供）

4. 初中 1965 级

徐德定	覃事宇	李友助	覃德菊	李兴阶	覃德杰	张礼甫	覃德顺
覃德早	李发炳	覃孟和	李仲南	邓灰友	向安杰	张士秀	覃先珍
李长文	覃贵生	覃世武	田太珍	覃德田	杨如安	肖昌海	李海清
李长柏	李永钊	熊效成	覃守智	张少成	李永武	张祖春	李长锐
向述菊	覃士银	覃好喜	涂书光	田贞祥	周建鄂	田兴林	覃孔海
曾凡池	覃先辉	李顺双	覃先云	张祖德	徐德龙	余生富	覃少柏
覃世彦	李永林	覃佐金	覃持久	覃德祥	覃德庆	覃德益	许启云
马金双	段绪华	杨必龙	覃好双	董德英	杨小云	覃诗平	魏　平
李发杰	李顺明	向昌皇	吴远灿	李　琼	陈厚纯	覃诗银	李永虎
覃事新	段发现	罗琼凤	李应武	覃事梅	周德家	田少林	李先锋
吴发根	柳昌灿	覃德行	周应培	罗明凤	覃万忠	何明英	罗举章
田振国	向正广	陈永法	谭明双	鲍子林	李长青	田太银	田太旭
田开祝							

（肖昌海、覃德祥、覃先辉、李发杰、田振国、向正广、覃事梅、覃德庆、罗明凤、魏平、段绪华等提供）

5. 初中 1966 级（110 人）

汪山寿	覃事英	覃守娥	覃事雄	邹德双	秦培耀	秦先双	秦培香
黄光凤	柳凤先	李顺枝	覃梅英	吴远姣	覃好双	覃远海	李顺本
葛先照	陈仕菊	马正银	张长青	覃世令	李永敬	柳洪森	秦　萍
覃孔豪	覃宁南	覃宁贵	田太平	张俊龙	覃孟林	李永平	覃事习

覃业林　覃孟美　覃事法　李永高　王家淑　张仕菊　田振鹏　秦先仕
秦先杨　覃守祖　田祥园　田振亚　马之辉　覃好松　秦少林　覃孔彩
覃好寿　覃孔喜　丁贵勤　李永武　覃远武　覃守英　张祖娥　覃好习
赵林成　覃事久　李少兰　李顺才　杜玉萍　姜新华　胡远烛　覃事典
覃孟勇　覃事阶　覃守刚　覃守武　李永明　李健华　覃孟权　蔺新华
郑柏林　覃先淑　覃世本　秦德华　李顺清　覃事金　龚仁山　秦先花
秦德花　秦德龙　柳昌银　柳洪翠　柳洪勋　赵光汉　李友弟　杨德海
王德文　马时银　秦德亮　鲁德双　秦德军　覃事旺　向洪应　余祥菊
覃德会　覃孟根　秦先娥　周立春　杨德娥　林必清　张祖辉　邓宏翠
李效群　李顺辉　朱代凤　覃德彬　秦德金　鲁红平

（余祥菊、秦先双、覃先淑、覃事英、覃守英、覃桂芳、蔺新华等提供）

6. 初中 1967 级（47 人）

覃事科　覃事寿　覃孟福　黄长科　王建伟　李发舜　覃远秀　杜玉梅
张泽浒　李顺灯　李顺国　覃事豪　李永海　杨少柏　李顺三　浦民主
黄发兴　田纯桂　李发兵　覃宁春　向昌年　胡远枚　覃好翠　周建亚
覃好成　张泽浚　覃孟柱　覃好国　李永杰　覃远权　李长双　张泽顺
胡升钦　覃遵成　李长望　李顺智　覃好年　覃远双　覃翠枚　向宗慧
李俊清　张宏炳　李顺皇　李美伍　胡升铭　覃秀英　李永福

（黄长科等提供）

7. 初中 1968 级（43 人）

张泽勇　李永本　向剑平　黄友光　杨大秀　田秀英　姜新凤　覃事凤
陈孝清　向昌社　田国许　李顺宪　李长榜　李顺金　张宏灯　李海波
李长早　杨德权　李永山　李长首　覃事珍　张劲松　覃宁翠　黄俊杰
肖昌乐　张盛云　李发柱　覃孟柱　李永竹　李永和　李顺阶　覃海清
覃遵成　覃孟吉　覃孟海　谭事寿　覃遵云　覃事礼　覃事国　覃事建
覃事梅　覃福云　覃孟元

（黄长科等提供）

8. 高中 1970 级（37 人）

孙金健　覃德彬　覃先双　鲁德双　覃德亮　余祥菊　杨廷翰　向宏应
邓宗菊　邓辉仲　覃德会　余发山　覃仕萍　覃好君　何克珍　王德文
李永海　龚仁山　覃事金　覃先淑　蔺新华　李顺才　李发舜　覃远秀

覃事英　李建华　覃孟勇　覃事豪　胡远烛　赵林成　覃　萍　张祖娥
王建伟　杜玉萍　杜玉梅　李芬　李友弟

（蔺新华　李永海等提供）

9. 高中1971级（108人）

朱昌荣　彭天寿　覃佐友　覃守轩　覃德全（女）　李　琳（女）
覃孔容（女）　向建平　胡远梅（女）　覃守禹　陈少兰　路开书
田双龙　覃孔定　覃孟福　马时新（女）　向昌年（女）　覃孟海
覃好余　覃孟吉　秦福香（女）李和翠（女）张巨柏　邓宏银　杨继文
刘小菊（女）　刘世平　彭天福　秦先菊（女）　秦先花（女）　李顺灯
李永本　覃事安　李顺阶　秦少林　覃好林　张本茂　刘世武　张仕海
杨庭辉　龚光军　黄光凤　李永和　李长榜　葛兴灯　何申金　邓明彩
陈孝青　李俊清　张可金　田太文　柳昌能　覃涛阶　李顺献　李长首
李长娥　张泽勇　黄友光　黄长科　宋发春　秦先堂　李顺智　杨德权
罗贤仉　谷忠菊（女）　王孟菊（女）　姜新凤（女）　孟黎明　覃仕柱
覃德田　覃宁翠（女）　谢生秀（女）　田海平　覃孟林　向昌社　谢生法
张祖华　覃孟军　覃德权　李永富　李顺三　杨少柏　张盛芬（女）
李永祝　李永兵　马于平　覃秀英（女）　邓辉高　王玉堂　姚厚山
谭德军　邓正洋　胡昌媛（女）　李海波　高任香（女）　覃事科　田国许
付家奉　刘宗菊（女）　李永山　李顺国　覃事龙　田开清　杨先文
张泽顺　覃好林　高林康　柳昌举

（李顺智提供）

10. 高中1972级　（105人）

覃孟江　许夏鸣　李盾化　苏天富　田振鹏　李永敬　李顺从　赵高军
张兴玉　苏贤超　田振禄　罗玉阶　李发益　覃仕伍　马之林　马德贵
吕建华　覃仕智　杨德构　杨必政　赵万阶　覃仕杰　李相淡　张祚贵
马朝军　覃好碧　黎金敛　肖永柏　杨必根　张启宣　覃军阶　覃远明
覃少青　覃建华　苏贤富　覃仕新　李约洲　覃事训　胡首琴　何　琳
覃丛娥　覃先秀　覃翠英　覃佐月　徐友莲　谢忠献　邓辉英　李玉琼
黄发学　黄远高　马时辉　覃业茂　钟爱萍　覃卫萍　覃仕菊　覃桃春
覃好美　张美英　方世平　覃守坤　田国玉　柳洪朝　赵万秀　覃诗章
罗少柏　李献民　李发俊　徐风暴　李龙平　覃孟成　宋发智　陈登福

覃守录　覃孔彪　覃友平　张宏双　陈少东　袁丹武　郑必荣　张时雄
覃好全　徐德全　甘尔全　李长高　覃先智　张盛柏　朱万柏　覃世庚
覃玉书　覃德富　覃培早　覃远鹏　涂用宽　田甫宽　刘国寿　姚厚俊
李发告　陈学刚　李德宽　马时阶　董明俊　覃事英　覃世贵　李发灯
柳昌举

（覃孟成提供）

11、高中1973级（60人）

覃德玉（女）　张远龙　张远阶　王坤山　覃和平　覃先红　覃孟双
覃德浩　李长军　马芝林（女）　覃先菊（女）　邓贵轩　覃业坤（大）
杨修英（女）　肖风银　熊少柏　李长建　覃成芝　覃德高　覃孟华
柳玉香（女）　管克菊（女）　李顺忠　李永富　李永柱　李腊菊（女）
何明花（女）　蔺吉平　覃宁权　汪汝云　覃宁翠（女）　田国花（女）
覃孟书（女）　覃士建　覃远禄　覃远奉　詹祥青　郑宝华　覃孔银
覃好碧　覃桂芳（女）　田太习（女）　许刚　陈勇　金和玲（女）
张琳琳（女）　马协黎（女）　曾建萍（女）　孙爱萍（女）　向常清
邓宏平　覃业坤（小）　许如群　覃孟锦　覃远柏　李先胜　覃建华
覃好富　覃远能　毛翠云（女）

（李顺忠提供）

12. 高中1974级（92人）

吴开平　许　红　李贵平　覃孔秀　李顺英　姚双平　张若军　田祖轩
覃青山　秦诗海　赵万友　刘先平　张远福　覃好荣　覃仕林　秦先华
周继华　覃诗平　覃孟凯　李永洲　马之武　张德军　秦德秀　李绪章
覃孟军　汪开兴　覃群英　胡　兵　覃先梅　刘小梅　覃晓银　李发桃
张仕英　覃建国　张长荣　李发玉　周德华　罗宜兴　覃好训　李虎成
覃德周　黄远明　覃德琼　田开全　覃好仲　曾凡武　覃遵秀　覃星平
陈　英　曾凡芝　刘　进　许汝山　覃建国　李发桂　李长珍　覃晓勇
刘诗素　李长保　覃先旺　覃继红　刘春付　覃周年　覃桂英　覃世菊
姚后林　刘道翠　覃培周　李何英　秦先训　姚朝沾　赵家文　秦诗义
刘金月　田甫高　覃宁洲　覃孟华　覃好强　李永定　左安福　文家章
张尚元　田甫兰　张连生　覃守官　覃孟恩　刘圣科　邓全明　覃志红
李德权　覃德海　王艳明　雷纯新

（吴开平提供）

13. 高中1975级（106人）

覃业朝　秦彩玉（女）　覃好英（女）　覃业柱　余泽芳　覃远甫

覃孟建　赵林界　叶荫棠　张长荣　邓　玉（女）　田甫志　覃世法

覃远玉　丁贵新　涂慧琴（女）　李长国　覃业成　覃白花（女）　覃远巨

李永凤　李发英（女）　唐万宪　宋国民　李顺孝（女）　张祖梅（女）

赵大文　李贵位　吴开周　胡万志　钟立群（女）　李安国　覃先芳

李长翠（女）　周明社　张登全　谭凤莲（女）　覃孟民　马朝富　李先春

李永堂　田弟兵　田彩霞（女）　张仕海　李安莲（女）　李永山　蒋贤灯

张少陵　赵万梅（女）　张永文　邓洪亚（邓保华）　覃远茂　刘佐芳

李长祝（女）　秦德松　柳洪群（女）　李长阶　覃世高　赵安乐　方玉柏

邓洪春（女）　覃世明　覃先长　李长木　李永志　田卫民

覃培祝（女）　涂用林　覃仕贵　覃仕虎　孙志建　邹应亮

覃诗秀（女）　覃业武　余以家　覃守红　覃守运　李长坤

田德莲（女）　李小环（女）　胡　蓉（女）　黄玉兰（女）

许　敏（女）　秦先梅（女）　覃俊茂（女）　覃先瑛（女）

胡　苏（女）　方秉娅（女）　秦德英（女）　李长香（女）

李少媛（女）　何明德（何　炜）　杨德回　柳昌香（女）　张祖任

覃卯珍（女）　覃德凤（女）　李发楚　覃仕华　邓恢龙　覃世苏（女）

覃万玉（女）　宋发蓉（女）　周长俊　陈开周　谢生媛（女）

（覃业朝　覃远茂提供）

14. 1976级赤脚医生班（45人）

侯玉帛　张祖龙　刘书高　覃守海　方立明　覃孔梅　肖其华　张远忠

覃俊华　覃好虎　覃德菊　黄远珍　覃世为　张玉帛　张永帛　覃云阶

覃德翠　张礼珍　李先云　张金阶　金　建　李凤周　罗先英　杨德贵

覃支援　龙学新　黄经阶　田纯国　柳洪群　陶绍香　苏　平　覃孟鄂

张泽军　李顺府　李发珍　田甫英　黄开学　覃德梅　江发清　张德敏

杨俊英　田太赤　李　军　朱泽菊　毛翠鄂

15. 渔峡口初级中学简介

渔峡口初级中学坐落在美丽的清江河畔~~巴国古都夷城。

学校现址于1985年5月破土平整场地，同年10月正式动工建房，于

1986 年 9 月中旬基本竣工，修建教室、职工宿舍、厨房、厕所各一栋，总建设筑面积 2673.8 平方米。校名为"渔峡口镇重点中学"。同年 9 月 20 日正式开学，新招初中一年级教学班 1 个、从渔峡口农业中学迁入初三年级学生 2 个班，合计学生 157 人，教职工 16 人。

1987 年 9 月学校更名为"渔峡口初级中学"，设重点班，与枝柘坪分片招生。原长阳土家族自治县渔峡口职业高级中学下设普通初中，全镇共 2 所中学。1987 年 10 月为满足全镇教育事业发展的需要，动工修建学生宿舍一栋，建筑面积 548 平方米。1988 年 9 月学校教学班 5 个，学生 270 人，教职工 21 人。1989 年 7 月 1989 届毕业生 53 人参加中考，进入中等专业学校和县重点高中 50 人，其他学生全部被普通高中录取。参加中考的 7 门学科均名列全县榜首，学校被县表彰为"教学改革先进单位"，由此树起了教育改革和质量发展的红旗。

学校在艰苦的环境下，不断改善办学条件，全面提高教育教学质量。1991 年 7 月，中考成绩揭晓，学校居全县之首。1996 年 9 月，为满足全镇人民对教育的需求，全面普及九年义务教育，学校更名为"渔峡口镇第一初级中学"。学校修建教工宿舍、新建实验楼、平整操场、修围墙和校门，学校面貌也有了根本性改变。1999 年 6 月，学校迎省"普九"验收合格。

2000 年 9 月，镇第二初级中学并入我校，学校更名为"渔峡口镇初级中学"。两校合一，分南北校区，学校有 21 个教学班。

2003 年 3 月，为顺应教育体制改革，学校更名为"渔峡口镇中心学校"。同年 9 月，学校启动等级示范学校创建工作，12 月，学校被评估为"二等学校"。学校提出了"以人为本、尊重理解、共谋发展"的办学理念，在这个理念的指导下，学校全面踏上了规范化发展征程。

2010 年 7 月，在以覃劲松为首的新的学校领导班子领导下，全体渔中人通过 3 年的努力，学校通过办学水平评估，成为县级初中"一等学校"。同年 9 月，原枝柘坪中学九年级学生并入我校，全镇初中布局调整拉开序幕。2011 年 9 月，枝柘坪中学撤除，七至九年级全部并入渔峡口镇中心学校。小学布局调整为 2 所完全小学，3 所初小。全镇中小学校布局调整基本到位。

2020 年 9 月，"渔峡口镇中心学校"更名为"长阳土家族自治县渔峡口镇渔峡口初级中学"。

经历了 25 多年的风雨历程，学校现有教学班 15 个，在校学生 774 人，在岗教职工 69 人，校舍建筑面积 9319 平方米，校园面积 30641 平方米。学校整体布局基本到位。

近几年来，在上级主管部门和各级领导的支持、关心下，学校在探索中确立了"求真、崇善、达美"的办学理念，积淀形成了"明德、笃行、乐学、勤思"的校训，努力构建"宽容、欣赏、仁爱、活力"的和谐人文环境。正确运用科学先进的管理理念，营造民主和谐的教学氛围，极大地调动了教职工拼搏奋进的热情，广大教职工弘扬艰苦创业、与时俱进、开拓进取的精神，教育教学质量正迈上新台阶，学校先后获得县级"五好基层党组织""文明单位""安全文明校园""家长示范学校""综合评估一等学校"等光荣称号。

20 多年的发展，只是历史长河中的一瞬间，我们有过成功、欢欣、感动，也经历过失败、低落、彷徨。但全镇广大教职工手挽手，心连心，一步一个脚印地走来，正在迎来全镇教育发展的春天。鲲鹏展翅，奔马腾蹄，渔峡口镇中心学校正在向着更高的目标腾飞。

学校历任校长 （法人代表）	任职时间
张泽滋	1986 年 8 月至 1992 年 10 月任学校首任校长
秦诗芳	1992 年 10 月至 1998 年 8 月任渔峡口初级中学校长
覃培柳	1998 年 8 月至 2000 年 8 月任渔峡口镇第一初级中学校长
张泽凤	2000 年 8 月至 2001 年 8 月任渔峡口镇初级中学校长
吴克金	2001 年 8 月至 2002 年 8 月任渔峡口镇初级中学校长
毛兴凯	2002 年 8 月至 2005 年 10 月任渔峡口镇中心学校校长
覃培柳	2005 年 10 月至 2007 年 8 月任渔峡口镇中心学校校长
覃劲松	2007 年 8 月至 2013 年 11 月任教育党总支书记，渔峡口镇中心学校校长
秦贵平	2013 年 11 月至 2019 年 8 月任教育党总支书记，渔峡口镇中心学校校长
曹红顺	2019 年 8 月至 2020 年 8 月任教育党总支书记，渔峡口镇中心学校校长 2020 年 8 月至任学区党总支书记，学区校长
田海枝	2020 年 8 月任渔峡口初级中学校长

（曹红顺提供）

后　记

　　长阳第九中学于1958年创办，1962年始，先后更名为"长阳县渔峡口中学""长阳县渔峡口高级中学""长阳县渔峡口农业中学""长阳县渔峡口职业中学"。1996年，"长阳县渔峡口职业中学"与长阳另外3个乡镇职业中学合并为长阳县职教中心，渔峡口中心学校则恢复为"长阳土家族自治县渔峡口镇渔峡口初级中学"。截至2021年，该校走过了53年历史。

　　遗憾的是，1996年学校体制（职业中学合并）发生重大转变之际，过去由于保管档案意识不强，学校从创办之日至1996年共38年历史的档案资料全部丢失。为此，原九中校长袁勤灿，原县人大常委、数学老师杨志明，语文老师覃远秀，以及原九中学生李长钧、覃培清、黄长科、余祥菊、覃孟林、李发舜、张泽勇等人发起成立"长阳九中纪事编辑部"，本着"为九中建一份档案，让历史告诉未来"的宗旨，向九中历届校友征文，趁多数校友健在情况下，抢救校史资料。本次征文从2018年10月开始，截止2021年4月，历时两年半，已基本核准历届领导班子人员名单、历届教职工名单、部分学生名单，118篇纪事文稿。

　　为了还原长阳九中历史，《薪火——长阳九中纪事》征文原则上按年代顺序逐年编排。故书中领导、老师、同学的文章均按年代顺序编辑，以呈现学校发展的历史状况。

　　为了梳理渔峡口中学历史沿革和发展情况，1986年创办的渔峡口初级中学的历史简况，此次一并收录。

由于学校档案遗失，文稿资料全是校友回忆而成，有关数据、时间、事件经过、人员名单难免出现差错；此外，各个年代的校友有的退休、有的在岗，故征文活动参与面极不平衡，如 20 世纪 80 年代以后文稿情况总体上还比较薄弱。这些缺憾期待以后有机会予以弥补。

总之，此书顺利出版，是九中历届校友热情支持，长阳土家族自治县委宣传部、县教育局鼎力相助的结果。在此，一并谨致谢忱。

编　者

2021 年 4 月 8 日